ŒUVRES COMPLÈTES
DE
EUGÈNE SCRIBE

DE L'ACADÉMIE FRANÇAISE

OPÉRAS COMIQUES

ZANETTA
L'OPÉRA A LA COUR
LE GUITARRERO
LES DIAMANTS DE LA COURONNE

PARIS
E. DENTU, LIBRAIRE-ÉDITEUR
PALAIS-ROYAL, 17-19, GALERIE D'ORLÉANS

1879

ŒUVRES COMPLÈTES

DE

EUGÈNE SCRIBE

DE L'ACADÉMIE FRANÇAISE

RÉSERVE DE TOUS DROITS

DE PROPRIÉTÉ LITTÉRAIRE

En France et à l'Étranger.

ŒUVRES COMPLÈTES

DE

EUGÈNE SCRIBE

OPÉRAS COMIQUES

ZANETTA
L'OPÉRA A LA COUR
LE GUITARRERO
LES DIAMANTS DE LA COURONNE

PARIS
E. DENTU, LIBRAIRE-ÉDITEUR
PALAIS-ROYAL, 17-19, GALERIE D'ORLÉANS

1879

ZANETTA
OU
JOUER AVEC LE FEU

OPÉRA-COMIQUE EN TROIS ACTES

En société avec M. de Saint-Georges

MUSIQUE DE D.-F.-E. AUBER.

THÉATRE DE L'OPÉRA-COMIQUE. — 18 Mai 1840.

PERSONNAGES. ACTEURS.

CHARLES VI, roi des Deux-Siciles . . . . MM. Nocker.
RODOLPHE DE MONTEMART, favori du
roi. . . . . Couderc.
LE BARON NATHANASIUS DE WA-
RENDORF, médecin et conseiller de l'élec-
teur de Bavière. . . . . Grignon.
DIONIGI,   ⎫   Sainte-Foy.
RUGGIERI,   ⎬ seigneurs de la cour . . .   Emon.
TCHIRCOSSHIRE, heiduque du baron. . .   Haussard.
NISIDA, princesse de Tarente . . . . Mmes Rossi.
ZANETTA, jardinière du château royal de
Palerme . . . . Cinti-Damoreau.

Le Chancelier. — Seigneurs et Dames de la cour. — un
Page.

En Sicile, à Palerme, de 1710 à 1711.

ZANETTA
ou
JOUER AVEC LE FEU

ACTE PREMIER

Des jardins élégants dans le château royal de Palermo. — A droite du spectateur, un bosquet; à gauche, une table richement servie.

SCÈNE PREMIÈRE.

RODOLPHE, MATHANASIUS, DIONIGI, RUGGIERI et plusieurs JEUNES SEIGNEURS achèvent de déjeuner; TCHIRCOSSHIRE est debout derrière Mathanasius et lui sert à boire.

LE CHOEUR.

A quoi bon s'attrister sur les maux de la vie ?
A table, mes amis, gaîment on les oublie...
 Et jusqu'aux bords quand ma coupe est remplie,
Je respire, je bois et je nargue soudain
 Le chagrin !

DIONIGI.

Bravo !... mais assez de musique.

RUGGIERI.

C'est juste, on ne s'entend pas; et avec vos tarentelles, vous n'avez pas permis à M. le docteur de placer un mot.

MATHANASIUS, *gravement.*

Nous autres Allemands, nous pensons beaucoup, mais nous parlons peu, surtout à table. (Au domestique qui lui verse à boire.) N'est-ce pas, Tchircosshire?

TCHIRCOSSHIRE.

Ia.

RODOLPHE.

Et moi, au risque d'être indiscret, je me permettrai d'adresser une question à M. le baron Mathanasius de Warendorf, médecin et conseiller intime de l'électeur de Bavière, ou plutôt de Sa Majesté impériale Charles VII, et je lui demanderai comment il est ici, en Sicile, au moment où son maître se fait proclamer, à Francfort, empereur d'Allemagne?

MATHANASIUS, *froidement.*

Je vais vous le dire, messieurs. J'ai une prétention : c'est qu'en médecine, comme en toute autre chose, je ne me suis jamais trompé. (Tendant son verre à son domestique.) N'est-ce pas, Tchircosshire?

TCHIRCOSSHIRE.

Ia.

RODOLPHE.

Vous êtes bien heureux!

MATHANASIUS.

Or, il a paru en Espagne et en Sicile une maladie qui, selon moi, menace d'envahir l'Europe... une fièvre...

RODOLPHE.

D'ambition?

MATHANASIUS.

Non, une autre encore... une espèce de fièvre jaune!

RUGGIERI.

La *maladetta* qui cause tant de ravages?

MATHANASIUS.

Fléau brutal et sans égards, qui n'épargne ni les empereurs ni les bourgeois! aussi, par ordre supérieur, et dans l'intérêt de la science, je suis venu ici pour étudier et observer.

RODOLPHE.

S'il en était ainsi, vous n'auriez pas amené avec vous la jolie Mathilde de Warendorf, votre femme, pour l'exposer de vous-même au danger! et il faut, monsieur le docteur, que quelqu'autre motif vous retienne depuis un mois auprès de notre jeune roi Charles VI.

MATHANASIUS.

Un grand souverain, messieurs, jeune, brave et galant! qui a conquis avec son épée le royaume de Naples!... je bois à sa santé!

RODOLPHE.

Monsieur le baron ne répond pas...

MATHANASIUS, tenant son verre.

Impossible; je bois au roi, messieurs!

TOUS, se levant.

Au roi!

RUGGIERI.

Et maintenant, à nos dames!

MATHANASIUS.

C'est trop juste!

RUGGIERI.

Que chacun boive à celle dont il est le chevalier... moi d'abord à la comtesse Bianca!

DIONIGI.

A la belle Zagorala... la divine chanteuse!

MATHANASIUS.

Moi, messieurs, je bois à ma femme !

TOUS.

C'est de droit.

DIONIGI.

Et toi, Rodolphe ?

RODOLPHE.

Moi, messieurs, je suis fort embarrassé.

RUGGIERI.

En effet, je ne connais à Palerme ni à Naples aucune dame qui reçoive ses hommages.

MATHANASIUS.

Me sera-t-il permis d'adresser à mon tour une question à monsieur le comte Rodolphe de Montemart, et de lui demander comment, lui, jeune, riche, de haute naissance, favori d'un roi, il n'a pas fait un choix parmi nos jeunes Siciliennes ?

RODOLPHE.

Beautés divines et piquantes... (Levant son verre.) A leurs attraits, messieurs !

MATHANASIUS.

Monsieur le comte ne répond pas ?

RODOLPHE, tenant son verre et du même ton que le baron.

Impossible, je bois.

RUGGIERI.

Et tu nous la feras connaître ?

RODOLPHE.

Dès qu'elle existera... dès que j'en aurai une.

LE CHŒUR.

Buvons donc, mes amis, buvons à l'inconnue !
Qu'un fortuné hasard la présente à nos yeux,
Qu'elle paraisse, et peut-être à sa vue,

(Montrant Rodolphe.)
Nous allons comme lui brûler des mêmes feux.
(Ils sont tous debout et trinquent près de la table. Le roi paraît au fond du théâtre, ils l'aperçoivent et quittent la table.)

SCÈNE II.
LES MÊMES; LE ROI.

MATHANASIUS.

Le roi, messieurs!

LE ROI, gaîment.

Ne vous dérangez pas... nous ne sommes plus à Naples; et dans cette maison de plaisance, point de cérémonial, point d'étiquette, le roi n'est pas ici... il n'y a que Charles, votre ami et votre camarade, qui regrette de n'être pas arrivé plus tôt, pour prendre part à votre toast... est-il temps encore?

RUGGIERI.

Toujours, sire.

LE ROI.

Ruggieri, mon échanson, verse donc; et maintenant, messieurs, à qui buviez-vous?

RUGGIERI.

A la passion de Rodolphe.

LE ROI, posant le verre.

Ah!

MATHANASIUS.

A sa passion future... à celle qu'il aura.

LE ROI, avec amertume.

Vraiment! et vous, monsieur le baron, vous avez pris part à ce toast?

MATHANASIUS.

Certainement; oserais-je demander à Votre Majesté pourquoi elle ne nous imite pas?

LE ROI.

Cela devient inutile, puisque vous avez déjà porté une pareille santé ! je bois alors à la vôtre, monsieur de Warendorf.

MATHANASIUS.

C'est bien de l'honneur pour moi.

LE ROI, s'adressant aux jeunes gens.

Messieurs, j'ai pensé à nos plaisirs de la journée. Ce soir, nous avons un bal, et ce matin une expédition navale.

MATHANASIUS, à demi-voix.

Voilà un prince qui connaît le prix des instants.

LE ROI, à Ruggieri et aux autres seigneurs.

Je vous ai compris dans la promenade en mer et la partie de pêche que nous devons faire aujourd'hui avec ma sœur, la princesse de Tarente, et toutes les dames de la cour... Les yachts sont commandés pour midi.

MATHANASIUS.

Votre Majesté me permettra-t-elle de l'accompagner?

LE ROI, d'un air aimable.

Certainement, ainsi que madame la baronne, votre femme.

RODOLPHE.

Aurai-je l'honneur de suivre Votre Majesté?

LE ROI, froidement.

Rien ne vous y oblige; vous avez d'autres occupations, dont je serais désolé de vous distraire.

(Rodolphe salue profondément et sort.)

DIONIGI, pendant ce temps, vivement et à voix basse.

Mais il est donc en disgrâce?

RUGGIERI, de même.

En disgrâce complète.

DIONIGI, de même.

Lui, le favori! (Au roi, d'un air joyeux.) Ah! Sire, nous ne pouvions le croire.

RUGGIERI, au roi, du même air.

Il est donc vrai que le comte Rodolphe...

LE ROI.

Assez, assez, messieurs!... (Avec dignité.) Voici le roi qui revient, laissez-nous!... (Tous saluent respectueusement et sortent. A Mathanasius qui veut les suivre.) Vous, monsieur de Warendorf, demeurez, je vous prie.

SCÈNE III.

LE ROI, MATHANASIUS.

LE ROI.

Monsieur le baron, j'ai entendu dire que vous étiez non-seulement un savant docteur, mais un homme fort, plein de tact et de finesse.

MATHANASIUS.

Je l'ignore, Sire, mais j'ai la prétention de ne m'être jamais trompé.

LE ROI.

C'est ce que l'on dit. On assure même que votre maître, l'électeur de Bavière, actuellement le puissant empereur Charles VII, vous emploie souvent dans des affaires importantes, (Mathanasius s'incline sans répondre.) dans des négociations délicates et secrètes, où, sans caractère officiel, vous lui rendez plus de services que bien des ambassadeurs reconnus et accrédités. (Mathanasius s'incline de nouveau.) J'ai cru même, je l'avouerai, qu'une mission de ce genre vous attirait à ma cour... et que la *maladetta*, cette fièvre terrible et contagieuse, que vous êtes venu observer en Sicile, n'était qu'un prétexte.

1.

MATHANASIUS.

C'était l'exacte vérité.

LE ROI.

Eh bien ! alors... (Hésitant.) Mais je crains de vous fâcher...

MATHANASIUS.

Un diplomate ne se fâche jamais.

LE ROI.

Comment vous, si fin, si adroit, n'avez-vous pas deviné ce que j'ai découvert, moi, qui, par mon état de prince, ne dois jamais rien voir, comment n'avez-vous pas compris que ce jeune imprudent... ce Rodolphe, au mépris du respect que vous deviez trouver dans ma cour, ose en secret porter ses vues sur une personne dont l'honneur est le vôtre?

MATHANASIUS, froidement.

Eh! qui donc?

LE ROI, avec impatience.

Votre femme, puisqu'il faut vous avertir du danger... votre femme, la baronne Mathilde, à qui il a fait, dès son arrivée, la cour la plus assidue..

MATHANASIUS.

D'accord... mais il a bien vu que cela ne me convenait pas, et il s'est bien gardé de continuer ses poursuites.

LE ROI, avec chaleur.

Parce qu'ils s'entendent, parce qu'ils sont d'intelligence... et vous n'êtes ni ému, ni troublé?

MATHANASIUS.

Un diplomate ne s'émeut jamais! et si je ne craignais à mon tour de fâcher Votre Majesté...

LE ROI.

De ce côté, vous n'avez rien à craindre.

MATHANASIUS.

Je lui dirais que je ne conçois pas qu'un prince si habile,

si éclairé, n'ait pas déjà deviné ce que j'ai cru découvrir, moi, étranger à sa cour. (s'arrêtant.) Mais, pardon, si j'ose...

LE ROI, souriant.

Achevez, monsieur, achevez! je ne crains rien... pas même la vérité.

MATHANASIUS.

C'est comme moi : je la cherche toujours!... mon état est de la trouver.

LE ROI.

Et le mien de l'entendre... j'ai peu de mérite dans cette occasion... car je ne suis pas comme vous; je n'ai pas de femme!...

MATHANASIUS, lentement.

Mais vous avez une sœur?

LE ROI, vivement.

Monsieur...

MATHANASIUS.

Je puis me tromper, quoique ce ne soit pas mon habitude... mais ce Rodolphe, qui combattit à vos côtés, ce compagnon d'armes et de plaisirs, admis matin et soir dans l'intérieur du palais et de votre famille, n'aura peut-être pu voir sans danger la princesse de Tarente, dont on vante dans toute l'Europe la beauté, l'esprit, les talents?

LE ROI.

Qui vous le fait présumer?

MATHANASIUS.

Ce jeune seigneur, si aimable et si brillant, n'adresse ses hommages à personne, et n'a point de passion reconnue... Votre Majesté comprend... ce qui fait supposer quelque sentiment profond et secret, qu'il a grand intérêt à cacher!

LE ROI, avec hauteur.

Et vous pourriez croire que c'est ma sœur?

MATHANASIUS, saluant.

Votre Majesté pensait bien que c'était ma femme !

LE ROI.

La sœur de son souverain, le sang de Philippe V ! Non... non... ce n'est pas possible !... une pareille ingratitude, un pareil crime, n'aurait pas de châtiment assez grand... et vous vous trompez, docteur... vous vous trompez !

MATHANASIUS.

Ce serait donc la première fois.

LE ROI.

C'est votre femme, vous dis-je ! votre femme qu'il aime et dont il est aimé... Silence !... la princesse vient de ce côté, seule et rêveuse... pas un mot devant elle, et observons...

MATHANASIUS.

Je ne demande pas mieux... comme mari et comme diplomate.

(Tous les deux s'éloignent, en se promenant, par le bosquet à droite.)

SCÈNE IV.

LA PRINCESSE, seule.

AIR.

Plus doucement l'onde fuit et murmure,
   Les fleurs semblent s'épanouir !
O verts gazons !... doux zéphirs, onde pure,
   Sauriez-vous donc qu'il va venir ?

   De cette cour qui m'environne,
   J'ai trompé les yeux surveillants ;
   Libre des soins de la couronne,
   Me voilà seule ! et je l'attends !...
      Je l'attends !...

Plus doucement, l'onde fuit et murmure, etc.

   Pauvre princesse,
   Dans la tristesse,

Il faut sans cesse
Passer ses jours!
Ennui suprême,
Le diadème,
Nous défend même
Pensers d'amours.
Dans ces demeures,
Royal séjour!
Toutes les heures
Sont tour à tour
A la fortune,
A la grandeur;
Et jamais une
Pour le bonheur!

Pauvre princesse, etc.
(Elle reste à gauche, assise et absorbée dans ses réflexions.)

SCÈNE V.

LA PRINCESSE, à gauche; LE ROI, MATHANASIUS, sortant du bosquet à droite.

TRIO.

MATHANASIUS, bas au roi.
Oui, si vous daignez m'approuver
Et croire à mon expérience,
Cette ruse peut vous prouver
Leur mutuelle intelligence.

LE ROI.
Soit, essayons!

LA PRINCESSE, levant les yeux et les apercevant, à part.
O fâcheux contre-temps!
Mon frère et ce docteur...
(Regardant autour d'elle.)
Lorsqu'ici je l'attends!
Puisse-t-il à présent ne pas venir!
(Le roi salue sa sœur et Mathanasius s'incline.)

MATHANASIUS, s'inclinant.

Madame!

(Tous les deux s'inclinent et tournent le dos au bosquet sous lequel Rodolphe paraît.)

LA PRINCESSE, à part avec effroi, apercevant Rodolphe qui se trouve en face d'elle.

C'est lui!...

(Elle lui fait signe de la main de s'éloigner. Rodolphe disparaît vivement dans le bosquet.)

Dérobons-leur le trouble de mon âme!
(Avec gaîté, à Mathanasius.)
Salut à vous, savant docteur!
Pourquoi cet air mélancolique,
Qui jette un voile de douleur
Sur votre front scientifique?

MATHANASIUS, bas au roi.

Vous allez voir à l'enjoûment
Succéder la pâleur mortelle!
(Haut.)
Hélas! un horrible accident,
Dont on nous apprend la nouvelle...

LA PRINCESSE.

Qu'est-ce donc?

MATHANASIUS.

Un infortuné,
Victime, hélas! de son audace,
Par un cheval fougueux, renversé, puis traîné...
Il est mort, dit-on, sur la place.

LA PRINCESSE.

Mais c'est horrible!... et dites-moi, de grâce,
Qui donc?

MATHANASIUS, bas au roi.

Regardez bien!
(S'adressant à la princesse.)
Rodolphe!

LA PRINCESSE tressaille, puis répond froidement.

       Ah ! c'est fâcheux...

(Au roi.)
Pour vous, Sire! un ami!... puis mourir à la chasse,
Lui! qui dansait si bien... l'accident est affreux!...

    Ensemble.
    LE ROI.

Son maintien est le même,
Ni trouble, ni pâleur!
De votre stratagème
Que dites-vous, docteur?

    MATHANASIUS.

Ma surprise est extrême,
Ni trouble, ni pâleur,
Ce n'est pas lui qu'elle aime;
Oui, j'étais dans l'erreur.

    LA PRINCESSE.

Ah! c'est un stratagème
Pour éprouver mon cœur?
Cachons-leur que je l'aime,
Conservons leur erreur.

  LA PRINCESSE, à Mathanasius.

Et vous l'avez vu?

    MATHANASIUS, troublé.

     Non, vraiment!
On me l'a dit, et l'accident
N'est peut-être pas véritable?

   LA PRINCESSE, froidement.

Il n'aurait rien d'invraisemblable;
Rodolphe était de son vivant,
Étourdi, léger, imprudent!...

   LE ROI, bas à Mathanasius.

Grand diplomate... eh bien! qu'ai-je dit?

    MATHANASIUS, de même.

     Quel soupçon!...

LE ROI, de même.
Vous le voyez, moi seul avais raison !

Ensemble.

MATHANASIUS.

Dupe de ma ruse,
Je suis sans excuse ;
Et de moi s'amuse
Un amant heureux !
Dans le fond de l'âme,
Le courroux m'enflamme ;
Et c'est de ma femme
Qu'il est amoureux !

LE ROI.

Dupe de sa ruse,
Le docteur s'abuse,
Et de lui s'amuse
Un amant heureux.
Oui, ce trait infâme
De fureur m'enflamme,
Car c'est de sa femme
Qu'on est amoureux !

LA PRINCESSE.

L'amour qui m'excuse,
Ici, les abuse ;
Oui, par cette ruse,
Trompons-les tous deux.
L'honneur le réclame,
Qu'au fond de mon âme,
Imprudente flamme
Se cache à leurs yeux !

LE ROI, bas à Mathanasius.
Ainsi donc, votre expérience,
Savant docteur, vous a trahi !
Cette secrète intelligence,
N'est pas entre ma sœur et lui !

LA PRINCESSE, à part.
De le revoir plus d'espérance !

Ils ne s'en iront pas d'ici.

MATHANASIUS, à part, avec douleur.
Il est donc vrai, le corps diplomatique,
Jusqu'à ce point peut s'abuser, hélas !

LA PRINCESSE, à Mathanasius.
On doit m'attendre au salon de musique,
J'y vais voir votre femme...

MATHANASIUS.
Oserais-je, en ce cas,
De Votre Altesse accompagner les pas ?

Ensemble.

MATHANASIUS.
Dupe de ma ruse, etc.

LE ROI.
Dupe de sa ruse, etc.

LA PRINCESSE.
L'amour qui m'excuse, etc.

(Mathanasius a offert sa main à la princesse ; tous les deux sortent par la gauche.)

SCÈNE VI.

LE ROI, seul ; puis RODOLPHE.

LE ROI.
Oui, oui, ce n'était que trop vrai ! je ne m'étais pas abusé !
c'est ce qui double mon dépit... (Avec froideur, apercevant Rodolphe.) Ah ! c'est vous, monsieur le comte ?...

RODOLPHE.
Moi-même, Sire, qui viens prendre congé de Votre Majesté... Votre accueil de ce matin me dit assez que j'ai perdu vos bonnes grâces...

LE ROI, froidement.
Est-ce à tort ? et m'accuserez-vous d'injustice, quand votre amitié fut trahie par vous ?

RODOLPHE, à part.

C'est fait de moi ! il sait tout !

LE ROI.

Depuis l'Espagne, où nous avons été élevés ensemble, mes projets, mes peines, mes chagrins, ne vous ai-je pas tout confié ?... et vous...

RODOLPHE.

Grâce, Sire, grâce !... Je veux, je dois tout vous avouer...

LE ROI.

Parlez donc !... Je vous attends.

RODOLPHE, dans le plus grand trouble.

Eh bien ! oui, c'est de la folie, de la démence... une passion absurde, impossible ; mais croyez qu'au prix de ma vie... le plus grand mystère... le plus profond secret...

LE ROI.

Il est trop tard, monsieur ! J'ai tout découvert... j'ai tout dit.

RODOLPHE.

A qui donc ?

LE ROI.

A son mari.

RODOLPHE, stupéfait.

Son mari !...

LE ROI.

Oui, à lui-même.

RODOLPHE, à part.

Qu'allais-je faire ? nous n'y sommes plus.

LE ROI.

C'est moi... votre ami... qui vous ai dénoncé... qui ai prévenu le baron de Warendorf... qui l'ai mis en garde contre vos projets coupables !

RODOLPHE.

Mais, Sire...

LE ROI.

Que vous ayez adressé vos hommages à toute autre personne, peu m'importait !... mais séduire la femme d'un ambassadeur, sous mes yeux, à ma cour, malgré l'hospitalité, malgré le droit des gens... voilà ce que je ne pardonne pas, dans l'intérêt des mœurs et de ma couronne.

RODOLPHE.

Et Votre Majesté a raison. Aussi ne lui répondrai-je qu'un seul mot : c'est que je n'aime et n'aimerai jamais la baronne.

LE ROI.

Que dis-tu ?

RODOLPHE.

Qu'elle m'est tout à fait indifférente.

LE ROI.

Tu me trompes !

RODOLPHE.

Je le jure par l'honneur... et si je connaissais un ami qui en fût épris, loin de le traiter en rival, j'offrirais de le servir.

LE ROI, avec empressement.

J'accepte !

RODOLPHE.

Vous, Sire ?...

LE ROI, gaîment.

Oui, je l'aimais sans le lui dire, et, te croyant préféré, j'étais furieux contre elle, jaloux contre toi... et, dans ma colère, j'ai été injuste... je t'ai trahi... Pardonne-moi, Rodolphe !

RODOLPHE.

Ah ! Sire...

LE ROI.

Non, c'est mal ! J'ai fait cause commune avec un mari ; ça ne se doit pas, et j'en serai puni... car, maintenant, j'ai éveillé ses soupçons ; le voilà sur ses gardes. Il est fin, il est adroit... et réussir sera difficile...

RODOLPHE, souriant.

Moins que vous ne croyez !...

LE ROI.

Ah ! s'il était vrai... dès aujourd'hui, je me déclarerais.

RODOLPHE.

Je ne vois pas ce qui pourrait vous en empêcher... (Riant.) à moins que ce ne soit le droit des gens ?

LE ROI, de même.

Tais-toi ! tais-toi !... je te tiendrai au courant. Tu viens d'abord avec nous à cette promenade en mer, à cette partie de pêche...

RODOLPHE.

Je n'en suis donc plus exclu ?

LE ROI, avec bonté.

Est-ce que je peux te quitter et me passer de toi ?... Et ta passion, nous en causerons. Un amour, disais-tu, absurde, impossible. En quoi donc ?... cela dépend-il de moi ?

RODOLPHE, avec émotion.

Non, non... de mon père... de ma famille.

LE ROI.

Une mésalliance ?...

RODOLPHE.

Oui, justement. J'en ai honte, j'en rougis ; n'en parlons jamais... je vous en prie.

LE ROI.

Au contraire... et, quels que soient les obstacles, Rodolphe, compte sur ton roi... et, mieux encore, sur ton ami.

(Il sort.)

SCÈNE VII.

RODOLPHE, seul.

Ah ! c'est indigne à moi ! Trahir mon maître, mon bienfaiteur... Hélas ! j'avais perdu la raison ; tout m'avait enivré : l'amour d'une princesse, l'éclat du rang suprême. Quel autre eût eu le courage de résister à tant de charmes... à tant d'illusions ?... et si je suis coupable... eh bien ! il y va de mes jours ; le danger ennoblit tout... et, quoi qu'il arrive maintenant, il n'y a plus à se repentir ; le sort en est jeté !

SCÈNE VIII.

RODOLPHE, LA PRINCESSE.

LA PRINCESSE, avec agitation.

Vous encore !... vous ici ! Dieu soit loué !... Je sors du salon de musique, où mon frère vient d'entrer... et, toujours suivie de ces dames d'honneur, qui ne me quittent jamais, je me promenais dans ces jardins, lorsque j'ai aperçu de loin des fleurs que j'ai désirées... elles sont occupées à les cueillir.

RODOLPHE.

Et je puis vous dire toutes mes craintes.

LA PRINCESSE, lui faisant signe de s'éloigner d'elle.

N'approchez pas ! On a des soupçons... le roi lui-même...

RODOLPHE.

Il n'en a plus.

LA PRINCESSE.

Mais ce docteur, ce baron de Warendorf... il faut, à ses yeux, aux yeux de toute la cour, dissiper jusqu'au moindre doute.

RODOLPHE.

Et comment faire ?... Mon Dieu ! à peine si mes regards osent de loin rencontrer les vôtres. Et, du reste, dans cette cour nombreuse qui vous entoure, je ne parle à personne.

LA PRINCESSE.

C'est là le mal. Cela est remarqué, et, dans notre intérêt même, il faudrait, avec quelque assiduité, s'occuper de toute autre.

RODOLPHE.

Que dites-vous ?

LA PRINCESSE.

Oui, monsieur... c'est moi qui vous le demande.

RODOLPHE.

Jamais !...

LA PRINCESSE.

Il faut que l'on puisse vous croire amoureux. (Vivement.) Qu'il n'en soit rien, je vous en prie ; mais qu'on le dise, qu'on le répète, que ce soit reconnu, que ce soit le bruit général... et, alors, nous sommes sauvés !

RODOLPHE.

Moi qui ne pense qu'à vous au monde, comment voulez-vous que j'adresse des hommages à une autre ?

LA PRINCESSE.

On prend sur soi... on fait son possible.

RODOLPHE.

Et qui choisir ? mon Dieu !...

LA PRINCESSE.

La baronne de Warendorf... vous aviez commencé à vous occuper d'elle.

RODOLPHE.

Par votre ordre !

LA PRINCESSE.

C'était bien.

RODOLPHE.

Vous me l'avez défendu.

LA PRINCESSE.

C'est vrai; sa coquetterie m'effrayait... mais maintenant...

RODOLPHE.

Maintenant, impossible... par ordre supérieur... Le roi...

LA PRINCESSE.

Comment ?...

RODOLPHE, gaîment.

Le roi lui-même en est épris.

LA PRINCESSE, de même.

Bien, bien; n'en parlons plus... mais, alors, cela vous regarde... qui vous voudrez.

RODOLPHE.

La duchesse de Buttura ?

LA PRINCESSE.

Oh ! non... elle est trop belle !... Si vous veniez à l'aimer...

RODOLPHE.

Eh bien ! la comtesse de Velletri ?... une figure si insinifiante...

LA PRINCESSE.

Oui... mais elle a tant d'esprit... Elle vous plairait... et, à cour, il y en a tant d'autres...

RODOLPHE.

Eh ! mon Dieu ! non... je n'y pensais plus. J'ai déjà parlé u roi d'une passion romanesque et impossible... d'une mélliance... Dans le trouble où j'étais, je ne savais que lui 're.

LA PRINCESSE.

Silence !... on vient.

SCÈNE IX.

LES MÊMES; ZANETTA.

ZANETTA, tenant une corbeille de fleurs et faisant la révérence.

COUPLETS.

Premier couplet.

Voici la jardinière
Qui choisit, pour vous plaire,
Ses plus jolis bouquets!
Ces fleurs, par moi chéries.
Que pour vous j'ai cueillies,
Madame, acceptez-les !
Prenez, noble princesse;
C'est la seule richesse
De l'humble Zanetta !
Son bouquet, le voilà,
    Le voilà,
        Là !

Deuxième couplet.

Voyez, dans ma corbeille,
Près la rose vermeille,
Le blanc camélia !
Voyez, ces fleurs nouvelles,
Qui sont fraîches et belles
Comme vous, signora.
Prenez, noble princesse ;
C'est la seule richesse
De l'humble Zanetta !
Son bouquet, le voilà,
    Le voilà,
        Là !

LA PRINCESSE.

Eh mais !... ce présent est très-gracieux, très-aimable... et vous aussi, ma belle enfant !... Qui êtes-vous ?...

ZANETTA.

Zanetta... la jardinière du château. C'est mon père qui est le concierge... Piétro Thomassi... un ancien militaire... un brigadier... un grand seigneur lui a fait avoir cette place, à cause de ses blessures.

LA PRINCESSE.

Le grand seigneur a fort bien fait, et je l'approuve.

ZANETTA.

J'ai aperçu des dames de votre suite qui, par vos ordres, cueillaient des fleurs. J'en demande pardon à Votre Altesse, mais toutes grandes dames qu'elles sont, elles ne s'y connaissent pas du tout... tandis que moi, j'ai choisi, tout de suite, ce qu'il y avait de mieux.

LA PRINCESSE.

Je vous en remercie. (A Rodolphe.) Je ne l'avais pas encore vue.

RODOLPHE, la regardant à peine.

Ni moi non plus.

ZANETTA.

Je crois bien !... quand la cour vient ici, vous ne sortez pas de vos appartements dorés, et vous ne descendez jamais dans nos jardins, qui en valent cependant la peine... je m'en vante !...

LA PRINCESSE.

C'est un tort que je réparerai... et, en attendant, ma chère Zanetta, je veux me charger de toi et de ton avenir.

ZANETTA.

Ça se pourrait bien !

LA PRINCESSE, riant.

Comment ? cela se pourrait bien !... Je te dis que cela est.

ZANETTA.

Eh bien ! ça ne m'étonne pas, et je m'y attendais presque.

LA PRINCESSE, *étonnée.*

Et pour quelles raisons ?

ZANETTA.

Je vais vous le dire : Il y a, dans les environs de Palerme, une vieille sibylle qui, pour un demi-carolus, apprend l'avenir à tout le monde.

LA PRINCESSE.

Et tu l'as consultée ?

ZANETTA.

Pas plus tard qu'hier... et en regardant, avec sa lunette, dans ma main, elle m'a dit : « Voilà une ligne qui indique que vous serez fortune... que vous aurez un ou deux seigneurs... peut-être plus, qui vous feront la cour... finalement, vous serez une grande dame... » Or, la sorcière dit toujours vrai quand on la paie comptant, et j'ai payé d'avance.

LA PRINCESSE.

Alors, il n'y a pas de doute possible ?

ZANETTA.

Aussi, vous voyez... ça commence déjà... voilà votre protection qui arrive, et peut-être d'autres encore...

LA PRINCESSE, *souriant.*

En effet, cela ne m'étonnerait pas... Petite, tu viendras tous les matins renouveler les fleurs du pavillon. En attendant, arrange-moi, pour ce matin, un bouquet à la place de celui-ci (*Montrant celui qu'elle détache de sa ceinture.*) et un autre pour le bal de ce soir.

ZANETTA.

Votre Altesse a raison, cela vaudra toujours mieux (*Montrant le bouquet que la princesse tient à la main.*) que vos fleurs artificielles... quelque belles qu'elles soient...

(*Zanetta s'approche du bosquet à droite, où est une table, sur laquelle elle a placé sa corbeille. Elle y prend des fleurs qu'elle assortit, et dont elle forme un bouquet.*)

LA PRINCESSE, pendant ce temps, prenant Rodolphe à part.

Écoutez-moi, Rodolphe : vous voyez cette jeune fille... c'est d'elle dont il faut que vous soyez l'amoureux en titre.

RODOLPHE.

Votre Altesse n'y pense pas ?

LA PRINCESSE.

Si vraiment !...

RODOLPHE.

Mais, c'est d'une extravagance !...

LA PRINCESSE.

Tant mieux ! on s'en occupera davantage... plus ce sera absurde et bizarre, et plus cela fera du bruit à la cour ; c'est justement ce qu'il faut pour détourner de nous l'attention publique.

RODOLPHE.

Permettez, cependant...

LA PRINCESSE.

N'est-ce pas d'ailleurs cette inclination romanesque et impossible, cette mésalliance que vous avez promise à mon frère ?... vous lui tenez parole.

RODOLPHE.

Mais quelque envie que j'aie de vous plaire et de vous obéir, je ne pourrai jamais...

LA PRINCESSE, souriant.

C'est ce que je veux.

RODOLPHE.

Il me sera impossible d'être galant et assidu auprès de cette paysanne... de cette petite niaise.

LA PRINCESSE.

Vous n'en aurez que plus de mérite. Tout dépend d'ailleurs de l'imagination : ce que vous lui direz, persuadez-vous que c'est à moi que vous l'adressez.

RODOLPHE.

Ah! cruelle!... vous me raillez encore?

LA PRINCESSE.

Non! mais je le veux... je l'exige... ou plutôt, j'ai tort de parler en princesse, (Lui tendant la main.) mon ami, je vous en prie. Et à mon tour, pour reconnaître un si beau dévouement... (Lui présentant le bouquet de fleurs artificielles qu'elle tenait à la main.) Tenez... gardez ces fleurs, et quelque demande que vous m'adressiez un jour... je jure ma parole royale, de vous l'accorder sur-le-champ... à la vue seule de ce bouquet!...

RODOLPHE, avec transport.

Ah! madame!...

LA PRINCESSE, retirant sa main.

Imprudent!... (S'avançant vers Zanetta.) Eh bien! ce bouquet est-il prêt?

ZANETTA.

Oui, madame... et digne d'une reine, comme probablement vous le serez un jour!

LA PRINCESSE, vivement.

Non pas... je l'espère! (Bas à Rodolphe.) Je vous laisse... faites votre déclaration; mais hâtez-vous, car je vais m'arranger pour vous envoyer des témoins.

(Elle sort en laissant son éventail sur la table du bosquet et en faisant signe à Rodolphe de faire la cour à Zanetta.)

SCÈNE X.

RODOLPHE, ZANETTA.

DUO.

RODOLPHE, à part.

M'imposer un devoir semblable!
Ah! pour moi, quel mortel ennui!

Et dans le dépit qui m'accable,
Que faire?... et que lui dire ici?...

ZANETTA, à part.

Qu'il est gentil, qu'il est aimable!
Et qu'il me paraît bien ainsi!...
Mais, hélas! quel chagrin l'accable,
Et dans ses traits quel sombre ennui!
Qui peut donc l'attrister ainsi?

(S'approchant de lui timidement, après une révérence.)

Je voudrais bien, monseigneur, mais je n'ose
Vous aborder!...

RODOLPHE.

Pourquoi pas?... tu le peux!

ZANETTA, avec compassion.

Vous avez l'air si malheureux!

RODOLPHE, vivement.

Tu dis vrai!

ZANETTA.

C'est bien mal!... qui donc ainsi s'expose
A vous fâcher?

RODOLPHE, à part.

La pauvre enfant
Me le demande ingénument
Et ne sait pas, morbleu! qu'elle seule en est cause!...

(Haut.)

Mais, à mon tour, Zanetta, je voudrais...

ZANETTA, vivement.

Quoi donc?

RODOLPHE, s'approchant d'elle, avec embarras.

C'est que, vois-tu...

(A part et s'éloignant d'elle.)

Je ne pourrai jamais!

Ensemble.

RODOLPHE.

Vous, qui brillez par vos conquêtes,
Apprenez-moi comment vous faites

2.

Pour exprimer sans embarras,
L'amour que vous n'éprouvez pas?
Moi, je le veux... et ne peux pas!
J'essaie en vain, je ne peux pas;
Non, non, je ne peux pas!

ZANETTA.

Quoi! détourner ainsi la tête,
Lorsqu'à l'écouter je m'apprête!...
Mais on ne doit peut-être pas,
Aux grands seigneurs, parler, hélas!
Je n'ose plus faire un seul pas!...
Je n'ose pas!
Non, non, je n'ose pas!

RODOLPHE, à part, et cherchant à se donner du courage.

A ma promesse, allons! soyons fidèle...
Mais, avant de tomber aux genoux d'une belle,
Il faut lui dire au moins son nom!

(Haut.)
Ma belle enfant,
Savez-vous qui je suis?

ZANETTA.
Depuis longtemps!

RODOLPHE, étonné.
Comment?

ZANETTA.
Depuis plus de trois ans!... c'était lors de la guerre...
Le comte Rodolphe, autrefois,
S'arrêta dans notre chaumière!
Il l'a sans doute oublié?

RODOLPHE.
Non!...
(A part, riant.)
Je crois
Que j'y suis enfin!
(Haut, avec chaleur.)
Non, ma chère!
J'en ai toujours gardé fidèle souvenir.

ZANETTA.

Serait-il vrai?

RODOLPHE.

Rien n'a pu le bannir!
Et s'il faut que je vous apprenne
Ces noirs chagrins, cette secrète peine,
Sur lesquels votre cœur interrogeait le mien...

ZANETTA, avec émotion.

Eh bien! monseigneur?...

RODOLPHE, hésitant.

Eh bien! eh bien!...

Ensemble.

RODOLPHE, à part, et s'éloignant d'elle.

Ah! dites-moi comment vous faites,
Vous qui brillez par vos conquêtes?
Comment peindre sans embarras
L'amour que l'on n'éprouve pas?
Moi, je le veux... et ne peux pas!
J'essaie en vain, je ne peux pas,
Non, non, je ne peux pas!

ZANETTA.

Quoi! détourner ainsi la tête,
Lorsqu'à l'écouter je m'apprête!...
Mais c'est bien étonnant, hélas!
Pourquoi donc ne parle-t-il pas?
Oui... l'on dirait qu'il n'ose pas!
Il n'ose pas!
Non, non, il n'ose pas!

RODOLPHE, à part, regardant du côté du bosquet.

Dieu! le baron qui vient de ce côté!
Et que vers nous, sans doute, envoya la princesse.
Allons! allons! il le faut... le temps presse!
Et j'ai déjà trop longtemps hésité!...

(En ce moment paraît le baron dans le bosquet. Il aperçoit et prend sur la table l'éventail que la princesse y a laissé, et qu'elle lui a envoyé chercher. Il va s'éloigner, lorsqu'il aperçoit Rodolphe en tête-à-tête avec Zanetta. Il fait un geste de surprise et de curiosité, et se retire dans l'intérieur du bosquet en faisant signe qu'il va écouter.)

RODOLPHE, qui, pendant ce temps, a suivi de l'œil le baron, s'adresse à haute voix et avec véhémence à Zanetta.

Eh bien! à votre cœur, il faut faire connaître
Ce secret dont le mien enfin n'est plus le maître...

ZANETTA, étonnée.

Que dit-il?...

RODOLPHE.

Je voulais et vous fuir et bannir
Un amour dont mon nom m'oblige de rougir;
Mais malgré mes combats, malgré vous et moi-même,
Il le faut... il le faut!... Zanetta, je vous aime!

(Zanetta pousse un cri. Le baron avance sa tête dans le bosquet, fait un geste de joie et de surprise, et se retire en indiquant qu'il écoute toujours.)

Ensemble.

ZANETTA.

Non... non... non, c'est un songe
Qui se prolonge!
Et plus j'y songe,
Plus j'ai frayeur
Que soudain cesse
Si douce ivresse,
Et disparaisse
Rêve enchanteur!

RODOLPHE, à part et riant.

Ah! l'heureux songe!
L'adroit mensonge!
Qu'amour prolonge
Sa douce erreur!
Feinte tendresse
Qui l'intéresse!...
    (Montrant le bosquet.)
Et dont l'adresse
Trompe un trompeur!

ZANETTA, *vivement et avec joie.*
Quoi! dès longtemps?...

RODOLPHE.
Mon cœur soupire!

ZANETTA.
Et vous m'aimez?

RODOLPHE.
Sans te le dire,
Cherchant de loin à te revoir!

ZANETTA, *ingénument.*
C'est donc ça que parfois, le soir,
Sous ma fenêtre solitaire,
On s'avançait avec mystère...

RODOLPHE, *souriant.*
C'était moi!

ZANETTA.
Puis on fredonnait
Sur la guitare un air discret...

RODOLPHE, *de même.*
C'était moi!...

ZANETTA.
Que j'entends encor!... tra, la, la, la.

RODOLPHE.
Justement! c'est bien celui-là.

ZANETTA, *redisant l'air.*
Tra, la, la, la, la, la, la, la, la, la, la, la.

RODOLPHE, *à part, en souriant, et pendant qu'elle chante.*
D'autres, si je crois m'y connaître,
Venaient alors incognito!

ZANETTA, *ingénument.*
Moi qui n'ouvrais pas ma fenêtre,
Croyant que c'était Gennaio!
Et c'était vous?

RODOLPHE.
C'était moi-même !

ZANETTA, avec expression.
Ah ! monseigneur !... si j'avais su !...

RODOLPHE, sans l'écouter, avec passion.
Silence !... Je t'aime !... je t'aime !...
(A part et regardant du côté du bosquet.)
J'espère au moins qu'il a tout entendu !
(A haute voix.)
Je t'aime !... je t'aime !

Ensemble.

ZANETTA.
Non... non... non, c'est un songe, etc.

RODOLPHE.
Ah ! l'heureux songe ! etc.

SCÈNE XI.

LES MÊMES ; MATHANASIUS.

FINALE.

(A la fin de ce duo, le baron sort du bosquet et s'adresse à Zanetta, qu'il salue.)

MATHANASIUS.
A merveille, mademoiselle !

RODOLPHE, à part.
Tout va bien !

ZANETTA, effrayée et se réfugiant près de Rodolphe.
O terreur mortelle !

Ensemble.
(Mystérieusement et à demi-voix.)

O ciel ! il écoutait !
Il sait notre secret !

Que vais-je devenir?
De honte il faut mourir!

  RODOLPHE, à part, gaîment.
Vivat!... il écoutait!
Il sait notre secret!
Et pour mieux nous servir
Il va tout découvrir.

  MATHANASIUS, à part.
Ce bosquet indiscret
M'a livré leur secret!...
Ah! pour moi quel plaisir!
J'ai su le découvrir.

ZANETTA, allant au baron, d'un air suppliant.
Monsieur, vous me promettez bien
D'être discret...

  MATHANASIUS.
  Ne craignez rien!

  ZANETTA.
Vous le jurez?

  MATHANASIUS.
  Eh! oui! sans doute!
C'est pour me taire que j'écoute!

  RODOLPHE, bas à Zanetta.
C'est le roi!... c'est sa sœur!

  (Zanetta se retire à l'écart.)

SCÈNE XII.

LES MÊMES; LE ROI, entrant, donnant la main à LA PRINCESSE.

(En apercevant la princesse, le baron va au-devant d'elle et lui présente son éventail, en lui indiquant qu'il a eu beaucoup de peine à le retrouver, et qu'il était là, dans le bosquet. Pendant que la princesse et Mathanasius sont à droite du spectateur, et Zanetta un peu au fond du théâtre au milieu, le roi prend Rodolphe à part, à gauche du spectateur.)

LE ROI, bas à Rodolphe, avec joie.

Je me suis déclaré!

RODOLPHE, de même.

Fort bien!

LE ROI, de même.

O sort prospère!
La charmante baronne a reçu sans colère
L'hommage de son prince et l'offre de son cœur!

RODOLPHE, bas.

Et son époux, l'habile diplomate?

LE ROI, de même.

Ne sait rien!

MATHANASIUS, passant mystérieusement près du roi, et à voix basse.

Je sais tout!

(Voyant l'étonnement du roi.)

Ou du moins, je m'en flatte!
Ma femme est innocente, et votre sœur aussi!

LE ROI.

Vraiment!

MATHANASIUS, montrant Rodolphe.

Celle qu'il aime en secret... est ici!

LE ROI.

Eh! qui donc?

MATHANASIUS, montrant Zonetta qui se tient à l'écart.

Regardez!

LE ROI, haussant les épaules.

Allons donc!

MATHANASIUS.

Vraiment oui!
Je l'ai vu!

LE ROI.

Pas possible!

LA PRINCESSE.
Eh mais ! chacun son goût.

LE ROI, réfléchissant, et prenant à part le baron et la princesse.
C'est donc ça que tantôt...

ZANETTA, les voyant tous trois en groupe, s'approche de Rodolphe, et lui dit avec dépit, en montrant le baron.
Allons, il leur dit tout !

Ensemble.

ZANETTA.
Par lui, chacun connait
Déjà notre secret !
Que vais-je devenir ?
De honte il faut mourir !

LE ROI, à Rodolphe.
Quoi ! c'est là ton secret ?
(Regardant Zanetta.)
C'est fort bien en effet !
Et l'on peut sans rougir
A ton choix applaudir.

MATHANASIUS.
Ce bosquet indiscret
M'a livré leur secret !
Ah ! pour moi quel plaisir !
Je l'ai su découvrir !

LA PRINCESSE.
Très-bien ! il écoutait !...
Il connait leur secret,
Et pour mieux nous servir,
Il va le découvrir.

RODOLPHE, au roi.
Oui ! c'est là mon secret,
Votre cœur le connait ;
Et dussé-je en rougir,
Je prétends la chérir.

SCÈNE XIII.

LES MÊMES; SEIGNEURS et DAMES DE LA COUR.

LE CHOEUR.

Le temps est beau, la mer est belle,
Entendez-vous les matelots ?
La tartane qui nous appelle
Est prête à sillonner les flots.

RODOLPHE, pendant ce temps, s'approche de la princesse et lui dit à demi-voix et tendrement.

A mon serment je suis fidèle !
D'un pareil dévoûment, vous me devez le prix !

LA PRINCESSE, à Rodolphe.

Prenez garde !...

(Lui montrant Zanetta.)
Restez auprès de votre belle !
(Souriant.)
C'est le devoir d'un amant bien épris.

MATHANASIUS, à Dionigi et à Ruggieri, avec qui il cause.
Voilà le fait ! n'en dites rien !...

RUGGIERI, qui a causé avec d'autres seigneurs.
Voilà le fait ! n'en dites rien !...
Du roi lui-même je le tien !

(Chacun se répète à voix basse la nouvelle qui circule dans tous les groupes en se montrant Zanetta.)

ZANETTA, à part, avec douleur, les regardant.
Encor ! encor !

LA PRINCESSE et RODOLPHE, à part, les regardent.
Très-bien !... très-bien !

Ensemble.

ZANETTA.
De nous ils semblent rire !

Ah ! mon cœur se déchire,
On vient de tout leur dire,
C'est affreux ! c'est bien mal !
(Montrant Rodolphe.)
Il me maudit peut-être ?...
(Montrant le baron.)
Et c'est lui ! c'est ce traître,
Qui leur a fait connaître
Ce mystère fatal !

LE CHŒUR.

C'est charmant ! il faut rire
De son tendre martyre !
C'est vraiment du délire,
C'est trop original !
Daphnis va reparaître,
Et cet amour champêtre,
A la cour fait renaître
Le genre pastoral !

RODOLPHE.

Oui, messieurs, l'on peut rire
De mon tendre délire,
De l'objet qui m'inspire
Un amour sans égal !...

RODOLPHE et LA PRINCESSE, montrant le baron.

Oui, lui-même, ce traître
Ne peut s'y reconnaître ;
Le bonheur va renaître !
Je brave un sort fatal.

ZANETTA, voyant tous les regards tournés vers elle.

Sur moi s'arrêtent tous les yeux !
Pourquoi ?... pour un seul amoureux !
(Pleurant.)
On croirait que les grandes dames,
A la cour n'en ont jamais vu !...

RODOLPHE, allant à elle en souriant, et cherchant à la consoler.

Quoi ! tu pleures vraiment ?

ZANETTA.

Oui, je lis dans leurs âmes,
Ils vont tous m'accabler, et je l'ai bien prévu !
(Essuyant ses yeux.)
Avec ces dames si hautaines
Je ne troquerais pas mon sort !

RODOLPHE.

Et pourquoi ?

ZANETTA.

Leurs plaisirs sont moins doux que mes peines !

RODOLPHE, étonné.

Que dit-elle ?

LE ROI, prenant amicalement le bras de Rodolphe qu'il emmène.
Allons, viens !

RUGGIERI, voyant Rodolphe à qui le roi donne le bras.
Il n'est donc pas encor
En disgrâce ?

LE ROI.

Partons !...

LE CHOEUR.

C'est charmant !... il faut rire
De son tendre martyre !
C'est vraiment du délire,
C'est trop original !
L'âge d'or va paraître,
Et cet amour champêtre
A la cour fait renaître
Le genre pastoral.

TOUS.

Le temps est beau, la mer est belle !
Voici les cris des matelots !
Partons ! le plaisir nous appelle,

Partons ! lançons-nous sur les flots !

(Le baron donne la main à la princesse. Le roi tient Rodolphe sous le bras, et cause avec lui. Le reste de la cour les suit. Zanetta, restée seule, les regarde s'éloigner.)

ACTE DEUXIÈME

Un riche boudoir, dans le palais du roi.

SCÈNE PREMIÈRE.

MATHANASIUS, LE ROI, assis près l'un de l'autre, et causant intimement.

LE ROI, à Mathanasius.

Voilà donc enfin, monsieur le baron, le motif qui vous amenait à ma cour.

MATHANASIUS.

J'en conviens !

LE ROI.

Et la fièvre épidémique... la *maladetta*... ce fléau terrible ?

MATHANASIUS.

Un heureux prétexte dont je me suis servi pour déguiser ma mission.

LE ROI.

Et pourquoi, depuis un mois, gardez-vous un silence absolu sur cette mission, et ne m'en parlez-vous qu'aujourd'hui ?

MATHANASIUS.

Je vais vous l'avouer avec franchise.

LE ROI.

Laquelle ?

MATHANASIUS.

Franchise définitive... la dernière... mon *ultimatum*. L'empereur, un matin que je lui tâtais le pouls, me dit : « Mathanasius, toi qui ne t'es jamais trompé... j'ai bien envie de t'envoyer à Naples. Il y a là une princesse belle, spirituelle, savante, distinguée dans les arts... possédant plusieurs langues; enfin, une princesse accomplie, comme toutes celles qui sont à marier... mais dès qu'il s'agit de mariage, je tiens avant tout à la pureté, à la rigidité des principes... et ce que je ne saurais point par un ambassadeur officiel, je puis l'apprendre par toi... que je charge de tout voir et de tout observer... »

LE ROI.

A merveille ! inquisition intérieure dans ma famille... espionnage !...

MATHANASIUS.

Honorable... ce que nous appelons diplomatie intime. « Si les renseignements que tu me donnes sont fidèles et satisfaisants, continua l'empereur, ta fortune est faite ; mais si tu me trompes ou te laisses tromper, je te fais jeter dans une forteresse pour le reste de tes jours. »

LE ROI.

J'en ferais autant à sa place.

MATHANASIUS.

Vous comprenez alors avec quelles craintes, quelle circonspection je m'avançais ! croyant deviner ou pressentir du côté de la princesse une nuance de préférence pour le comte Rodolphe... je me serais bien gardé d'avouer à Votre Majesté le but de ma mission !... Mais aujourd'hui que j'ai reconnu mon erreur, je puis enfin, comme j'y suis autorisé, remettre à Votre Majesté cette lettre autographe de mon auguste maître... et celle-ci, pour Son Altesse Royale la princesse de Tarente.

LE ROI.
Je vais lui en donner communication.

MATHANASIUS.
Dès aujourd'hui ?

LE ROI.
Dès aujourd'hui. Silence, on vient !

MATHANASIUS.
Le comte Rodolphe !... c'est encore un secret pour lui !

LE ROI.
Pour tout le monde.

SCÈNE II.

LES MÊMES; RODOLPHE.

RODOLPHE, au roi.
Je viens savoir des nouvelles de Votre Majesté.

MATHANASIUS, vivement.
C'était aussi l'objet de ma visite.

RODOLPHE, au roi.
Elle ne s'est pas ressentie de l'accident de ce matin ?

LE ROI.
Pas le moins du monde.

MATHANASIUS.
C'est la faute de ma femme !

LE ROI.
C'est la mienne ; j'ai voulu retenir le bracelet que madame la baronne laissait tomber à la mer... un mouvement trop brusque m'a précipité moi-même, et sans ce pauvre Rodolphe...

MATHANASIUS.
Qui m'a prévenu et s'est élancé.

LE ROI.

Sans savoir nager plus que moi.

RODOLPHE, souriant.

Nous autres, grands seigneurs, on ne nous apprend rien. Aussi ai-je été bien heureux à mon tour de trouver ce brave marin qui m'a porté au rivage... où il est arrivé évanoui... je l'ai fait transporter dans mon palais, et si vous voulez, monsieur le docteur, me faire le plaisir de le visiter...

MATHANASIUS.

C'est un devoir ! je m'y rends à l'instant... et j'irai après rassurer ma femme qui est fort inquiète de Votre Majesté.

LE ROI, avec joie.

En vérité !... j'espère que nous la verrons ce soir, au bal de la cour ?

MATHANASIUS.

J'irai avec elle.

LE ROI.

Mais elle viendra auparavant au concert de ma sœur ?

MATHANASIUS.

Je l'y accompagnerai.

LE ROI, à part, avec dépit.

Toujours avec elle !...

MATHANASIUS.

De cette manière, je ne quitterai pas ce soir Votre Majesté ; et si elle a besoin de mon zèle et de mes talents...

LE ROI.

Mon seul vœu serait de pouvoir les utiliser, car je porte grande envie à votre souverain... qui peut à son gré... à sa volonté... vous envoyer où il lui plaît.

MATHANASIUS.

Votre Majesté est trop bonne, et je ne peux lui prouver

ma reconnaissance... que par un attachement de tous les instants.

(Il sort.)

SCÈNE III.

LE ROI, RODOLPHE.

LE ROI.

COUPLETS.

Premier couplet.

C'est vraiment un homme terrible,
Il ne sait point vous laisser,
On ne peut s'en débarrasser!
Soupçonneux, susceptible,
Il tient à ses droits,
Et se montre, à la cour, jaloux comme un bourgeois!
C'est vraiment un mari terrible!
A qui donc nous adresser,
Qui pourra m'en débarrasser?
(A Rodolphe.)
C'est ton seul appui
Qui peut aujourd'hui
M'épargner l'ennui
D'un pareil mari.

RODOLPHE, riant.

Pour moi,
Si noble emploi!...
C'est trop d'honneur, mon oi!

LE ROI, galment.

Ton ami, ton roi
N'espère qu'en toi!
Soyons tous unis
Contre les maris.

Deuxième couplet.

Que ce soir ton zèle s'applique
A ne pas t'en séparer;
Dans le parc cherche à l'égarer!
Parle-lui politique
Ou bien gouvernement,
Pendant qu'à sa moitié je parle sentiment.
Oui, pendant que la politique
Du mari va s'emparer,
Les amours vont nous égarer.

C'est ton seul appui, etc.

RODOLPHE.

Mais la baronne... qui la préviendra?...

LE ROI.

C'est déjà fait : une lettre que je lui ai fait remettre dans un bouquet, par cette petite Zanetta, qui ne s'en doutait pas.

RODOLPHE.

Que dites-vous?

LE ROI.

Sais-tu, mon cher ami, qu'elle est charmante, délicieuse, originale!... Nos jeunes seigneurs, qui se moquaient d'abord de ton choix, te portent tous envie... ils en raffolent... et c'est à qui te l'enlèvera.

RODOLPHE.

En vérité!...

LE ROI.

C'est à qui lui fera les offres les plus brillantes, et je les conçois... il est certain que c'est bien plus piquant que toutes les beautés de la cour; et moi-même, je te le jure!... si pour le moment, je n'en adorais pas une autre... et puis si ce n'était la maîtresse d'un ami... (Apercevant Zanetta qui passe la tête par la porte du fond.) Mais, tiens... tiens! la voici qui te cherche sans doute. (A Zanetta.) N'aie pas peur!... tu peux entrer. (A Rodolphe.) Je ne veux pas... moi, qui lui devrai un tête-à-tête, déranger les tiens... adieu ! adieu !... tu vois que je suis bon prince.

(Il sort en prenant le menton à Zanetta.)

SCÈNE IV.

RODOLPHE, ZANETTA.

ZANETTA.

Ah ! vous voilà, monsieur !... on a assez de peine à vous trouver. Je ne vous ai pas revu depuis votre belle promenade en mer.

RODOLPHE.

Et tu étais inquiète ?

ZANETTA.

Du tout... j'ai su ici la première qu'il ne vous était rien arrivé.

RODOLPHE.

La première ?... et comment ?

ZANETTA.

Par quelqu'un qui était... qui était là, grâce au ciel ! près de vous... et qui m'a appris que vous étiez sauvé !... sans cela !...

RODOLPHE, souriant.

Sans cela !... qu'aurais-tu fait ?

ZANETTA, tranquillement.

Tiens !... c'te demande... il n'y avait plus rien à faire ! (Négligemment.) La mer est assez grande... il y a place pour tout le monde.

RODOLPHE.

Que dis-tu ?

ZANETTA.

C'est tout naturel... où vous restez, je reste... où vous allez... j'irai !

RODOLPHE.

Toi ! Zanetta ?

ZANETTA.

Ah !... ce que je dis là... vous n'en auriez jamais rien su... si je vous en parle aujourd'hui, c'est parce que vous m'avez parlé le premier... parce que vous m'avez avoué ce matin que vous m'aimiez.

RODOLPHE.

Et cet amour-là ne t'a pas étonnée ?

ZANETTA, tranquillement.

Mais non !... moi je vous aimais tant... il se peut bien que ça se gagne !... et depuis deux ans...

RODOLPHE, surpris.

Deux ans ?...

ZANETTA.

Dame !... vous savez bien... depuis la chaumière.

RODOLPHE, avec embarras.

Certainement... cette chaumière...

ZANETTA.

Quand je vous vis apporter... tout pâle... et sans connaissance... un grand coup de sabre... là, à la poitrine !... Ah ! la vilaine chose que la guerre !

RODOLPHE.

Oui, oui... à la bataille de Bitonto ! je crois me rappeler.

ZANETTA.

Pardine ! un coup de sabre comme celui-là, ça ne s'oublie pas... j'étais aussi pâle que vous. Et mon père qui disait : « Est-elle bête, elle a peur d'un blessé ! » Ce n'était pas de la peur que j'avais...

RODOLPHE.

Oui... près de mon lit... une jeune fille qui me soignait... qui tenait ma main !...

ZANETTA.

C'était moi... Vous m'avez donc vue?...

RODOLPHE, vivement et lui serrant la main.

Mais certainement!...

ZANETTA.

Je ne le croyais pas... car le lendemain, quand votre père, le général, vint vous chercher... à peine aviez-vous repris connaissance... Mais il ne nous oublia pas... lui... Et cette place de concierge, ici... dans ce château...

RODOLPHE.

C'est mon père qui vous l'a fait obtenir... qui s'est chargé d'acquitter ma dette.

ZANETTA.

Juste! et le battement de cœur que j'ai eu la première fois que je vous ai aperçu dans les jardins, avec une foule de seigneurs... Ah! je n'en voyais qu'un seul!... mais je serais morte plutôt que de vous parler... Seulement, une fois... Mais ça n'est pas bien... et je ne sais pas si je dois vous le dire...

RODOLPHE.

Dis toujours!

ZANETTA.

ROMANCE.

Premier couplet.

Dans ces magnifiques jardins,
Où je me tiens sans qu'on me voie,
Un jour s'échappa de vos mains
Un riche et beau mouchoir de soie;
Je m'approchai, ! n lentement...
Je le ramassai doucement,
    En tremblant...
Et tout ce qu'en mon trouble extrême,
J'éprouvai dans ce moment-là...

(Montrant le mouchoir qu'elle porte noué en écharpe autour de son cou.)

Demandez-lui? *(Bis.)* mieux que moi-même,
Il vous le dira!

Deuxième couplet.

C'était mal! et je sentais bien,
Qu'à ma place, une honnête fille
Eût dû vous rendre votre bien...
Je le cachai sous ma mantille!
Tous les jours je le regardais...
Lui parlais!...
Et tous les soirs, je lui disais
Mes secrets...

(Elle porte vivement le mouchoir à ses lèvres, sans que le comte la voie.)

Et tout ce qu'en mon trouble extrême,
J'ai pensé depuis ce jour-là...

(Détachant son mouchoir et le présentant au comte.)

Demandez-lui? *(Bis.)* mieux que moi-même,
Il vous le dira!

RODOLPHE, prenant le mouchoir.

Merci, Zanetta! merci!... je le garderai... comme souve-r... de votre amitié... d'une amitié qui me rend plus cou-ble que je ne croyais.

ZANETTA.

En quoi donc?

RODOLPHE.

Mais si, par exemple, il m'était impossible de la reconn-itre... en ce moment, du moins...

ZANETTA.

Ah! je ne suis pas pressée... maintenant que vous m'ai-ez, j'ai de la patience... La sorcière, dont je vous parlais matin et que j'ai consultée, en lui montrant cette écharpe, a bien prédit que la personne de qui je la tenais m'ai-erait et m'épouserait.

RODOLPHE, vivement.

Par exemple!

ZANETTA.

C'est étonnant, n'est-ce pas? Voilà déjà la moitié de la prédiction accomplie... le plus difficile... (Négligemment.) Pour le reste... quand vous le voudrez... (Geste de Rodolphe.) Non, j'ai voulu dire : quand vous le pourrez... peut-être jamais!... Qu'importe!... je vous attendrai toute ma vie, s'il le faut.

RODOLPHE, vivement et faisant un geste vers elle.

Zanetta!...

ZANETTA.

Qu'avez-vous donc?

RODOLPHE.

Je t'ai fait peur!...

ZANETTA.

Non... mais au geste que vous avez fait, j'ai cru que vous vouliez m'embrasser.

RODOLPHE.

Et cela ne te fâchait pas?

ZANETTA.

Du tout!... un fiancé...

(Rodolphe l'embrasse.)

SCÈNE V.

LES MÊMES; MATHANASIUS.

MATHANASIUS.

Pardon, si je vous dérange encore...

ZANETTA, à part.

Ah! mon Dieu! c'est comme un fait exprès... celui-là arrive toujours au bon moment.

MATHANASIUS.

Je viens de voir, par vos ordres, monsieur le comte, ce brave homme... ce marin... à qui vous devez la vie.

RODOLPHE.

Eh bien ?...

MATHANASIUS.

Il était déjà sur pied... ce ne sera rien... et vous-même vous pourrez le remercier au palais, où il demeure.

RODOLPHE.

Comment ?

MATHANASIUS.

C'est le concierge du château.

RODOLPHE, à Zanetta.

Ton père ?...

ZANETTA.

Que j'aime encore plus depuis qu'il vous a sauvé...

RODOLPHE.

Et tu ne me le disais pas...

ZANETTA.

Tiens !... est-ce que vous parlez jamais des services que vous rendez ?

RODOLPHE, à part, avec colère.

Son père !... Il est dit que ces gens-là m'accableront de bienfaits... et moi, par reconnaissance, j'ai été justement choisir sa fille pour la tromper, l'abuser indignement... Ah ! si je l'avais su... Mais il en est temps encore... (Haut.) Zanetta ! je m'acquitterai envers ton père... et dussé-je partager avec lui ma fortune...

ZANETTA.

Ah ! ce n'est pas cela qu'il demande... il n'y tient pas !... et il y a autre chose qui, j'en suis sûre, lui ferait bien plus de plaisir...

RODOLPHE.

Parle ! et je te le jure, par tout mon pouvoir, par tout mon crédit près du roi...

ZANETTA.

Voici ce que c'est : Mon père est un ancien soldat, qui a reçu trois blessures sur le champ de bataille... Ce n'est pas tout : l'année dernière encore, lorsque la princesse de Tarente fit ce voyage *incognito* dans la Calabre, il faisait partie de l'escorte qui repoussa si vaillamment les brigands... Aujourd'hui, en présence de monsieur le baron et des autres seigneurs qui étaient dans la chaloupe royale, il vous a sauvé la vie... à vous qui défendiez celle du roi... Et maintenant, Paolo Tomassi, soldat... voudrait, non de l'or, mais des titres de noblesse.

MATHANASIUS.

La noblesse, à lui !

RODOLPHE.

Et à qui donc la réservez-vous, si ce n'est aux nobles actions ?... Zanetta, ton père sera noble, je le jure !... monsieur le baron et les autres seigneurs ne te refuseront pas une attestation, par écrit, de ce qu'ils ont vu ce matin. Tu demanderas en même temps, à la princesse, un mot de sa main, sur ce qui est arrivé en Calabre... Tu m'apporteras tout cela... aujourd'hui... le plus tôt possible ; je présenterai la demande et les pièces à l'appui, au roi... à la chancellerie... et dès demain, ce sera une affaire terminée.

ZANETTA.

Ah ! monseigneur, quelle reconnaissance ! (Regardant vers la porte du fond.) Voici le roi.

RODOLPHE, à Zanetta.

Va vite écrire ta pétition.

ZANETTA.

Ce ne sera pas long... je reviens !

(Elle sort par la porte du fond, après avoir fait une révérence au roi et à la princesse qui entrent.)

SCÈNE VI.

Les mêmes; LE ROI, entrant en donnant la main à LA PRINCESSE.

LE ROI, à demi-voix.

Oui, ma sœur... ce mariage est glorieux pour notre maison et utile à l'État... nous y donnons notre consentement.

LA PRINCESSE, à part.

O ciel !

LE ROI.

Et nous comptons sur le vôtre... demain, vous partirez avec le baron !

MATHANASIUS, bas à la princesse.

En attendant le retour de Sa Majesté, je suis entré dans le boudoir, où l'on m'avait précédé. (A demi-voix, en souriant.) Le comte en perd décidément l'esprit.

LA PRINCESSE, souriant.

En vérité ?

MATHANASIUS.

Je l'ai trouvé ici, en tête-à-tête avec cette jeune fille qu'il embrassait...

LA PRINCESSE, avec hauteur, se retournant vers Rodolphe, qui est à sa gauche.

Comment ?

RODOLPHE, à demi-voix avec embarras.

Il l'a fallu... il nous regardait.

LA PRINCESSE, à voix basse.

N'importe ! c'était de trop... (Rapidement.) Il faut que je vous parle aujourd'hui.

RODOLPHE, de même.

Et comment ?

LA PRINCESSE.

Je vous le dirai...

LE ROI.

Venez, mon cher baron, j'ai une réponse à vous rendre

MATHANASIUS.

Réponse que j'attends avec grande impatience.

LA PRINCESSE, bas à Rodolphe, avec joie.

Ils s'en vont !...

LE ROI, à Rodolphe.

Ne nous quittez pas, Rodolphe ; j'ai auparavant à vous donner, pour ce soir, des ordres importants... vous savez.

RODOLPHE.

Oui, Sire ; mais...

LE ROI.

Venez, vous dis-je.

LA PRINCESSE, à part.

Allons, impossible de se voir !

(Le roi, Mathanasius et Rodolphe sortent.)

SCÈNE VII.

LA PRINCESSE, ZANETTA, rentrant, un papier à la main.

DUO.

LA PRINCESSE, à part, s'asseyant.
Contre l'hymen, qu'ordonne un frère,
Et dont l'aspect me fait trembler,
Seule, en ces lieux, que puis-je faire ?
Comment le voir et lui parler ?

ZANETTA, s'approchant de la princesse qui vient de s'asseoir.
La voilà seule !... et, pour mon père,
C'est le moment de lui parler !
Pourtant, je ne sais comment faire ;

Malgré moi, je me sens trembler !
(s'avançant plus près de la princesse, qui a la tête appuyée sur sa main.)
Madame !...

LA PRINCESSE.

Que veux-tu ?

ZANETTA.

Souvent, vous avez dit
Qu'en Calabre, autrefois, lors de votre voyage...
Paolo Tomassi...

LA PRINCESSE.

S'est bravement conduit !

ZANETTA, timidement.

C'est mon père !

LA PRINCESSE, avec indifférence.

Vraiment ?

ZANETTA.

Pour ce trait de courage,
Le comte Rodolphe...

LA PRINCESSE, vivement, et levant la tête.

Ah !

ZANETTA.

Voulait le présenter
Au roi... Mais il fallait d'abord le témoignage
De Votre Altesse...

LA PRINCESSE.

Ah ! je dois attester...

ZANETTA, déployant sa pétition.

Oui, là... sur cet écrit, que je vais lui porter...

LA PRINCESSE, vivement.

A Rodolphe ?...

ZANETTA.

Oui, vraiment !

LA PRINCESSE, de même.

A lui seul ?

ZANETTA.

A l'instant.

LA PRINCESSE, à part.
O hasard prospère,
Qui vient me servir !
Moyen téméraire,
Qui peut réussir !...
De ma messagère
Empruntant le nom,
Par elle j'espère
Tromper le soupçon !

(Elle s'assied près de la table et se dispose à écrire.)

ZANETTA, lui indiquant le bas de la page.
C'est là, madame... au bas !

LA PRINCESSE, s'arrêtant.

Eh ! dis-moi, sais-tu lire ?

ZANETTA.
J'écris aussi...

(Montrant le papier.)
Voyez plutôt, très-couramment.
La langue du pays s'entend !

LA PRINCESSE, souriant.
Et l'espagnol ? et l'allemand ?

ZANETTA.
C'est différent !... mais j'espère m'instruire.

LA PRINCESSE, ayant achevé d'écrire, plie la pétition en quatre, et la tenant toujours à la main.
Et tu pourras parler à Rodolphe ?

ZANETTA.

Oui, vraiment ?

LA PRINCESSE.
Il est avec le roi !

ZANETTA.
C'est égal, en sortant,
Chez lui, m'a-t-il dit, il m'attend !

LA PRINCESSE.
A lui seul ?

ZANETTA.
Oui, vraiment !

LA PRINCESSE et ZANETTA.

A ton secours
Quand j'ai recours,
Hasard heureux,
Comble mes vœux !
Ta main propice
Et protectrice
Veille toujours
Sur les amours !

ZANETTA, regardant le papier que vient de lui remettre la princesse.

Ah ! c'est bien écrit de sa main.
C'est drôle, je n'y puis rien lire,
C'est donc du grec ou du latin ?
(Cherchant à lire.)
Mein lieber, ich muss durchaus
Sie diesen Abend sehen...
Eh ! quoi, cela veut dire
De protéger mon père ?...

LA PRINCESSE.
Eh ! oui, vraiment !

ZANETTA.
Mein lieb... ich muss durchaus...

LA PRINCESSE.
Mein lieb...

ZANETTA.
Ah ! c'est charmant !

Ensemble.

LA PRINCESSE.
Que ces mots écrits
De la main d'une altesse,
Soient par toi remis
A leur adresse !

(A part.)
Billet,
Discret,
Qui sert ma tendresse,
Et doit ici,
Me rapprocher de lui !
O doux espoir ! heureux moments !
Il est un dieu pour les amants !
(A Zanetta.)
Habile messagère,
Il faut surtout se taire !
Tu comprends
Tout le sens
De ces mots importants ;
A l'instant, leste et vive,
Porte cette missive ;
(A part.)
Talisman,
D'où dépend
Le bonheur qui m'attend !

Que ces mots écrits, etc.

ZANETTA, à la princesse.

Oui, ces mots écrits
De la main d'une altesse
Vont être remis
A leur adresse !
(A part.)
Billet,
Discret,
Qui sert ma tendresse,
Et doit ici,
Me rapprocher de lui.
O doux espoir ! heureux moments !
Il est un dieu pour les amants !

Habile messagère,
Ah ! je saurai me taire ;
Je comprends
Tout le sens

De ces mots importants,
Et je vais, leste et vive,
Porter cette missive ;
Talisman,
D'où dépend
Le bonheur qui m'attend.

Oui, ces mots écrits, etc.

LA PRINCESSE.
C'est dit, c'est convenu !

ZANETTA.
A Rodolphe, à lui-même !

LA PRINCESSE.
A lui-même !...

ZANETTA.
Je porte cet ordre suprême !

LA PRINCESSE.
A lui-même !...

ZANETTA.
Ne craignez rien... c'est entendu !

Ensemble.

LA PRINCESSE.
Que ces mots écrits, etc.

ZANETTA.
Oui, ces mots écrits, etc.

(La princesse sort par le fond.)

SCÈNE VIII.

ZANETTA, seule; puis MATHANASIUS.

ZANETTA.
Voilà une aimable princesse !... Courons vite... Ah ! voilà monsieur le baron, ce seigneur allemand... si j'osais,

pendant que j'y suis... lui demander aussi une apostille... Mais je n'ose pas, il a l'air si occupé...
(Elle tourne timidement autour de Mathanasius, qui vient de s'avancer au bord du théâtre.)

MATHANASIUS, se frottant les mains.

Ma fortune est assurée, car, grâce à moi, cette glorieuse alliance est enfin conclue... Je viens d'en expédier la nouvelle à ma cour, par un vaisseau fin voilier, qui s'éloigne du port à l'instant, et l'empereur, mon auguste maître, va me devoir une épouse jeune, belle, et surtout vertueuse, je m'en vante... Ça m'a donné bien de la peine, mais aussi, je suis sûr de mon fait. (Se retournant et apercevant Zanetta qui a sa pétition à la main et n'ose l'aborder.) Qu'est-ce que c'est ? qu'y a-t-il ?...

ZANETTA.

C'est cette pétition en faveur de mon père... que vous avez promis de signer.

MATHANASIUS, gaîment.

Très-volontiers, ma chère enfant... j'y suis tout disposé!

ZANETTA.

La princesse a déjà daigné y mettre une apostille.

MATHANASIUS.

Et je vais faire de même... trop heureux de placer mon nom à côté de celui de très-noble, très-haute, très-vertueuse princesse... (Lisant; à part.) Ah! mon Dieu!...

ZANETTA, à part.

Qu'a-t-il donc ?

MATHANASIUS.

Ces mots écrits de sa main, et en allemand : (A part.) « Mon ami... il faut absolument que je vous voie ! Au lieu « d'aller au bal, dites-vous malade, et, ce soir, à dix « heures... au pavillon de Diane... Je vous attends. »

ZANETTA, à demi-voix.

Eh bien ! il hésite...

MATHANASIUS.

Non, non. (A part.) « Je vous attends ! au pavillon de « Diane. » Ce n'est pas possible, (A demi-voix.) et je ne puis croire que la princesse...

ZANETTA.

Vous en doutez ?... C'est bien d'elle... c'est de sa main... elle l'a écrit tout à l'heure... ici, devant moi.

MATHANASIUS, à part.

Celle que j'ai choisie pour impératrice ! Ah ! si mes dépêches n'étaient pas parties... mais comment rejoindre ce vaisseau, qui est déjà en pleine mer ? Non, non ; c'est ici qu'est le danger, et pour préserver maintenant mon empereur et son auguste tête...

ZANETTA.

Eh bien, monsieur, écrivez donc !

MATHANASIUS, s'asseyant.

M'y voici. Je vais t'apostiller, te recommander. (A part.) Là, avant l'écriture de la princesse... il y a de la place. (Écrivant.) Et une ligne seulement. (Après avoir écrit.) Tiens, mon enfant... tiens, porte tout cela à celui que l'on t'a dit, que l'on t'a désigné.

ZANETTA.

Je n'irai pas loin... le voici.

MATHANASIUS, à part, avec colère.

Rodolphe ! Quand je le disais ce matin...

SCÈNE IX.

Les mêmes; RODOLPHE, LE ROI, DIONIGI, RUGGIERI, QUELQUES COURTISANS et TCHIRCOSSHIRE.

ZANETTA, courant à Rodolphe.

Tout va à merveille... ma pétition... vous savez bien...

j'ai la signature de la princesse... Tenez, tenez... et la recommandation de monsieur le baron.

RODOLPHE.

C'est bien.

ZANETTA.

Lisez tout de suite... et surtout ne me faites pas languir, comme il arrive toujours avec vous autres, messieurs de la cour.

RODOLPHE, souriant.

Sois tranquille, mon enfant... sois tranquille...

(Zanetta sort.)

MATHANASIUS.

Monsieur le comte a l'air bien joyeux...

RODOLPHE, ouvrant la pétition.

Oui, jamais je ne me suis senti plus dispos et mieux portant.

LE ROI, qui causait bas avec les courtisans, s'avançant au bord du théâtre.

Oui, messieurs, je vous annoncerai, demain, solennellement et officiellement, une importante nouvelle, qui convient fort à monsieur le baron...

MATHANASIUS, à part, faisant la grimace.

Joliment !

RODOLPHE, à part, après avoir lu.

O ciel !... « Ce soir... à dix heures, feignez d'être malade ! »

MATHANASIUS, l'observant.

C'est bien pour lui.

LE ROI.

Nouvelle qui vous plaira, j'en suis sûr ; car ce sont de nouveaux plaisirs qui nous arrivent... sans compter ceux d'aujourd'hui.

DIONIGI.

Le concert sera charmant.

RUGGIERI.

Et le bal délicieux !

LE ROI.

Quoique ma sœur ne puisse y paraître qu'un instant.

RUGGIERI et DIONIGI.

En vérité !

LE ROI.

Elle sera obligée de se retirer de bonne heure.

MATHANASIUS, à part, avec colère.

C'est bien cela... tout s'accorde!

LE ROI, bas à Mathanasius.

A cause du départ de demain et des préparatifs nécessaires... Vous savez ?

MATHANASIUS, à part.

Oui, je ne sais que trop bien!

LE ROI.

Mais nous... nous y passerons gaiement toute la nuit... N'est-ce pas, Rodolphe ?... (Le regardant.) Ah ! mon Dieu ! qu'as-tu donc ?

RODOLPHE.

Rien, Sire ; je ne me sens pas bien... une douleur soudaine et rapide...

MATHANASIUS, à part.

A merveille !... cela commence. (Haut.) Vous qui, tout à l'heure encore, vous portiez si bien !

RODOLPHE.

Oui, c'est inattendu... un frisson... une chaleur intérieure... une fièvre qui n'a rien d'apparent.

LE ROI.

Eh mais ! voilà monsieur le baron !... un docteur dis-

4.

tingué... qui ne se trompe jamais. Il nous dira ce que c'est

RODOLPHE, à part.

Ah ! diable... cela devient plus difficile.

MATHANASIUS, lui tâtant le pouls et secouant la tête.

Hum ! hum !...

TOUS.

Eh bien ! eh bien !...

MATHANASIUS.

C'est grave... très-grave !...

RODOLPHE, ne pouvant retenir un éclat de rire.

En vérité !...

MATHANASIUS.

Vous riez !... et vous avez tort ; ce n'est pas risible. Vous êtes dans un état qui peut devenir très-dangereux.

RODOLPHE, à part.

Ah ! l'excellent docteur !... C'est charmant !

MATHANASIUS.

Il y va de la vie... jeune homme !

LE ROI, vivement.

Serait-il possible ?

RODOLPHE, à part.

Il me seconde à merveille ! (Feignant de souffrir.) Ah !... je crains bien qu'il me soit impossible d'aller ce soir à ce concert, à ce bal !

MATHANASIUS.

Comme docteur, je le défends ! Vous resterez ici, de peur d'aggraver le mal, qui n'est déjà que trop considérable; et si de simples mesures de précaution ne suffisent pas, j'ai, de plus, une ordonnance d'un effet immanquable... que je vais faire préparer... si vous voulez bien me le permettre.

LE ROI.

Comment donc !...

MATHANASIUS, faisant signe à son valet, qui est resté au fond, et lui parlant à part.

Tchircosshire, il faut me trouver trois lazzaroni armés de leur escopette, trois bravi dont tu sois sûr.

TCHIRCOSSHIRE.

Ia !

MATHANASIUS.

Qu'avant dix heures du soir ils soient en embuscade dans les bosquets qui entourent le pavillon de Diane...

TCHIRCOSSHIRE.

Ia !

MATHANASIUS.

Et s'ils voient un homme vouloir escalader le balcon...

TCHIRCOSSHIRE.

Ia !

MATHANASIUS, faisant le geste de tirer.

Cinquante ducats à chacun !... cela rentrera dans les fonds secrets de l'ambassade.

TCHIRCOSSHIRE.

Ia !

(Il s'éloigne.)

RODOLPHE, pendant ce temps et bas au roi.

Je suis désolé, Sire, de ce contre-temps... Vous qui comptiez sur moi pour retenir ce soir le docteur !

LE ROI, à demi-voix.

Je n'en ai plus besoin ; j'ai mieux que cela. Tu sauras tout demain matin.

RODOLPHE.

Bonne chance à Votre Majesté !

LE ROI, sortant.

Adieu, Rodolphe... adieu !

RUGGIERI, s'apprêtant à le suivre.

Adieu, mon cher. Je suis vraiment bien peiné ; mais nous viendrons te tenir fidèle compagnie... nous viendrons tour à tour assidûment.

DIONIGI, bas à Mathanasius.

Ah çà ! docteur, qu'est-ce qu'il a donc, décidément ?

MATHANASIUS.

Quoi ! vous ne l'avez pas deviné ?... Cette maladie terrible... contagieuse... qui ne fait pas de grâce...

RUGGIERI, s'éloignant de Rodolphe.

O ciel... la *maladetta !*

MATHANASIUS.

Précisément... Je lui disais bien que, s'il n'y prenait garde, il y allait de sa vie.

DIONIGI, s'éloignant de Rodolphe avec frayeur.

Adieu, Rodolphe, adieu !

RUGGIERI, de même.

Adieu, mon cher, à bientôt !

DIONIGI.

Certainement, à bientôt !

RUGGIERI.

Adieu ! adieu ! au plaisir !

(Ils sortent tous.)

SCÈNE X.

RODOLPHE, seul et riant.

A merveille ! l'effroi va se répandre, ainsi que la nouvelle. Ils s'éloignent rapidement, et j'entends derrière eux se fermer toutes les portes !... (Après un moment de silence.) A dix heures!... elle va m'attendre! Et, ce matin, elle m'a dit en me donnant ce bouquet, ce ruban : (Tirant lentement le bouquet de son sein.) « Quelque prière... quelque demande que vous m'adressiez... » (Souriant.) C'est clair!... (Regardant la pendule.) Huit heures, à peine... Il y a loin encore, et, d'ici-là, je crois que je puis être tranquille pour ma soirée; les visites ne m'importuneront pas, et personne ne se dérangera du bal pour venir ici s'exposer au terrible fléau. C'est une belle invention que la *maladetta!*... admirable épreuve pour connaître et apprécier ses véritables amis!... Moi, qui en ai tant d'ordinaire!... moi, qui en suis accablé... (Regardant autour de lui.) Me voilà seul!... (Souriant.) C'est l'amitié réduite à sa plus simple expression!... et je peux, sans peine, compter ceux qui m'aiment.

(Il se rassied dans son fauteuil.)

SCÈNE XI.

RODOLPHE, ZANETTA.

(Zanetta s'est avancée doucement au milieu de l'appartement. Elle jette un coup d'œil sur Rodolphe, qui est étendu dans le fauteuil, va tranquillement prendre une chaise et vient s'asseoir à côté de lui, sans rien dire. Après un instant de silence, Rodolphe lève la tête, la regarde et pousse un cri.)

RODOLPHE.

Ah!

ZANETTA, froidement.

Me voilà!

RODOLPHE.

Toi, Zanetta!

ZANETTA, de même.

Oui, mon ami. Je ne faisais pas de bruit... j'ai cru que vous dormiez!

RODOLPHE, avec surprise et attendrissement.

Comment!... tu sais donc?...

ZANETTA.

Tous ces jeunes seigneurs, qui étaient ici, nous l'ont dit en s'en allant.

RODOLPHE, avec admiration.

Et tu viens!...

ZANETTA.

Tiens... cette surprise!... (D'un ton de reproche.) Eh bien, par exemple! est-ce que vous ne m'attendiez pas?... Je suis votre fiancée... votre femme... c'est ici ma place, et m'y voilà!... (Négligemment.) Voyons, monsieur, comment ça va-t-il?

RODOLPHE, hors de lui, et comme accablé.

Je n'en sais rien... je ne peux te dire ce que j'éprouve.

ZANETTA.

Allons!... allons, du courage!... ce ne sera rien!... bien d'autres en sont revenus... Le docteur a-t-il ordonné quelque chose?... non!... tant mieux!... je m'y entends mieux que lui, et je ne vous quitterai pas!... c'est-à-dire jusqu'à ce soir... parce que mon père ne sait pas que je suis ici.

RODOLPHE.

En vérité!...

ZANETTA.

Il me croit retirée dans ma chambre... il croit que je dors!... dormir!... ah! bien oui!... pendant qu'il fait, comme concierge du château, sa ronde ordinaire dans les jardins, je me suis échappée, sans lui en parler... parce que, quoiqu'il ait confiance en vous... de me voir ainsi venir toute seule... ici, vous soigner... il n'aurait peut-être pas voulu!... (Avec fermeté.) Et moi, je voulais!...

RODOLPHE.

Que je te remercie!...

ZANETTA.

A condition que je m'en irai de bonne heure.

RODOLPHE.

Rassure-toi!... je te renverrai avant dix heures.

ZANETTA.

Sitôt!... et pourquoi ?...

RODOLPHE.

C'est convenable.

ZANETTA.

Vous croyez ?

RODOLPHE, rêvant.

Et puis à dix heures... il faudra...

ZANETTA.

Quoi donc ?...

RODOLPHE.

Rien... rien!... une autre idée qui m'occupait... mais nous avons le temps d'ici-là... (Regardant la pendule.) Une heure, au moins.

ZANETTA.

Eh bien! comment vous trouvez-vous ?...

RODOLPHE, la regardant.

Ah! bien mieux... depuis que tu es là !

ZANETTA.

J'en étais sûre!... voilà pourquoi je suis venue. (Lui passant la main sur le front et sur les lèvres.) La peau est très-bonne... encore un peu sèche... un peu brûlante... (Retirant vivement sa main que Rodolphe vient d'embrasser.) Ah çà! monsieur, voulez-vous être malade ?... oui ou non !...

RODOLPHE.

C'est ta faute, Zanetta! tu es une garde-malade si séduisante, si dangereuse... (La repoussant de la main.) Tiens, Zanetta... laisse-moi... éloigne-toi.

ZANETTA.

Est-ce que ça va plus mal ?... est-ce que vous souffrez ?...

RODOLPHE.

Oui, cela me fait mal... de parler.

ZANETTA.

Oh! alors, taisez-vous! je ne vous ferai plus causer... Voulez-vous que je vous lise quelque chose ?

RODOLPHE.

Si tu veux !

ZANETTA.

Je ne lis pas trop bien !... à moins que vous n'aimiez mieux que je chante ?...

RODOLPHE.

Tu chantes donc ?...

ZANETTA.

Pas trop mal !... nous autres Siciliennes, nous savons toutes chanter... et puis, si ça vous ennuie... si ça vous endort... ce sera toujours ça de gagné pour un malade.

(Rodolphe est assis dans un fauteuil sur l'avant-scène, et Zanetta est placée sur un tabouret près de lui.)

Écoutez donc sans peur !... je cesserai
Dès que je vous endormirai !

AIR.

Sur les rivages de Catane,
Et sous les beaux mûriers en fleurs,
Etait gentille paysanne
Aux brunes et fraiches couleurs ;
Le rossignol chantait comme elle ;
Chacun se disait : Qu'elle est belle !
Chacun lui faisait les yeux doux...

(S'arrêtant et regardant Rodolphe.)

Dormez-vous, monseigneur ? dormez-vous ?

RODOLPHE.

Je n'ai garde !... sais-tu que c'est fort bien chanter ?
L'heure est encore loin ! j'ai le temps d'écouter.

ZANETTA.
Mais du pays cette merveille
Tout à coup languit dans les pleurs;
Et cette rose si vermeille,
Perd son éclat et ses couleurs!
Plaisirs, amours, s'éloignent d'elle,
De cette voix, jadis si belle,
Le rossignol n'est plus jaloux...
(S'arrêtant.)
Dormez-vous, monseigneur? dormez-vous?

RODOLPHE.
Impossible, ma chère!... en t'écoutant chanter.
(Regardant la pendule.)
Plus d'un quart d'heure encor, j'ai le temps d'écouter.

ZANETTA.
Qu'avait-elle,
Cette belle
Qui causait
Ce regret,
Ce chagrin
Si soudain?
Voulait-elle
Ou dentelle,
Ou brillant
Diamant?
Voulait-elle
Un amant?
Non, vraiment!...
Car elle en avait tant...
Et pourtant,
Quand on lui demandait
Les tourments qu'elle avait,
Francesca se taisait,
Soupirait
Et pleurait.
Ah! ah! ah! ah!

Vous ne pouvez croire
Une telle histoire?

Le fait est prouvé,
Il est arrivé !
Aucun ne l'ignore,
Et moi, je sens là
Que peut-être encore
Il arrivera !

 Car j'ai su,
 J'ai connu
 Quel était
 Son secret !
 Elle aimait,
 Adorait...
 — Eh ! qui donc ?
 Un garçon
 Du canton ?...
 — Mon Dieu ! non.
 — Ce sergent
 Si vaillant ?
 Ce Beppo
 Jeune et beau,
 Qui portait
 Un plumet
 Élégant ?...
 — Non, vraiment !
 Elle aimait
 En secret...
Le seigneur du pays,
Un séduisant marquis...
Et lui ne voyait pas
La pauvre fille, hélas !
Qui, pour lui, languissait
 Et pleurait...
 Ah ! ah ! ah ! ah !...

Vous ne pouvez croire,
Une telle histoire ?...
Le fait est prouvé,
Il est arrivé !
Aucun ne l'ignore,
Et moi, je sens là

Que peut-être encore
Il arrivera !...
(A Rodolphe qui se lève.) Ah ! ce n'est pas tout encore !

RODOLPHE.

Tant mieux !

ZANETTA.

Vous allez voir comment ça finit, et comment elle fut payée de son amour, la pauvre fille !

Un jour le seigneur passe
Pour aller à la chasse ;
Seigneurs l'accompagnaient,
Les cors retentissaient !
Sur son chemin, il voit
S'avancer un convoi ;
Filles de nos campagnes,
Portaient, d'un pas tremblant,
Une de leurs compagnes
Ceinte d'un voile blanc !...
— Ah ! dit-il, quelle est-elle ?
— C'est Francesca, la belle,
Qui n'a vécu qu'un jour...
Et qui mourut d'amour !...
— Vraiment, dit-il... la pauvre enfant...
Mais à la chasse on nous attend... —
Le cor au loin retentissait...
Et le convoi passait !...

Vous ne pouvez croire,
Une telle histoire ?...
Le fait est prouvé,
Il est arrivé !
Aucun ne l'ignore,
Et moi, je sens-là
Que peut-être encore
Il arrivera !

RODOLPHE, très-ému.

Ta chanson est touchante !...

ZANETTA.
Et véritable, hélas!

RODOLPHE.
Du moins, elle est charmante!
(Lui prenant la main.)
Et toi bien plus encore.

ZANETTA, retirant sa main.
Y pensez-vous, monsieur? un malade!

RODOLPHE.
Non pas,
Je suis guéri!...

ZANETTA, gaîment.
Alors donc, je m'en vas!

RODOLPHE, la retenant.
J'entends toujours ta voix et flexible et sonore!...

ZANETTA, souriant.
Dormez, monsieur, n'écoutez pas!

RODOLPHE.
Je vois toujours ces traits et ces yeux que j'adore!

ZANETTA.
Dormez, et ne regardez pas!

DUO.

RODOLPHE, la retenant.
Eh quoi! vouloir sans cesse
Partir!

ZANETTA.
Il faut que je vous laisse
Dormir.

RODOLPHE.
Lorsqu'en mon cœur s'élève
L'espoir!...

ZANETTA.
Bonne nuit et bon rêve...
Bonsoir!

RODOLPHE.
Un seul instant, ma chère,
  Encor!
ZANETTA.
Je vais près de mon père,
  Qui dort!
RODOLPHE.
Quand mes sens sont par elle
  Charmés!...
ZANETTA.
A mes ordres fidèle,
  Dormez!

Ensemble.

RODOLPHE.
Restons encore ensemble,
L'heure est loin, il me semble!
Près de moi son cœur tremble
Et d'amour et d'effroi!...
Oui, je vois qu'elle m'aime,
Et la sagesse même,
En ce moment suprême,
Céderait comme moi!

ZANETTA, que Rodolphe retient.
Ne restons pas ensemble,
Il est tard, il me semble;
Je tressaille et je tremble
Et d'amour et d'effroi!
Rodolphe, ô toi que j'aime!
O toi, mon bien suprême,
De ma tendresse extrême,
Sauve-moi! défends-moi!

(Dans ce moment, on entend sonner au loin l'horloge de la ville.)

RODOLPHE.
C'est dix heures... ô ciel! ah! revenons à nous!

ZANETTA, regardant la pendule.
Eh! non; c'en est bien onze!

RODOLPHE.

Onze heures! que dit-elle?

ZANETTA, lui montrant le cadran.

Voyez plutôt!

(Prête à partir.)

Bonsoir!

RODOLPHE, qui a été regarder le cadran; à part.

Grand Dieu! mon rendez-vous!
Il n'est plus temps!... Quelle excuse? laquelle?
On m'attendait!...

(Haut.)

Et moi, sans m'être méfié,
Près de toi, j'ai tout oublié.

ZANETTA, s'approchant de Rodolphe, qui vient de se jeter dans un
fauteuil.

Et moi de même; il faut que je vous quitte,
Il se fait tard, bien tard...

(Gaîment.)

Et vous êtes guéri!
Mon père doit avoir terminé sa visite,
Et tout serait perdu s'il me trouvait ici.
(Elle gagne la porte à droite, et prête à sortir lui envoie un baiser.)
Adieu donc! bonne nuit!...
(On entend en dehors fermer les verrous de la porte à droite, puis ceux
de la porte à gauche.)

Ah! grand Dieu!

RODOLPHE.

Qu'avez-vous!

ZANETTA.

Mon père, qui faisait sa ronde accoutumée,
De cette porte a tiré les verrous,
Et me voilà... près de vous enfermée!

RODOLPHE, gaîment.

Enfermés tous les deux par lui!
(A part.)
Du rendez-vous j'ai passé l'heure,

Et maintenant je vois qu'ici...
(Haut.)
Il faut bien, Zanetta, qu'avec toi je demeure
(Lui prenant la main.)
Eh quoi! tu trembles?

ZANETTA.

Oui!
Je ne puis dire, hélas! le trouble extrême,
Dont tous mes sens sont agités,
Je crains la nuit, notre amour... et moi-même!
(Lui montrant la croisée du fond.)
Si vous m'aimez, monsieur, partez!

RODOLPHE.

Moi, partir! quand jamais à mes yeux enchantés
Tu ne parus plus belle...

ZANETTA.

O trouble extrême!
Si vous m'aimez, partez! partez!...

RODOLPHE.

A sa voix il me semble
Que j'hésite et je tremble,
L'amour qui nous rassemble
La défend malgré moi!
(Il serre Zanetta contre son cœur; elle glisse entre ses bras et tombe à ses pieds.)
Pauvre fille! elle m'aime,
Je dois, ô trouble extrême!
Partir à l'instant même,
L'honneur m'en fait la loi.

Oui, que de l'honneur seul la voix soit écoutée!
Et pour être plus sûr de tenir mes serments,
(S'approchant du balcon du fond, dont il ouvre la fenêtre.)
Adieu, je pars!
(Il s'élance dans les jardins et disparaît.)

ZANETTA, seule, à genoux sur le devant du théâtre.

Et moi!... moi, qu'il a respectée,

Je l'aime plus encore!
(On entend dans les jardins plusieurs coups de feu; elle pousse un cri.)
Ah! qu'est-ce que j'entends!
(Elle court au balcon du fond, et y tombe évanouie.)

ACTE TROISIÈME

Un pavillon circulaire à l'italienne. Une coupole soutenue par des colonnes, qui, de tous les côtés, donnent du jour et laissent apercevoir les jardins. — Au fond, un grand escalier de marbre, par lequel on descend dans le parc. — Deux portes latérales donnant dans d'autres appartements. — Dans les entre-deux des croisées, des consoles en marbre sur lesquelles sont des vases de fleurs.

SCÈNE PREMIÈRE.

PLUSIEURS DAMES D'HONNEUR, puis LA PRINCESSE.

(Au lever du rideau, toutes les dames d'honneur de la princesse sont assises à travailler. La princesse entre lentement sur la ritournelle de l'air qui suit. Les dames se lèvent et la saluent avec respect, puis se rassoient sur un signe de la princesse.)

LA PRINCESSE, à part.

AIR.

Pendant toute la nuit, mon attente fut vaine!...
Dans mon mortel effroi, je compte les instants.
Il ne vient pas!... affront plus cruel que ma peine...
Et moi, fille de roi, je l'aime et je l'attends!...

    Dans l'âme délaissée
    Que l'amour a blessée,
La douce paix ne renaîtra jamais!

Cette mer irritée,
Que le vent soulevait,
Cesse d'être agitée
Et le calme renait;
Mais, dans l'âme offensée
Que l'amour a blessée,
La douce paix ne renaîtra jamais!...
(*La princesse va s'asseoir devant son métier à tapisserie.*)

SCÈNE II.

LES MÊMES; MATHANASIUS, montant par l'escalier du fond.

UN PAGE, annonçant.

M. le baron Mathanasius de Warendorf...

MATHANASIUS, s'approchant de la princesse et la saluant.

Qui vient faire sa cour à Votre Altesse et s'informer de son auguste santé... Vous avez hier quitté le bal de bien bonne heure.

LA PRINCESSE.

Oui... j'étais indisposée...

MATHANASIUS, avec intention.

Je l'ai bien vu... Votre Altesse semblait absorbée, et, contre son ordinaire, prêtait peu d'attention aux nouvelles que je lui racontais.

LA PRINCESSE.

Et que vous aviez peut-être composées exprès pour moi... Je vous en demande pardon, et j'espère que ce matin vous m'en dédommagerez... Qu'y a-t-il de neuf?... que dit-on à la cour?

MATHANASIUS.

Des choses fort extraordinaires... et qui pourront peut-être divertir ces dames.

LA PRINCESSE.

Je ne demande pas mieux.

MATHANASIUS.

C'est une aventure piquante, mystérieuse et tragique, arrivée cette nuit... une anecdote secrète et inexplicable.

LA PRINCESSE.

Un mot seulement... Est-elle vraie?...

MATHANASIUS.

Authentique... elle a, du reste, fait déjà assez de bruit... et ces dames ont dû entendre hier, à minuit, dans les jardins, plusieurs coups de feu...

LA PRINCESSE, avec distraction.

Oui... je crois me rappeler... j'étais déjà renfermée dans mon appartement.

MATHANASIUS.

C'était presque sous vos fenêtres... à deux pas...

LA PRINCESSE.

J'y ai fait peu d'attention, j'ai cru que c'était le signal d'un feu d'artifice...

MATHANASIUS.

C'était mieux que cela... (L'examinant.) Un homme, dit-on, descendant d'un balcon... ou essayant d'y monter... c'est ce dont on n'a pu s'assurer... La vérité est que c'était aux environs du pavillon de Diane...

LA PRINCESSE, à part, avec émotion.

O ciel!

MATHANASIUS.

Et des gens fidèles... que l'on ne connaît pas, que l'on n'a plus revus... mais que l'on suppose des gardiens du château ou des jardins...

LA PRINCESSE.

Eh bien! monsieur...

MATHANASIUS.

Ont fait feu dans l'ombre...

LA PRINCESSE.

Mais c'est affreux!... Sans savoir qui ce pouvait être?..

MATHANASIUS.

Un voleur... un malfaiteur... pas autre chose... ou pi[re]
encore, un conspirateur...

LA PRINCESSE.

Qui vous l'a dit?

MATHANASIUS.

Je le présume... malheureusement rien ne le prouve..
car le coupable...

LA PRINCESSE, vivement.

N'a pas été atteint?...

MATHANASIUS.

Si vraiment... on a vu ce matin quelques gouttes de san[g]
sur les marches de marbre du pavillon.

LA PRINCESSE, à part.

Ah! le malheureux... je ne lui en veux plus, je lui par[donne!]

MATHANASIUS.

Et l'on prétend que le fugitif a été atteint au bras...

LA PRINCESSE, vivement.

Qu'en savez-vous?

MATHANASIUS.

On l'a dit... c'est une rumeur... un bruit... comme tou[s]
les bruits qui courent... et il s'en répand souvent de s[i]
singuliers... de si absurdes...

LA PRINCESSE.

Lesquels?

MATHANASIUS.

On prétend... mais c'est de la dernière invraisemblance,
qu'un rendez-vous mystérieux... qu'un amant d'une de ces
dames... (Bronbaba parmi les dames d'honneur.) Je vous ai dit que

c'était absurde... Du reste, si quelqu'un de la cour est le héros de cette aventure nocturne, il sera facile de le reconnaître...

LA PRINCESSE, avec émotion.

Et comment?...

MATHANASIUS.

A la blessure qu'il a reçue... Le premier bras en écharpe que nous verrons paraître...

LA PRINCESSE, de même, à part.

O ciel!...

MATHANASIUS.

A moins que prudemment ce chevalier malencontreux ne reste chez lui et ne s'abstienne de se montrer... ce qui voudra dire exactement la même chose...

LA PRINCESSE, à part.

Je suis perdue!...

UN PAGE, annonçant.

M. le comte Rodolphe de Montemart.

SCÈNE III.

Les mêmes, RODOLPHE.

(Rodolphe entre vivement, salue de loin et avec respect la princesse et les dames qui l'entourent.)

LA PRINCESSE, à part, avec émotion.

C'est lui!
(Tous les regards se tournent vers Rodolphe, qu'on examine curieusement. Rodolphe s'approche de Mathanasius et lui tend la main gauche, que celui-ci secoue vivement.)

MATHANASIUS, à part et regardant le bras de Rodolphe.

C'est étonnant...

RODOLPHE, traversant et s'approchant de la princesse.

Son Altesse se porte-t-elle bien?

LA PRINCESSE, avec émotion.

Et vous, monsieur le comte, on vous disait souffrant?

MATHANASIUS.

Oui... hier soir... cette attaque de fièvre si subite... nous avait tous effrayés.

RODOLPHE.

Tout cela s'est dissipé... et ce matin, il n'en reste aucune trace...

MATHANASIUS, vivement en lui prenant la main droite qu'il secoue plus fortement que l'autre.

J'en suis enchanté... (A part.) Rien !... pas blessé...

LA PRINCESSE, stupéfaite, à part.

Ah! je reprends ma colère...

MATHANASIUS, à part.

Que sont-ils donc venus me raconter?...

LA PRINCESSE, à Rodolphe, lui montrant son métier à tapisserie.

Que pensez-vous de ce dessin, monsieur le comte?

RODOLPHE, s'approchant.

Délicieux!

LA PRINCESSE, à voix basse.

Je vous ai attendu hier.

RODOLPHE, de même et avec embarras.

Un obstacle terrible... imprévu... (Haut et ayant l'air d'examiner la tapisserie.) Ce bouquet me semble nuancé avec une délicatesse admirable...

LA PRINCESSE, à voix haute.

Vous trouvez?...

RODOLPHE, à voix basse.

Une affaire diplomatique, dont le roi m'avait chargé. (Haut.) Ces couleurs-là sont un peu sombres peut-être...

LA PRINCESSE, avec intention.

Oui... il faudrait éclaircir, si c'est possible... (Bas.) Le roi aurait-il des soupçons ?...

RODOLPHE, bas.

Je le crains... car retenu hier et renfermé par lui... (Au baron qui s'approche, et lui montrant l'ouvrage de la princesse.) N'est-ce pas, monsieur le baron... il y a là un peu de confusion ?

LA PRINCESSE.

Un peu d'obscurité...

MATHANASIUS, examinant la broderie.

Oui... oui... je suis de l'avis de Votre Altesse, tout cela me semble fort obscur... (A part.) Impossible d'y rien comprendre... et d'autant plus que j'ai vu de mes yeux... des taches de sang... Qui donc alors cela peut-il être ?

LE PAGE, annonçant.

Le roi, messieurs !

(Tout le monde se lève.)

SCÈNE IV.

LES MÊMES; LE ROI, ayant le bras en écharpe.

LA PRINCESSE, courant à lui.

Eh ! mon Dieu !... qu'a donc Votre Majesté ?...

LE ROI.

Rien, ma chère sœur... moins que rien... une égratignure... Hier, en sortant du bal, où il faisait une chaleur étouffante... j'ai voulu prendre l'air... dans les jardins...

LA PRINCESSE.

Et vous êtes tombé ?

LE ROI.

Non... je me promenais... tranquillement... du côté de l'appartement de ces dames et du vôtre... le pavillon de Diane...

MATHANASIUS, à part.

Les maladroits!...

LE ROI, gaîment.

Lorsque tout à coup... j'ignore qui diable s'amuse à chasser dans mon parc à cette heure-là... plusieurs coups de feu partis d'un bosquet...

RODOLPHE et LA PRINCESSE.

Blessé... blessé!...

LE ROI.

Cela ne vaut pas la peine d'en parler... Mais si je peux découvrir les braconniers à qui je dois cette surprise... je les ferai pendre...

MATHANASIUS, à part, avec terreur.

Ah! mon Dieu!...

LE ROI.

Non pour moi... mais pour ces dames, que cela pouvait effrayer...

RODOLPHE, bas.

Quelle imprudence, Sire!...

LE ROI, de même.

Que veux-tu?... j'avais un rendez-vous de la baronne...

RODOLPHE, bas.

Et tenter de gravir ce balcon...

LE ROI, de même en riant.

Du tout, je descendais...

SCÈNE V.

LES MÊMES; ZANETTA, tenant une corbeille de fleurs.

QUINTETTE.

LE ROI, à Rodolphe.

Mais tiens! c'est Zanetta, c'est l'objet de la flamme!
(A Zanetta.)

Que cherches-tu, ma belle? Est-ce lui?

ZANETTA.

Vraiment, non !
Je viens, par l'ordre de madame,
De fleurs garnir ce pavillon.

LA PRINCESSE, regardant Zanetta.

Des larmes dans tes yeux ?

ZANETTA, les essuyant vivement.

Qui ? moi !

LA PRINCESSE.

Je le vois bien !

RODOLPHE, vivement et se retenant.

Quoi ! tu pleures ?

ZANETTA.

Non, ce n'est rien !
(Se remettant à pleurer.)

COUPLETS.

Premier couplet.

Ah ! ah ! ah ! ah ! ah ! ah ! ah ! ah !
Si je suis encor tout émue,
C'est que mon père m'a battue,
Et quand il bat, c'est de bon cœur !
Et pourquoi m'a-t-il chapitrée ?
Pour avoir passé la soirée,
Hier, auprès de monseigneur.
(Elle montre Rodolphe.)

LA PRINCESSE, à part.

Avec lui ! la soirée !...

ZANETTA, continuant.

Et mon cher père que j'honore,
Et que j'ai toujours révéré,
M'a dit : Corbleu ! je te battrai
Si jamais ça t'arrive encore !
Et j'ai grand'peur, car d'après ça,

Il est bien sûr qu'il me battra !
Ah ! ah ! ah ! ah ! ah ! ah ! ah ! ah !

Deuxième couplet.

C'est malgré moi, je vous l'atteste,
Mais où l'on est il faut qu'on reste,
Quand on se trouve emprisonné ;
Il le serait encor, peut-être,
S'il n'eût sauté par la fenêtre,
Alors qu'onze heures ont sonné !

LA PRINCESSE, à part.

Onze heures !...

ZANETTA, continuant.

Et mon cher père que j'honore,
Et que j'ai toujours révéré,
M'a dit : Corbleu ! je te tuerai,
Si jamais tu l'aimes encore !...
Et j'ai grand'peur, car d'après ça,
Il est bien sûr qu'il me tuera !
Ah ! ah ! ah ! ah ! ah ! ah ! ah ! ah !

Ensemble.

LA PRINCESSE, à part.

L'on me trompe, l'on m'abuse !
C'est un mensonge, une ruse,
Que bientôt je connaîtrai,
Et qu'ici je déjouerai ;
Je saurai tout... je le saurai !

MATHANASIUS, à part.

On nous trompe, on nous abuse,
Tout ceci, n'est qu'une ruse,
Que bientôt je connaîtrai,
Et qu'ici je déjouerai !
Je saurai tout... je le saurai !

ZANETTA.

Lorsque mon père m'accuse,
A ses yeux, jamais d'excuse,
Il l'a dit !... il l'a juré !

Je te battrai!... te battrai,
Je te battrai!... je te tuerai!

LE ROI, à part, regardant Mathanasius.
De son sang-froid je m'amuse,
Grâce au ciel! de notre ruse,
Il n'aura rien pénétré,
Notre amour est ignoré,
Oui, notre amour est ignoré!

RODOLPHE, à part, regardant la princesse.
Pour qu'à ses yeux je m'excuse,
Comment trouver quelque ruse?
Un moyen désespéré...
Non, jamais, je ne pourrai!
Non, non, jamais! je ne pourrai!

LE ROI, à la princesse qui voudrait interroger Zanetta.
Allons, venez, ma sœur;
Vous savez bien qu'avec monsieur l'ambassadeur
Nous devons ce matin causer.

LA PRINCESSE, à Rodolphe.
　　　　　　　Monsieur le comte,
Mon éventail, mes gants...
(Bas à Rodolphe qui les lui présente.)
Que veut dire ce que j'apprends?

RODOLPHE, à voix basse et avec embarras.
Rien de plus simple... et quand vous saurez tout...

LA PRINCESSE, à voix basse.
　　　　　　　J'y compte!
(Voyant le roi qui s'approche et lui présente la main, elle dit à voix haute à Rodolphe qui fait quelques pas pour sortir.)
J'ai des ordres pour aujourd'hui,
A vous donner!...

RODOLPHE, s'inclinant.
　　　　　　　Je demeure!

LA PRINCESSE.
De chez le roi, quand tout à l'heure
Je sortirai, veuillez m'attendre ici.

MATHANASIUS, à part.
Ici !

Ensemble.

LA PRINCESSE.
L'on me trompe, l'on m'abuse, etc.

LE ROI.
De son sang-froid je m'amuse, etc.

MATHANASIUS.
On nous trompe, on nous abuse, etc.

ZANETTA.
Lorsque mon père m'accuse, etc.

RODOLPHE.
Pour qu'à ses yeux je m'excuse, etc.

(Le roi, la princesse, Mathanasius sortent par la porte à gauche, les dames d'honneur par le fond.)

SCÈNE VI.

RODOLPHE, sur le devant de la scène, ZANETTA, mettant des fleurs dans les vases du pavillon.

RODOLPHE.

Des ordres !... des ordres !... et que lui dire ?... comment me justifier ? Tromper et mentir encore... rougir à ses yeux !... ah ! quelle honte !... quel esclavage !... mieux vaut tout lui avouer... mais c'est exposer à sa colère cette pauvre jeune fille, qui pour moi déjà n'a que trop souffert... et son père, ce brave soldat, qui la croit coupable...

ZANETTA, avec un souple de résignation.
C'est là le plus terrible... mais n'importe, c'est pour vous !

RODOLPHE.
Zanetta !

ZANETTA.
Vous d'abord ! vous toujours !

RODOLPHE, à part.

Ah! je suis un indigne!... je suis un ingrat!... tant de générosité, tant de dévouement... pour moi qui combats et qui hésite encore... (Haut.) Écoute, Zanetta, il faut que je te l'avoue... il faut que tu saches la vérité... (Avec passion.) Je t'aime!

ZANETTA, en riant.

Eh bien!... cette nouvelle!... je le sais bien, et depuis longtemps.

RODOLPHE, avec entraînement.

Non, tu ne sais pas ce que j'ai ressenti depuis hier... jamais, jusqu'ici, je n'avais éprouvé d'attachement pareil... d'amour véritable... c'est ce qui fait que maintenant j'essaierais en vain de le cacher, malgré mes efforts on le verra, on s'en apercevra.

ZANETTA.

Pardine! ce n'est pas un secret, tout le monde le sait!... et voilà pourquoi mon père veut me tuer... parce que je vous ai aimé... « Insensée! m'a-t-il dit, ne vois-tu pas que ce grand seigneur veut t'abuser et te séduire? » (Geste de Rodolphe.) Soyez tranquille, je vous ai défendu!... Je lui ai dit qu'hier encore vous vouliez m'épouser... que c'est moi qui n'avais pas voulu à cause de votre famille, et du roi, et de la cour.

RODOLPHE, la regardant avec émotion.

Pauvre fille!

ZANETTA.

Mais ces vieux militaires, ça n'entend rien... « Et s'il en est ainsi, a-t-il continué... porte-lui seulement la promesse que je vais t'écrire... » et moi j'ai refusé! je n'ai pas besoin de promesse, votre parole vaut mieux encore!

RODOLPHE, troublé.

Ah! Zanetta!

ZANETTA.

Mais alors il ne veut pas me laisser près de vous, et nous allons partir aujourd'hui, dans un instant... il prépare la barque qui doit nous emmener.

RODOLPHE, avec agitation.

Partir!... tu as raison! c'est ce que je devrais faire!... oui, je m'expliquerai... je quitterai la cour... je partirai avec toi.

ZANETTA, vivement.

Ça n'est pas possible, mon père ne voudra jamais... ou il vous parlera encore d'engagement et de promesse.

RODOLPHE, avec chaleur.

Ah! s'il ne tenait qu'à moi... si j'étais libre...

ZANETTA.

Quoi! vraiment?

RODOLPHE.

Je voudrais plus encore.

ZANETTA, avec joie.

Non, non, pas davantage... Ça suffit pour mon père.

RODOLPHE.

Mais écoute-moi, Zanetta, écoute-moi... Dieu! la princesse!...

ZANETTA.

Qu'importe?

RODOLPHE, troublé.

Devant elle, devant le roi, pas un mot, ou tout serait perdu.

ZANETTA.

Je n'en parlerai qu'à mon père... car maintenant nous pouvons partir tous les trois... et, dès que la barque sera prête, je viendrai vous le dire ici.

RODOLPHE, très-agité.

Non! qu'on ne te revoie plus.

ZANETTA.

Eh bien! alors, je chanterai au pied de ce pavillon... ce sera le signal.

RODOLPHE.

Tout ce qu'il te plaira... mais va-t'en! va-t'en vite.
(Il la pousse vivement vers le fond et Zanetta sort.)

SCÈNE VII.

LA PRINCESSE, RODOLPHE, au fond du théâtre.

LA PRINCESSE, entrant avec agitation.

Oui... il n'y a que ce parti... il ne m'en reste pas d'autre... (Apercevant Rodolphe qui redescend.) Ah! vous voilà, monsieur... les instants sont précieux... et d'abord... ces explications que vous me devez...

RODOLPHE, avec embarras.

Je l'ai dit à Votre Altesse... une conférence secrète dont le roi m'avait chargé avec l'ambassadeur de France...

LA PRINCESSE.

Hier soir?

RODOLPHE.

Oui... madame.

LA PRINCESSE, avec ironie.

L'ambassadeur était parti hier matin.

RODOLPHE, à part.

O ciel! (Haut et vivement.) Pour tout le monde, mais pas pour nous... et à l'issue de cette conférence, enfermé, comme je vous l'ai dit, prisonnier dans ce pavillon, je serais encore sous les verrous, sans la fille du concierge qui, hier soir, m'a enfin délivré.

LA PRINCESSE.

Comment cela?

RODOLPHE.

En m'ouvrant une persienne qui donnait sur les jardins, et par laquelle, pour vous rejoindre, je suis sorti, mais trop tard, d'une prison que je devais, je le crains bien, à la défiance du roi.

LA PRINCESSE, vivement.

Vous le croyez?

RODOLPHE, de même.

J'en suis sûr!... car lui, pendant ce temps, rôdait à ma place, et en sentinelle, sous votre balcon...

LA PRINCESSE.

Oui... oui... il avait des soupçons... et d'après ce mariage qu'ils ont résolu.

RODOLPHE.

Que dites-vous?

LA PRINCESSE.

Eh oui! monsieur... ce baron Mathanasius, qui nous épiait... est un envoyé de l'archiduc de Bavière, il venait demander ma main, que mon frère a accordée...

RODOLPHE.

Il serait vrai?

LA PRINCESSE.

Voilà depuis hier ce que je voulais vous dire... mais ne pouvant ni vous voir, ni m'entendre avec vous... il m'a fallu me confier à l'une de mes dames d'honneur, la comtesse Bianca, pour les préparatifs.

RODOLPHE.

Lesquels?

LA PRINCESSE, avec expression.

Vous me le demandez!

DUO.

À cet hymen, pour me soustraire,
Je n'avais plus qu'un seul espoir :

Loin de la cour et de mon frère,
C'est de fuir avec vous, ce soir!
(A Rodolphe qui tressaille.)
Quoi! vous tremblez!

RODOLPHE.

Pour vous, madame!
Sur les desseins par vous formés,
Lorsque le trône vous réclame!...

LA PRINCESSE, avec amour et exaltation.

Que m'importe!... si vous m'aimez!

Ensemble.

LA PRINCESSE.

Oui, le sceptre et l'empire
Ne sont rien pour mon cœur!
Et l'amour qui m'inspire
Suffit à mon bonheur!

RODOLPHE, à part.

Que répondre?... que dire?
Infidèle et trompeur,
Le remords me déchire
Et vient briser mon cœur!

LA PRINCESSE.

Venez! partons!... voici l'instant!
(On entend dans la coulisse, à gauche, Zanetta chanter l'air qui sert de signal pour le départ.)

ZANETTA, dans la coulisse.

Tra la, la, la, la, la, la, la!

RODOLPHE, à part et avec trouble.

Grand Dieu! c'est Zanetta!... c'est elle!

LA PRINCESSE.

Partons!

RODOLPHE, à part, montrant la princesse.

Ici l'honneur m'appelle.
(Montrant à gauche du côté de Zanetta.)
Et là... c'est l'amour qui m'attire!

LA PRINCESSE, au bord du théâtre et à demi-voix, pendant qu'en dehors
on entend toujours à haute voix la chanson de Zanetta.
La route encor nous est ouverte!...

RODOLPHE, de même.

Pour moi, je crains peu le danger,
Mais c'est courir à votre perte!

LA PRINCESSE, de même.

Non, l'amour doit nous protéger.

RODOLPHE, de même.

Ah! pour vous bravant le supplice,
Je puis accepter le trépas,
Mais non ce noble sacrifice,
Qu'hélas! je ne mérite pas!

LA PRINCESSE, étonnée et le regardant avec jalousie.
Que dit-il?...

Ensemble.

LA PRINCESSE, le regardant.

Quel trouble l'agite?
Il tremble... il hésite!
Moi-même, interdite,
Je me sens frémir!
Le doute me lasse!
Quel sort nous menace?
Ah! parlez, de grâce,
Dussé-je en mourir!

RODOLPHE.

Je tremble... j'hésite,
Le remords agite
Mon âme interdite...
Ah! que devenir?
Le sort qui m'enlace
Partout me menace
Tout mon sang se glace,
Je me sens mourir.

ZANETTA, au dehors.
Tra la, la, la, la,
La, la, la, la, la, etc.

RODOLPHE, troublé.
Oui, madame, ce nom et ce titre d'épouse...

LA PRINCESSE.
Dont vous êtes digne.

RODOLPHE, hésitant.
Oui, par mon dévoûment, mais...

LA PRINCESSE, avec une colère concentrée.
Rodolphe, écoutez-moi !... Je ne suis pas jalouse,
Si jamais je l'étais !...

Ensemble.

LA PRINCESSE, le regardant.
Quel trouble l'agite ? etc.

RODOLPHE.
Je tremble, j'hésite, etc.

ZANETTA, au dehors.
Tra la, la, la, la, etc.

LA PRINCESSE.
Parlez !... parlez !

RODOLPHE.
Ah ! pitié pour un misérable !

LA PRINCESSE.
Non, non... que ses forfaits par moi soient châtiés !

RODOLPHE.
Grâce pour un coupable !

LA PRINCESSE, avec colère.
Mais, enfin, ce coupable,
Où donc est-il ?

RODOLPHE, tombant à genoux.
A vos pieds!
Cet amour qui pour nous d'abord ne fut qu'un jeu,
Est maintenant plus fort que ma raison.

SCÈNE VIII.

LES MÊMES; LE ROI, MATHANASIUS, ZANETTA.

(Le roi et Mathanasius entrent par le fond, et Zanetta par la porte gauche. A leur vue Rodolphe se relève vivement, mais le roi l'a aperçu. Tout cela s'est exécuté sur les dernières mesures du morceau précédent.)

FINALE.

LE ROI.
Grand Dieu!
(A Mathanasius.)
Punissons qui nous a trahi!

ZANETTA, avec effroi.
Le punir... lui!

LE ROI, à sa sœur, montrant Mathanasius.
La comtesse Bianca, dont on paya le zèle,
Nous a de vos projets fait un rapport fidèle...

LA PRINCESSE, à part.
C'est fait de moi!...

RODOLPHE, à demi-voix, à la princesse.
Non, tant que je vivrai!

LE ROI.
Et ces apprêts de départ... cette fuite...
J'en saurai le motif!...

ZANETTA.
Ah! je vous le dirai!
Ne punissez que moi... moi seule!...

LE ROI.
Parle vite!
(Sévèrement.)
Et ne m'abuse pas!... ou sinon!...
ZANETTA, tremblante.
Oui, mon roi!
LE ROI.
Eh bien! ce départ qu'il médite?...
ZANETTA.
C'était avec moi!
MATHANASIUS et LE ROI.
Avec elle!...
ZANETTA.
Avec moi!
LE ROI, d'un air d'incrédulité.
Quoi! cet enlèvement, cette fuite?...
ZANETTA.
Avec moi!
LE ROI.
Et ce secret mariage?
ZANETTA.
Avec moi!
LE ROI.
Un mariage!... avec toi!
ZANETTA, timidement.
Pas encor!... Mais du moins en voici la promesse,
Qu'il allait me signer!...
(Elle remet le papier au roi.)
LA PRINCESSE, avec colère.
O ciel!
RODOLPHE, vivement au roi, et lui montrant la princesse.
Oui, Son Altesse
Daignait nous protéger! et d'un cœur pénétré,

Je l'en remerciais... quand vous êtes entré !
(Le roi s'est rapproché de Nathanasius, à qui il a montré ce papier.)

LE ROI.

Qu'en dites-vous?

NATHANASIUS, à voix basse.

Je n'ai rien à répondre,
Mais on nous trompe !...

LE ROI, de même.

Eh bien ! je saurai les confondre.
(A voix haute et froidement.)
A cet hymen, je consens de grand cœur !
(En ce moment, entrent le chancelier et plusieurs seigneurs de la cour, qui se placent à gauche, et des dames d'honneur de la princesse, qui se placent à droite.)

ZANETTA, sautant de joie.

Est-il possible !... Non, c'est sans doute une erreur !
Moi, sans nom, sans naissance !

LE ROI.

Eh bien donc ! je te donne
Un nom, un titre, un rang !... Relève-toi, baronne !
Et nous signerons tous ! moi, d'abord, puis ma sœur.
(Il fait signe au chancelier, qui est à la gauche du théâtre, de s'asseoir à la table, et d'écrire le contrat.)

LA PRINCESSE, bas à Rodolphe.

Jamais !

RODOLPHE.

Au nom du ciel ! pour vous, pour votre honneur !

LA PRINCESSE, à voix basse.

Plutôt nous perdre, vous et moi-même !

RODOLPHE, à part.

O terreur !
(Le roi, après avoir donné les ordres au chancelier, qui écrit, passe à droite, entre Rodolphe et sa sœur.)

ZANETTA, qui vient de causer avec Nathanasius.
Moi, baronne et comtesse !...
(Prenant les bouquets qui sont restés dans la corbeille sur la table.)
Adieu, mes fleurs chéries,
Pour la dernière fois, je vous aurai cueillies !
Mais avant d'abdiquer, laissez-moi, grâce à vous,
M'acquitter des bienfaits qu'ici je dois à tous !
(Présentant un premier bouquet à Nathanasius.)

COUPLETS.

Premier couplet.

A vous, monseigneur
L'ambassadeur,
La jardinière
Vous offrira
Ce présent-là.
Pour vous c'est bien peu,
Mais mon seul vœu
Est de vous plaire.
Cette fleur-là
Vous le dira !
(Passant devant Rodolphe et s'adressant au roi.)

Deuxième couplet.

Vous, mon roi, dont la puissance
M'a donné rang et naissance,
Et mieux encor, le droit heureux
(Montrant Rodolphe.)
De le chérir à tous les yeux,
Quand chacun blâmait
Et proscrivait
Mon mariage,
Cette main-là
Nous protégea !
A vous, dès ce jour,
Et mon amour,
Et mon hommage...
(Tenant un bouquet qu'elle va lui offrir.)
Cette fleur-là

Vous le dira !

(En ce moment, le chancelier fait signe au roi que tout est prêt ; le roi quitte Zanetta et passe près de la table à gauche.)

ZANETTA, qui s'est approchée de la princesse, lui offre son dernier bouquet.

Vous, fille de roi,
Daignez de moi
Prendre ce gage.

RODOLPHE, saisissant ce bouquet et lui donnant à la place le bouquet de fleurs artificielles qu'il vient de tirer de son sein. — A demi-voix.

Non pas !... mais celui-ci.

ZANETTA, étonnée et troublée, présente le bouquet à la princesse, et regardant toujours Rodolphe.

Daignez... recevoir... les fleurs... que voici !

LA PRINCESSE, apercevant et reconnaissant le bouquet du premier acte, qu'elle a donné à Rodolphe.

O ciel !... je me perdrais !... et pour lui !...

LE ROI, qui après avoir signé à la table à gauche passe à droite près de sa sœur.

Qu'as-tu donc ?...

LA PRINCESSE, avec émotion.

Rien !... rien !...

(Le roi lui fait signe d'aller signer. La princesse traverse le théâtre, s'approche de la table à gauche, hésite un instant, puis signe vivement, et dit avec ironie à Rodolphe et à Zanetta.)

Noble hymen ! hymen auguste !...
Qui nous semble et digne et juste,
Nous l'approuvons et de grand cœur.

(Se retournant vers Mathanasius.)

Partons !... monsieur l'ambassadeur !...
Partons !

Ensemble.

LE ROI, à Mathanasius, lui montrant sa sœur.

Emmenez l'épouse chérie,
Pour votre roi, par vous, choisie !

LA PRINCESSE.

Oui, ma fierté, par lui trahie,
A retrouvé son énergie.

MATHANASIUS, tenant la main de la princesse, et se frappant le front.

C'est une aventure inouïe,
Qui confond ma diplomatie!

RODOLPHE, à la princesse.

A vous le sceptre qu'on envie!
(A part, regardant Zanetta.)
A moi!... le bonheur de la vie!...

ZANETTA, à la princesse.

A vous le sceptre qu'on envie!...
(A part, regardant Rodolphe.)
A moi!... le bonheur de la vie!...

LE CHOEUR.

C'est une faveur inouïe!
Le roi lui-même les marie!

(Mathanasius a présenté respectueusement sa main à la princesse, qui s'éloigne en jetant sur Rodolphe et Zanetta un regard de dédain. Les seigneurs et dames de la cour se sont rangés en haie pour les laisser passer. Le roi, en signe de réconciliation, tend la main à sa sœur, tandis que Rodolphe serre tendrement Zanetta contre son cœur.)

L'OPÉRA A LA COUR

OPÉRA-COMIQUE EN QUATRE PARTIES

En société avec M. de Saint-Georges

MUSIQUE ARRANGÉE PAR A. GRISAR ET A. BOIELDIEU.

Théatre de l'Opéra-Comique. — 16 Juillet 1840.

PERSONNAGES. ACTEURS.

LE PRINCE ERNEST............... MM. Roger.
LE DUC DE WALDEMAR.......... Masset.
LE COMTE MAGNUS............. Botelli.
M. DE BAMBERG, gouverneur du prince Ernest................. Chollet.
CORNÉLIUS, maître de chapelle du grand-duc................ Ricquier.
LE GRAND-DUC................. Henri.
LE GRAND ÉCUYER.............. —

LA PRINCESSE AMÉLIE, fille du grand-duc................. Mmes Eugénie Garcia.
Mlle MINA DE BARNHEIM, première demoiselle d'honneur de la princesse....... Henri Potier.

À la cour du grand-duc.

L'OPÉRA A LA COUR

PREMIÈRE PARTIE

Un appartement du palais du grand-duc.

SCENE PREMIÈRE.

Au lever du rideau, à droite de l'acteur, LA PRINCESSE AMÉLIE est occupée à broder; près d'elle, LE COMTE MAGNUS et LE DUC DE WALDEMAR; à gauche, Mlle MINA DE BARNHEIM; près d'elle, LE PRINCE ERNEST et M. DE BAMBERG.

INTRODUCTION.

MAGNUS et WALDEMAR, à la princesse.
S'il vous était possible
De lire dans mon cœur,
De votre âme insensible
S'éteindrait la rigueur !...

MINA, à Ernest, à demi-voix.
Lorsque vos deux rivaux font assaut de tendresse
Auprès de la princesse,

Vous qui, comme eux, prétendez à sa foi...
Vous vous taisez !...

BAMBERG.

Vous, mon prince ! et pourquoi ?

ERNEST, avec humeur.

Moi, je ne sais qu'aimer et ne sais pas le dire.

MINA.

C'est un tort !...

BAMBERG.

Et ça m'en fait à moi, monseigneur,
Moi, votre professeur et votre gouverneur,
Qui devrais vous apprendre à parler...

ERNEST.

Je ne l'ose.

MINA.

On se déclare en vers, monseigneur, comme en prose;
Et si j'étais de vous, moi, j'aurais proposé
Ces séguédilles espagnoles,
Ce bel air sur lequel vous avez composé,
Tantôt, d'amoureuses paroles.

ERNEST.

Non, non, jamais je ne l'aurais osé!

Ensemble.

ERNEST.

Non ! il m'est impossible
De vaincre sa froideur,
Et son cœur insensible
Rirait de ma douleur.

MINA et BAMBERG.

Il n'est pas impossible
De vaincre sa rigueur,
Et la plus insensible
N'a-t-elle pas un cœur?

AMÉLIE, souriant, à Magnus et à Waldemar.

Non ! il n'est pas possible

D'adoucir mes rigueurs,
Et mon cœur inflexible
Se rit de vos douleurs.

MAGNUS et WALDEMAR.
S'il vous était possible
De lire dans mon cœur,
De votre âme insensible
S'éteindrait la rigueur !

SCÈNE II.

LES MÊMES ; LE GRAND-DUC, CORNÉLIUS.

ERNEST.
C'est le grand-duc !

AMÉLIE, se levant et allant à lui.
Mon père !

BAMBERG.
Et son ami fidèle,
Maître Cornélius, son maître de chapelle.

MINA, à demi-voix.
Qui nous enseigne ici la musique.

BAMBERG, de même.
En ce cas,
Il a l'art d'enseigner ce qu'il ne connaît pas.

MINA, souriant.
Quel blasphème !...

LE GRAND-DUC, à Magnus et à Waldemar.
Bonjour, duc ! et vous, noble comte,
Pour la chasse, tantôt, ici, sur vous je compte.
(S'adressant à Amélie, dont il prend la main.)
Longtemps je te laissai maîtresse de ton choix,
Ma fille ; mais, enfin, il faut qu'on se prononce...
Aujourd'hui, je le veux.

MAGNUS, s'inclinant.

    Et quels que soient nos droits...

WALDEMAR.

Chacun, avec respect, attend votre réponse.

AMÉLIE, se tournant vers Cornélius.

Maître Cornélius, n'est-ce pas le moment
De ma leçon de musique ?...

CORNÉLIUS.

    Oui, vraiment.

MAGNUS.

Nous est-il permis de rester ?...

AMÉLIE.

    Sans doute...

(A Cornélius.)
Que dirons-nous ?...

CORNÉLIUS.

    Quelque air de moi...

LE GRAND-DUC, s'asseyant au milieu du théâtre, dans un fauteuil.

    J'écoute.

J'adore sa musique... il n'est rien de pareil...
Elle me rafraîchit, me calme, me délasse...
Et me procure seule un doux et bon sommeil,
Que je ne puis trouver... pas même après la chasse.

CORNÉLIUS, s'inclinant.

C'est trop d'honneur!

LE GRAND-DUC.

    Voilà bientôt dix ans
Qu'il a ce privilége...

MINA.

Exclusif.

CORNÉLIUS.

    Je m'applique
A le garder toujours... car, en fait de musique...

(A part.)
On n'entend que la mienne.

AMÉLIE, à Cornélius.

Eh bien ! je vous attends.

CORNÉLIUS, montrant à Mina des papiers qui sont sur la table.
Vous n'avez qu'à choisir... prenez un de mes airs.
(Mina prend un papier sur la table, le montre à Ernest, puis le remet à Amélie.)

ERNEST, bas à Mina.

O ciel ! que faites-vous ?...

MINA, de même.

Elle entendra vos vers !...

AMÉLIE.

COUPLETS.

Premier couplet.

Nisida, la cruelle,
 Rit des vœux
 Amoureux,
Et Giuseppo près d'elle
 Se mourait
 Et chantait :

« Je n'ose te le dire,
« Et pour toi, chaque jour,
« En secret je soupire
« Et je me meurs d'amour. »
Mais la beauté trop sévère
 Lui répondit : « Pour me plaire,
« Il faut souffrir et se taire !... »
Et dans sa peine, hélas ! le pauvre amant
A ses rivaux s'en allait chantant :

« Nisida, la cruelle,
 « Rit des vœux
 « Amoureux,
« Et soupirer pour elle
 « C'est languir
 « Et mourir !... »

CORNÉLIUS et AMÉLIE.

D'une beauté cruelle,
Redoutez la rigueur ;
Mieux vaut vivre loin d'elle
Que mourir de douleur !...

AMÉLIE.

Deuxième couplet.

« De ton indifférence,
« Je pourrais me venger !...
« Pour guérir ma souffrance,
« Je fais vœu de changer.
« Je sais une autre belle,
« Jeune blonde aux yeux bleus,
« Qui, pour moi moins cruelle,
« Accueillera mes vœux ! »
Et la beauté si sévère
Lui dit : « Eh bien ! allez plaire
« A cette jeune bergère !... »
Mais son amant qui l'entend et frémit...
Loin d'obéir, hélas ! lui répondit :

« Nisida, la cruelle,
   « Rit des vœux
   « Amoureux,
« Et soupirer pour elle
   « C'est languir
   « Et mourir !... »

CORNÉLIUS et AMÉLIE.

D'une beauté cruelle,
Redoutez la rigueur ;
Mieux vaut vivre loin d'elle
Que mourir de douleur !...

LE GRAND-DUC, à Cornélius, qui semble lui demander son avis.

Vous vous gâtez, maître Cornélius,
Et je ne vous reconnais plus...

CORNÉLIUS, suffoqué.

Comment donc, monseigneur !

LE GRAND-DUC.

      Méthode détestable !
 Cet air joyeux et sautillant
Ne m'aura pas permis de dormir un instant !
  Je ne veux plus rien de semblable.

CORNÉLIUS, troublé.

J'avais fait cet air-là, je ne sais pas comment !...
C'est un moment d'erreur !... aussi je me conforme
A vos sages avis.

LE GRAND-DUC.

  Voyez-vous, en fait d'air,
 Et quand il ne faut pas que je dorme,
Je n'en connais qu'un seul, qui, d'un chasseur expert
  Doit exciter la louange et l'estime,
C'est un vieil air français, que je trouve sublime,
  Celui du bon roi Dagobert.

  Le bon roi Dagobert
 Était un chasseur encor vert.

MINA et AMÉLIE.

  Le grand saint Éloi,
  Ministre du roi...

LE GRAND-DUC, MINA et AMÉLIE.

  Tra, la, la, la, la,
   Tra, la, la, la,
    La, la, la.

TOUS, au grand-duc, en riant.

  Ah ! c'est charmant !
  C'est ravissant !
Je suis de votre sentiment !
  Oui ! c'est charmant !

LE GRAND-DUC.

A tantôt, messieurs !...

AMÉLIE.

Maître Cornélius, j'aurais à vous parler.

CORNÉLIUS.

Je suis aux ordres de mon écolière.

(Le grand-duc sort par la droite avec Cornélius, Amélie va pour les suivre, Ernest s'approche d'elle, elle lui fait une froide révérence, puis elle sort en faisant un salut gracieux à Magnus et à Woldemar, qui s'éloignent par le fond.)

SCÈNE III.

ERNEST, BAMBERG, MINA.

ERNEST, à Bamberg.

C'est aujourd'hui qu'elle doit faire connaître celui de nous qu'elle préfère... et tu le vois, tous les saluts gracieux sont pour mes rivaux... à peine laisse-t-elle tomber un regard sur moi...

BAMBERG.

Je n'ai jamais prétendu que les princesses n'eussent pas de caprices !...

MINA.

Et pourquoi, s'il vous plaît, n'en auraient-elles pas ?

BAMBERG.

Les demoiselles d'honneur en ont bien... et voici mademoiselle Mina de Barnheim, qui chaque jour met à l'épreuve la philosophie de votre gouverneur...

ERNEST, avec dépit.

Ah ! tu as de la philosophie !... tu es bien heureux... moi je n'en ai pas... Aussi, dès aujourd'hui je quitte la cour et la princesse.

MINA.

Vous ne l'aimez donc pas ?...

ERNEST.

Plus que jamais !

BAMBERG.

Voilà pourquoi il s'en va ?

MINA.

Ce n'est pas le moyen d'arriver !... A la cour, il faut de la patience.

ERNEST.

Je n'en ai plus, j'y renonce.

MINA.

Quand toutes les chances étaient pour vous...

ERNEST, vivement.

Est-il possible ?

BAMBERG.

C'est ce que je ne cesse de vous dire.

MINA.

Ce départ ruinerait toutes vos espérances.

BAMBERG.

Et les miennes ! il faut que Son Altesse soit mariée... il le faut !... ma fortune en dépend... son auguste père, qui a toute confiance en moi, m'a dit : « Monsieur de Bamberg, vous avez appris à mon fils ce qui est nécessaire à un prince... — Monseigneur, je lui ai appris tout ce que je savais : la danse, l'équitation, l'éloquence et le cornet à piston... — Il faut plus encore... il faut que vous lui donniez une femme... il y a présentement en Allemagne trois princesses qui lui conviennent... aidez-le à choisir... S'il revient marié, je vous donne vingt mille florins de pension, sans compter trois cordons et deux croix par-dessus le marché... mais si mon fils reste célibataire, comme ce sera l'effet de vos mauvais conseils... je vous fais enfermer !... »

MINA.

O ciel !...

BAMBERG.

Il y va de ma liberté.

MINA.

Si Son Altesse ne perd pas la sienne !...

BAMBERG.

Et c'est bien le prince le plus difficile à gouverner et à marier...

ERNEST, d'un ton de reproche.

Bamberg !...

BAMBERG, s'inclinant.

Pardon, mon prince !... (A Mina.) Je m'en rapporte à vous-même... la première de nos prétendues, la princesse Brigitte, accueillait notre recherche de la manière la plus favorable... j'étais enchanté... monseigneur ne l'était pas... elle était trop dévote, trop mystique... ne sortait pas de son oratoire... nous en prîmes congé un dimanche avant le sermon... La princesse Catherine, la seconde, était un esprit fort qui lisait Voltaire, Jean-Jacques et George Sand... j'étais ravi, et monseigneur indigné... scandalisé... vous conviendrez que c'est terrible... de deux en aimerez-vous une? nullement !... Monseigneur se met à en adorer une troisième... et laquelle ?... celle qui dédaigne tous les partis et ne veut pas se marier... voilà où nous en sommes... c'est à se désespérer !...

MINA.

Pas encore !...

ERNEST.

Je n'ai cependant pu obtenir d'Amélie un seul aveu !...

MINA.

Vos deux rivaux n'en ont pas obtenu davantage... et je sais, moi sa première demoiselle d'honneur, que plusieurs fois elle a parlé de vous avec intérêt...

ERNEST, avec joie.

Ah ! s'il était vrai !...

MINA.

J'étais là... elle a même ajouté avec un soupir : «Ah ! quel dommage !... »

ERNEST.

Quel dommage !...

BAMBERG.

Quoi ?

MINA.

C'est ce que j'ai demandé... et sans avoir l'air de m'entendre, Son Altesse a ajouté lentement : « Quel dommage qu'il ne soit pas ce que j'ai rêvé ! »

ERNEST.

Et qu'a-t-elle rêvé ?

BAMBERG.

Il faudrait le savoir !...

MINA.

Voilà justement ce que j'ignore...

ERNEST.

Et qui donc serait plus instruit ?

MINA.

Personne !...

BAMBERG.

C'est juste !... quand on n'a pas confiance en sa demoiselle d'honneur... (A Ernest.) C'est comme si vous vous cachiez de moi, votre précepteur, votre gouverneur et votre serviteur !... il n'y aurait plus d'espoir !...

MINA.

Peut-être, cependant !...

ERNEST.

Comment cela ?

MINA.

Il y a quelqu'un ici qui jouit près d'elle et près du grand-duc, d'un crédit illimité.

BAMBERG.

Et qui donc ?

MINA.

Cornélius, son maître de musique.

BAMBERG.

Un intrigant et un sot !...

MINA.

Deux raisons pour parvenir !...

ERNEST.

Mais il ne sait rien !...

MINA.

Il a su gagner, et mieux encore conserver la faveur du maître... la princesse le consulte... ils ont des conférences mystérieuses... dans ce moment encore...

ERNEST.

Tu crois qu'il possède son secret ?

MINA.

Je le parierais !...

BAMBERG.

Et pour le faire parler ?...

MINA.

Il n'y a peut-être qu'une personne... et c'est moi...

ERNEST, vivement.

Ah ! ma fortune et ma vie !...

BAMBERG.

Moi de même... ma pension, mes cordons et mes croix... je mets tout à vos pieds, ainsi que mon amour... car je vous aime, vous le savez...

ERNEST.

Je l'atteste !... et la preuve... c'est qu'il est jaloux... jaloux comme un tigre.

MINA.

C'est bien !... ou plutôt, c'est mal !... dans ce moment, du moins... car pour réussir, il me faut séduire maître Cornélius...

BAMBERG.

Je m'y oppose !...

MINA.

C'est déjà fait !...

BAMBERG.

Quoi ! cette vieille double-croche oserait vous aimer ?...

MINA.

Depuis longtemps !... et pourquoi pas ?... la musique est le chemin du cœur !...

BAMBERG.

Pas la sienne !...

MINA, regardant à droite.

Le voici !... éloignez-vous !...

BAMBERG.

M'éloigner !...

ERNEST.

Eh ! oui, sans doute... il le faut !

BAMBERG.

Je ne veux pas !...

ERNEST, haut, devant Cornélius qui entre.

Je vais chez le grand-duc... monsieur de Bamberg, suivez-moi !...

BAMBERG.

Oui, monseigneur... (Bas à Mina.) Ne lui plaisez pas trop...

MINA, souriant.

Je tâcherai !...

(Ernest et Bamberg sortent par le fond.)

SCÈNE IV.

MINA, CORNÉLIUS.

CORNÉLIUS.

A quoi pensait mademoiselle de Barnheim?...

MINA.

Je ne vous ferai pas la même demande... vous ne répondriez pas!

CORNÉLIUS.

Si vraiment!

MINA.

Alors, vous mentiriez!...

CORNÉLIUS.

Jamais avec vous!... mais ce n'est pas de moi qu'il s'agit... c'est de l'objet qui tout à l'heure vous occupait.

MINA.

Vous serez discret?...

CORNÉLIUS.

Toujours!...

MINA.

Eh bien! la personne qui m'occupait... c'était vous...

CORNÉLIUS.

Est-il possible!...

MINA.

Je réfléchissais... car je réfléchis quelquefois; et je me disais : Maître Cornélius veut me tromper...

CORNÉLIUS.

Moi!...

MINA.

Oui... il y a ici quelqu'un qui veut tromper l'autre... vous balbutiez... vous hésitez... vous avez des projets !...

CORNÉLIUS.

Par exemple !...

MINA.

ROMANCE.

Premier couplet.

Non, monsieur, en vain
Vous cachez votre dessein...
J'y vois clair... je voi
Vos projets sur moi !...

Dans les salons de Son Altesse
Vous vous placez à mes côtés,
Dans les concerts, à moi s'adresse
La romance que vous chantez !...
Vous n'y prenez pas garde,
Mais on tient des propos...
Quand votre œil me regarde
Vous chantez toujours faux !...

Non, monsieur, en vain
Vous cachez votre dessein !...
J'y vois clair... je voi
Vos projets sur moi !...

Deuxième couplet.

Monsieur voudrait me compromettre,
Il balbutie en me parlant,
Il ose même se permettre
De rougir et d'être tremblant...
Tout prouve qu'il m'adore,
Tout le fait croire... eh bien !
Jusqu'à présent encore,
Il ne m'en a dit rien...
(Geste de Cornélius.)
Non, non, non... en vain ;

Je connais votre dessein...
J'y vois clair... je vois
Vos projets sur moi !...

CORNÉLIUS.

Si je n'ai pas parlé... c'est que je n'osais pas... vous aviez toujours un air railleur qui me faisait perdre la mesure... et vous n'avez jamais voulu me comprendre...

MINA, gravement.

Une demoiselle d'honneur ne comprend que les déclarations positives et légales... et vous ne m'avez jamais demandée en mariage !

CORNÉLIUS.

C'était mon seul vœu, mon seul désir... bien plus, cela assurait mon avenir et mes intérêts...

MINA.

En vérité !...

CORNÉLIUS.

Mais je vous connais.... vous m'auriez refusé.

MINA, avec coquetterie.

Qu'en savez-vous ?... on demande toujours !

CORNÉLIUS.

Eh bien ! charmante Mina... si je vous offrais mon cœur, ma main et ma fortune, que diriez-vous ?...

MINA.

Je dirais : non !...

CORNÉLIUS.

O ciel !...

MINA, d'un ton de reproche.

Pour vous apprendre.

CORNÉLIUS.

Mais vous vous laisseriez fléchir ?

MINA, baissant les yeux.

C'est possible !... après quelques mois d'épreuve... si

j'étais bien sûre de vos sentiments et du consentement de la princesse...

CORNÉLIUS, avec joie.

Elle consentira !...

MINA.

Et si d'ailleurs votre avenir, votre position à la cour...

CORNÉLIUS.

Superbe !... depuis dix ans premier maître de chapelle, premier compositeur... homme de talent... homme de génie !

MINA.

Et si des rivaux plus heureux...

CORNÉLIUS.

Impossible !... j'ai pris mes précautions... Voyez-vous, Mina, nous sommes de véritables artistes... nous ne sommes pas comme ces compositeurs français ou italiens qui se déchirent entre eux... Nous autres Allemands ne sommes ni envieux, ni jaloux... et pourvu, par exemple, qu'on nous laisse seuls, nous n'irons jamais attaquer nos confrères... Ici, vous le voyez... jamais d'intrigues ni de cabales, tous les ouvrages réussissent....

MINA.

C'est vrai !

CORNÉLIUS.

Pourquoi ? parce que j'ai eu soin de fermer la lice à tous ces esprits remuants et brouillons qui dans ce moment font du bruit en Europe... qu'ils en fassent ailleurs... mais pas ici... J'ai voulu que cette petite principauté restât calme et paisible au milieu de la tempête... j'ai voulu que l'orage des trombones, des grosses caisses et des renommées importunes ne parvînt point jusqu'à elle...

MINA.

C'était difficile !...

CORNÉLIUS.

Et pourtant, j'en suis venu à bout...

MINA.

Comment cela ?

CORNÉLIUS.

En imitant Napoléon et son système continental... j'ai établi pour les opéras étrangers une ligne de douanes des plus actives... toutes les partitions, tous les duos, trios, quintettes de fabrication étrangère sont impitoyablement arrêtés aux limites de ce petit duché que j'ai déclaré en état de blocus musical.

MINA.

Et le grand-duc ?

CORNÉLIUS.

C'est par ses ordres !... il ne se connaît pas en musique et ne veut que la mienne... je lui ai persuadé que toutes les autres étaient dangereuses, perturbatrices et révolutionnaires... témoin *la Marseillaise*, *la Parisienne* et *la Muette de Portici* qui a causé la révolution de Belgique.

MINA.

C'est donc cela que depuis dix ans, depuis que vous êtes maître de chapelle... nous n'avons pas entendu un opéra nouveau.

CORNÉLIUS.

Ils sont tous à la frontière... au lazaret... une quarantaine perpétuelle... De plus, et par prudence, j'ai étendu la mesure à mes confrères... les compositeurs qui seraient tentés de voyager.

MINA.

Ils n'entrent point dans ce duché ?

CORNÉLIUS.

Si vraiment !... c'est l'ordre du grand-duc... ils peuvent entrer... avec un passe-port signé de ma main... et je n'en signe jamais !

MINA.

Je comprends alors que vous régniez seul et sans partage.

CORNÉLIUS.

C'est le seul moyen... du reste, personne ne se plaint... ma lyre suffit à la consommation musicale du pays... j'ai calmé tous les mécontents, endormi tous les partis... le grand-duc s'est fait à mes partitions... Sa fille a eu plus de peine... et quoique élevée par moi... quoique formée par mes soins... elle a un instinct musical qui lui fait soupçonner possible une autre musique que la mienne.

MINA.

Il serait vrai !...

CORNÉLIUS.

Oui... elle me parlait l'autre jour, d'inspiration, de génie... je ne sais pas qui lui donne de ces idées-là... mais il faudrait, dans notre intérêt, les empêcher de se développer.

MINA.

C'est que des idées, il est difficile de les faire arrêter par la douane... d'autant que la princesse en a beaucoup... (D'un air de mystère.) et d'assez singulières... d'assez extravagantes !...

CORNÉLIUS, de même.

Ah ! vous savez ?...

MINA.

Avec moi, sa demoiselle d'honneur, c'est comme avec vous.

CORNÉLIUS.

Elle pense tout haut !

MINA.

Et si je vous disais ce qu'elle a rêvé pour son mariage !...

CORNÉLIUS.

Silence !... je croyais qu'il n'y avait que moi au monde dans son secret !...

MINA, d'un air tendre.

Oh ! vous et moi, maintenant...

CORNÉLIUS.

C'est tout un !

MINA.

Comme vous dites... et nous pouvons causer sans crainte... Que pensez-vous de cette idée ?

CORNÉLIUS.

Laquelle ?

MINA.

Celle dont nous parlions tout à l'heure...

CORNÉLIUS.

L'idée qu'elle a de n'épouser qu'un homme de talent... un artiste ?

MINA, à part, avec joie.

Ah ! c'est cela !... (Haut.) Justement.

CORNÉLIUS.

Je pense qu'il faut la lui laisser... attendu qu'elle nous est favorable... Ce qui la désole, c'est son existence d'apparat et d'étiquette qui continuera encore avec un grand seigneur qu'elle épousera... mais la vie aventureuse, la gloire, le malheur, la misère même !... les beaux arts et une mansarde... voilà ce qui lui sourit... voilà ce qu'elle a rêvé !... et ce qui peut nous servir... Mais, adieu ! je me rends près de monseigneur qui m'a fait demander pour midi...

MINA.

Et vous restez là à causer !

CORNÉLIUS.

J'oublie tout auprès de vous... (A part, regardant sa montre.) J'ai encore un quart d'heure... (Haut.) Adieu, ma toute belle... Adieu !

(Il sort par la droite.)

SCÈNE V.

MINA, seule; puis BAMBERG.

MINA.

Voilà donc ce grand secret !... une princesse qui aspire à être artiste !... Je crois bien... elle n'est pas difficile !... (Apercevant Bamberg qui sort d'une porte à gauche.) Ah! vous voilà !... venez vite.

BAMBERG.

Je sais tout !...

MINA.

Comment cela ?...

BAMBERG.

Croyez-vous donc que je n'ai pas écouté !... cela m'intéressait trop vivement... et le commencement de votre conversation...

MINA, riant.

Était effrayant...

BAMBERG.

Pour moi !

MINA.

Et pour votre maître... Vous savez ce qu'on exige de lui ?... Est-ce un génie ?...

BAMBERG.

C'est moi qui l'ai élevé !... un garçon de mérite, je m'en vante !... mais du génie... si on m'avait prévenu d'avance... si j'avais su que ce fût nécessaire à un prince pour se marier !...

MINA.

Enfin, monsieur, est-il musicien ?...

BAMBERG.

Tout au plus ! moi qui sais par cœur la musique ancienne

et nouvelle, moi l'admirateur de tous les grands maîtres morts et vivants... je suis censé lui avoir appris le cor anglais... le bruit en a couru... mais personne ne peut se vanter de nous avoir jamais entendus exécuter le moindre concerto, et pour bonnes raisons.

MINA.

Silence !... c'est la princesse !...

BAMBERG.

Que faire?... c'est aujourd'hui... c'est ce soir qu'elle doit déclarer son choix.

MINA.

Il n'y a plus d'espoir !...

BAMBERG.

Il n'y a plus d'espoir ?... alors, nous ne risquons rien, et je me charge de tout !...

SCÈNE VI.

Les mêmes; AMÉLIE.

AMÉLIE, à Bamberg, qui la salue respectueusement en prenant un air triste.

Eh! mon Dieu, monsieur de Bamberg, quel air sombre et mélancolique! Qu'avez-vous donc?

BAMBERG, avec un soupir.

Rien, madame!

AMÉLIE.

Voilà pourtant un soupir qui atteste un profond désespoir... et je vais en accuser Mina, qui n'en fait jamais d'autres!...

MINA.

Moi, madame!

AMÉLIE, à Bamberg.

Puis-je offrir ma médiation?

BAMBERG.

Il ne faudrait pas moins qu'un pareil appui pour me sauver et me rendre les bonnes grâces de mon maître, qui vient de s'emporter contre moi.

AMÉLIE, vivement.

Quoi! le prince Ernest, que je croyais d'un caractère si doux et si facile...

BAMBERG.

Lui, madame? Vous ne le connaissez pas... C'est la bonté, l'amabilité même avec tout le monde... excepté avec moi... parce que moi, son gouverneur, moi, investi de la confiance de son père... je suis obligé de combattre ses défauts et ses mauvais penchants.

AMÉLIE.

Que me dites-vous là?

MINA, à Bamberg.

Y pensez-vous?

BAMBERG.

Oui, certes!... et ce n'est pas sans motifs que je parle ainsi.

AMÉLIE.

Achevez... achevez, de grâce! le prince aurait des défauts!...

BAMBERG.

Incorrigibles!

AMÉLIE.

Est-ce qu'il aimerait le jeu?

BAMBERG.

Il le déteste... il n'a jamais joué de sa vie.

MINA, à part, riant.

Pas même du cor anglais!

AMÉLIE.

Il est donc fier, orgueilleux?

BAMBERG.

Quand il parle de vous!

AMÉLIE.

Il a donc de l'ambition?

BAMBERG.

Celle de vous plaire... je ne lui en connais pas d'autre.

AMÉLIE.

Mais alors, que lui reproche-t-on, et que fait-il donc?

BAMBERG.

Ce qu'il fait, madame?... Le désespoir de son père et le mien, par les goûts les plus singuliers... les plus bizarres pour un prince.

AMÉLIE.

Est-il possible!

BAMBERG.

Il oublie son rang, sa naissance, ses aïeux, pour s'abaisser à la profession... je dirai presque au métier d'artiste.

AMÉLIE.

Lui?...

BAMBERG.

En secret, madame... en secret... Ne le croyez pas plus coupable qu'il n'est... personne ne s'en est jamais douté... et si ce n'est son père et moi, témoins de ses folies, de ses extravagances musicales...

AMÉLIE.

Comment?

BAMBERG.

Oui, madame, il compose... il compose lui-même... lui... un prince!... Voilà le secret que nous voudrions cacher au monde entier. En vain, avant son départ, son père lui avait fait jurer de renoncer à jamais à cette déplorable manie... il persiste.

AMÉLIE.

En vérité!...

BAMBERG.

C'est plus fort que lui... c'est comme un démon qui l'entraine.

AMÉLIE, vivement.

Je conçois.

BAMBERG.

Et, tout à l'heure encore, je l'ai surpris griffonnant une cavatine...

AMÉLIE, à part, avec joie.

S'il était vrai ?...

BAMBERG.

Qu'il a déchirée à mon aspect... Mais je l'avais vue... je l'avais vue, j'en suis sûr... et, alors, avec tout le respect que je lui dois, je me suis emporté : je lui ai parlé de son père... de sa promesse. Il m'a répondu en prince... il m'a envoyé promener, m'a défendu de le revoir, et s'est éloigné en fredonnant la strette de son infernale cavatine. Voilà l'exacte vérité... et vous comprenez, madame, que si vous ne prenez pas ma défense...

AMÉLIE.

Oui, oui... comptez sur moi... Mais, dites-moi, c'est donc depuis quelque temps qu'il a ces idées-là ?

BAMBERG.

Il les a toujours eues.... c'est une fièvre... un délire qui ne le quitte pas... et je ne saurais vous dire le nombre de partitions qu'il a déjà composées... Incognito !... Enfin, madame, j'en rougis pour lui et je ne sais comment vous l'avouer... un opéra tous les mois... en secret, toujours en secret. Et si je vous confie le sien... c'est à la condition que vous aurez l'air de l'ignorer... que vous ne lui en parlerez jamais ; car alors, je serais perdu, et je n'aurais plus qu'à me brûler la cervelle.

AMÉLIE.

Ne craignez rien... Le voici !

MINA, à part.

Ah! mon Dieu! c'est trop tôt...

BAMBERG, de même.

Lui qui ne sait rien!...

AMÉLIE, à Bamberg.

Il a l'air rêveur!

BAMBERG, à la princesse.

Encore sa cavatine qui l'occupe!

SCÈNE VII.

ERNEST, venant du fond à droite et traversant le théâtre en rêvant; BAMBERG, sur le devant à gauche; AMÉLIE à droite, et près d'elle MINA.

AMÉLIE, à Mina, à demi-voix.

Dis-lui que je voudrais lui parler!
(Elle descend sur l'avant-scène, à droite. Pendant ce temps, Mina passé au fond du théâtre, près d'Ernest, qui se trouve entre Bamberg et Mina.)

MINA, à Ernest.

Monseigneur!

ERNEST.

Qu'est-ce donc?

MINA, à demi-voix.

Votre cause est gagnée.

BAMBERG, de même.

Si vous voulez...

ERNEST, étonné.

Que faut-il faire?

MINA, à demi-voix.

Dire comme nous.

BAMBERG, de même.

Et ne jamais nous démentir.
(Ernest s'approche d'Amélie qu'il salue.)

AMÉLIE.

Je sais, monseigneur, que vous vous êtes emporté, ce matin, contre M. de Bamberg, votre gouverneur.

ERNEST, surpris.

Moi, madame?... (Il aperçoit les gestes de Mina et de Bamberg, qui lui font signe de dire oui.) Je ne dis pas non... mais...

AMÉLIE.

Je ne vous demande pas pour quel motif... je vous prie seulement, et à ma recommandation, de lui rendre vos bonnes grâces.

ERNEST.

Je ne sais si je dois... (Regardant Bamberg et Mina, qui lui font un signe affirmatif, il tend la main à Bamberg.) Bamberg!

BAMBERG, serrant la main d'Ernest.

Ah! mon prince... c'est trop de bontés!

AMÉLIE, à Ernest.

Je vous en remercie... et vous avez eu raison de pardonner; car, malgré ses torts, c'est un fidèle serviteur qui vous est dévoué... et même le mal qu'il m'a dit de vous...

ERNEST.

Il aurait osé!...

AMÉLIE.

Oui... Et cela ne vous a pas desservi... au contraire... peut-être même, si vous aviez eu plus de franchise... si vous m'aviez avoué la vérité...

ERNEST, avec chaleur.

Ah! ne l'aviez-vous pas devinée?... ne saviez-vous pas que je vous aime!... Et s'il faut aujourd'hui me voir préférer un rival... il ne vous obtiendra, du moins, qu'au prix de mon sang!

AMÉLIE, vivement.

Ah! cela n'ira pas là, je l'espère... je tâcherai du moi que mon choix ne vous coûte pas aussi cher.

ERNEST, avec joie.

Que dites-vous?

AMÉLIE.

Il ne vous appartient pas de blâmer les personnes réservées et mystérieuses... vous qui dérobez à tous les yeux bien autres secrets.

ERNEST.

Moi, madame!... Je puis vous attester...

AMÉLIE, vivement.

On m'a tout dit... on vous a trahi!

ERNEST, regardant Mina et Bamberg.

Ah! l'on m'a trahi?

BAMBERG.

Oui, monseigneur. J'ai avoué, à mon grand regret, votre amour, votre passion... votre fanatisme pour la musique.. (A demi-voix.) C'est le seul moyen de lui plaire.

MINA.

Et maintenant vous ne pouvez plus le nier.

ERNEST.

Je conviens qu'en effet...

AMÉLIE.

A la bonne heure!... Me voilà dans votre confidence, e je n'en abuserai pas... Mais cependant j'ai un projet qu me rendrait bien heureuse... et qu'il ne tiendrait qu'à vo d'accomplir.

ERNEST.

Ah! parlez, madame... parlez!

AMÉLIE.

C'est un homme de talent que Cornélius, mon maître de

musique; tout le monde l'affirme, et lui aussi. Ses opéras sont fort beaux; mais ils sont tous de lui... et, une fois par hasard, je voudrais en entendre un autre... un de vous, par exemple.

ERNEST, stupéfait.

De moi, madame?

AMÉLIE.

Que vous composeriez ici... exprès pour moi.

ERNEST.

Y pensez-vous!... Moi, qui jamais de ma vie...

AMÉLIE.

Je sais ce que vous allez m'objecter... les reproches, la colère de votre père, si cela se savait; mais cela ne se saura pas... ce sera un secret pour tout le monde, excepté pour moi.

ERNEST.

Écoutez-moi, de grâce!

AMÉLIE.

Cet ouvrage, composé par vous, paraîtra sous le nom d'un ami discret, qui vous sera dévoué... un ami intime... votre gouverneur, par exemple.

ERNEST.

Lui!

AMÉLIE.

Il se charge de tout... cela le regarde.

ERNEST.

A cette condition-là, j'accepte, je consens.

BAMBERG, avec embarras.

Moi, madame!...

MINA.

Eh! oui, sans doute... l'idée est admirable!...

AMÉLIE.

Nous jouerons votre opéra ici, à la cour... vous me don-

8.

nerez un rôle, le plus beau... et les autres à Mina et à vo[us]-même... et bien mieux encore, mes nobles prétendants, comte Magnus et le duc de Waldemar joueront pour plaire, et sans le savoir, dans l'ouvrage d'un rival... c' charmant... (A Ernest.) Ah! je le veux!... hâtez-vous, seul[e]ment; combien vous faudra-t-il de temps?...

ERNEST, ayant l'air de consulter Bamberg.

Bamberg!... combien crois-tu qu'il nous faille de temps?.

BAMBERG.

Avec votre prodigieuse facilité, je ne peux pas dire... ce[la] dépend du sujet... on peut le chercher longtemps... (Bas Ernest.) C'est toujours ça de gagné. (Haut.) C'est très-long po[ur] en trouver un bon!...

AMÉLIE.

J'en ai un... là dans ce livre que je parcourais tout [à] l'heure... dans l'histoire d'Angleterre... une ruse, un dé[gui]sement... des gens que l'on trompe... cela ira à merveille..

MINA, à part.

A la circonstance!...

AMÉLIE.

Ainsi, c'est dit, c'est convenu, mystère profond pour tou[t] le monde!...

MINA.

A commencer par Cornélius.

AMÉLIE.

Cela va sans dire; et pour tout le monde aussi, l'ouvrag[e] sera de M. de Bamberg.

ERNEST.

Qui se charge de tout!...

BAMBERG.

Un instant, cependant...

ERNEST, à voix basse.

Je le veux, tu m'as mis dans cet embarras... c'est à toi de m'en tirer, ou sinon...

AMÉLIE, bas à Mina, montrant Ernest.

A merveille ! voici déjà sa tête qui travaille... (Haut.) Prince, votre main... passons chez mon père qui attend de moi, aujourd'hui, une réponse, une décision...

MINA.

Sur le choix d'un époux...

ERNEST.

Et cette réponse, quand la donnerez-vous ?...

AMÉLIE.

Quand je la donnerai ?... le jour de la représentation de notre opéra.

ERNEST, vivement.

Ah ! s'il en était ainsi ! (A Bamberg.) Je le veux, entends-tu, je le veux...

(Il sort avec Amélie.)

BAMBERG.

Et comment ?...

MINA, imitant Ernest.

Moi aussi, je le veux ! ou sinon...

(Elle sort avec Amélie et Ernest.)

SCÈNE VIII.

BAMBERG, seul.

AIR.

Pour obéir aux lois d'un prince qui commande,
Écarter ses rivaux et servir mes amours,
Où trouver une idée assez forte, assez grande,
Ou plutôt à quel Dieu faut-il avoir recours?...

Vous, dont je veux envahir le domaine,
    O divin Rossini !

(Motif du *Barbier de Séville.*)

Et vous, Chérubini,

(Motif des *Deux Journées*.)
Vous à qui les bons airs jadis coûtaient si peu !
Méhul, Berton, Hérold, Boïeldieu ;
(Motif de *la Dame Blanche*.)
Vous tous qui maintenant régnez sur notre scène,
Vous, savant Halévy !
(Motif de *l'Éclair*.)
Vous aussi,
Vous, puissant Meyerbeer,
(Motif de *Robert-le-Diable*.)
Vous surtout, gracieux, inépuisable Auber !
(Motif de *Fra-Diavolo*.)
Pour composer notre opéra,
Il me faudrait la verve admirable,
Et le talent incomparable
De tous ces grands hommes-là.
Est-ce l'amour ou le génie,
Qui fit ainsi chanter l'un d'eux,
Quant il créa cet air mélodieux ?
(Motif de *Gulistan*.)
« Ah ! que mon âme était ravie,
« Dans cet instant délicieux !
« Il me semblait, dans l'autre vie,
« Partager le bonheur des dieux. »

Puis tout à coup, le tambour bat,
C'est un brave joyeux qui revient du combat.
(Motif de *la Dame Blanche*.)
« Ah ! quel plaisir d'être soldat !
« On sert, par sa vaillance,
« Et son prince et l'État,
« Et galment on s'élance
« De l'amour au combat...
« Ah ! quel plaisir d'être soldat !... »
Puis ses amis, puis sa maîtresse,
A son retour, chacun s'empresse...
Ah ! quel beau jour !

(Motif de *Jeannot et Colin*.)

« Ami de notre enfance,
« Te voilà revenu ! »
Mais, dites-moi, Jeanne fut-elle
A son amant, toujours fidèle ?...
Eh bien ! eh bien !
Vous ne répondez rien !

(Motif de *la Fiancée*.)

Garde à vous, (*Bis*.)
Enfants de la patrie,
Qui risquez votre vie,
Pour nous protéger tous,
Garde à vous ! (*Ter*.)
Pour prix de la constance,
Souvent pendant l'absence,
Qui prend place chez vous?
L'ennemi ! — Garde à vous !

Que voulez-vous dire? — Quoi ! tu ne comprends pas? — Non, je vous le jure. — Eh bien ! approche-toi, qu'on ne m'entende pas.

C'est bien ; assez ; j'entends,
Je comprends.

(Reprise du motif de *la Dame Blanche*.)

Ah ! quel plaisir d'être soldat ! etc.
Comme ils savaient chanter les refrains du village !

(Motif du *Chaperon rouge*.)

Tra la la la la,
Et puis ce chant joyeux de buveurs :

(Motif du *Comte Ory*.)

Tra la la la la !
Et puis ce chant de vainqueurs :

(Motif de *Guillaume Tell*.)

Tra la la la la !

Mais quelle idée, et quel trait de lumière !
Pour composer un chef-d'œuvre parfait,

Que par malheur je ne puis faire,
Pourquoi ne pas le prendre ici tout fait ?

(Motif de *Zampa*.)

Bannissons toute modestie,
Maîtres au renom si vanté ;
A moi vos chants, votre génie,
Et je vole avec vous à l'immortalité !

(Motif des *États de Blois*.)

Rivaux, tressez-moi des couronnes ;
Car votre maître, le voilà !
Sonnez, sonnez et clairons et trombones ;
Oui, je tiens là mon opéra !

Merci, Meyerbeer, Auber, Hérold, Berton, Nicolo, Boïeldieu, Grétry, Adam, Donizetti, Halévy, Rossini, Bellini...

Et Tutti Quanti,
Merci !
Oui, je tiens là,
Mon opéra !

SCÈNE IX.

FINALE.

BAMBERG, ERNEST, MINA, entrant en courant.

MINA, à Ernest.

Eh bien ! eh bien ! quelle nouvelle ?

ERNEST.

Ah ! pour moi ! bonheur sans pareil !
Je crois enfin être aimé d'elle,
Mais je crains l'instant du réveil.

(A Bamberg.)

Eh bien ! eh bien ! quelle nouvelle ?...

BAMBERG.

Les arts protégent les amours,
Et vous aurez, grâce à mon zèle,
Fait un opéra dans huit jours !

ERNEST, lui sautant au cou.

O mon sauveur !

MINA.
Quoi ! dans huit jours ?...

BAMBERG.
Un grand opéra dans huit jours !

ERNEST.

Mais comment ?

BAMBERG.
J'en réponds !...
(Montrant Amélie qui arrive.)
Engagez-vous toujours !...

SCÈNE X.

LES MÊMES ; AMÉLIE, sortant de la droite.

AMÉLIE, s'approchant d'Ernest.
Eh bien ! de votre lyre empruntant le secours,
Pour composer un chef-d'œuvre semblable,
Quel temps demandez-vous ?

ERNEST, hésitant.
Huit jours !

AMÉLIE, étonnée.
Un chef-d'œuvre en huit jours !

BAMBERG.
Il en est bien capable.
Ça ne lui coûte rien !

AMÉLIE.
Quel talent admirable !

BAMBERG, avec exaltation.
Les arts protègent les amours !...

Ensemble.

MINA et AMÉLIE.
Quel plaisir ! je vois d'avance

Notre ouvrage et son effet;
Jusque-là, messieurs, silence !
Gardons bien notre secret !

ERNEST.

Je renais à l'espérance ;
Mais quel est donc ce projet ?
Jusque-là dans le silence,
Attendons, amant discret !...

BAMBERG.

J'ai pour moi bonne espérance,
Je réponds de mon projet ;
Mais silence et patience,
Gardez bien notre secret !

SCÈNE XI.

LES MÊMES, LE GRAND-DUC et CORNÉLIUS, entrant par le fond.

LE GRAND-DUC.

Ma fille, il faut enfin que ton cœur se prononce ;
Tu dois à leurs amours,
Fixer un jour heureux ou fatal.

AMÉLIE, après un instant de silence.

     Ma réponse,
Vous l'aurez, je le jure...

LE-GRAND-DUC.

    Et quand donc ?...

AMÉLIE, regardant Ernest.

      Dans huit jours !...

Ensemble.

ERNEST.

Ah ! malgré mon espérance,
Je redoute son projet ;
Mais enfin, dans le silence
Attendons, amant discret !

LE GRAND-DUC.

Je renais à l'espérance,
Tous mes vœux sont satisfaits;
Ce serment comble d'avance
Mes désirs et mes projets!

CORNÉLIUS.

Quelle est donc son espérance?
Quels sont ses nouveaux projets?
Pour moi, dans sa défiance,
Aurait-elle des secrets!...

MINA et AMÉLIE.

Quel plaisir! je vois d'avance
Notre ouvrage et son effet;
Jusque-là, dans le silence,
Gardons bien notre secret!

BAMBERG.

Du courage et confiance,
Je réponds de mon projet;
Mais silence et patience!
Gardons bien notre secret!

AMÉLIE, au grand-duc.

Mais pour mieux célébrer le jour où l'hyménée
Par un choix solennel ici m'enchaînera,
Je prétends qu'une fête à la cour soit donnée...
Je veux que nous ayons un nouvel opéra...

CORNÉLIUS, vivement.

Un tel sujet déjà m'inspire!
Parlez, et je suis prêt!...

AMÉLIE.

Non, je veux, Dieu merci!
Laisser quelques instants reposer votre lyre,
C'est un autre que j'ai choisi...

CORNÉLIUS.

Un autre... ô ciel!... un autre... et lequel?...

AMÉLIE, montrant Bamberg.

Le voici!

CORNÉLIUS.
Quel est-il donc pour l'emporter ainsi?...
AMÉLIE.
Un nouvel Amphion inconnu jusqu'ici...

Ensemble.

CORNÉLIUS, avec colère.

O vengeance! ô colère!
L'aspect seul d'un confrère
Est comme une vipère
Qui me fait tressaillir.
Quel affront! quel outrage!
Ah! je sens à ma rage,
Qu'il me faut sans partage,
Régner seul ou mourir!

LE GRAND-DUC.

Un destin plus prospère
Sourit au cœur d'un père,
La voilà moins sévère,
Elle va s'attendrir!
Oui, que l'hymen l'engage,
Et dans ce mariage
Déjà tout me présage
Et bonheur et plaisir!

ERNEST, BAMBERG, MINA, et AMÉLIE.

Voyez-vous sa colère!
L'aspect seul d'un confrère
Soudain le désespère
Et le fait tressaillir.
Redoublons de courage!
Déjà pour notre ouvrage,
Son courroux nous présage
Et bonheur et plaisir!

CORNÉLIUS, à Amélie.
Quoi! monsieur de Bamberg est un compositeur?...
AMÉLIE.
Artiste de mérite!...

BAMBERG, modestement.
Ou plutôt amateur!

CORNÉLIUS, à part, montrant Bamberg.
Ah! si je l'avais su, ma main mieux inspirée
De ce pays jamais ne t'eût permis l'entrée!...

BAMBERG, à Cornélius.
Débuter près de vous est un honneur déjà...

CORNÉLIUS, à Bamberg.
Moi, je veux que pour tous la lice soit ouverte.

BAMBERG.
C'est penser en artiste!...

CORNÉLIUS, lui tendant la main.
Oui, certe...
Je ferai de mon mieux...
(A part.)
Tomber ton opéra!

Ensemble.

CORNÉLIUS, avec colère.
O vengeance! ô colère! etc.

LE GRAND-DUC.
Un destin plus prospère, etc.

ERNEST, BAMBERG, MINA, et AMÉLIE.
Voyez-vous sa colère, etc.

(Le grand-duc sort en donnant la main à Amélie; Ernest et Mina les suivent; Bamberg et Cornélius s'éloignent chacun d'un côté opposé, en se jetant des signes de menace qu'ils changent en profonds saluts dès qu'ils se regardent.)

DEUXIÈME PARTIE

L'avant-scène du théâtre de la cour, dont le rideau est baissé.

SCÈNE PREMIÈRE.

BAMBERG, entrant par la droite; MINA, par la gauche, en costume pour jouer l'opéra.

BAMBERG, à Mina.

Eh bien! notre royale troupe est-elle prête?...

MINA.

Chacun s'habille ou repasse son rôle... le décor est déjà placé... là, derrière cette toile... sur le théâtre de la cour... et il est superbe!...

BAMBERG, regardant par le trou de la toile.

Magnifique!... admirable!... du gothique tout pur... (A Mina.) C'est drôle, un tête-à-tête sur l'avant-scène...

MINA.

Il faut bien s'y donner rendez-vous... tout est encombré de monde sur le théâtre... les loges, les foyers... heureusement, il n'y a encore personne dans la salle... Mais en vérité, monsieur, c'est bien la peine d'être jolie pour vous... vous ne me regardez seulement pas!... Voyez, déjà en costume... mais je vous en veux... moi qui vous avais demandé de la poudre et des mouches...

BAMBERG, riant.

A une paysanne écossaise?...

MINA.

Qu'importe!... la poudre me va si bien!...

BAMBERG.

C'est admirable la comédie de société!... Et la princesse?...

MINA.

Ah! quelle ardeur! quel zèle!... je crois vraiment qu'elle aime notre jeune protégé... car elle retenait sa musique si facilement...

BAMBERG.

Je crois bien!...

MINA.

Tous les morceaux étaient appris aussitôt que composés... et ce dont elle ne revenait pas, c'est que tout a été prêt en secret, comme le prince le lui avait promis... un opéra complet...

BAMBERG.

En huit jours!... mon maître a un fameux talent, je m'en vante!...

MINA.

Et le plus admirable, c'est que tous les morceaux sont charmants!...

BAMBERG.

Ce n'est pas là ce qui m'étonne!... quand je me mêle de quelque chose... Ce qui m'inquiète, c'est mon maître... toujours doux, timide, modeste... il n'aura jamais l'air d'un acteur!...

MINA.

Puisque vous êtes censé l'être!...

BAMBERG.

Aux yeux de tous... mais aux yeux de la princesse, cet admirable ouvrage est de lui... il l'oublie à chaque instant, ainsi que son rôle... car la princesse a voulu qu'il jouât un rôle...

MINA.
Un petit paysan... mon amoureux... c'est gentil !...

BAMBERG.
Eh! non... ça ne l'est pas... il ne peut pas se mettre dans la tête la musique qu'il a composée, sa propre musique... Eh! tenez... le voici... je crains quelque malheur !...

SCÈNE II.

LES MÊMES; ERNEST, venant de la droite; il est aussi en costume.

ERNEST, un papier de musique à la main.
Ah! mes amis, mes chers amis... quel contre-temps !...

BAMBERG.
Les costumes ne sont pas prêts ?...

ERNEST.
Eh! si vraiment !... ils sont magnifiques... je viens de voir le duc de Waldemar en baronnet anglais, et le comte Magnus en roi d'Angleterre... ils sont écrasants de beauté... une basse taille digne du trône !...

BAMBERG.
Eh bien! alors... qu'y a-t-il donc ?

MINA.
Une indisposition... un rhume ?...

ERNEST.
Eh non! tout le monde se porte à merveille... excepté moi !... (A Bamberg.) Imagine-toi que la princesse vient de me faire appeler dans sa loge où elle s'habillait... ah! mon ami, qu'elle était belle !...

BAMBERG.
Robe de velours... franges d'or ?...

ERNEST.
Est-ce que j'ai regardé !... je ne voyais qu'elle.

MINA.

Et être admis dans un pareil moment!...

BAMBERG.

Ce sont les priviléges de l'Opéra.

MINA, à Ernest.

Vous êtes trop heureux!...

ERNEST.

Oui, c'est vrai!... mais je suis désespéré... parce que avec un air si gracieux et un sourire enchanteur, elle m'a dit à voix basse : « *Caro maestro*, mon cher compositeur, voilà un passage de ma cavatine qu'il faudrait changer à l'instant. »

MINA.

Eh bien?...

ERNEST.

Eh bien!... je suis resté stupéfait, et dans un état d'imbécillité qu'elle a pris pour de l'inspiration... Elle attendait toujours le passage demandé... lorsque heureusement le grand-duc son père est entré dans sa loge... je me suis esquivé... et voilà... (Lui montrant le papier.) Tiens... c'est ici... à cet endroit... mets autre chose!...

BAMBERG.

Est-ce que je peux?...

ERNEST.

Cela te regarde!...

MINA.

Vous qui avez tant de talent!...

BAMBERG.

J'en ai certainement!... et beaucoup... pour composer des airs entiers... mais pas pour les corriger.

MINA.

Et comment vous y êtes-vous pris pour avoir du talent?

BAMBERG.

Eh parbleu!... je l'ai pris tout fait!... Dans l'embarras

où était monseigneur... dans l'obligation d'improviser un opéra, je cherchais qui je choisirais pour guide parmi tous nos grands maîtres... et alors, il m'est venu une idée... une idée admirable... c'est de prendre les leurs... J'ai pris tout ce qui m'a convenu... à droite, à gauche... j'ai composé, avec toutes ces richesses, un opéra économique qui ne me coûte rien... (Faisant le geste de couper avec des ciseaux.) Rien que la main-d'œuvre!...

ERNEST et MINA.

Mais c'est d'une audace!...

BAMBERG, vivement.

C'est de la modestie!... je n'aurais pas fait mieux... je le reconnais... par exemple, je n'ai pas pu tout prendre... mon opéra n'aurait jamais fini... mais avec un peu de Boïeldieu, de Weber, de Mozart et de Rossini... j'ai fait encore un petit chef-d'œuvre en un acte fort agréable... Quant à l'unité... à l'ensemble et à la couleur locale, c'est la chose dont on se passe le plus aisément... Les dilettanti n'y tiennent pas.

ERNEST.

Et si on s'aperçoit de la ruse?...

BAMBERG.

Grâce à maître Cornélius qui a mis le royaume en interdit... la lumière musicale n'a pu encore y pénétrer... et si demain, après-demain... dans quelques jours, on découvre que le geai s'est paré des dépouilles du paon!... qu'importe?... je m'accuse... je prends tout sur moi... vous, pendant ce temps, vous aurez obtenu l'aveu et la main de la princesse... et alors ce n'est plus moi, c'est vous que l'harmonie regarde...

ERNEST.

Mais ce passage qu'elle me demande!...

BAMBERG.

Vous l'auriez changé à l'instant... mais cela demanderait dans l'orchestre, dans l'instrumentation... ne craignez pas les grands mots... des changements, des transpositions impossibles au moment de commencer... Promettez-lui, s'il le faut, un autre air pour ce soir... elle l'aura.

ERNEST.

Mais le plus redoutable de tous... maître Cornélius, ton rival, qui te déteste... qui t'abhorre...

BAMBERG.

Et qui à ma vue seule éprouve des doubles quintes de fureur et de rage!

MINA.

Nous l'avons jusqu'ici éloigné des répétitions, car la princesse a voulu qu'elles fussent secrètes.

ERNEST.

Mais il assistera à la représentation... et il a toujours assez de talent et d'érudition pour reconnaître les morceaux qu'il entendra.

BAMBERG.

Oui... s'il les entend!...

MINA.

Mais il ne le pourra pas!...

ERNEST.

Comment cela?...

BAMBERG.

Il a reçu ce matin un exprès d'un oncle à lui... d'un oncle dont il est l'héritier et qui demeure à vingt-cinq lieues d'ici... cet exprès, envoyé par moi, lui enjoint de partir à l'instant même, s'il veut trouver son oncle vivant... un oncle à succession!...

ERNEST.

Et il est parti... vous en êtes sûrs?...

MINA.

Bien malgré lui!... mais je l'ai vu... il m'a fait ses adieux, et est monté en voiture devant moi...

9.

ERNEST.

A la bonne heure!... je respire!...

BAMBERG.

Parbleu! sans cela tout était perdu.

(On entend Cornélius parler à gauche dans la coulisse.)

MINA et ERNEST.

O ciel!...

BAMBERG.

C'est fait de nous!... le voici...

ERNEST.

Que faire à présent?...

BAMBERG.

Comment nous en débarrasser?...

MINA.

Je m'en charge... laissez-moi seule avec lui!...

BAMBERG.

Comment, seule avec lui!...

MINA.

Je le veux, monsieur... je le veux!...

BAMBERG.

Maudits musiciens!... avec eux on ne sait sur quoi compter... on espérait une fugue et voilà une rentrée!...

(Il sort avec Ernest par la droite.)

SCENE III.

MINA, CORNÉLIUS, entrant par la gauche.

CORNÉLIUS, à part, en entrant.

Il y a quelque chose!...

MINA, allant à Cornélius.

Quoi! c'est vous?... déjà de retour?... vous avez donc été en chemin de fer?...

CORNÉLIUS.

Non... à la première poste, j'ai rencontré, devinez qui?... mon oncle lui-même... maître Tulipatzer assis devant une tranche de jambon et une bouteille de vin du Rhin... je me suis dit : un singulier régime pour un malade!...

MINA.

C'était peut-être un autre?

CORNÉLIUS.

C'était lui... c'était trop lui... et en parfaite santé... Il m'a sauté au cou... on lui avait appris les fêtes qui ont lieu dans cette résidence... il venait pour y assister... espérant par ma protection une place que je viens de lui faire obtenir au troisième amphithéâtre... mais il n'en est pas moins vrai que cet exprès, cet homme à cheval envoyé ce matin par lui...

MINA, à demi-voix.

Vous m'en croirez si vous voulez... mais il y a quelque chose!

CORNÉLIUS.

C'est ce que je me disais en entrant!...

MINA.

J'ai surpris quelques mots d'un complot tramé contre vous, pour vous enlever votre place et ma main...

CORNÉLIUS.

O ciel!...

MINA.

Complot qu'il faut déjouer à l'instant...

CORNÉLIUS.

Pour cela il faut le connaître!...

MINA.

Je vais entrer en scène... et une fois la pièce commencée, je ne pourrai plus vous parler!...

CORNÉLIUS.

Comment faire, alors?...

MINA.

Pendant l'ouverture qui dure un quart d'heure, montez à ma loge et attendez-moi... je vous rejoins...

CORNÉLIUS.

J'y vais... et je redescends pour ruiner mon rival!...

(Il sort par la gauche, Mina va pour le suivre.)

SCÈNE IV.

BAMBERG, MINA.

BAMBERG, la prenant par la main.

Arrêtez, Mina... que disiez-vous à maître Cornélius?... vous lui avez parlé bas!...

MINA.

Croyez-vous?...

BAMBERG.

Je l'ai vu!...

MINA.

Et vous êtes jaloux!...

BAMBERG.

Non... mais je voudrais savoir ce qu'il vous demandait...

MINA, froidement.

Un rendez-vous!...

BAMBERG.

Et vous l'avouez tranquillement?...

MINA.

Un tête-à-tête dans ma loge...

BAMBERG.

La loge où vous changez de costume?...

MINA.

Un boudoir délicieux... Il s'y rend dans ce moment, il monte l'escalier, il ouvre la porte... il entre... mais tout à coup je me glisse derrière lui... je donne un tour de clef... et je le tiens prisonnier pendant toute la représentation...

BAMBERG.

Est-il possible !...

MINA.

Quitte à lui rendre sa liberté au chœur final... Comprenez-vous maintenant ?...

BAMBERG.

Ah! je comprends que vous êtes un ange... et grâce à vous nous sommes sauvés!... (Regardant dans la salle.) Ah! mon Dieu! qu'est-ce que je vois là ?... on ouvre la loge du grand-duc... le public va entrer dans la salle... et l'ouverture va commencer... vous l'entendrez... elle plaira à monseigneur... un air de chasse admirable... une chasse tout entière...

MINA.

Que vous avez composée ?...

BAMBERG.

Oui... avec Méhul !... (Prenant la main de Mina et la posant sur son cœur.) Mettez votre main là... hein! comme le cœur me bat...

MINA.

Comme à un père véritable...

BAMBERG.

Parole d'honneur! on finit souvent par se persuader!...

(On entend frapper les trois coups.)

BAMBERG.

On frappe les trois coups!... à mon poste!...

MINA.

Moi au mien!...

BAMBERG et MINA, ensemble.

Et à la grâce d'Apollon!...

(Ils sortent chacun de leur côté; le théâtre reste vide et l'orchestre exécute l'ouverture du *Jeune Henri* de MÉHUL.)

TROISIÈME PARTIE

PERSONNAGES.	ACTEURS.
...UARD, roi d'Angleterre........	LE COMTE MAGNUS.
...RGES, comte de Worcester, son ...i et son confident..........	LE DUC DE WALDEMAR.
DUC DE NORFOLK, père d'É-...l...............	LE GRAND-ÉCUYER.
...LIAMS, jeune paysan.......	LE PRINCE ERNEST.
...EL, fille du duc de Norfolk....	LA PRINCESSE AMÉLIE.
...Y, jeune paysanne..........	Mlle MINA DE BARNHEIM.

...EIGNEURS de la cour d'Angleterre. — VASSAUX du duc de Norfolk.—
GARDES. — PAYSANS et PAYSANNES.

...salle très-riche du palais du duc de Norfolk. Portes au fond, avec vitraux gothiques, donnant sur des jardins. Portes latérales.

SCÈNE PREMIÈRE.

...ORGES, LUCY, JEUNES FILLES entourant le comte et lui offrant des fleurs.

LUCY.

(WEBER. — *Robin des Bois.*)

COUPLETS.

Premier couplet.

En ce beau jour,
Lorsque l'amour,

Monseigneur, vous engage,
Que le destin
D'un doux hymen
N'ait jamais de nuage!

LES JEUNES FILLES.

Nous venons vous offrir nos vœux,
Que Dieu les exauce en ces lieux,
Pour votre mariage!

LUCY.

Deuxième couplet.

Dans ce canton,
L'hymen, dit-on,
De celui que l'on aime
Porte bonheur...
Et plus d'un cœur
En espère un de même.

LES JEUNES FILLES.

Puissions-nous trouver en ces lieux,
Monseigneur, selon nos vœux,
Un mari qui nous aime!

(Lucy entre dans l'appartement d'Éthel, avec les jeunes filles.)

SCÈNE II.

GEORGES, seul.

CAVATINE.

Elle est là, près de moi, celle à qui, pour la vie,
Dans un instant je vais m'unir!
Ah! pourquoi ce bonheur qui comble mon désir
Est-il donc obtenu par une perfidie!

(Avec mystère.)

En y songeant, malgré moi, je frémis.
D'Édouard, de mon roi, trompant la confiance,
Moi, qu'il avait choisi parmi tous ses amis,
Pour venir en ces lieux, de sa noble alliance
Savoir si la comtesse était digne en ce jour...

En la voyant, j'écoutai mon amour,
J'oubliai mon devoir... j'oubliai la prudence...
J'oubliai d'un sujet la digne et sainte loi ;
 Et cette main, cette main noble et chère,
 Que je devais demander pour mon roi,
  Cachant mon secret à son père,
  J'osai la demander pour moi !

SCÈNE III.

GEORGES, LE DUC DE NORFOLK, ÉTHEL, en habit de mariée, **LUCY, JEUNES FILLES, PAYSANS** et **PAYSANNES**.

LE CHOEUR.

(BOIELDIEU. — *Les Deux Nuits.*)

Vous que l'hymen appelle
A des nœuds solennels,
A l'antique chapelle
Venez, d'un cœur fidèle,
Jurer flamme éternelle
Aux pieds des saints autels !

LE DUC, à Georges, lui présentant Éthel.

Comte de Worcester, en vous donnant la main
 De mon Éthel, de ma fille chérie,
J'assure pour jamais le bonheur de sa vie,
Et j'obtiens un ami par cet heureux hymen.

GEORGES, avec émotion, à part.

 Mon Dieu ! mon Dieu ! que dois-je faire ?...
Les tromper, les trahir... ou la perdre à jamais !
 Ah ! du bonheur quand je suis aussi près,
Dois-je hésiter encore ?...
   (Haut.)
   Aux vœux de votre père,
Consentez-vous, Éthel ?...

ÉTHEL, avec tendresse, à Georges.

   Vous connaissez mes vœux,
Mon cœur peut-il trembler au moment d'être heureux ?

LE CHOEUR.

Vous que l'hymen appelle, etc.

(Georges donne la main à Éthel; le duc les suit; les paysans les accompagnent; les cloches sonnent; ils sortent tous. Au moment où Lucy va s'éloigner, Williams entre et la retient.)

SCÈNE IV.

WILLIAMS, LUCY.

DUETTO.

(Mozart. — *Don Juan.*)

WILLIAMS.

Un seul instant, ma belle,
Ah! reste auprès de moi...
Laisse un amant fidèle
Te parler de sa foi.

LUCY.

Là-bas, à la chapelle,
Ah! monsieur, laissez-moi
Voir comment une belle
Engage son cœur et sa foi!

WILLIAMS.

Je te dirais, ma chère...

LUCY.

Non, je crains vos tendres discours...

WILLIAMS.

Combien tu sais me plaire!

LUCY.

Vous me le dites tous les jours!

WILLIAMS.

Ecoute-moi, mes doux amours

LUCY.

Ne parlons plus de nos amours

WILLIAMS.
Viens donc à la chapelle...

LUCY.
Avec vous... et comment ?...

WILLIAMS.
Mais pour prendre modèle
Sur cet hymen charmant.

LUCY.
D'un doux hyménée
La chaîne fortunée
Viendra combler mes vœux.

WILLIAMS.
D'un doux hyménée
La chaîne fortunée
Viendra nous rendre heureux !
(Lui offrant son bras.)
Viens, ma Lucy !

LUCY, lui donnant le bras.
Viens, mon mari !

WILLIAMS et LUCY.
Ah ! quel mari gentil !
(Ils sortent bras dessus, bras dessous, par le côté.)

SCÈNE V.

On entend une fanfare de cor, et LE ROI ÉDOUARD paraît, suivi de QUELQUES SEIGNEURS, qui sortent sur un signe qu'il leur fait un moment après leur entrée.

LE ROI, seul.

AIR.
(A. Boïeldieu.)

Enfin, je vais connaître par moi-même
Si je dois garder de l'espoir...

Celle à qui j'ai voulu donner le rang suprême,
Dans un instant je vais la voir !
En ce lieu calme et solitaire,
Des rois oubliant la grandeur,
Loin de la cour, mon cœur espère
Trouver ici beauté, candeur !

(Ricci. — *Roméo e Giulietta*.)

Jamais mon âme
A noble dame
De douce flamme
N'offrit l'ardeur.
Le bruit des armes
Et ses alarmes
Ont seuls des charmes
Pour mon cœur !

Destin prospère,
Seul sur la terre,
En toi j'espère
Dans ce beau jour.
Fleur solitaire,
Dans le mystère,
De l'Angleterre
Attend l'amour !

Jamais mon âme, etc.

SCÈNE VI.

LE ROI, WILLIAMS.

WILLIAMS, entrant très-gaîment.

(A. Grisar.)

Ah ! le beau jour ! ah ! quel délire !
Pour les époux, Dieu ! quel bonheur !

LE ROI, à part.

Des époux... que dit-il ?...

WILLIAMS, apercevant le roi.
                    Ah ! pardon, monseigneur...
Que cherchez-vous ici ?...

               LE ROI.
                    Réponds... quelle est la fête
Que l'on célèbre en cet instant ?...

               WILLIAMS.
Un mariage...

               LE ROI.
                    Qui s'apprête ?

               WILLIAMS.
Qui s'apprête ?... non pas, vraiment !
Il est fait... notre demoiselle
Est comtesse de Worcester !

               LE ROI.
O ciel ! quelle injure mortelle !

               WILLIAMS, surpris.
D'où vient donc ce courroux si fier ?...
Et qui donc êtes-vous ?...

               LE ROI.
                    Qui je suis ?... ah ! peut-être
On le saura trop tôt ici...
     (A part.)
Quoi ! Georges ne serait qu'un traître
Et pour son prince un ennemi !...

               Ensemble.

               WILLIAMS.
     Malgré moi je tremble,
     Son regard me semble
     Rempli de fureur !

               LE ROI.
     Le traître, qu'il tremble !
     Le sort nous rassemble,
     Et pour son malheur !

LE ROI, à part.

Modérons-nous!

(A Williams.)

Écoute, et du silence!
(Il tire des tablettes et écrit vivement.)
A Worcester remets ces mots.

(Il lui remet les tablettes.)

WILLIAMS.

C'est bon,
J'obéirai!

LE ROI.

Pendant ma courte absence,
Qu'il les lise...

(A part.)

Et bientôt, de son indigne offense,
Je reviendrai lui demander raison.

Ensemble.

WILLIAMS.

Malgré moi, je tremble, etc.

LE ROI.

Le traître, qu'il tremble! etc.

(Il sort.)

SCÈNE VII.

WILLIAMS, LE DUC DE NORFOLK, GEORGES, ÉTHEL, LUCY, LES PAYSANS et LES JEUNES FILLES, sortant de la chapelle.

GEORGES, à Éthel, avec amour.

Venez, venez, belle comtesse!

ÉTHEL.

Pour moi quelle douce ivresse!

LE CHOEUR, aux époux.

Ah! pour vous, pour vous, quel beau jour
De bonheur, d'hymen et d'amour!

WILLIAMS, s'approchant de Georges.

Pardon, monseigneur... Un message
Que vient d'apporter en ces lieux
Un étranger du plus sombre visage.

GEORGES, gaîment.

Eh quoi! dans ce moment heureux,
Dans ce jour d'amour, de tendresse,
Qui pourrait troubler notre ivresse?...

LE CHOEUR.

Qui pourrait troubler leur bonheur?...

WILLIAMS, lui remettant les tablettes.

Lisez! lisez!

GEORGES, lisant.

O ciel! pour moi quelle terreur!
Le sceau du roi!... cet écrit de lui-même...
Je reconnais sa main!

LE CHOEUR.

Grand Dieu! quel trouble extrême!
Et d'où vient sa sombre frayeur?

GEORGES.

Je suis perdu!

LE CHOEUR.

Parlez!

GEORGES.

C'en est fait de ma vie!

LE CHOEUR.

Parlez! parlez!

GEORGES.

Édouard en ces lieux!

LE CHOEUR.

Le roi!

GEORGES.

Je suis perdu ! ma perfidie
Doit recevoir son prix... il sait tout !

LE DUC, ÉTHEL, et LE CHOEUR.

Ah ! parlez !

GEORGES, avec désespoir.

Éthel, pardonnez-moi... vous tous, ici, tremblez !

LE CHOEUR.

Expliquez-vous !

GEORGES, au duc.

De la part de mon maître,
Je venais demander la main
De votre fille.

LE DUC et LE CHOEUR.

O ciel !

GEORGES, au duc.

L'amour m'a rendu traître
A mon prince, à l'honneur... traître à vous-même, enfin !

LE DUC.

Ah ! malheureux !

GEORGES.

Du roi, de sa fureur mortelle,
Seul je saurai braver les coups !
Mais dans ma perte, ô douleur éternelle,
Je vous entraîne tous !

ROMANCE.

(Boïeldieu. — *Charles de France.*)

Premier couplet.

(A Éthel.)
Pardonnez-moi, pardonnez-moi, madame !
En vous privant de l'amour de mon roi,
Mon cœur comptait sur son ardente flamme,
Pardonnez-moi !
Éthel, pardonnez-moi !

Deuxième couplet.

Pardonnez-moi !
Le ciel d'une couronne
Devait orner votre front, je le voi,
C'est le malheur que mon amour vous donne,
Pardonnez-moi !
Éthel, pardonnez-moi !

LE CHOEUR.

Pardonnez-lui !
Éthel, pardonnez-lui !

(Sur la reprise du chœur, Éthel tend la main à Georges, et sort suivie de tout le monde, excepté Georges.)

SCÈNE VIII.

GEORGES ; puis LE ROI.

GEORGES, seul.

Le roi dans cet écrit m'ordonne de l'attendre ;
Ah ! que répondre à sa fureur ?
Je frémis de le voir, je frémis de l'entendre,
Pour la première fois la peur trouble mon cœur !
C'est lui... ciel !

(Le roi entre, Georges se jette à ses pieds.)

DUO

(MERCADANTE. — *Élisa et Claudio.*)

O mon maître, ô mon prince, pardon !

LE ROI.

Non, non ; point de pardon
Pour une trahison !

GEORGES.

Grâce !

LE ROI.

Point de pardon
Pour une trahison !

A ton prince, à ton maître infidèle,
Tu fis une injure mortelle !
Oui, mon courroux doit te punir !
Pour celui qui vint me trahir...
Point de pitié... je dois punir !

GEORGES.

De l'amour la douce flamme
Vint, hélas ! troubler mon âme !

LE ROI.

Tout par toi fut oublié,
Et l'honneur et l'amitié.

GEORGES.

O mon prince, ayez pitié
De l'amour, de l'amitié,
Punissez-moi !

LE ROI.

Traître à l'honneur !

GEORGES.

Écoutez-moi !

LE ROI.

Crains ma fureur !

GEORGES.

Punissez-moi !

LE ROI.

Ami trompeur,
Il faut, il faut que je sévisse ;
Sujet rebelle, oui, ton supplice
Me vengera de mon malheur !

Ensemble.

GEORGES.

Non je ne crains pas le supplice,
Mais je perds ici
Mon ami !

LE ROI.

Ah ! pour mon cœur affreux supplice !
Être trahi
Par son ami !

GEORGES.

Pour celle que j'adore,
O mon roi, je t'implore !
Garde-moi tous les coups
De ton juste courroux !

LE ROI.

Ah ! quand sa voix m'implore
Pour celle qu'il adore,
Il excite les coups
De mon juste courroux !

GEORGES.

Ah ! pardonnez-moi cette injure !

LE ROI.

Non, non, je romprai cet hymen !

GEORGES.

La mort plutôt, je vous conjure !

LE ROI.

Ce serait un trop doux destin !

GEORGES.

Eh bien ! d'un cœur fidèle
Vous ferez un rebelle ;
Désormais, je ne voi
Qu'un tyran dans mon roi !

LE ROI, avec colère.

Sujet traître ! rebelle !
Ami lâche, infidèle !
Désormais, tu ne voi
Qu'un vengeur dans ton roi !

Écoute-moi, pourtant... avant que ma colère
Ne frappe un coupable en ces lieux,

Si la femme qui t'est chère,
N'était pas digne de mes feux...

GEORGES.

Eh bien ?...

LE ROI.

Je te pardonnerais, peut-être.

GEORGES, à part.

Ah ! je dois perdre cet espoir !

LE ROI.

A l'instant, je veux la connaître !

GEORGES, à part.

Il l'aimera, dès qu'il pourra la voir !

LE ROI.

On vient !

GEORGES.

Je cours !

LE ROI, le retenant.

Arrête ! et du silence !

GEORGES.

C'est elle !

LE ROI.

A ce prix seul j'abjure ma vengeance ;
Tais-toi !

SCÈNE IX.

LES MÊMES; ÉTHEL, sous les habits villageois de Lucy, LUCY, sous les habits de la comtesse, et conduite par LE DUC DE NORFOLK.

QUATUOR.

(ROSSINI. — *Bianca et Faliero*.)

GEORGES, apercevant Éthel sous les habits de Lucy.

O ciel ! quel changement !

ÉTHEL, bas à Georges.

Je vous sauve !

LUCY, à part.

Ah ! j'ai peur !

LE ROI, regardant Lucy qui lui fait de grandes révérences ; à part.

Observons !

GEORGES à Éthel, à demi-voix.

Chère Éthel !

LE DUC, saluant le roi.

Ah ! Sire, quel honneur !

ÉTHEL, bas à Georges.

Dans mon amour j'ai trouvé du courage,
Mais je meurs de frayeur,
Et crains que mon visage
Ne dise ici le trouble de mon cœur.

LE ROI, saluant Lucy.

Honneur à vous, belle comtesse !

LUCY, faisant gauchement la révérence.

Ah ! monseigneur, que de bonté !

LE ROI.

On n'a pas plus de gentillesse.

LUCY, naïvement.

Au servic' de Vot' Majesté !

LE ROI, à part.

Ah ! sans regret, je le confesse,
Ici, je perds cette beauté !
Pour une reine, la comtesse
Serait trop gauche, en vérité !

(A Georges.)
De ton maître,
Ami, voici la main !

GEORGES, à part.

Je sens renaître
Le bonheur en mon sein !

10.

LUCY, à part.

Leur adresse
A réussi!

ÉTHEL, à part.

Ah! pour mon cœur quelle tristesse,
Et combien je tremble pour lui!
Mon Dieu! protégez-nous ici!

Ensemble.

LUCY.

Grâce au ciel, d'un sort contraire
J'éviterai la rigueur,
Et vais bientôt, je l'espère,
Quitter un rang éphémère
Pour l'amour et le bonheur!

ÉTHEL.

En ce jour, destin sévère,
Combien je crains ta rigueur,
Sans pitié, dans ta colère,
Tu compromets mon bonheur.

LE ROI, examinant Éthel, à part.

Quelle est donc cette étrangère
Au regard plein de douceur?
Sous ses habits de bergère,
Que de grâce et de candeur!

GEORGES.

Chère Éthel, d'un sort sévère
Tu m'évites la rigueur;
Et du prince, la colère
Épargnera mon bonheur.

(Le roi, qui n'a cessé d'examiner la comtesse déguisée, la retient au moment où elle veut s'éloigner, et, sur un geste impératif, force Georges très-ému à sortir en donnant la main à la fausse comtesse.)

SCÈNE X.

LE ROI, ÉTHEL, tremblante.

LE ROI, à Éthel.

Que craignez-vous, ma chère enfant?
D'honneur, on n'est pas plus jolie!

ÉTHEL, à part.

Mon Dieu! me serais-je trahie!

LE ROI, avec galanterie.

Ce n'est pas de l'effroi, vraiment,
Que je veux vous causer, ma belle, en ce moment!

DUO.

(Donizetti. — *Torquato Tasso*.)

En admirant de si doux charmes,
Mon cœur, ici, vous rend les armes;
Près de moi pourquoi tant d'alarmes?
   Qui peut donc vous troubler?
   C'est moi seul qui dois trembler!
Grandeur, puissance et majesté
Sont aux genoux de la beauté!

ÉTHEL.

   Simple bergère
   Ne saurait plaire
A votre âme noble et fière...
    La grandeur,
    De mon cœur
Ne pourrait faire le bonheur!

LE ROI.

   Simple bergère
   Saurait me plaire
Mieux qu'une dame noble et fière...
    Sa candeur
    De mon cœur
Pourrait faire ici le bonheur!

Ensemble.

LE ROI.

D'où vient l'ardeur qui m'agite?...
Mon cœur, ici, bat plus vite,
Et quand son regard m'évite,
Le mien lui parle d'amour!

ÉTHEL.

D'où vient l'effroi qui m'agite?
Mon cœur, ici, bat plus vite,
Et quand mon regard l'évite,
Le sien me parle d'amour!

LE ROI.

Écoute!

ÉTHEL, à part, avec effroi.

O ciel!

LE ROI, avec passion.

Non, jamais jusqu'à toi
Je ne vis tant d'attraits!

ÉTHEL, à part, avec terreur.

O mon Dieu! rien n'égale
Mon trouble et mon effroi!

LE ROI.

Et je t'offre en ce jour ma tendresse royale,
Si ton cœur veut m'aimer!

ÉTHEL, fuyant.

Laissez-moi!

LE ROI.

Tu me fuis?...

ÉTHEL.

Laissez-moi!

LE ROI.

Tu me fuis... moi, ton roi!...

Que faut-il pour vous plaire?...

Eh quoi! l'amour sincère
Du roi de l'Angleterre
Ne peut toucher ce cœur!
Et quand je mets à vos genoux
L'éclat du diadème,
Le roi n'attend qu'un mot de vous :
Ce mot si doux... je t'aime!...

ÉTHEL.

Ah! Sire, calmez ma frayeur...
Non, non... l'amour sincère
Du roi de l'Angleterre
Ne peut plaire à mon cœur!
Et dussé-je à votre courroux
M'offrir ici moi-même...
(Avec énergie.)
Je vous le dis... ce n'est pas vous,
Ce n'est pas vous que j'aime!

LE ROI.

Un mot encor!

ÉTHEL, à part.

Je meurs d'effroi!

LE ROI.

Quoi! tu me fuis... moi, ton roi!...

Ensemble.

LE ROI.

Que faut-il pour vous plaire?... etc.

ÉTHEL.

Ah! Sire, calmez ma frayeur... etc.

(Le roi serre Éthel dans ses bras avec transport; la porte s'ouvre et Georges s'élance dans l'appartement, suivi de plusieurs seigneurs. Tous les paysans paraissent au fond.)

SCÈNE XI.

Les mêmes; GEORGES, WILLIAMS, LUCY, LE DUC DE NORFOLK, Seigneurs de la cour, GARDES, PAYSANS, PAYSANNES.

GEORGES, au roi, avec force.
Arrêtez! arrêtez!
S'agit-il de la vie!
La femme que vous insultez,
C'est la mienne!

LE ROI.
O perfidie!

GEORGES.
C'est la comtesse!

ÉTHEL, courant dans les bras de Georges.
C'est mon époux!
Du trépas, dans ses bras, je puis braver les coups!

LE ROI, furieux.
C'en est trop!
(Montrant Georges.)
Deux fois par ce traître
Je fus trompé! je fus trahi!
Qu'il périsse! et sa mort peut-être
Fera trembler les lâches comme lui!

(Aux Seigneurs.)
Qu'on l'entraîne!
(On entoure Georges, qui remet son épée.)

FINALE.

(Rossini. — *Otello*.)

ÉTHEL, courant au roi.
Pitié! pitié! plus de vengeance!
Ouvrez votre cœur à ma voix!

Songez que la clémence,
Ah! Sire, est la vertu des rois!
(Tombant à ses pieds.)
Grâce à celui que j'aime!
Dans ce moment suprême,
Pitié pour lui! pitié pour moi!

Ensemble.

LE CHOEUR, au roi.

Dans cet instant suprême,
Ah! voyez son effroi...
Grâce à celui qu'elle aime!
Pardonnez-lui, grand roi!

LE ROI, à part.

Pour son injure extrême,
Pas de pitié chez moi;
Il a, dans ce jour même,
Deux fois trahi son roi!

GEORGES, à part.

Dans sa fureur extrême,
Pas de pitié pour moi!
Mais loin de ce que j'aime,
La mort est sans effroi!

(Éthel s'est évanouie sur les derniers mots qu'elle prononce.)

LE ROI, à Georges.

Comte de Worcester, le roi ne peut fléchir
Devant un tel affront à son rang, à son trône;
Mais quand ton maître doit punir,
(Lui tendant la main.)
C'est un ami qui te pardonne!

LE CHOEUR.

(*God save the king.*)

Que Dieu sauve le roi!
A lui, ma foi!
Que Dieu garde à nos vœux,
Ce prince généreux,

Et qu'il vive à jamais,
Par ses bienfaits !

(Pendant ce chœur, Éthel revient peu à peu de son évanouissement ; sa premier regard aperçoit le roi ; elle recule saisie d'effroi ; le roi la prend par la main avec douceur, et lui montre Georges ; elle se jette dans ses bras. Le duc de Norfolk, Éthel et Georges, s'inclinent avec reconnaissance devant le roi. Les paysans agitent leurs chapeaux, les gardes se groupent au fond, prêts à partir.)

QUATRIÈME PARTIE

SCÈNE UNIQUE.

Les mêmes; CORNÉLIUS, accourt vivement par le fond; BAMBERG, entre par le côté, à droite; puis LE GRAND-DUC, par la gauche.

CORNÉLIUS, avec force, aux personnages qui sont en scène.

Arrêtez!... arrêtez! (Au public.) N'applaudissez pas!... n'applaudissez pas!... (Vivement, à Amélie.) Ce n'est pas pour vous que je dis cela, madame... (Montrant Magnus et Waldemar.) ni pour ces messieurs non plus. Au contraire, vous surtout, madame, bravo!... bravo! mais c'est égal, c'est une indignité!

TOUS.

Bravo! bravo!... charmant! délicieux!...

CORNÉLIUS.

Eh! non... c'est un blasphème!... un sacrilége! (Au grand-duc, qui entre.) Pardon, monseigneur!

LE GRAND-DUC, à Cornélius.

Ah! vous voilà... vous que j'ai fait chercher en vain pendant toute la représentation!... d'où sortez-vous donc?

CORNÉLIUS.

Je sors... un garçon de théâtre vient de m'ouvrir... et je descends de là-haut.

LE GRAND-DUC.

Du paradis?

CORNÉLIUS.

Oui... du paradis... c'est-à-dire d'une loge où je n'étais pas au paradis... là... sur le théâtre... une loge obscure où je ne voyais rien...

MINA, à part.

Nous sommes sauvés !

CORNÉLIUS.

Mais d'où j'ai tout entendu !

MINA, de même.

Nous sommes perdus !

LE GRAND-DUC, à Cornélius.

Vous avez entendu l'ouvrage ?...

AMÉLIE.

Et vous osez en dire du mal !... vous le trouvez ?...

CORNÉLIUS.

Je le trouve magnifique... admirable... un vrai chef-d'œuvre... ou, pour mieux dire, une réunion de chefs-d'œuvre, dont monseigneur ne connaît pas encore tout le prix.

LE GRAND-DUC.

Que voulez-vous dire ?

AMÉLIE.

Expliquez-vous.

CORNÉLIUS.

Vous allez tout savoir.

MINA, bas à Bamberg.

C'est fait de nous !...

BAMBERG, de même, à Mina.

Pas encore.

CORNÉLIUS.

Apprenez, madame, et vous, monseigneur... apprenez que cet opéra n'est pas...

BAMBERG, à haute voix.

N'est pas de moi !...

CORNÉLIUS.

C'est ce que j'allais dire.

BAMBERG.

Et je le dis !

LE GRAND-DUC.

Et de qui donc est-il ?

BAMBERG.

D'un grand seigneur... d'un prince... le prince Ernest.

TOUS.

Est-il possible !

MINA.

Il a dit vrai.

AMÉLIE.

Je le savais.

BAMBERG.

Nous le savions aussi... Oui, messieurs, quoique grand seigneur, mon maître est un artiste dont le génie...

CORNÉLIUS.

Permettez, permettez, ces morceaux-là sont de messieurs...

BAMBERG, l'interrompant.

Laissez-moi achever !...

CORNÉLIUS.

De divers compositeurs...

BAMBERG, élevant la voix.

De mon maître... qui, pour mieux cacher son talent, a gardé un continuel incognito... C'est lui qui, depuis bien des années, et sous des noms différents, inonde l'Europe de ses ouvrages.

CORNÉLIUS, à Mina, à demi-voix.

Quoi ! tous ces messieurs que je retenais en quarantaine à la frontière ?...

MINA, de même.

C'était le prince Ernest !...

LE GRAND-DUC.

Qu'ai-je entendu ?... un prince artiste !... un prince musicien dans ma famille !... Jamais je n'y consentirai... je le refuse !

ERNEST.

Ah ! s'il en est ainsi... j'abdique ma gloire musicale.

BAMBERG, voulant le faire taire.

Y pensez-vous, mon prince ?...

MINA, de même.

Mais songez donc...

ERNEST, vivement.

Peu m'importe !... Si, de toute manière, il faut perdre celle que j'aime... je dirai la vérité. Oui, monseigneur... apprenez que je ne suis pas plus musicien que vous... (se reprenant.) Non... je veux dire que monsieur, (Montrant Cornélius.) et que jamais je n'ai été coupable du moindre opéra... de la moindre cavatine !

AMÉLIE, avec reproche, à Ernest.

Est-il possible !... m'avoir abusée à ce point !

ERNEST.

Oui, madame... je n'ai pas eu le courage de démentir une ruse dont Bamberg était l'auteur... J'ai mérité votre colère, j'en conviens... mais, comme tout à l'heure vous le disiez si bien vous-même au roi d'Angleterre...

Reprise du finale d'*Otello*.

Songez que la clémence est la vertu des rois ;
Le pardon n'est-il pas le plus beau de leurs droits ?
Grâce pour qui vous aime !

TOUS, excepté Amélie.
Grâce pour qui vous aime !

AMÉLIE, avec abandon, à Ernest.
Comment résister plus longtemps
A de si doux et si tendres accents !...

LE CHOEUR, à Amélie.
Un jour heureux
Pour Votre Altesse,
Noble princesse,
Brille à nos yeux.
Vive Votre Altesse,
En ce jour heureux,
Qui comble nos vœux !

(Bamberg prend le bras de Nina, aux yeux de Cornélius désappointé ; le grand-duc tend la main au comte et au duc, à qui il semble exprimer ses regrets ; Ernest tient la main de la princesse.)

LE GUITARRERO

OPÉRA-COMIQUE EN TROIS ACTES

MUSIQUE DE F. HALÉVY.

THÉATRE DE L'OPÉRA-COMIQUE. — 21 Janvier 1841.

PERSONNAGES.	ACTEURS.
FRA LORENZO, Intendant de la province... MM.	MOREAU-SAINTI.
RICCARDO, musicien ambulant.	ROGER.
MARTIN DE XIMENA, négociant.	GRIGNON.
DON ALVAR DE ZUNIGA, officier espagnol.	BOTELLI.
FABIUS, } seigneurs espagnols. {	E.ION.
OTTAVIO,	DAUDÉ.
UN PAGE	—
MANUELA DE VILLARÉAL... Mmes	BOULANGER.
ZARAH, sa nièce.	CAPDEVILLE.

SEIGNEURS ESPAGNOLS. — DAMES et BOURGEOIS de la ville. — PAGES. — VALETS. — SOLDATS. — GENS DE JUSTICE. — UN HÔTELIER. — UN COURRIER.

En 1640.

A Santarem, dans l'Estramadure portugaise.

LE GUITARRERO

ACTE PREMIER

La principale place de Santarem. Dans le lointain le château royal de Santarem. A gauche, l'hôtel de Villaréal; à droite, l'hôtel du *Soleil-d'Or*, principale hôtellerie de la ville. On y arrive par quelques marches, et les fenêtres sont préserrées de la chaleur par un auvent qui fait saillie sur la rue.

SCÈNE PREMIÈRE.

Au lever du rideau, ZUNIGA, venant de la promenade à droite, au fond du théâtre, s'arrête un instant sous les fenêtres à gauche de l'hôtel de Villaréal qu'il regarde avec colère; au même moment, FABIUS et OTTAVIO sortent de l'hôtellerie à droite et aperçoivent Don Alvar; plusieurs JEUNES SEIGNEURS entrent à la fin de la scène.

FABIUS.
Eh ! c'est notre ami Alvar de Zuniga !

OTTAVIO.
Tous nos convives sont déjà arrivés, et toi, notre amphitryon, te voilà le dernier au rendez-vous !

FABIUS.

Le repas n'est pas encore commandé.

ZUNIGA, se frappant le front.

C'est vrai ; je vous ai invités chez maître Nunez Mugnoz, qui n'a pas son pareil pour les *olla podrida* à la reine... Holà, seigneur hôtelier ! (A l'hôtelier qui paraît et salue.) Je paie double !... que dans un quart d'heure tout soit prêt; et songe bien qu'il ne s'agit pas ici de traiter des hobereaux portugais, tes compatriotes, mais des officiers du régiment de la reine... des Espagnols, vos vainqueurs et vos maîtres. Allez... (L'hôtelier s'incline et sort.) Pardon, mes amis, j'arrivais ne rêvant que la joie et le plaisir, mes regards se sont tournés de ce côté, (Montrant l'hôtel à gauche.) et d'autres projets, d'autres idées...

FABIUS.

Ah ! ah ! l'hôtel de Villaréal...

OTTAVIO.

Il a pensé comme nous à la belle Zarah.

FABIUS.

Qu'il adore.

ZUNIGA.

Que je déteste.

FABIUS.

Allons donc !

ZUNIGA.

Je la déteste, vous dis-je... et pour nous autres gentilshommes de Séville ou de Cordoue, qui avons du sang africain dans les veines, triompher d'une maîtresse est moins doux que de s'en venger quand elle nous a outragés dans notre honneur.

OTTAVIO.

Allons donc !... de quoi as-tu à te plaindre ?

ZUNIGA.

Ce que j'ai !...

OTTAVIO.

Elle est fière, orgueilleuse, et ne peut souffrir les Espagnols, qui règnent en maîtres dans son pays... Que nous importe ?

ZUNIGA.

Ah ! si ce n'était que cela...

OTTAVIO.

Eh bien ! voyons, soyons francs... elle a refusé tes hommages et ta main ?

ZUNIGA.

Oui, par Notre-Dame del Pilar !... elle m'a refusé.

OTTAVIO.

Eh bien ! moi aussi.

FABIUS.

Et moi de même.

OTTAVIO.

Aussi, quand elle sera mariée, nous verrons... jusque-là je lui pardonne.

FABIUS.

Moi, je ne lui pardonne pas, car la dot était magnifique, et à chaque pas je rencontre des gens furieux contre elle.

OTTAVIO.

Ta famille ?

FABIUS.

Non... mes créanciers.

ZUNIGA, avec colère.

Ils ne perdent que de l'argent.

FABIUS.

Et toi une maîtresse.

ZUNIGA.

Si ce n'était que cela, vous dis-je !... d'abord, il suffit qu'une femme me dédaigne pour que je la déteste...

OTTAVIO.

Moi, je la plains, voilà tout.

ZUNIGA.

Mais elle a osé plus encore... l'affront le plus cruel... le plus sanglant que puisse recevoir un noble Espagnol... cette nuit, au bal, chez dona Manuela, sa tante... vous n'y étiez pas ?...

OTTAVIO.

Nous étions de service au château.

ZUNIGA.

Elle avait laissé tomber un riche pendant d'oreille en diamants... plusieurs Portugais se précipitèrent pour le ramasser, et entre autres un négociant de Lisbonne, Martin de Ximena, à qui je l'arrachai des mains, et qui, prudemment, vous vous en doutez bien, garda le silence... Présentant alors ma conquête à la belle Zarah, je lui demandai la permission de replacer moi-même ce brillant trophée... elle allait refuser, elle en faisait le geste, lorsque dona Manuela, sa tante, Portugaise de naissance, mais femme supérieure et distinguée...

OTTAVIO.

Qui adore les Espagnols et la cour de Madrid.

ZUNIGA.

Dona Manuela lui ordonna d'accorder cette récompense à un preux chevalier qui venait de la mériter... Alors, n'osant attirer plus longtemps les regards de l'assemblée, qui déjà étaient fixés sur nous, la rebelle, l'orgueilleuse Zarah fut obligée de se soumettre, et pendant que je rattachais ce diamant à son oreille, pendant que sa joue était là, près de moi, j'osai, aux yeux de tous, y porter mes lèvres... Alors, la fière beauté se relevant avec indignation et tournant vers moi ses yeux noirs qui lançaient des éclairs : « Vous n'êtes point un gentilhomme ! » s'écria-t-elle. Et de son gant elle me frappa au visage, devant toute l'assemblée, devant tous ces Portugais... moi Espagnol, moi Alvar de Zuniga !

FABIUS.

Et tu l'as supporté ?

ZUNIGA.

Ah ! c'est ce qui me met la rage dans le cœur ! Que faire ?... Qu'auriez-vous fait à ma place ? Comment se venger d'un tel outrage ?... sur une femme !... une femme, entendez-vous ?... Croyez-vous encore que je l'aime ?... et comprenez-vous la honte et la colère qu'il m'a fallu dévorer lorsque, affectant un air riant et enjoué, j'ai dit à sa tante, qui m'adressait des excuses, qu'une si douce punition était encore une faveur, et qu'une si belle main ne déshonorait pas ?... Mort Dieu ! par Philippe, notre roi, j'ai juré tout haut la paix, mais tout bas la vengeance... et je l'obtiendrai... Je vous perdrai, ma belle Zarah ! ou j'y perdrai mon nom.

FABIUS.

Et comment feras-tu ?

ZUNIGA.

Je l'ignore... mais il faudra bien un jour qu'elle choisisse... qu'elle aime quelqu'un...

OTTAVIO.

Elle refuse tous les partis !

ZUNIGA.

On a parlé de don Juan de Guimarens, que lui destine la cour de Lisbonne... et quoique ce soit un de mes amis...

FABIUS.

Si elle ne l'aime pas, tu la débarrasseras d'un prétendant qui l'ennuie.

ZUNIGA.

Tu as raison... cette vengeance-là ne suffit pas ; il en faut une qui puisse l'humilier, elle... personnellement, et lui rendre affront pour affront.

VOIX, dans l'intérieur de l'hôtellerie.

A table ! à table !

FABIUS.

Voici nos amis qui s'impatientent.

OTTAVIO, qui a remonté le théâtre, pendant que plusieurs jeunes seigneurs sortent de l'hôtellerie à droite.

Silence !... silence !... je vois de loin quelqu'un qui s'avance mystérieusement sous ses fenêtres.

ZUNIGA.

Un jeune seigneur... lequel ?

OTTAVIO, regardant toujours vers la gauche.

Attends donc !

ZUNIGA.

Un riche cavalier...

OTTAVIO.

Eh ! non, un homme du peuple couvert d'un mauvais manteau.

ZUNIGA.

C'est un amant déguisé... un rival...

FABIUS, regardant.

C'est possible ! car il porte une guitare.

SCÈNE II.

LES MÊMES ; RICCARDO.

(On entend dans la coulisse à gauche un prélude de guitare, et l'on ne voit pas encore la personne qui joue. Zuniga veut s'élancer de ce côté ; les jeunes officiers et seigneurs ses amis, qui viennent de sortir de l'hôtellerie, le retiennent, et le morceau commence à demi-voix sur le motif de l'air qu'on exécute dans la coulisse.)

LES JEUNES SEIGNEURS, montrant Zuniga.

D'un rival imaginaire
Le voilà soudain jaloux ;

(A Zuniga, qu'ils retiennent.)
Modérez votre colère,
Écoutez !... ainsi que nous !

ZUNIGA.

Ah ! malheur au téméraire !
Qu'il redoute mon courroux !
(A ses amis.)
Mais je calme ma colère,
Et j'écoute, ainsi que vous.

FABIUS.

Comme nous, près de l'inhumaine
Il perdra son temps et sa peine !
Mais il s'avance... taisons-nous !

(Les jeunes gens se retirent sous l'auvent de l'hôtellerie à droite, et Riccardo s'avance sous le balcon de l'hôtel de Villaréal, à gauche.)

AIR.

RICCARDO, s'accompagnant sur la guitare, et tournant le dos aux jeunes gens qui l'écoutent.

N'entends-tu pas, ô maîtresse chérie !
Ces accents
Et ces chants
Qui disent mes tourments ?
Ne vois-tu pas que mon âme et ma vie
Sont en toi ?
Et sans toi
Le jour n'est rien pour moi !
Tant que les flots heureux du Tage
Caresseront son doux rivage,
Partout je te suivrai
Et je dirai :
O maîtresse chérie,
A toi mes seuls amours,
A toi toujours
Le destin de ma vie !
Tra la, la, la, la, la, la, la.

OTTAVIO, à ses amis, à voix basse.

Comme nous, près de l'inhumaine

Il n'aura pas perdu sa peine !
La fenêtre s'entr'ouvre...
(On voit s'ouvrir la persienne; mais Riccardo, qui est sous le balcon, ne voit pas et n'est pas vu. Zuniga s'élance du côté à droite; au bruit qu'il fait, la persienne se referme sur-le-champ.)

ZUNIGA.
Eh bien ! je connaîtrai
Quel est ce rival préféré !
Et des craintes que j'ai conçues
Je veux me délivrer !...
(Regardant Riccardo, qu'il a saisi par le bras, et qu'il amène sur le devant du théâtre.)
Grand Dieu !
C'est un guitarrero !... c'est un chanteur des rues !

RICCARDO, timidement et baissant la tête.
Oui, messeigneurs !

ZUNIGA, à Riccardo.
Approche un peu !
Je le connais... et plus je le regarde...
Il habite une humble mansarde
Vis-à-vis mon hôtel !

RICCARDO, de même.
C'est vrai !

ZUNIGA, s'adoucissant et avec bonté.
Tiens, mon garçon !
(Lui donnant quelques pièces d'or.)
Sur ta guitare achève ta chanson !
(Riccardo hésite un moment, puis, sur un geste impératif de Zuniga, il prend sa guitare et joue sans chanter le motif qu'on a déjà entendu.)

Ensemble.

ZUNIGA, à part.
Ah ! je ris de ma colère !
Quoi ! de lui j'étais jaloux !
(Écoutant Riccardo.)
A sa main vive et légère
J'applaudis, ainsi que vous.

LES JEUNES SEIGNEURS, riant.

Voilà donc le téméraire
Dont son cœur était jaloux !
(Montrant Zuniga, qui écoute et applaudit.)
Il abjure sa colère,
Il écoute, ainsi que nous.
(Le morceau finit par une ritournelle brillante, exécutée par Riccardo.)

ZUNIGA et SES AMIS, applaudissant.

Mais c'est un vrai talent, qu'il faut encourager.

OTTAVIO.

Nous autres grands seigneurs, nous devons protéger
Les artistes !

FABIUS, à Riccardo.

Demain, viens passer la soirée
A mon hôtel... l'hôtel de Médina-Cœli.

OTTAVIO, de même.

Moi, pour après-demain je te retiens aussi !

FABIUS.

Moi, pour l'autre semaine !... et, par nous célébrée,
Ta réputation va s'accroître !

ZUNIGA, le regardant.

Pour moi,
Je lui destine un autre emploi !
Par un air distingué sous ses haillons il brille !
(A Riccardo.)
Es-tu de Santarem ?

RICCARDO.

Non pas ; j'arrive, hélas !
n'y connais personne...

ZUNIGA, vivement.

On ne t'y connaît pas ?

RICCARDO.

Sans un ami...

ZUNIGA.

C'est bien !

RICCARDO.
Sans parents, sans famille...

ZUNIGA.
Encore mieux !...

FABIUS, qui était entré un instant dans l'hôtellerie, en sort en disant à haute voix.
Le dîner nous attend !

TOUS.
C'est charmant...
Nouvelle agréable !
Les amours au diable !
Conspirons à table
Contre la beauté !
Que des vins d'Espagne
L'ivresse nous gagne !
Pour seule compagne
Prenons la gaîté !

(Pendant que les jeunes gens entrent dans l'hôtellerie.)

ZUNIGA, s'approchant de Riccardo.
Attends-moi dans une heure, ici !
Ici... tu comprends ?

RICCARDO.
A merveille !

FABIUS, et les jeunes seigneurs, revenant sur leurs pas.
Eh bien ! que fais-tu donc ? ce mot à ton oreille,
Ce mot si doux n'a-t-il pas retenti :
Le repas est servi ?

TOUS.
Le repas est servi !

Ensemble.

LES JEUNES SEIGNEURS.
Nouvelle agréable !
Les amours au diable !

Conspirons à table
Contre la beauté !
Que des vins d'Espagne
L'ivresse nous gagne !
Pour seule compagne
Prenons la gaîté !
Vive la gaîté !

RICCARDO.

Et moi, misérable,
Que le sort accable !
Sous un joug semblable
Courbons ma fierté !
La peine accompagne
Le pain que je gagne ;
Pour seule compagne
J'ai la pauvreté !

(Ils entrent tous dans l'hôtellerie ; Riccardo reste seul en scène.)

SCÈNE III.

RICCARDO, seul et s'asseyant sur un banc où il rêve.

L'attendre... je ne le crois pas... mais ils sont généreux... ils ont promis de me faire gagner de l'or... bien plus !... ils m'en ont donné ! (Regardant la bourse que lui a jetée Zuniga.) Oui, en voilà beaucoup... jamais, moi, pauvre diable, je n'en ai vu autant... Cela se rencontre mal, car aujourd'hui cela ne me servira plus à rien... et si avant de partir je pouvais faire un heureux, ce serait toujours ça de gagné, et le premier bonheur qui me serait arrivé en ma vie !

(On entend dans l'hôtellerie et de loin le motif du dernier chœur.)

SCÈNE IV.

RICCARDO ; MARTIN DE XIMENA, enveloppé d'un manteau brun fort simple et coiffé d'un mauvais chapeau noir, s'avance au bord du théâtre en rêvant.

RICCARDO, écoutant les chants qui partent de l'hôtellerie, et qui continuent toujours en diminuant.

Ah ! ce sont nos jeunes seigneurs ; ils rient, ils s'amusent... ce n'est pas à eux qu'il faut s'adresser. (Se retournant et apercevant Martin.) Voici peut-être ce que je cherche... oui, ce mauvais chapeau noir... ce manteau râpé... c'est Dieu qui me l'envoie. (Se levant et allant à lui.) Camarade... (Il lui frappe sur l'épaule ; Martin étonné se retourne. La musique cesse en ce moment de se faire entendre.) avez-vous besoin d'argent ?

MARTIN, étonné.

Cette demande...

RICCARDO.

Vous en faut-il ?... vous faut-il de l'or ?

MARTIN, vivement.

Oui, certes, (Lui prenant la main.) et maintenant surtout.

RICCARDO.

Tenez, voici tout ce que je possède... prenez ! vous serez mon héritier.

MARTIN.

Moi, jeune homme ? et que vous donnerai-je pour cela ?

RICCARDO.

Donnez-moi votre main, pour qu'avant de mourir j'aie serré la main d'un ami... et maintenant, adieu, camarade, adieu !

MARTIN, le retenant avec force au moment où il veut s'enfuir.

Qu'est-ce que c'est ?... qu'est-ce que c'est, jeune homme ?... vous voulez vous tuer ?...

RICCARDO.

Vous tenteriez en vain de vous y opposer...

MARTIN.

Eh! qui vous dit qu'on veuille vous empêcher?... vous avez peut-être raison, et alors je serai le premier à vous dire : Partez, mon garçon, que rien ne vous arrête! permis à vous de vous tuer... c'est la seule liberté qu'on ait maintenant en Portugal, et il faut bien qu'on en profite... Mais peut-être avez-vous tort de commencer par ce parti-là... peut-être auparavant y en a-t-il encore quelques autres... On essaie... on demande conseil... j'en ai quelquefois donné de bons à mes amis... on vous le dira... Martin de Ximena...

RICCARDO.

Vous! ce riche négociant?

MARTIN.

Il n'y paraît pas, n'est-il pas vrai? ils me disent tous avare, et mon extérieur leur donne raison... mais j'ai quelques amis, voyez-vous... quelques amis qui souffrent, et j'économise pour eux jusqu'au dernier maravédis... ce qui n'empêche pas que ma bourse ne soit à votre service...

RICCARDO.

Monsieur!...

MARTIN.

J'ai bien reçu la vôtre... vous ne serez pas plus fier que moi, je l'espère.

RICCARDO.

Je ne tiens pas à la fortune; je me trouve assez riche... et je n'ai rien.

MARTIN.

Diable! vous êtes plus philosophe que moi, qui croyais l'être... Pourquoi alors renoncer à la vie?... qui vous la rend intolérable? Quelque passion déçue... l'ambition?

RICCARDO.

Non, monsieur.

MARTIN.

C'est juste! à votre âge, on n'a pas le temps... Il s'agit donc d'un désespoir amoureux? (Riccardo fait un mouvement. Martin lui saisit vivement la main.) J'ai dit vrai!

RICCARDO.

Eh bien! oui, monsieur... j'aime sans espérance.

MARTIN.

Il y en a toujours!

RICCARDO.

Celle que j'aime est une grande dame... la première famille de ce pays.

MARTIN.

Ce n'est pas une raison pour se tuer... au contraire : avec de la patience on arrive aux richesses, avec du courage on arrive aux honneurs.

RICCARDO.

Mais je n'arriverai jamais à avoir deux ou trois cents ans de noblesse... il faut cela pour lui plaire, pour aspirer à sa main, et je ne suis rien qu'un chanteur des rues, un joueur de guitare, le fils d'un soldat!

MARTIN.

Et tu n'as pas suivi l'état de ton père?

RICCARDO.

Il ne l'a pas voulu... il m'a défendu de servir l'Espagnol, et m'a dit en mourant : « Tiens, mon enfant, garde mon épée, non pour nos oppresseurs, mais contre eux! »

MARTIN, poussant un cri.

Ah!

RICCARDO, vivement.

Qu'est-ce donc?

MARTIN, froidement.

Rien!... il faut toujours obéir à son père... mon garçon, et faire exactement ce qu'il t'a dit.

RICCARDO.

Aussi ai-je suivi ses ordres... et puisqu'il fallait vivre, je pris sous mon bras, non une épée, mais une guitare... j'allai chantant nos vieux airs portugais... la romance du roi Sébastien; et quand je disais son cri de guerre : « Enfants de la Lusitanie, aux armes ! » les Espagnols me menaçaient et me faisaient taire... mais tous les habitants des campagnes vidaient leur escarcelle dans la mienne... et j'arrivai ainsi à Lisbonne, riche et content... La fortune peut-être m'y attendait... Mais voilà qu'un jour, à la porte de la cathédrale, s'arrête une riche voiture... j'en vis descendre une jeune dame, qui ne fit pas seulement attention à moi, pauvre misérable perdu dans la foule... Mais moi... je ne la quittai pas des yeux... je la suivis dans l'église, ce jour-là, et le lendemain, et tous les jours .. Que vous dirai-je ? Je m'enivrais du plaisir de la voir... en secret et me cachant d'elle, car il me semblait que si un de ses regards tombait sur moi, ce ne pouvait être qu'un regard de mépris... et je l'aimais déjà trop pour en être méprisé... La nuit seulement, ne craignant plus d'être vu, j'allais sous ses fenêtres... j'osais, comme un noble cavalier, lui chanter des romances d'amour, les plus belles que j'avais apprises, ou que parfois même je composais... une surtout qui semblait lui plaire... Dans le pavillon où elle s'arrêtait, sur la terrasse où elle prenait l'air... dans la barque qui l'emportait sur le Tage... partout ce chant arrivait jusqu'à elle, et j'étais le plus heureux des hommes... Je ne demandais pas d'autre bonheur... hélas ! il ne devait pas durer !

MARTIN.

Pauvre garçon !

RICCARDO.

Un matin, ses fenêtres étaient fermées, et impossible de savoir ce qu'elle était devenue !... J'allais dans tous les lieux de réunion... dans les églises, dans les promenades... je ne la voyais plus, elle avait quitté Lisbonne... Un soir, enfin, il y a trois jours, j'entendis prononcer son nom... vous jugez si j'écoutais!... « Oui, disait-on, don Juan de Guimarens doit l'épouser; c'est un mariage arrangé par la vice-reine... Débarqué aujourd'hui à Lisbonne, don Juan doit dans trois ou quatre jours la rejoindre à Santarem...» Un quart d'heure après, j'étais en marche... faible, souffrant, tombant de fatigue et de besoin... et pour vivre, pour achever ma route, obligé de chanter... chanter, la mort dans le cœur... enfin je suis arrivé... je me suis traîné jusqu'ici...

MARTIN.

Et quel était ton espoir?

RICCARDO.

De la revoir encore une fois avant qu'elle appartînt à un autre... et ce matin... de loin, derrière sa jalousie... je l'ai aperçue!... Protégé par son balcon, qui me défendait contre ses regards, je lui ai fait mes adieux... et j'allais... j'allais ne plus souffrir, quand vous m'avez arrêté.

MARTIN, lui frappant sur l'épaule.

Je comprends! (Lentement.) Je ne te traiterai pas d'insensé... je te plaindrai, car, pour la première fois, j'ai rencontré un amour vrai et désintéressé!

RICCARDO.

Vous voyez donc bien qu'il faut que je meure, car jamais il n'y a eu au monde de malheur pareil au mien...

MARTIN, froidement et secouant la tête.

Peut-être!

RICCARDO.

En connaissez-vous?

MARTIN, de même.

Oui... mais tu ne le comprendrais pas... Aussi, à Dieu ne plaise que je m'oppose à ton dessein... Je te demande seulement un service...

RICCARDO.

Ah! je suis à vous, sur l'honneur!

MARTIN.

Et par ton vieux père le soldat!

RICCARDO.

Je le jure, pourvu que vous ne me forciez pas de vivre!

MARTIN.

Sois tranquille... je te prie seulement de m'attendre huit jours!

RICCARDO, étonné.

Que voulez-vous dire?

MARTIN, froidement.

Si d'ici là ton sort n'a point changé, si la Providence, que tu accuses, n'est pas venue à ton secours, si enfin tu veux toujours partir... eh bien! mon garçon, viens me trouver, et il est possible que nous partions ensemble.

RICCARDO.

Vous, grand Dieu!

MARTIN.

Pourquoi pas? me refuses-tu pour compagnon de voyage?

RICCARDO.

Non, sans doute.

MARTIN.

Et tu as raison... Même en renonçant à la vie, il y a encore manière de l'employer, et puisque tu n'en veux plus, puisque tu n'en fais rien, je la prends, et j'en ferai bon usage.

RICCARDO.

Comment cela?

MARTIN.

Ne t'en inquiète pas! j'arrangerai cela comme pour moi... D'ici là cependant, et comme devant faire route ensemble, compte sur mon aide, sur mon secours... Dès que tu auras besoin de moi, je serai là.

RICCARDO.

Ah! monsieur!

MARTIN, lui serrant la main.

Adieu donc! et à bientôt!

(Il sort.)

SCÈNE V.

RICCARDO, seul, le regardant s'éloigner.

Je ne sais... mais depuis que j'ai un protecteur, un ami pareil, je reprends courage et confiance; il me semble que tout n'est pas encore désespéré. Attendons, je le lui ai juré!

SCÈNE VI.

RICCARDO, ZUNIGA.

ZUNIGA, sortant de l'hôtellerie à droite.

Ah! te voilà exact au rendez-vous!

RICCARDO.

C'est vrai... mais j'y ai peu de mérite, je l'avais oublié.

ZUNIGA.

Tu avais tort, car je viens ici pour t'enrichir.

RICCARDO.

Moi, monseigneur?

ZUNIGA.

Toi-même!

RICCARDO, à part.

Ah! Martin de Ximena avait raison... c'est quand on s'en va que la fortune arrive, et j'avais tort de partir si vite. (Haut, et souriant.) Par malheur, monseigneur, ma fortune à moi n'est pas facile; il y a trop à faire.

ZUNIGA, à demi-voix.

Il n'y a rien d'impossible, rien où tu ne puisses aspirer.

RICCARDO.

Que dites-vous?

ZUNIGA, de même.

Quels que soient tes désirs ou tes vœux, je peux encore aller plus loin. Tu ne sais donc pas que tu m'as rendu un immense service dont il me tarde de m'acquitter?

RICCARDO.

Comment cela?

ZUNIGA, après un instant d'hésitation.

Où étais-tu hier au soir?

RICCARDO.

J'errai... dans les rues... assez tard... jusqu'à minuit.

ZUNIGA, avec embarras.

Je le sais bien... Mais à onze heures... onze heures et demie... peut-être plus tard... où passais-tu?

RICCARDO.

Derrière le couvent de l'Assomption, et seul, assis sur une pierre, je jouais de ma guitare.

ZUNIGA.

C'est bien cela. As-tu entendu des pas et un cliquetis d'épées dans une des rues voisines?

RICCARDO.

Tout était désert et tranquille.

ZUNIGA.

Le bruit de la guitare t'empêchait d'entendre... mais moi, que ces trois spadassins avaient attaqué avec une rage mystérieuse et silencieuse, j'allais succomber sous leurs coups, lorsqu'aux premiers sons de ta guitare ils se sont enfuis d'un côté, moi de l'autre, cherchant pour l'honneur de ma belle à disparaître au plus vite, et sans oser même, ce que je me reprochais, courir te remercier.

RICCARDO, étonné.

Il serait possible!... Et tout à l'heure, avec vos amis, quand vous m'avez reconnu, pourquoi ne pas m'avoir parlé de cette aventure?

ZUNIGA, avec embarras.

Ah! pourquoi?... j'avais mes raisons.

RICCARDO.

Et lesquelles?

ZUNIGA.

Silence!... (A demi-voix.) La belle dame de chez qui je sortais est une parente, une sœur de l'un d'entre eux, et tu comprends que, pour tout le monde, c'est un grand mystère... (Montrant son cœur.) mais la reconnaissance est là...

DUO.

ZUNIGA.

Entre nous, fidèle alliance,
Et qu'ici tout soit de moitié!
Reçois de ma reconnaissance
Mes trésors et mon amitié!

RICCARDO.

A le croire encor je balance!
Du sort je m'étais défié :
Et le sort m'offre la puissance,
Et la fortune et l'amitié!

ZUNIGA.

Tu n'habiteras plus une obscure mansarde :
Dans mon riche palais, près de moi je te garde.

RICCARDO.

Ah! monseigneur!... c'est trop vraiment!

ZUNIGA.

Habillé comme un gentilhomme,
Te voilà mon ami, mon frère, mon parent!

RICCARDO.

Ah! monseigneur!...

ZUNIGA.
Te voilà de mon sang,
Et pour noble l'on te renomme!
Aux plus riches partis tu pourras t'allier!

RICCARDO.
Jamais!...

ZUNIGA.
Et pourquoi donc?... Je veux te marier!

RICCARDO.
Et moi je ne veux pas!

ZUNIGA, avec effroi, et à part.
O ciel!

RICCARDO.
Le mariage
A pour moi peu d'appas :
Son esclavage
Ne me séduirait pas!
Beauté trop fière
Craindrait ma pauvreté,
Et je préfère
Misère et liberté!

ZUNIGA.
Le mariage
A pour lui peu d'appas
Son esclavage
Ne le séduirait pas!
Beauté trop fière
Craindrait sa pauvreté,
Et il préfère
Misère et liberté!

C'est fâcheux! je t'aurais donné des équipages,
De somptueux habits, des valets et des pages,
De l'or, des titres même... et mieux que tout cela
J'avais jeté les yeux sur la belle Zarah!

RICCARDO, poussant un cri d'étonnement.
Que dites-vous?...

ZUNIGA.
            Je le voulais !
Mais... mais...

    Le mariage
A pour toi peu d'appas :
    Son esclavage
Ne te séduirait pas ;
    Beauté sévère
Révolte ta fierté ;
    Ton cœur préfère
Misère et liberté !...

           RICCARDO, hors de lui.
Ah ! taisez-vous... car je tremble et je n'ose...
Non... non... c'est se jouer de moi... de ma raison !

           ZUNIGA.
Je n'ai qu'un seul moyen d'éloigner ce soupçon :
Je réponds de l'hymen qu'ici je te propose :
        Acceptes-tu ?...

           RICCARDO, se soutenant à peine.
              Qui ?... moi !... grands dieux !

           ZUNIGA.
    Le veux-tu ?

           RICCARDO.
        Si je le veux !...

O bonheur ! ô délire !
A peine je respire...
Quel espoir vient de luire
A mon cœur, à mes yeux !
Je jure obéissance !
Et surtout du silence !
A vous mon existence
Pour un seul jour heureux !

           ZUNIGA, à part.
Oui, j'ai su le séduire...
Oui, je vois son délire !
Et l'espoir vient sourire

A mon cœur furieux!
(A Riccardo.)
Du sang-froid, du silence
Surtout de la prudence!
(A part.)
Grâce à lui, la vengeance
Brille enfin à mes yeux

RICCARDO.

Mais comment réussir en de pareils projets?

ZUNIGA.

Tu le sauras... espoir et confiance!
Réponds-moi seulement de ton obéissance,
Mon amitié te répond du succès!

Ensemble.

RICCARDO.

O bonheur! ô délire! etc.

ZUNIGA.

Oui, j'ai su le séduire, etc.

(Il l'entraîne et sort avec lui. Ils s'éloignent par le fond, en entendant dona Manuela et Fra Lorenzo qui sortent de l'hôtel de Villaréal, à gauche.)

SCÈNE VII.

MANUELA, FRA LORENZO.

FRA LORENZO, tenant un bouquet de roses à la main.

Non, dona Manuela, je ne souffrirai pas que vous preniez la peine de me reconduire.

MANUELA.

Je sortais, monseigneur, avec Zarah, ma nièce, qui va me rejoindre; nous allons nous promener ce soir sur la terrasse du château royal.

FRA LORENZO.

C'est là que se réunit tout le beau monde, le monde

élégant, et sans les dépêches que je reçois de Lisbonne, je vous aurais offert mon bras.

MANUELA.

Ah! c'est trop d'honneur!... Votre Excellence daigner nous servir de cavalier!

FRA LORENZO.

Et pourquoi pas?... Lorsque mon oncle Vasconcellos, secrétaire d'État, pour ne pas dire premier ministre à Lisbonne, m'envoya ici, à Santarem, comme intendant de la province, vous avez été tous effrayés, n'est-il pas vrai?... vous avez dit : Un inquisiteur qui arrive... l'inquisiteur de Coïmbre!... Il vous semblait voir d'avance des chaînes, des tortures, des cachots... pas du tout; au lieu d'un juge terrible et sévère... un homme aimable, un homme du monde.

MANUELA.

La galanterie même... un inquisiteur charmant!

FRA LORENZO.

C'est ce que disent les dames, et c'est le but où j'aspire... Je voudrais faire aimer par moi-même la domination espagnole... Mon oncle Vasconcellos n'y entend rien; il est fastidieux avec ses rigueurs... et mieux que ça, il est presque ridicule... A quoi bon se fâcher?... Moi, je commande tout avec grâce, avec bon ton, avec douceur... même la torture... si j'y étais obligé... ce serait avec les égards et la politesse que l'on se doit... entre gens comme il faut... Mais rassurez-vous, ce n'est pas mon système.

MANUELA.

En vérité!

FRA LORENZO.

J'en ai un autre beaucoup plus simple, et dont l'emploi est extrêmement facile quand on connaît le cœur humain... aussi c'est le seul mode de gouvernement que j'emploie.

MANUELA.

Et quel est il?

FRA LORENZO.

Le voici : je dis : *Combien?*... Tout est dans ce mot!... S'il s'agit de quelques mécontents attachés à l'ancien ordre de choses, et que rien ne pourra gagner ou convertir... je leur demande : *Combien?* Comprenez-vous?

MANUELA.

Oui, monseigneur!

FRA LORENZO.

A-t-on à craindre quelque brouillon, quelque écrivain, dont on vante le patriotisme et l'indépendance?... Je dis tout uniment : *Combien?*... Le lendemain, c'est un homme à nous qui crie : Vive l'absolutisme!... pour nos doublons, ou plutôt pour ceux des Portugais... qui paient toujours, de sorte qu'on achète leurs consciences avec leur argent... ça ne sort pas du pays.

MANUELA.

C'est admirable!... Et vous espérez par ce moyen maintenir la tranquillité?

FRA LORENZO.

Oui, señora, je réponds de tout.

MANUELA.

Dieu soit loué! car, quoique Portugaise, ce que je déteste le plus, ce sont les révoltes et les séditions, cela dérange toutes mes habitudes, toutes mes heures... celles de la messe, de la sieste et de la promenade... Aussi je dis sans cesse à mes compatriotes : Vous avez, comme autrefois, des bals, des fêtes, une cour à Lisbonne, une vice-reine qui vient de me nommer camarera-mayor, qui me laisse mes titres, mes dignités et ma fortune... Qu'est-ce qu'il vous manque?... Il vous faut absolument des maîtres... eh bien! vous avez un gouvernement espagnol, des ministres espagnols, une garnison espagnole... tenez-vous donc tranquilles... Eh bien! non... ils ne sont pas contents!

FRA LORENZO.

Ils ne sont pas raisonnables...

MANUELA.

A commencer par ma nièce Zarah!

FRA LORENZO.

Qui a parfois des idées assez exaltées... Mais dans la conférence qu'avec votre permission nous venons d'avoir ensemble, j'en ai été assez content... je lui ai dit les intentions de la vice-reine; je lui ai fait comprendre que Zarah de Villaréal était, par son immense fortune, un parti trop considérable pour qu'on lui laissât épouser un Portugais... que l'intention de la vice-reine et du ministre Vasconcellos mon oncle, était qu'elle fît un choix parmi nos jeunes seigneurs espagnols, et que, sans lui désigner positivement don Juan de Guimarens... on lui verrait avec plaisir donner la préférence à un personnage aussi distingué... Tout cela présenté avec douceur et adresse.

MANUELA.

Eh! qu'a-t-elle répondu?

FRA LORENZO.

Elle a répondu non.

MANUELA.

Ah! mon Dieu!

FRA LORENZO.

Les femmes répondent toujours non, vous le savez; mais elle y viendra.

MANUELA.

Vous ne connaissez pas ma nièce.

FRA LORENZO.

Je connais le cœur humain, et dès qu'elle aura vu don Juan, elle sera de mon avis... d'abord on dit que c'est un charmant cavalier, qui, déjà riche, revient du Mexique avec une immense fortune... Parlez-en à Martin de Ximena, votre banquier et l'ami de votre famille, qui le connaît parfaitement, et dès demain...

MANUELA.

C'est donc demain qu'il arrive?

FRA LORENZO.

On le prétend, et parmi les lettres que je reçois de Lisbonne, en voici une de don Juan de Guimarens... lui-même, pour un seigneur de cette ville... Alvar de Zuniga, son ami, à qui il annonce, sans doute, le jour de son arrivée. Je vais faire remettre ce message à l'hôtel de Zuniga, (Apercevant Zarah.) et je présente mes hommages à la señora, ainsi qu'à sa fière et superbe nièce, qui bientôt, je l'espère, fera alliance avec l'Espagne.

(Il sort.)

SCÈNE VIII.

ZARAH, MANUELA.

MANUELA.

Serait-il vrai, Zarah?... et cette aversion que tu as montrée jusqu'ici contre le mariage...

ZARAH, souriant.

Je n'en ai aucune... j'en ai seulement contre les maris que vous m'avez présentés : le comte de Médina et ses amis, qui m'acceptaient pour payer leurs dettes... le marquis Alvar de Zuniga, surtout... ce seigneur insolent qui me regardait comme un tribut appartenant au vainqueur.

MANUELA.

N'en dis pas de mal, il a oublié ton insulte.

ZARAH.

Je n'ai pas oublié la sienne... et si, au lieu d'un éventail, ma main eût porté une épée... Mais nous ne sommes que des femmes, on peut nous offenser sans courage et sans crainte.

MANUELA.

Raison de plus pour choisir un défenseur.

ZARAH.

Je ne dis pas non.

MANUELA.

Don Juan de Guimarens, dont on fait tant d'éloges?

ZARAH.

Permis à lui de se présenter.

MANUELA.

Et tu accueilleras ses hommages?

ZARAH.

A une condition... c'est qu'il me plaira... je ne l'en empêche pas.

MANUELA.

Et déjà tu es prévenue contre lui.

ZARAH, secouant la tête.

Ah! si ce n'était que cela!

MANUELA.

O ciel! tu es prévenue pour un autre?

ZARAH, souriant.

C'est possible.

MANUELA.

Et quel est-il?

ZARAH.

Cela va vous étonner... je n'en sais rien, je ne le connais pas.

MANUELA.

Eh! par Notre-Dame del Pilar! où l'as-tu vu?

ZARAH.

Je ne l'ai jamais vu... et cela n'empêche pas.

MANUELA.

Miséricorde!... dona Zarah, ma nièce, a perdu la raison!

ZARAH, *souriant.*

Je n'en voudrais pas répondre.

AIR.

Il existe un être terrible,
Protecteur magique et puissant,
A mes yeux toujours invisible,
Et près de moi toujours présent !
Tremblez !... peut-être il nous entend !

    Quand frémit le feuillage,
        C'est lui !
    Lorsque gronde l'orage,
        C'est lui !
    Dans cette fleur que j'aime,
        C'est lui !
    Et jusqu'en mon cœur même...
        C'est lui !
       Toujours lui !
        Oui.

Il existe un être terrible, etc.

Oui, je le crains, et pourtant je l'attends !
Et lorsque, loin de lui, je compte les instants...
    Soudain...
(L'orchestre fait entendre le motif du premier air de Riccardo.)
      Je crois entendre
      Sa voix si tendre
      Qui vient me rendre
      Le trouble au cœur !
      Et ce doux rêve
      Qu'amour achève,
      Soudain fait trêve
      A ma douleur !

A mes regards sans jamais apparaître,
Il me suit... il m'appelle... et s'envole soudain !
    Sous mon balcon, sous ma fenêtre,
    Ce matin encor !... ce matin !...

      Je crus entendre, etc.

Oui ! oui, voilà le secret de mon cœur !
Voilà d'où vient mon trouble et mon bonheur !

MANUELA.

Taisez-vous ! taisez-vous, ma nièce... Si l'on pouvait soupçonner une pareille extravagance, que diraient les nobles seigneurs que voici et que vous avez tous dédaignés ?

SCÈNE IX.

MANUELA, ZARAH, sur le devant du théâtre; FRA LORENZO, ZUNIGA, entrant par le fond; OTTAVIO et FABIUS, sortant de l'hôtellerie et prenant le café sous l'auvent.

ZUNIGA, entrant en causant avec Fra Lorenzo.

Je vous remercie, monseigneur, de la lettre que vous venez d'envoyer à mon hôtel.

FRA LORENZO.

Elle était de don Juan de Guimarens ?

ZUNIGA.

De lui-même.

FRA LORENZO.

Je m'en doutais...

ZUNIGA.

Mais, dans son impatience, il l'avait précédée...

FRA LORENZO.

Le jeune don Juan est ici ?

ZUNIGA.

Descendu à mon hôtel, où je viens de l'embrasser et de lui offrir l'hospitalité. C'est chez moi qu'il logera. Il s'habille pour se rendre à la promenade du château, où il espère rencontrer ces dames.

FRA LORENZO, aux deux dames à gauche.

Que vous disais-je ?... Je ne vous quitte pas, car je veux être témoin de l'entrevue !

(Il continue à parler bas avec les deux dames, et remonte avec elles le théâtre en se promenant.)

OTTAVIO, à droite du théâtre.

Ah ! Guimarens est ici !

ZUNIGA, s'approchant et à demi-voix.

Au contraire... cette lettre m'apprend qu'en ce moment peut-être il n'existe plus !... Un duel politique que l'on tient secret et pour cause...

FABIUS.

Un duel !

ZUNIGA.

Avec un Portugais... le jeune duc de Bragance, qui lui a donné un coup d'épée et qui a disparu... on est à sa poursuite... et ce pauvre Guimarens...

FABIUS.

Ne viendra pas !

ZUNIGA.

Un autre prendra son nom et sa place, et si vous me secondez...

FABIUS.

Quel est ton dessein ?

ZUNIGA.

D'aller dans ma vengeance aussi loin que possible !... N'importe à quel moment la ruse se découvre... il y aura dans cette aventure assez de scandale pour faire oublier la scène du soufflet... Silence ! à vos rôles !

SCÈNE X.

A gauche du théâtre, MANUELA, ZARAH, FRA LORENZO, assis ensemble. A droite, ZUNIGA, FABIUS, OTTAVIO et QUELQUES JEUNES SEIGNEURS, occupés sous l'auvent de l'hôtellerie à prendre du café. Au fond, précédé de PAGES et d'une escorte brillante, paraît RICCARDO; DES DAMES et DES BOURGEOIS de la ville, qui se rendaient à la promenade du château, s'arrêtent et regardent son arrivée.

FINALE.

ZUNIGA, à demi-voix aux dames.
Voici ses valets et ses pages.

FABIUS et OTTAVIO, apercevant Riccardo qui entre, vont au-devant de lui et lui tendent la main.
C'est bien lui, je le reconnais!

ZUNIGA, s'approchant de Fra Lorenzo et lui montrant Riccardo.
Sa longue absence et les voyages
N'ont point du tout changé ses traits,
Ne trouvez-vous pas?

FRA LORENZO, naïvement.
C'est possible!
Mais moi qui ne l'ai jamais vu...

ZUNIGA, à Fra Lorenzo.
C'est juste!

RICCARDO, troublé, et rendant les saluts à Ottavio et aux jeunes seigneurs.
A votre accueil... messieurs... je suis sensible!...

ZUNIGA, bas à Riccardo.
Allons, du cœur!... te voilà trop ému!

RICCARDO, à demi-voix et tremblant.
C'est un mensonge!...

ZUNIGA, de même.
Eh! non... une innocente ruse

Qu'on pardonne à l'amour, et que l'amour excuse!
Fais-toi d'abord aimer, je réponds du pardon!

RICCARDO, de même.

Ah! s'il était vrai!

ZUNIGA, de même.

Pourquoi non?

(A haute voix.)
Je veux te présenter!

FRA LORENZO, passant et le prenant par la main pour le conduire à Zarah.

Honneur que je réclame!

ZUNIGA, bas, en riant, à ses amis.

C'est bien plus gai!

FRA LORENZO, présentant Riccardo à Zarah.

Voici, madame,
Juan de Guimarens, issu du sang royal,
Beau cavalier!

(A demi-voix.)
Comment le trouvez-vous?

ZARAH, d'un air indifférent.

Pas mal!

Comme les autres, du reste!
(Le regardant plus attentivement.)
Non!... il est mieux cependant...

ZUNIGA, s'avançant près d'elle, d'un air railleur.

Et pourquoi?

ZARAH, le regardant avec dédain.

Il a l'air plus modeste!

OTTAVIO, bas à Zuniga.

As-tu compris?

ZUNIGA, de même.

Très-bien!... cela s'adresse à moi!

ZUNIGA et SES AMIS, à demi-voix.

C'est lui que nous préfère
Cette beauté si fière;
Tout va bien! tout va bien!

Quel bonheur est le mien !
Sa grâce et son maintien
Ne font soupçonner rien.
Tout va bien, tout va bien !

MANUELA et FRA LORENZO.

Cette beauté si fière
Est pour lui moins sévère ;
Tout va bien ! tout va bien !
Quel bonheur est le mien !
Son air et son maintien,
Son aimable entretien,
Tout me paraît très-bien !

ZUNIGA, à Riccardo, lui faisant signe d'avancer.

Va donc !...

RICCARDO, passant près de Zarah.

(Motif de la romance du premier morceau.)

Où trouverai-je, ô belle et noble dame,
Des accents
Et des chants
Pour vous assez touchants ?

ZARAH, à part, avec émotion, regardant Riccardo.

Qu'entends-je !

RICCARDO, continuant.

Oui, désormais, et ma vie et mon âme
Sont à vous,
Et par vous
Feraient bien des jaloux !

Ensemble.

ZARAH, troublée et le regardant toujours.

Oui, j'ai cru reconnaître
Cette voix... ces accents !...
Et soudain je sens naître
Le trouble en tous mes sens.

RICCARDO, à part, examinant son émotion.

Elle a cru reconnaître
Cette voix... ces accents...

Et son trouble fait naître
Le trouble en tous mes sens !

ZUNIGA et SES AMIS.

C'est lui que nous préfère, etc.

FRA LORENZO et MANUELA.

Cette beauté si fière, etc.

SCÈNE XI.

Les mêmes; MARTIN DE XIMENA.

FRA LORENZO, l'apercevant de loin, et allant au-devant de lui.
Martin de Ximena !... venez, accourez donc !

MARTIN.
Et pourquoi, monseigneur ?

FRA LORENZO.
Il nous vient du Mexique
Un seigneur dont vingt fois vous m'avez dit le nom,
Juan de Guimarens !

MARTIN, se frottant les mains.
Excellente pratique !
Qui me devait beaucoup !...

ZUNIGA et SES AMIS, à demi-voix, pendant que Martin s'avance.
Tout va mal ! tout va mal !
O hasard infernal !
Mon complot conjugal
Va, par un sort fatal,
Mal.
Tout va mal... tout va mal !

MARTIN, à Lorenzo, et cherchant des yeux.
Où donc est-il ? qu'enfin je le revoie !...

FRA LORENZO, prenant par la main Riccardo qui détourne la tête.
Je vous le présente !

MARTIN, le regardant, fait un geste de surprise.
Ah !...
(Puis il s'incline avec respect, et dit froidement :)
Combien je suis content
D'offrir mon humble hommage et d'exprimer ma joie
Au noble Guimarens sur l'heureux changement...

RICCARDO, d'un air suppliant.
Monsieur !...

MARTIN, continuant avec le même sang-froid.
De sa santé !

FRA LORENZO, étonné.
Comment !...

MARTIN, regardant Riccardo en souriant.
Il allait mal, et va bien maintenant !

Ensemble.

ZUNIGA et SES AMIS.
O bonheur ! ô surprise nouvelle !
Le hasard a servi nos desseins.
O beauté dédaigneuse et rebelle,
Je tiens donc tes destins dans mes mains !
Je punis ta fierté qui m'offense,
Et galment te soumets à mes lois ;
Et folie, et plaisir, et vengeance,
En un jour tous les biens à la fois !

RICCARDO.
O bonheur ! ô surprise nouvelle !
Il tenait mon destin en ses mains !
Et sa voix, indulgente et fidèle,
A servi, protégé mes desseins !
Mon bonheur a passé ma croyance !
La voilà ! je l'entends ! je la vois !
Les amours, les honneurs, l'opulence,
En un jour tous les biens à la fois !

ZARAH.

C'est bien lui, c'est sa voix, oui, c'est elle,
Dont la nuit m'apportait les refrains !
D'un amant si discret, si fidèle,
Quels étaient les désirs, les desseins ?
Même encor, redoutant ma présence,
Il hésite, il frémit, je le vois !
Son amour, son effroi, son silence,
Tout me charme et me trouble à la fois !

MARTIN.

Je conçois sa surprise nouvelle :
Je tenais dans mes mains ses destins ;
Mais ma voix, indulgente et fidèle,
A servi, protégé ses desseins.
Il commence à chérir l'existence,
Et du ciel ne maudit plus les lois !
Les amours, les honneurs, l'opulence,
En un jour tous les biens à la fois !

MANUELA.

O bonheur ! ô surprise nouvelle !
D'où vient donc ce caprice soudain ?
Quoi ! ce cœur à l'hymen si rebelle
Tout à coup a changé de dessein !
Oui, son rang, sa valeur, sa naissance,
Lui devaient mériter un tel choix !
Les amours, la beauté, l'opulence,
C'est avoir tous les biens à la fois !

FR. LORENZO.

Vous voyez que ce cœur si rebelle
Tout à coup a changé de dessein.
Je l'ai dit, à mes ordres fidèle,
Tout s'empresse et tout cède soudain !
Oui, son rang, sa valeur, sa naissance,
Lui devaient mériter un tel choix !
Les amours, la beauté, l'opulence,
C'est avoir tous les biens à la fois !

13.

ZUNIGA, bas à Riccardo, lui montrant Martin.

Tu le connaissais donc?

RICCARDO, troublé.

Oui, sans doute... un ami
Qui me connaît à peine... et me protége aussi !

MARTIN, bas, à Riccardo.

Je te l'avais promis !... tu vois que je commence !

ZUNIGA, bas, à Martin.

Vous voilà du complot !

MARTIN, naïvement.

Tous ceux que l'on voudra !
Ça vous arrange !... moi de même... touchez là !

RICCARDO, à voix basse, à Martin.

Croyez, monsieur, qu'en ma reconnaissance
Tous mes jours sont à vous !

MARTIN, de même.

J'y compte bien, oui-da !
Et les réclamerai quand le moment viendra !

Ensemble.

ZUNIGA et SES AMIS.

O bonheur ! ô surprise nouvelle ! etc.

MARTIN.

Je conçois sa surprise nouvelle, etc.

ZARAH.

C'est bien lui, c'est sa voix, oui, c'est elle, etc.

MANUELA.

O bonheur ! ô surprise nouvelle ! etc.

RICCARDO.

O bonheur ! ô surprise nouvelle ! etc.

FRA LORENZO.

Vous voyez que ce cœur si rebelle, etc.

(Zuniga et Martin font signe à Riccardo d'offrir sa main à Zarah : elle l'accepte. Manuela prend le bras de Fra Lorenzo, et ils se dirigent vers la promenade, suivis de Zuniga et des jeunes seigneurs.)

ACTE DEUXIÈME

Un riche salon de l'hôtel Villaréal, avec une galerie au fond.

SCÈNE PREMIÈRE.

MANUELA, FRA LORENZO, tous deux assis et prenant du chocolat.

FRA LORENZO.

Eh bien ! señora, que vous avais-je annoncé ?

MANUELA.

Je n'en puis revenir encore, et Votre Excellence est un grand politique.

FRA LORENZO.

L'usage des affaires, l'habitude du cœur humain, voilà tout. Don Juan de Guimarens est à peine ici depuis huit jours ! et déjà... (Avançant sa tasse.) Je vous demanderai une seconde tasse. Croyez donc après cela aux protestations des jeunes filles : *Je n'en veux pas... je ne voudrai jamais...*

MANUELA.

Ce n'était pas ainsi de mon temps... quand on disait non, c'était non !

FRA LORENZO, souriant avec malice.

Mais on ne le disait pas.

MANUELA.

Monseigneur...

FRA LORENZO.

Vous avez là du chocolat délicieux !

MANUELA.

Trop heureuse que Votre Excellence ait bien voulu l'accepter.

FRA LORENZO.

Vous disiez donc que la belle Zarah ne s'oppose plus à ce mariage ?

MANUELA.

Mieux que cela ! elle a pour son fiancé une préférence qu'elle ne cherche plus à cacher... surtout depuis l'événement d'hier...

FRA LORENZO, se levant.

Qui m'a fait un mal affreux !... Quand on est venu me dire : « Le feu... le feu est à l'hôtel Villaréal, » j'allais me mettre à table... j'ai dit : Que l'on sonne les cloches, qu'on récite des prières, et j'ai prié moi-même... en dînant !

MANUELA.

Que de bontés !

FRA LORENZO.

Aussi vous voyez, cela n'a pas eu de suites.

MANUELA.

Pas d'autres que l'incendie du pavillon où était ma nièce... les flammes avaient déjà tellement gagné, qu'aucun de vos soldats n'osait se hasarder... lorsque don Juan...

FRA LORENZO, buvant son chocolat.

C'est superbe, c'est espagnol ; enlever sa maîtresse au milieu des flammes... il y a de quoi se faire adorer.
(Tous deux se lèvent; Manuela sonne, et un valet emporte la table sur laquelle ils déjeunaient.)

MANUELA.

Aussi je crois que cela commence... Et lorsque Alvar de Zuniga et ses amis, qui étaient accourus au bruit, se sont écriés : « Pourquoi différer encore ? demain le mariage, demain la noce... » Zarah n'a rien répondu.

FRA LORENZO, souriant.

Qui ne dit mot...

MANUELA.

Et c'est aujourd'hui, dans la cathédrale de Santarem... Alvar est le témoin de son ami... il y a mis un dévouement, une activité... c'est lui qui s'est chargé de tous les détails; l'acte de mariage a été dressé par ses soins... et la bénédiction nuptiale sera donnée par Francesco d'Iriarte, son chapelain.

FRA LORENZO.

A quelle heure ?

MANUELA.

A deux heures.

FRA LORENZO.

Je ferai mon possible pour y assister.

MANUELA.

Quel honneur pour nous !

FRA LORENZO.

Cela dépend du courrier que j'attends de Lisbonne... Voilà huit jours que je n'en ai reçu.

MANUELA.

Serait-ce inquiétant ?

FRA LORENZO.

Au contraire ! pas de nouvelles, bonnes nouvelles !... Il circulait il y a huit jours des bruits si absurdes... on parlait de menées et d'intrigues en faveur de la famille de Bragance... Les Bragance !... je vous demande qu'est-ce qui les connaît ? mon oncle Vasconcellos mettait déjà sur pied ses affidés et ceux du saint-office... et moi, je haussais les épaules. (Riant.) Les Portugais se révolter !... c'est impayable !... Je dis impayable, car ils n'ont pas d'argent... ils n'en ont pas... et nous en avons... alors mettez dans la balance, et voyez !

MANUELA.

C'est juste !

FRA LORENZO.

Pour soulever les gens il faut quelque chose, et ils n'ont rien. Ainsi rassurez-vous, belle señora, et que rien ne trouble les fêtes de ce jour.

MANUELA, *regardant du côté de l'appartement à droite.*

Voici le marié, tout entier à ses rêves de bonheur, et déjà prêt pour la cérémonie. Je cours à ma toilette.

FRA LORENZO.

Moi, je passe au palais, à l'intendance, et je reviens présenter à la belle mariée mes compliments et mes bouquets.

(Doña Manuela fait une référence à Fra Lorenzo, qui sort par le fond. Elle sort par la porte à gauche, au moment où Riccardo entre par la droite en rêvant.)

SCÈNE II.

RICCARDO, *richement habillé, entre en rêvant sur la ritournelle de l'air suivant.*

AIR.

D'un rêve heureux goûtant les charmes,
Longtemps je croyais sommeiller !
Longtemps en proie à mes alarmes,
Je redoutais de m'éveiller !
(Regardant autour de lui et touchant ses habits.)
Mais non, ce n'est point un rêve
Que la nuit avait formé !...
Voici le jour qui se lève !...
J'existe !... Je suis aimé !
Aimé d'elle !... aimé !

Amour qui vois mon délire,
Amour qui lis dans mon cœur,
Ne permets pas que j'expire
Et de joie et de bonheur !

Une heure !... une heure encore !
Et celle que j'adore
Va recevoir ma foi !...
Une heure !... encore une heure !
Fais avant que je meure
Que Zarah soit à moi !

Amour, qui vois mon délire, etc.

SCÈNE III.

RICCARDO, MARTIN DE XIMENA.

MARTIN, entrant lentement et lui frappant l'épaule.

Il y a aujourd'hui huit jours !

RICCARDO.

O ciel ! déjà !

MARTIN.

Partons-nous ?... je viens te chercher.

RICCARDO, avec embarras et souriant.

Mais... je ne sais comment vous dire...

MARTIN.

Que tu n'en as plus guère envie... je m'en doutais... et cependant il y a huit jours... si je t'avais laissé faire... Tu vois donc bien qu'il ne faut jamais se presser... et qu'il y a toujours de la ressource... Touche là et sois heureux !... je te rends ta parole... je partirai seul.

RICCARDO.

Ce n'est pas possible !... je ne le souffrirai pas.

MARTIN.

Et pourquoi donc ?

RICCARDO.

Je vous dirai ce que vous disiez vous-même... il ne faut jamais se presser.

MARTIN.

Aussi... et à cause de ta noce, j'attendrai jusqu'à demain.

RICCARDO.

Vous voyez par moi-même qu'il peut toujours arriver quelques chances favorables... dans le commerce, surtout.

MARTIN.

C'est selon... Mes affaires à moi sont bien embrouillées... Demain, du reste, je saurai à quoi m'en tenir... et si je joue ma vie... c'est que la partie en vaudra la peine... Mais quoi !... est-ce un jour de noces qu'il faut s'occuper de pareilles idées ?... Ne pensons qu'à toi et à ton bonheur... Depuis huit jours que je t'ai quitté... pour mon commerce... tu as bien fait du chemin.

RICCARDO.

C'est un bonheur auquel je ne peux croire... tout m'a réussi... tout m'a secondé... vous d'abord...

MARTIN.

Oui, je ne t'ai pas trahi... ça ne me regarde pas... j'ai assez de mes affaires, sans me mêler des leurs... et puis tu aimais réellement... Et Zarah de Villaréal, toute grande dame qu'elle est, pouvait plus mal choisir. Si elle eût été ma fille, je te l'aurais donnée, parce qu'avant tout (Montrant son cœur.) je veux qu'on ait de ça... Mais il ne s'agit pas de moi, je ne suis qu'un négociant... il s'agit de toi : tout ceci me paraît suspect, et je crains que quelque complot ne te menace.

RICCARDO.

Qui pourrait m'en vouloir ? je n'ai pas d'ennemis.

MARTIN.

Non, mais tu as des amis, ce qui souvent revient au même.

RICCARDO.

Ils ont été au-devant de mes vœux, ils ont fait de moi un grand seigneur, et dans leur générosité... chevaux, valets, bijoux, riches habits... ils m'ont tout prodigué, tout prêté, jusqu'à de l'or.

MARTIN, secouant la tête.

Des Espagnols... eux qui l'aiment tant !...

RICCARDO.

Ce n'est rien encore ; vous ne savez pas tout ce qu'ils ont fait pour moi... Craignant qu'il n'arrivât de Lisbonne, au gouverneur de cette ville, à l'inquisiteur, des nouvelles du véritable Guimarens... ils ont arrêté le courrier.

MARTIN, vivement.

Le courrier du ministre ?

RICCARDO.

Précisément, et bien leur en a pris ; de sorte que depuis huit jours, le seigneur inquisiteur...

MARTIN, de même.

Ne sait pas ce qui se passe à Lisbonne...

RICCARDO.

Il ne s'en doute pas... Voilà ce qu'ils ont fait pour moi et pour faire réussir mon mariage... douterez-vous encore de leur amitié ?

MARTIN.

Non, sans doute, et je désire me tromper... Bonne chance alors à don Juan de Guimarens !

RICCARDO.

Ah ! ce mot seul détruit tout mon bonheur... car ce bonheur, je ne le dois qu'à un mensonge, et je veux tout avouer à Zarah !

MARTIN.

En vérité !

RICCARDO.

J'y suis décidé...

MARTIN.

C'est d'un brave jeune homme ; c'est bien ; c'est très-bien... Dieu sait ce qui en arrivera...

RICCARDO.

N'importe... dussé-je perdre son amour, je ne veux pas le devoir à une trahison.

MARTIN.

Justement la voici... je vous laisse... Allons, ne tremble pas ainsi.

RICCARDO.

Ah! c'est qu'elle est si belle!... N'importe! j'aurai le courage... j'aurai l'amour de tout lui dire.

(Martin lui donne une poignée de main, et sort.)

SCÈNE IV.

RICCARDO, ZARAH.

DUO.

RICCARDO, à part, avec douleur, et regardant Zarah qui s'avance.
 Et d'un seul mot peut-être
 La perdre sans retour !
 D'un mot voir disparaître
 Tous mes rêves d'amour !

ZARAH, s'approchant de lui.
 O vous, qui semblez être
 Si grave dans ce jour,
 Quel orage fait naître
 Ces noirs pensers d'amour ?
  (Lui tendant la main.)
 Ne pourrait-on connaître
 Ces noirs pensers d'amour ?

RICCARDO, vivement, et prenant sa main dans les siennes.
 Ah ! cette main, je ne veux qu'elle !
  (Lui montrant les bijoux dont elle est parée.)
 Et je la trouve bien plus belle,
 Elle a plus de charme et de prix
 Sans ces brillants, sans ces rubis.

ZARAH, souriant.

Je promets désormais, en épouse fidèle,
Don Juan, de ne porter que votre noble anneau !

RICCARDO.

Ah ! qu'entre nous, du moins, Zarah, rien ne rappelle
Ce titre qui pour moi n'est qu'un brillant fardeau !

ZARAH.

Et pourquoi donc ? Parlez...

RICCARDO, hésitant.

Pourquoi ?...

ZARAH.

Vous tremblez !
Devant moi, qui vous aime !...

RICCARDO, à part, avec douleur.

Et d'un seul mot peut-être
La perdre sans retour !
D'un mot voir disparaître
Tous mes rêves d'amour !

ZARAH, souriant.

Mon seigneur et mon maître,
Parlez ! et dans ce jour
Faites-nous mieux connaître
Tous vos pensers d'amour.

RICCARDO.

Pour vous, puissante et noble dame,
Le rang, le titre, les aïeux,
Sont les biens qui touchent votre âme ;
Le reste n'est rien à vos yeux !

ZARAH.

Oui, mon âme, orgueilleuse et fière,
De mes aïeux chérit l'honneur,
Mais à leurs titres je préfère
La noblesse qui vient du cœur !

Ensemble.

RICCARDO, à part.

De trouble et d'espérance
Mon cœur bat et s'élance ;
Et pourtant je balance,
Et je me sens trembler !
Par une indigne ruse,
Trop longtemps je l'abuse,
Et l'honneur qui m'accuse
M'ordonne de parler !

ZARAH, à part, le regardant.

Il hésite, il balance ;
Mais, j'en ai l'espérance,
Bientôt sa confiance
Saura se dévoiler.

(A Riccardo.)

Non, plus de vaine excuse
Qui diffère et m'abuse !
L'amour qui vous accuse
Vous prescrit de parler !

Quand le sort généreux voulut vous dispenser
Et la naissance et la fortune ensemble,
Il eut tort, ce me semble;
Car vous pouviez vous en passer !

RICCARDO.

Que dites-vous ?

ZARAH.

Que, quand on aime,
Par le rang ou l'éclat le cœur n'est plus séduit.
Et vous seriez errant, malheureux et proscrit...

RICCARDO, vivement.

Que votre amour serait le même ?

ZARAH.

Plus grand encor !...

RICCARDO.

Eh bien ! sachez donc !...

(Il va parler, et aperçoit les femmes de Zarah qui sortent de la porte à gauche avec la toilette de la mariée; il s'arrête.)

Ah! grand Dieu!

ZARAH.

Plus tard... plus tard... Adieu!

Ensemble.

RICCARDO, à part.

De joie et d'espérance
Mon cœur bat et s'élance.
Injuste défiance,
Cessez de m'accabler!
Par une indigne ruse
Trop longtemps je l'abuse,
Et l'honneur qui m'accuse
M'ordonne de parler!

ZARAH, à part.

De joie et d'espérance
Son cœur bat et s'élance,
A moi sa confiance
Saura se révéler.
(A Riccardo.)
Oui, plus de vaine excuse
Qui me trompe et m'abuse.
L'amour, qui vous accuse
Vous prescrit de parler!
(Zarah sort par la porte à gauche avec ses femmes.)

SCÈNE V.

RICCARDO, puis ZUNIGA.

RICCARDO, regardant sortir Zarah par la porte à gauche.

Et j'hésiterais encore après un tel aveu!... non, non, elle saura tout! et si je ne peux le lui dire, écrivons... (Il se dirige vers la table à droite, et rencontre au milieu du théâtre Zuniga qui vient d'entrer par la porte du fond.) Ah! mon ami!... Ah! si ous saviez... si vous connaissiez mon bonheur et tout ce que je vous dois... Elle m'aime !

ZUNIGA.

En vérité!... parbleu, j'en suis ravi! et il me tarde de voir ce mariage achevé.

RICCARDO.

Et moi donc!

ZUNIGA.

Je viens vous parler à ce sujet... Comme votre témoin, j'ai tout disposé. Mon chapelain, qui vous marie, a reçu mes ordres; et quant à l'acte de célébration, je l'ai fait dresser moi-même.

RICCARDO.

Quoi! sous le nom de don Juan de Guimarens!

ZUNIGA.

Allons donc! le mariage serait nul; et vous et moi tenons à ce qu'il soit valable. J'ai mis votre véritable nom: José Riccardo, et vos titres: guitariste en plein vent.

RICCARDO.

Monsieur!...

ZUNIGA.

Je ne vous en connais pas d'autres! et il faut bien que les qualités soient connues après le mariage.

RICCARDO, se mettant à la table et écrivant.

Non pas après!... mais avant!

ZUNIGA, à part.

C'est fait de nous!... Et comment le détourner de son dessein?... (S'approchant de Riccardo, qui écrit à la table à gauche.) Quoi! en conscience, tu voudrais...

RICCARDO.

Lui apprendre la vérité... tout lui dire... c'est ce que je viens de faire.

ZUNIGA, avec effroi.

O ciel!

RICCARDO, écrivant et parlant très-haut.

« Oui, madame... si vous me repoussez, je subirai mon sort sans vous accuser et sans me plaindre... mais si, après avoir lu cette lettre, vous pardonnez à un coupable... si vous daignez lui tendre la main, je tâcherai de ne pas mourir de joie! »

ZUNIGA, debout derrière son fauteuil.

En effet! c'est plus noble, plus généreux! et je me charge de lui remettre ce billet.

RICCARDO, voyant entrer Manuela et Fra Lorenzo.

Merci, monseigneur. Voici sa tante!...

ZUNIGA, à part.

Tout est perdu!

SCÈNE VI.

FRA LORENZO et MANUELA, sortant de la porte à gauche; **RICCARDO, ZUNIGA.**

MANUELA.

Allons donc, mon cher neveu, n'avez-vous pas entendu? les grands parents viennent d'arriver! c'est à vous de les recevoir et de leur donner la main!

FRA LORENZO.

C'est dans les convenances!

RICCARDO, avec émotion.

J'y vais, et je reviens... Mais voici un billet que je vous prie de remettre vous-même et à l'instant.

MANUELA, prenant le billet.

A qui?

RICCARDO.

A Zarah ! à elle seule !

(Il sort vivement par la porte à droite.)

SCÈNE VII.

ZUNIGA, MANUELA et FRA LORENZO.

MANUELA, étonnée et le regardant sortir.

Qu'a-t-il donc ?... et quel est ce papier ?

ZUNIGA.

Un billet qu'il vient de tracer devant moi... (Souriant.) Vous vous doutez de ce qu'il contient, des phrases brûlantes, passionnées... J'avais beau lui dire, on n'écrit pas ainsi à une jeune personne... même à sa fiancée.

FRA LORENZO, gravement.

Ce n'est pas dans les convenances !

ZUNIGA, vivement.

N'est-ce pas ?

MANUELA.

Certainement ! les convenances, la règle, l'étiquette !

FRA LORENZO.

Quand ils seront mariés...

MANUELA.

Je ne dis pas.

ZUNIGA.

C'est juste, monseigneur ! C'est juste, madame ! (Serrant la main de Manuela et lui prenant la lettre qu'elle tient.) Pardon pour mon ami ! (S'inclinant.) je vous demande pardon pour lui.

FRA LORENZO, d'un air approbatif.

C'est bien.

MANUELA.

Voici ma nièce !

SCÈNE VIII.

ZARAH, entrant avec MARTIN DE XIMENA, qui lui donne la main ; FRA LORENZO, MANUELA, ZUNIGA.

ZUNIGA et FRA LORENZO.
C'est l'instant du mariage,
Nous venons, témoins heureux,
Au ciel offrir notre hommage,
Aux époux offrir nos vœux !

ZARAH et MANUELA.
C'est l'instant du mariage,
Vous venez, témoins heureux,
Au ciel offrir votre hommage,
Aux époux offrir vos vœux.

FRA LORENZO, à Manuela.
J'arrivais de l'intendance...

MANUELA.
Eh bien !...

FRA LORENZO.
Point de messager !
Dormons en pleine assurance :
Tout va bien, point de danger !

Ensemble.

ZUNIGA et FRA LORENZO.
C'est l'instant du mariage, etc.

ZARAH et MANUELA.
C'est l'instant du mariage, etc.

SCÈNE IX.

LES MÊMES ; RICCARDO, sortant de la porte à droite.

FRA LORENZO.
Il ne nous manque rien !... que l'époux.

MANUELA, apercevant Riccardo.
Le voici !

RICCARDO, se soutenant à peine et s'appuyant sur un fauteuil à droite.
Ah ! je me sens mourir !

(Il s'avance en tremblant et les yeux baissés, n'osant regarder Zarah ; enfin il se hasarde à jeter les yeux sur elle. Zarah regarde son trouble avec un sourire aimable, et lui dit en lui tendant la main.)

ZARAH.
Venez donc, mon ami !

RICCARDO, pousse un cri, tressaille et tombe presque un genou en terre.
O ciel !

ZUNIGA, à demi-voix, et le relevant.
Allons !... tâche de te remettre !

RICCARDO, à demi-voix et avec joie.
O bonheur !... elle a lu ma lettre ?...

ZUNIGA, de même.
A l'instant, devant nous !...

RICCARDO, de même.
Sans colère ?...

ZUNIGA, de même.
Ou du moins
Sans en montrer !... de crainte de la tante...
Qui regarde... Silence ! attention constante !
(Montrant Manuela.)
Et jusqu'après l'hymen prodigue-lui tes soins.

Ensemble.

RICCARDO, regardant Zarah.
Quoi ! sans colère
Son cœur apprend
Pareil mystère,
Forfait si grand !
Et son silence
Annonce donc
Et sa clémence
Et mon pardon !

ZUNIGA.

Beauté si fière,
Orgueil si grand,
De ma colère
Voici l'instant!
De son offense
J'aurai raison.
Dans ma vengeance
Point de pardon!

MARTIN, *regardant Riccardo.*

Il faut lui faire
Son compliment!
Beauté si fière
L'aime vraiment!
Et son silence
Annonce... ne
Pour son offense
Grâce et pardon!

ZARAH, *à Manuela, montrant Riccardo en riant.*

Il veut nous taire,
Discret amant,
Quelque mystère
Tendre et galant!
Avec prudence,
Et pour raison,
Pour son silence
Grâce et pardon!

FRA LORENZO.

Partons!

ZARAH.

Un instant, je vous prie!

ZUNIGA et MARTIN, *à part.*

Quel est donc son dessein?

RICCARDO, *à part.*

Ah! je frémis, grand Dieu!

ZARAH.

ans ce jour, d'où dépend le bonheur de ma vie,
De mes torts, avant tout, je dois faire l'aveu !
(S'avançant vers Zuniga.)
Envers vous, don Alvar, mon offense fut grande,
Daignez me pardonner !

ZUNIGA, troublé.
Moi !

ZARAH, lui tend la main.
Je vous le demande !
Et j'en veux une preuve...

ZUNIGA, s'inclinant.
Ah ! j'en suis trop flatté !

ZARAH.
Je veux par vous être à l'autel conduite !

ZUNIGA, à part.
Je ne sais quel remords et me trouble et m'agite...
Non... non... il est trop tard, le sort en est jeté !...
(Il présente sa main à Zarah. Ils vont pour sortir; paraît un courrier qui s'adresse à Fra Lorenzo, et lui remet des dépêches.)

FRA LORENZO.
Ah !... ah... de la cour de Lisbonne !
Oui, c'est le courrier que j'attends...
(A Manuela et aux mariés.)
Partez sans moi, je le veux ! je l'ordonne
Je vous rejoins dans peu d'instants !

Ensemble.

ZUNIGA.
Beauté si fière etc

MARTIN.
faut lui faire, etc.

RICCARDO.
Quoi ! sans colère, etc.

ZARAH.

O jour prospère! etc.

(Zuniga a offert sa main à Zarah, et Riccardo à Manuela. Ils sortent précipitamment. Pendant la fin de cet ensemble, Fra Lorenzo a décacheté ses dépêches; il a parcouru un des papiers, et au moment où, sur la ritournelle, Martin veut sortir et accompagner Riccardo, Fra Lorenzo le retient par la main.)

SCÈNE X.

FRA LORENZO, MARTIN DE XIMENA.

FRA LORENZO.

Un instant, seigneur de Ximena...

MARTIN.

Le mariage va se célébrer sans nous.

FRA LORENZO.

Il ne s'agit pas de mariage, mais de nouvelles que je reçois de Lisbonne, et qui vous concernent.

MARTIN.

Moi!... Martin de Ximena, négociant?

FRA LORENZO.

Vous-même.

MARTIN, froidement.

Cela m'étonne... mais dès que vous me le dites...

FRA LORENZO.

Ce qu'il y a de singulier, c'est que mon oncle Vasconcellos, qui est d'ordinaire si clair dans ses dépêches... me semble dans celle-ci d'une obscurité...

MARTIN.

Vous avez tant de lumières...

FRA LORENZO.

Enfin nous verrons bien, écoutez seulement... (Lisant.)

« Depuis le dernier duel dont je vous ai parlé, depuis l'af-
« faire de Guimarens... » (S'interrompant.) je n'en connais pas
d'autre que celle de son mariage... (Lisant.) « vous avez dû
« exécuter les ordres en chiffres que je vous ai donnés... »
(Parlant.) Je ne sais pas où ils sont.

MARTIN, à part.

Dans le dernier courrier intercepté.

FRA LORENZO, continuant.

« J'en attends les résultats naturels... » (Parlant.) d'autant
plus naturels qu'ils viendront d'eux-mêmes. (Continuant de lire.)
« C'est un nommé Pinto qui est l'âme du complot, et celui qui
« s'est chargé de l'exécution est le fils du duc, le jeune
« Emmanuel de Bragance, caché depuis son duel à Santa-
« rem... » (S'interrompant.) Je n'en ai pas la moindre idée.

MARTIN, froidement.

Ni moi non plus... et je ne vois pas en quoi tout cela me
regarde.

FRA LORENZO.

Attendez donc. (Continuant de lire.) « Un négociant de cette
« ville, qui est maintenant dans la vôtre, Martin de Ximena,
« est le banquier de la conspiration... » (S'interrompant.) Comprenez-vous ?

MARTIN, froidement.

Pas plus que Votre Excellence.

FRA LORENZO.

C'est ce que nous allons voir... (Continuant.) Hum ! hum !...
« de la conspiration, qui n'est pas riche, et qui a grand
« besoin d'argent... c'est chez lui, ou chez quelqu'un des
« siens, que doit être caché le jeune duc... Il faut donc à
« tout prix, par ruse, par adresse, et, s'il y a lieu, par la
« torture, forcer Ximena à vous le livrer... Une heure
« après, vous aurez pour agréable de lui faire trancher la
« tête, etc... » (Parlant.) Des détails d'intérieur. (Continuant à

lire.) « Quant à Ximena, sa grâce s'il parle... sinon, etc. »
(Partant.) Comprenez-vous enfin ?

MARTIN, froidement.

Cela devient plus clair !... Mais quand, par événement, quand par hasard le ministre aurait dit vrai, je suis d'un naturel taciturne et ne parle jamais... Votre Excellence peut compter là-dessus et agir en conséquence.

FRA LORENZO.

Et si je te fais trancher la tête, mon cher !

MARTIN, avec sang-froid.

C'est un moyen, mais un des moins heureux qui existent pour me faire parler.

FRA LORENZO.

C'est juste ! nous aurions alors la torture, que l'on me propose, et qui a bien ses avantages... mais ça n'est pas dans mon caractère.

MARTIN.

Je m'en doute bien... un homme d'esprit tel que vous a une autre manière d'interroger.

FRA LORENZO, souriant.

Je vois que nous pourrons nous entendre... Écoute ; je n'ai pas de temps à perdre ; le ministre compte sur moi, et à tout prix, comme il le dit, il faut réussir... Je connais le cœur humain, et j'ai un système jusqu'à présent infaillible... Voyons... (Lentement et le regardant en face.) combien ?

MARTIN, avec indignation.

Me supposer de pareils sentiments... pour qui me prenez-vous ?

FRA LORENZO.

Je te prends pour moi, à mes gages, à mon compte... toi et tes sentiments... combien ?

MARTIN.

Je n'ai rien à vous répondre.

FRA LORENZO.

Tu ne veux pas y mettre le prix... je le fixerai... soixante mille piastres ?

MARTIN.

Pour livrer le duc de Bragance !... moi ! Portugais !

FRA LORENZO.

Cent mille ?

MARTIN.

Moi, homme d'honneur !...

FRA LORENZO.

Deux cents ?

MARTIN.

Deux cents !... Vous pourriez supposer...

FRA LORENZO.

Que tu es plus cher que les autres ; voilà tout ce que cela me prouve. Il paraît, seigneur de Ximena, que votre vertu est d'un prix élevé... eh bien ! il faut en finir... d'ailleurs ce sont vos Portugais qui paieront. Écoute-moi bien, et décide-toi, car c'est mon dernier mot... (Le regardant en face et lentement.) Trois cent mille piastres !

MARTIN fait à part un geste de joie, puis se retournant vers Lorenzo, lui dit vivement :

Je demande si Votre Excellence les donne sur-le-champ.

FRA LORENZO, riant.

Allons donc !... nous voilà enfin !... Quand je te disais que je connaissais le cœur humain...

MARTIN, appuyant toujours.

Comptant !

FRA LORENZO.

Pourquoi cela ?

MARTIN.

C'est qu'aujourd'hui il faut que j'aie cette somme, ou que je me brûle la cervelle.

FRA LORENZO.

Garde-t'en bien !

MARTIN.

Je conçois que cela romprait nos relations ; mais je vous le dis à vous, en confidence, j'étais obligé de suspendre mes paiements. Ainsi voyez si vous voulez me sauver la vie ?

FRA LORENZO, réfléchissant.

Soit... Aujourd'hui les trois cent mille piastres... mais ce soir tu me livres le jeune duc ?

MARTIN, réfléchissant aussi.

Ce soir... non pas... mais demain !

FRA LORENZO.

Et pourquoi ?

MARTIN.

Le temps de le dépister, de m'en emparer, et de vous le faire saisir sans danger... au milieu de ses nombreux amis.

FRA LORENZO.

Ils sont donc beaucoup ?

MARTIN.

Cinq ou six cents... qui depuis huit jours se rassemblent et se cachent dans ces murs, prêts à marcher sur Lisbonne pour y soulever le peuple.

FRA LORENZO, naïvement.

Et je ne m'en doutais pas !

MARTIN, froidement.

Bah !... ce n'est rien.

FRA LORENZO.

Comment ! ce n'est rien ?

MARTIN, de même.

Bien d'autres choses encore que je vous apprendrai... Mais tenez-vous coi... ne bougez pas, que rien ne leur donne l'éveil ! que rien surtout ne fasse soupçonner notre intelligence.

FRA LORENZO.

Et si tu me manques de parole ?

MARTIN.

Ma tête est à vous !

FRA LORENZO.

Permets donc !... elle ne vaut pas trois cent mille piastres.

MARTIN.

Pour vous !... mais pour moi !...

FRA LORENZO.

C'est juste !...

MARTIN.

Vous ne donneriez pas la vôtre pour ce prix-là, ni pour le double !

FRA LORENZO.

Non certes ! Va, va, ne perds pas de temps... pendant que moi j'achève mes dépêches...

MARTIN, revenant sur ses pas.

Bien entendu que d'ici à demain vos affidés ne me perdront pas de vue, et que vous me ferez consigner aux portes de la ville...

FRA LORENZO, d'un air profond.

J'y pensais !...

MARTIN.

Et tenez... tenez... comme je vous le disais, le mariage s'est célébré sans nous ! entendez-vous les cloches ?... Adieu, monseigneur !

FRA LORENZO.

Adieu !

(Martin sort par la porte à droite.)

SCÈNE XI.

FRA LORENZO, à la table à droite, achevant de lire ses lettres; **MANUELA**, **ZUNIGA**, Seigneurs et Dames; puis après **RICCARDO** et **ZARAH**; ensuite, un Page.

FINALE.

LE CHOEUR.

Que les cloches retentissent
Et résonnent dans les airs!
Des anges qui les unissent
Empruntons les saints concerts!
Des anges qui les unissent
Sonnons, sonnons les pieux concerts!

MANUELA et ZUNIGA.

Ils sont unis!

FRA LORENZO, achevant de lire une lettre.

O ciel! ô nouvelle terrible!...

MANUELA, courant à lui.

Qu'avez-vous donc?

FRA LORENZO.

Non... ce n'est pas possible!...
Quoi! d'après un message à l'instant envoyé,
Guimarens serait mort!

MANUELA, étonnée, et ZUNIGA, riant, lui montrant Riccardo qui entre dans ce moment, tenant Zarah par la main.

Le voilà marié!

LE CHOEUR.

Que les cloches retentissent, etc.

FRA LORENZO, lisant toujours ses dépêches.

Non, non, et le fait se complique,
Le ministre prétend nous avoir annoncé...
Et je n'en ai rien su... qu'arrivant du Mexique...
Don Juan de Guimarens... mortellement blessé,

L'autre semaine est mort!... C'est authentique!
(Donnant la lettre à Riccardo.)
Lisez vous-même!

TOUS.

O ciel!

Ensemble.

ZARAH, MANUELA et LE CHOEUR.

De terreur, de surprise,
Tous mes sens sont glacés!
D'où vient cette méprise?
(S'adressant à Riccardo.)
Répondez... prononcez.

ZUNIGA.

Le sort nous favorise;
Mes vœux sont exaucés!
Je vois à sa surprise
(Montrant Riccardo.)
Tous ses plans renversés.

FRA LORENZO.

De terreur, de surprise,
Tous mes sens sont glacés!
Et le Ciel et l'Église
Sont-ils donc courroucés?

RICCARDO.

De crainte et de surprise
Tous mes sens sont glacés!
Je vois par sa méprise
Nos projets renversés!

MANUELA, à Zuniga, lui montrant Riccardo.

Mais cet époux... qui peut-il être?

ZUNIGA.

Voici probablement qui le fera connaître!
(Montrant un page qui entre.)
C'est le page de Médina!

LE PAGE, s'inclinant.

A dona Manuela,
 De la part de mon maître.

MANUELA, lisant à haute voix.

« Pardonnez, señora, si déjà je sépare
« Les deux nobles époux que vos mains ont unis !
« Votre illustre neveu, l'autre jour, m'a promis
« De venir aujourd'hui jouer de la guitare
« Dans mon hôtel !... J'y compte, et mon page est chargé
 « De lui payer d'avance son salaire ! »

(Le page présente une bourse pleine d'or à Riccardo, qui détourne la tête.)

MANUELA, stupéfaite.

O ciel ! de l'or !

ZARAH, à part, de même.
   Et ce mystère...
Cette lettre !...

MANUELA.

Mon nom, mon honneur outragé !

TOUS, s'adressant à Riccardo.

Répondez !

ZUNIGA, à Riccardo.

 Oui, vraiment, puisqu'on sait tout... je blâme
Une feinte inutile !... A nos nobles amis
Renvoyez les valets et les riches habits
Qu'ils vous avaient prêtés pour séduire madame !

MANUELA, furieuse.

Qu'entends-je ! ô ciel !

ZARAH, prête à se trouver mal.
    Ah ! je frémis !

ZUNIGA.

 Illustre et noble artiste,
Reprenez la livrée et l'art du guitariste.

(Les personnes qui sont près de la table à droite s'écartent, et l'on voit sur une chaise le manteau noir déchiré et la guitare que Riccardo portait au premier acte, et que des pages viennent d'apporter. Zarah pousse un cri et tombe sans connaissance sur un fauteuil à gauche.)

Ensemble.

MANUELA.

O jour d'opprobre et d'infamie !
Honteux hymen ! Ignominie
Par qui ma race est avilie
Et notre nom déshonoré !
Malheur à lui ! mort à l'infâme !
Le feu céleste le réclame !
A nous son sang ! à Dieu son âme !
Et qu'au supplice il soit livré !

ZUNIGA.

O jour heureux ! joie infinie !
Notre vengeance est accomplie !
L'affront dont fut blessée ma vie
Par son affront est réparé !
Oui, c'est indigne ! c'est infâme !
Mais, après tout, elle est sa femme !
Et l'orgueilleuse et noble dame
Se soumettra, bon gré, mal gré !

FRA LORENZO et LE CHOEUR.

O jour d'opprobre et d'infamie !
Honte sur vous... Ignominie !
Votre famille est avilie
Et votre nom déshonoré !
Malheur à lui ! mort à l'infâme !
Notre vengeance le réclame !
A nous son sang ! à Dieu son âme !
Et qu'au supplice il soit livré !

(Riccardo, que tout le monde repousse, est prêt à franchir la porte du fond ; il revient vivement vers le groupe où Zarah est assise évanouie. Fra Lorenzo l'empêche d'approcher.)

RICCARDO, *de loin, étendant ses mains suppliantes vers Zarah qu'il ne voit pas.*

O vous qui lisez dans mon âme,
Daignez me défendre à leurs yeux !
Rappelez-vous, ô noble dame,
Mon repentir et mes aveux.

(*Se mettant à genoux.*)
Grâce pour ma raison !
Pour un égarement dont je ne fus pas maître !...

ZARAH, *revenant à elle, et voyant Riccardo à ses genoux.*

Mon pardon !... dit-il... un pardon !
Il en est pour l'amour peut-être...
Jamais pour l'imposture et pour la trahison !...
(*Elle s'éloigne sans le regarder, et rentre avec sa tante dans l'appartement à gauche.*)

RICCARDO, *stupéfait.*

Moi... parjure... et traître !...
Quand j'ai tout dit !... quand tout lui fut connu...
Et ce billet...

ZUNIGA, *à demi-voix.*

Elle ne l'a pas lu !
(*Le montrant et le déchirant.*)
Le voici !

RICCARDO, *furieux, tire son épée et s'élance sur Zuniga ; il est désarmé par les autres seigneurs.*

Ensemble.

RICCARDO, *accablé.*

Ah ! c'en est fait ! que sur ma vie
Tombent l'opprobre et l'infamie !
Plus d'existence !... elle est flétrie !
Tout est pour moi désespéré !
Coupable d'une indigne trame,
A ses yeux je suis un infâme !

Je suis maudit, et dans son âme
Mon nom par elle est abhorré!...

ZUNIGA, riant.

O jour heureux, joie infinie! etc.

FRA LORENZO et LE CHOEUR.

O jour de honte et d'infamie! etc.

(Ils sortent tous en désordre, en laissant Riccardo abîmé dans sa douleur.)

ACTE TROISIÈME

Un appartement à l'hôtel de Villaréal.

SCÈNE PREMIÈRE.

RICCARDO, sortant de la chambre à gauche.

Chassé! chassé!... A ma vue elle s'est éloignée... sans vouloir m'entendre... elle m'a défendu de la suivre, et avec quel mépris! pas une parole... pas un regard!... Je n'en suis pas digne... et à qui demander raison de tant d'outrages?... Ces jeunes seigneurs ont accueilli mon défi avec des éclats de rire... don Alvar surtout!... ils sont, disent-ils, trop nobles et de trop bonnes maisons pour se battre avec moi, qui suis sans toit et sans asile... moi, chanteur des rues!... mon sang ne vaut pas la peine qu'on le répande... Ah! c'est là le comble de la honte... ne trouver personne qui veuille même de ma vie!

SCÈNE II.

RICCARDO, MARTIN DE XIMENA, qui est entré pendant la scène précédente.

MARTIN, froidement.

Je la prends!...

RICCARDO, se retournant et poussant un cri de joie.

Martin de Ximena!

MARTIN.

Qui vient réclamer ta promesse.

RICCARDO.

Je la tiendrai... Tu es mon sauveur, mon seul ami... viens, partons... il me tarde de quitter ce monde, où tout m'accable... ces grands seigneurs, dont tu me disais avec raison de me défier!... ils m'ont couvert de honte, et maintenant ils refusent de me tuer.

MARTIN.

Je sais... je sais... j'ai vu Zuniga, qui, dans la joie du triomphe, m'a tout raconté... ta lettre, ton mariage, ton affront!

RICCARDO, avec douleur.

Eh bien! ce n'est rien encore... elle refuse de me voir... elle me repousse avec mépris.

MARTIN.

Zarah!... ta femme?...

RICCARDO.

Ah! ne dis plus ce mot-là.

MARTIN.

Comment alors es-tu ici?

RICCARDO.

Sa tante m'a écrit la lettre la plus méprisante, la plus injurieuse, pour me dire que ce mariage était nul... que la famille en demandait la rupture, et qu'elle m'attendrait, moi et mes gens de loi... Je suis venu seul, sans un ami, sans un conseil.

MARTIN.

Je serai le tien... je te défendrai.

RICCARDO.

C'est inutile... je ne venais pas pour me défendre, mais pour la voir... la voir encore une fois... et puisqu'il faut renoncer à cette dernière espérance, je suis à toi, je t'appartiens!

MARTIN.

Tu es donc bien décidé à m'obéir?

RICCARDO.

Oui.

MARTIN.

A me suivre partout où j'irai?

RICCARDO.

Je le jure!

MARTIN.

C'est qu'il y a à parier que j'irai me faire tuer.

RICCARDO.

Tant mieux! c'est ce que je veux... Dispose de mes jours, je te les donne.

MARTIN, lui frappant sur l'épaule.

Et moi, mon brave, je te promets d'en faire un noble et généreux usage... Prends ces papiers... garde-les précieusement, et, quoi qu'il arrive, ne démens rien de ce qui s'y trouve écrit.

RICCARDO.

Je te le promets, dût-il m'en coûter la tête !

MARTIN.

C'est ce qui pourra bien t'arriver, ainsi qu'à moi, dont la tête du reste est déjà promise, pour aujourd'hui, au seigneur gouverneur. Mais n'importe, je comprends que tu dois avoir envie de quitter enfin la guitare.

RICCARDO.

De la briser !

MARTIN.

Eh bien! c'est l'instant d'obéir à ton père, c'est l'instant de reprendre l'épée du soldat, non pour nos oppresseurs, mais contre eux!

RICCARDO.

Commande, je suis prêt ; je ne demande qu'une grâce,

c'est qu'avant ma mort, ou après, je sois justifié aux yeux de Zarah!... qu'elle sache du moins que je ne l'ai pas trompée.

MARTIN.

Elle le saura, je te le promets... Voici ces dames.

SCÈNE III.

ZARAH, MANUELA, MARTIN DE XIMENA, RICCARDO.

MANUELA, à Riccardo.

Vous comprenez bien, monsieur, que, malgré ma répugnance et celle de ma nièce à nous trouver encore avec vous, un devoir indispensable nous y oblige. Cette affaire n'a déjà eu que trop de retentissement, et c'est pour éviter un nouveau scandale que nous vous proposons de rompre sans bruit et entre nous cet acte, qui devant les tribunaux est nul de plein droit, et de toute nullité.

MARTIN.

En quoi donc, madame ?

MANUELA, le lui donnant.

Vous pouvez le lire vous-même, car je n'en ai pas le courage... mais une imposture pareille !... un nom supposé, emprunter celui d'un noble seigneur... lui !

MARTIN, qui a parcouru l'acte.

Je ne vois pas cela; je lis au contraire que l'époux de Zarah de Villaréal est Josué Riccardo, de son état guitarrero.

MANUELA.

O ciel !

MARTIN.

Pour sa naissance... fils du soldat Luis Pacheco... Lisez, madame... c'est en toutes lettres.

MANUELA.

Je ne puis le croire.

15.

MARTIN.

Don Alvar de Zuniga, par les soins de qui ce contrat a été dressé, avait trop d'intérêt à n'y laisser aucune nullité.

MANUELA, avec désespoir.

C'est vrai... ce n'est que trop vrai... ma nièce unie à tout jamais à un guitariste... à cet homme!

MARTIN.

Qu'importe... si cet homme est un homme d'honneur, s'il a agi de bonne foi, s'il ne vous a pas trompée?

ZARAH.

Lui!...

MARTIN.

Il aurait donné pour vous son sang et sa vie... et malgré son amour, décidé à vous perdre, plutôt que de vous devoir à une trahison... il vous avait prévenue de tout dans une lettre qu'il a remise à votre tante avant de marcher à l'autel!

MANUELA.

C'est vrai.

MARTIN.

Pour vous la donner, à vous, sa fiancée!

MANUELA.

C'est vrai!

ZARAH, à Manuela.

Et qui vous en a empêchée?

MANUELA.

Encore cet Alvar de Zuniga!

MARTIN, frappant sur l'épaule de Riccardo.

Qui est un fourbe... Mais celui-ci, je le jure... celui-ci, en vous épousant, croyait que son secret vous était connu, et que vous pardonniez son audace à un amour malheureux et insensé.

RICCARDO.

Qui fut mon seul crime!... le seul dont je dois être puni!

ZARAH, avec émotion.

S'il a dit vrai, monsieur... et je le crois...

ROMANCE.

Premier couplet.

De cet hymen fatal, qui tous deux nous enchaine,
Les nœuds par moi seront à jamais respectés !...
Mais l'honneur nous sépare... et du moins sans ma haine,
    Partez, monsieur, partez ;
    L'honneur le veut... partez !

Deuxième couplet.

Loin de moi, loin des lieux qui vous avaient vu naître,
Vont s'écouler vos jours par l'exil attristés !...
Mais avec mon pardon... et mon bonheur... peut-être...
    Partez, monsieur, partez ;
    L'honneur le veut... partez !

MARTIN.

C'est bien, señora, ce que vous venez de dire !... c'est très-bien, et vous en serez récompensée, car bientôt celui-ci ne sera plus Josué Riccardo.

RICCARDO, MANUELA et ZARAH.

Que dites-vous ?

MARTIN.

Que ce mariage qui blessait tant votre noble famille...

MANUELA, vivement.

Sera rompu...

MARTIN.

Oui, probablement il ne durera pas longtemps ; car aujourd'hui même la señora court grand risque d'être veuve !

ZARAH.

O ciel !...

MANUELA.

Qu'est-ce que cela veut dire ?

MARTIN.

Silence... vous allez le savoir.

SCÈNE IV.

Les mêmes; FRA LORENZO, ZUNIGA, FABIUS, OTTAVIO, Soldats et Gens de justice.

FRA LORENZO s'approchant respectueusement de Riccardo et le saluant.
Monseigneur!

ZUNIGA, de même.
Monseigneur!

FABIUS, OTTAVIO et LES AUTRES, de même.
Monseigneur!

MANUELA, ZARAH et RICCARDO, étonnés.
Que disent-ils?

MARTIN, à demi-voix à Riccardo.
L'heure est venue!
De l'audace et du cœur!

FRA LORENZO, à Riccardo.
La vérité nous est enfin connue,
Et c'est avec regrets... avec douleur...
(Saluant.)
Que nous venons arrêter monseigneur!

ZUNIGA et LES AUTRES, de même.
Monseigneur!

MANUELA et ZARAH étonnées.
Monseigneur!

FRA LORENZO, s'adressant à Riccardo, et regardant Martin.
Vos complices, auxquels j'ai promis le silence,
Vous ont découvert et trahi!

MARTIN, bas, à Riccardo.
Ce complice!... c'est moi!

FRA LORENZO, montrant Riccardo.
Qu'on s'assure de lui!

ZUNIGA, à Manuela.

Sous ces grossiers habits, sous cette humble apparence,
Qui nous-mêmes nous abusa,
Il cachait ses complots!...

(Les gardes qui ont entouré Riccardo l'ont fouillé, et présentent à Fra Lorenzo les papiers qu'ils viennent de trouver sur lui.)

FRA LORENZO, en lisant l'adresse.

Eh! oui!... c'est bien cela.

(Lisant.)

« Don Emmanuel de Bragance. »

TOUS, à demi-voix.

Le fils du duc de Bragance!

MARTIN, bas à Riccardo.

Ton serment?...

RICCARDO, de même.

Comptez sur ma foi!

(A haute voix et se tournant vers Fra Lorenzo.)

Puisque vous savez tout... c'est moi!

TOUS.

Grand Dieu!

RICCARDO.

C'est moi!

Ensemble.

ZARAH.

Tremblante, j'ose croire à peine
Le témoignage de mes yeux;
Celui qu'accablait tant de haine,
C'est lui!... c'est ce nom glorieux!

FRA LORENZO.

Oui, c'est bien lui, j'en crois à peine
Et cet écrit, et ses aveux;
Par mon adresse, enfin, j'enchaîne
Ce chef terrible et dangereux.

MANUELA.

Tremblante... j'ose croire à peine

Le témoignage de mes yeux!
C'est à lui que l'hymen l'enchaîne,
Elle porte un nom glorieux!

RICCARDO.

Je l'ai juré! l'honneur m'enchaîne;
La mort est l'objet de mes vœux;
Je leur abandonne sans peine
Des jours, hélas! si malheureux!

ZUNIGA et SES AMIS, regardant Zarah.

Le hasard a trompé ma haine;
J'ai cru l'avilir à nos yeux;
Et c'est à lui que je l'enchaîne,
Elle porte un nom glorieux!

MARTIN, regardant Riccardo.

Fidèle à l'honneur qui l'enchaîne,
J'admire son cœur généreux!
Que son dévoûment nous obtienne
La liberté, prix de nos vœux!

FRA LORENZO, qui vient de parcourir l'écrit qu'on lui a donné.

La lettre est d'un nommé Pinto, le secrétaire
Du duc... un intrigant!

MARTIN, à part.
    Un brave Portugais!

FRA LORENZO, lisant.

« Tout va mal! et je doute à présent du succès;
« Le duc refuse!... il faut proclamer votre père
  « Roi, malgré lui!... venez... si vous étiez
« A Lisbonne!... »

MARTIN, à part.
    Il y doit être à présent... j'espère!

FRA LORENZO, lisant.

« De plus, si vous nous apportiez
« Deux cent mille ducats... »

MARTIN, à part.
      Il en a trois cents!... grâce

(Montrant Fra Lorenzo.)

A monseigneur!

FRA LORENZO, achevant de lire.

« Nous pourrions dès demain
« Donner au Portugal un nouveau souverain! »

(Se retournant vers Zuniga et ses amis.)

Vous voyez, messieurs, quelle audace!
(Montrant Riccardo.)
Mais nous tenons le chef!... du complot c'en est fait!
A l'instant dans ces lieux Vasconcellos m'ordonne
De le faire juger, condamner!... Ce serait
Un peu vif!... moi, qui tiens aux égards, je lui donne...

MARTIN, vivement.

Combien?

FRA LORENZO.

Une heure!...

RICCARDO, froidement.

Je suis prêt.

Ensemble.

MARTIN, à part.

O cœur magnanime!
Courage sublime!
De l'honneur victime,
Il meurt en héros!
Toi que je supplie,
Dieu de la patrie,
Arrache sa vie
Au fer des bourreaux!

RICCARDO, à Martin.

O cœur magnanime!
A toi mon estime!
J'aurais par un crime
Terminé mes maux
Et pour ma patrie,
D'une âme ravie,
Je livre ma vie
Au fer des bourreaux!

ZARAH et MANUELA.

O cœur magnanime!
Courage sublime!
Qui, pour nous victime,
Se livre aux bourreaux!
Toi, que je supplie,
Dieu de la patrie,
Protége sa vie,
Et sauve un héros!

FRA LORENZO, ZUNIGA et LE CHŒUR.

Quant à moi, j'estime
Qu'un semblable crime
Veut une victime
Pour notre repos!
Audace inouïe,
Qu'il faut qu'il expie!
Nous devons sa vie
Au fer des bourreaux.

FRA LORENZO.

Le tribunal s'assemble auprès de cette enceinte,
Je vais le présider!

(A Zuniga, lui montrant Riccardo.)

Veillez sur monseigneur.
Je vous remets sa garde!...

RICCARDO, montrant Martin.

A ce vieux serviteur
Pourrai-je dire adieu?

FRA LORENZO, bas, à Zuniga.

Permettons-le sans crainte.

(Montrant Martin.)

Il nous redira tout!

(A Riccardo, montrant Martin.)

Parlez-lui, monseigneur!

RICCARDO, à Martin, qui s'avance avec lui au bord du théâtre.

As-tu quelque ordre encore à me donner?

MARTIN, à demi-voix.

Silence!...

Pour tout le monde, et même pour Zarah,
  Sois toujours le duc de Bragance !

RICCARDO, de même.

Je le promets !...

MARTIN, de même.
      Tout le succès est là !
De Lisbonne en ces lieux, vingt milles de distance !...
Notre sort se décide, ami, dans ce moment !
      Si le duc est triomphant,
Nous pouvons être encor sauvés !... mais s'il succombe...
  (Secouant la tête.)
Toi... puis moi...

RICCARDO.
      Je comprends ! nous aurons même tombe !
Je t'ai promis mes jours !

MARTIN.
      J'avais promis aussi
D'en faire bon usage ! ai-je dit vrai ?

RICCARDO, lui serrant la main.
          Merci !

Ensemble.

MARTIN.

O cœur magnanime ! etc.

RICCARDO.

O cœur magnanime ! etc.

ZARAH et MANUELA.

O cœur magnanime ! etc.

FRA LORENZO, ZUNIGA et LE CHŒUR.

Quant à moi, j'estime, etc.

(Fra Lorenzo fait signe à tout le monde de sortir.)

SCÈNE V.

MANUELA, ZARAH, RICCARDO, FRA LORENZO, MARTIN DE XIMENA.

FRA LORENZO, à Martin.

J'ai dit : Sortez tous! (Se retournant avec respect vers Manuela et Zarah.) Oui, tous!

ZARAH, avec dignité.

Excepté moi, monseigneur, moi qui suis sa femme.

FRA LORENZO, s'inclinant.

C'est juste, les égards... les convenances...
(Manuela et Martin sortent par la porte du fond; Fra Lorenzo par la porte à droite.)

SCÈNE VI.

RICCARDO et ZARAH.

DUO.

ZARAH, s'approchant avec exaltation de Riccardo, qui est assis et plongé dans ses pensées.

Oui, dès ce moment, je réclame
Le droit de partager ton sort!
Je suis à toi! je suis ta femme!
Avec toi je marche à la mort!

RICCARDO, hors de lui et se levant.

Dieu tout-puissant, qu'entends-je?

ZARAH.

     Écoute-moi!
Dans mon cœur tu n'avais pu lire
Que le mépris, ou bien l'effroi...
Mais à présent je peux tout dire...

(Avec amour.)
Car je vais mourir avec toi!

COUPLETS.

Premier couplet.

Alors que ta misère
Excitait mon dédain,
Quand, orgueilleuse et fière,
Je repoussais ta main,
Et de honte et de blâme
Lorsque je t'accablais...
Eh bien! au fond de l'âme...
(Avec exaltation.)
Malgré moi je t'aimais!
Je t'aimais!

RICCARDO, à part, cherchant à contenir sa joie.

Ah! je vous rends grâces,
Moment enchanteur!
Mort qui me menaces
Et fais mon bonheur!
Que rien n'apparaisse
Pour me secourir,
Avec sa tendresse
Laissez-moi mourir!

ZARAH.

Deuxième couplet.

Pour punir ton offense,
Quand au fond de mon cœur
J'implorais la vengeance,
Le devoir et l'honneur!
Tout à l'heure... ici même...
Quand je te bannissais,
Eh bien!... ô honte extrême!
Malgré moi... je t'aimais!
Je t'aimais!
Je t'aime et pour jamais!

RICCARDO, à part.

Ah! je vous rends grâces, etc.

(On entend un grand bruit au dehors.)

ZARAH, effrayée.

Écoutez! écoutez!

RICCARDO, tranquillement.

C'est l'heure du supplice!

ZARAH, de même.

Oui!... j'entends les bourreaux venir.

RICCARDO, à part.

Qu'ils viennent!... ô destin propice!...
Sans que mon rêve finisse,
Aimé d'elle, je vais mourir...

Ensemble.

ZARAH, avec enthousiasme.

Allons! marchons! mon cœur réclame
Le droit de partager ton sort;
L'amour et m'anime et m'enflamme;
Avec toi je marche à la mort!

RICCARDO.

Espoir qui m'anime et m'enflamme,
Elle veut partager mon sort!
C'est trop de bonheur pour mon âme;
Sans regrets je marche à la mort!

SCÈNE VII.

LES MÊMES; MANUELA.

MANUELA.

Qu'est-ce qu'ils font?... qu'est-ce qu'ils font? je vous
demande! moi qui déteste les séditions... une à Lisbonne!..
une ici!... le peuple soulevé, le conseil en fuite... ainsi qu
monseigneur! ils crient tous : « Vive Bragance! » (A ce mot
Riccardo fait un geste d'effroi, Zarah un geste de joie, et court à la fenêtr

à gauche. Manuela continuant.) C'est ce Martin de Ximena qui les excite et marche à leur tête!

FINALE.

ZARAH, courant à Riccardo et lui prenant la main.
Oui... oui... j'entends les cris du peuple soulevé!
Courage!... vous pouvez encore être sauvé!

RICCARDO, avec douleur.
C'est fait de moi! j'ai tout perdu!

MANUELA, étonnée.
Que dit-il? quand, avec la vie,
Pouvoir, honneurs... tout lui serait rendu?...

RICCARDO.
Mes jours seront sauvés!... sa tendresse ravie...
Le rêve se dissipe!... hélas! j'ai tout perdu!

ZARAH.
Quand la gloire vous environne...

RICCARDO.
J'ai tout perdu!

ZARAH.
Quand pour vous brille la couronne!...

RICCARDO.
Ah! plaignez-moi!... j'ai tout perdu!

Ensemble.

RICCARDO.
Amour, bonheur, hélas! j'ai tout perdu!

ZARAH et MANUELA.
Quel trouble règne en son cœur éperdu!

SCÈNE VIII.

LES MÊMES; FRA LORENZO, ZUNIGA, FABIUS, OTTAVIO.

FRA LORENZO, ZUNIGA, FABIUS et OTTAVIO, accourant avec effroi.
Protégez-nous!... Le peuple furieux
Nous poursuit jusque dans ces lieux!
Que votre bras puissant nous sauve et nous assiste!
Protégez-nous, prince, protégez-nous?

RICCARDO.
Que vois-je?... à mes genoux!
(A part, avec tristesse.)
Tous!... aux genoux du pauvre guitariste!
(A voix haute.)
Relevez-vous!...

SCÈNE IX.

LES MÊMES; LE PEUPLE accourant, et avec eux MARTIN DE XIMENA.

LE CHOEUR.
Vive à jamais, vive Bragance!
A bas un pouvoir détesté!
Le ciel nous rend dans sa puissance
La victoire et la liberté!
Vive Bragance!
Vive la liberté!

MARTIN, à Fra Lorenzo et aux Espagnols.

Oui, messieurs, le Portugal est libre; Vasconcellos est en fuite... mais vous n'avez rien à craindre, le duc de Bragance est roi! la nouvelle nous en est apportée par son fils lui-même, don Emmanuel, qui dans ce moment fait son entrée dans la ville de Santarem.

FRA LORENZO, étonné, et regardant Riccardo.

Et celui-ci?

MARTIN.

Celui que vous venez d'implorer à genoux est un brave et loyal Portugais, qui par un dévouement sublime avait pris la place du prince, non pour régner, mais pour mourir. (A Zarah.) Oui, madame, pour mériter vos regrets et votre estime, pour être aimé de vous pendant une heure, il allait se faire tuer! cela mérite récompense!

ZARAH, tendant la main à Riccardo.

La voici!

MARTIN.

Et une autre encore! (A Riccardo.) Don Emmanuel te nomme comte de Santarem, et tu deviens son frère.

RICCARDO.

Moi!

MARTIN.

C'est trop juste! quand personne n'eût osé être de la famille, tu as été le fils du roi. Et maintenant, allié au sang royal, noble comte de Santarem, pour la dernière fois reprends ta guitare, et dis-nous un air de victoire.

LE CHOEUR.

Vive à jamais, vive Bragance!
A bas un pouvoir détesté!
Le ciel nous rend en sa clémence
La victoire et la liberté!
Vive Bragance!
Vive la liberté!

LES
DIAMANTS DE LA COURONNE

OPÉRA-COMIQUE EN TROIS ACTES

En société avec M. de Saint-Georges

MUSIQUE DE D.-F.-E. AUBER.

THÉATRE DE L'OPÉRA-COMIQUE. — 6 Mars 1841.

PERSONNAGES.	ACTEURS.
LE COMTE DE CAMPO MAYOR, ministre de la police.	MM. Ricquier.
DON HENRIQUE DE SANDOVAL, son neveu.	Couderc.
DON SÉBASTIEN D'AVEYRO, jeune officier.	Mocker.
REBOLLEDO, chef de faux-monnayeurs.	Henri.
BARBARIGO, } faux-monnayeurs	Palianti
MUGNOZ,	Sainte-Foy.
L'HUISSIER de la chambre.	—
DIANA, fille du comte de Campo Mayor.	Mme Darcier.
LA CATARINA, nièce de Rebolledo.	Anna Thillon.

Soldats. — Peuple. — Faux-Monnayeurs. — Cortége de la reine. — Dames et Seigneurs. — Valets. — Un Notaire. — Un Cocher.

En 1777, en Portugal, à la fin du règne de Joseph Ier et pendant la minorité de Maria Francesca, sa fille. — En Estramadure, pendant le premier acte; dans le château de Coïmbre, au deuxième; à Lisbonne, au troisième.

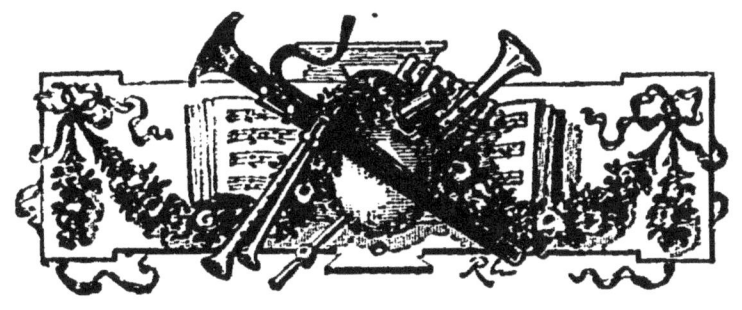

LES
DIAMANTS DE LA COURONNE

ACTE PREMIER

Les ruines d'un château au milieu des montagnes. — Au fond, un escalier à moitié démoli; à droite, l'entrée d'un souterrain, masquée par des rochers; à gauche, une table.

SCÈNE PREMIÈRE.

DON HENRIQUE, descendant avec précaution par l'escalier du fond.

A force de descendre, j'arriverai peut-être !... Ah ! me voici en terre ferme, à l'abri de la pluie... car là-haut il fait un orage... impossible de continuer ma route à travers la montagne; les chevaux refusaient d'avancer... Aussi, j'ai laissé ma chaise de poste et Pedro, mon valet de chambre... pour gravir jusqu'à l'ermitage de Saint-Hubert... Je voulais demander au seigneur ermite le chemin le plus court pour arriver à Coïmbre, où l'on m'attend... ah ! bien oui, personne !... et, au milieu de l'ermitage, une trappe cachée sous des broussailles... J'ai cru que, de peur du tonnerre, le saint anachorète s'était blotti dans sa cave... J'ai descendu une marche... puis deux... puis cinquante, pour le moins, et me voilà... Où suis-je ?... je n'en sais rien !... (On entend le bruit de l'orage qui continue.) Voilà que ça recommence encore !...

COUPLETS.

Premier couplet.

Vive la pluie et les voyages,
Les aventures de romans !
Pour la jeunesse, les orages
Ont plus d'attraits que le beau temps !
Heureux quand le tonnerre gronde,
Je brave et j'aime le danger !
    (Le tonnerre redouble.)
Qu'il est doux de courir le monde,
Et qu'il est beau de voyager !

Deuxième couplet.

Immobiles par caractère,
Que d'autres soient heureux chez eux !
Pour moi, le bonheur sédentaire
Me parut toujours ennuyeux.
Je déteste une paix profonde ;
Le vrai plaisir est de changer !
(On entend du côté du souterrain, à droite, le bruit des marteaux. — Il écoute.)
Hein ? serait-ce quelque danger ?
Qu'il est doux de courir le monde !
Ah ! qu'il est beau de voyager !
  (Écoutant.)
C'est sous mes pieds !

        (Montrant la droite.)
      Non ! par ici !
(S'approchant en écoutant toujours le bruit des marteaux.)
                  Qu'entends-je ?...

Mais d'un feu souterrain j'aperçois les lueurs !
(S'approchant des rochers à droite.)
Et par cette ouverture...
(Regardant.)
Ah ! quel spectacle étrange !
Serait-ce des brigands ou des faux-monnayeurs,
Dont les marteaux pesants retombent en cadence ?...
Mais, non... Et ces creusets d'un aspect singulier,
Ce métal inconnu, plus brillant que l'acier ?...
Quel éclat merveilleux !... Allons, c'est, je le pense,
Quelque grand alchimiste ou bien quelque sorcier !
(Apercevant Rebolledo, Mugnoz et Barbarigo qui descendent l'escalier par lequel il vient d'arriver.)
Non, non, décidément sur ceux-ci je me fonde ;
Ce sont de vrais bandits... gardons-nous de bouger !
Ou je suis mort !
(Reprise du premier motif.)
Qu'il est doux de courir le monde !
Ah ! qu'il est beau de voyager !
(Il se cache derrière le rocher, et, sur la ritournelle du morceau qui précède, Rebolledo, Mugnoz et Barbarigo ont achevé de descendre l'escalier. Les deux derniers portent une malle ; ils sont armés de pistolets et d'espingoles.)

SCÈNE II.

REBOLLEDO, MUGNOZ, BARBARIGO, DON HENRIQUE,
caché à droite ; puis une bande de FAUX-MONNAYEURS.

REBOLLEDO, descendant le premier.

Allons donc ! arrivez donc !

MUGNOZ.

Tu en parles à ton aise... toi, notre chef... qui ne portes rien... mais cette malle est pesante.

BARBARIGO.

Pas assez !

DON HENRIQUE, à part.

C'est la mienne !

BARBARIGO.

Je voudrais qu'elle le fût davantage !

REBOLLEDO, riant.

Et ce postillon... ce domestique, comme il s'est enfui à notre approche !

DON HENRIQUE, à part.

C'est le mien !

REBOLLEDO.

Un poltron !

DON HENRIQUE, à part.

Plus de doute ! c'est Pedro !

REBOLLEDO, riant.

Abandonnés à eux-mêmes, les chevaux ont été se jeter dans le précipice de la Roche-Noire.

DON HENRIQUE, à part.

C'est charmant ! me voilà à pied !

REBOLLEDO.

Tu ne les as pas vus, eux et la voiture, rouler de cent cinquante pieds de haut ?

MUGNOZ.

Non... j'étais occupé à ramasser cette malle... c'est toujours ça de sauvé !

DON HENRIQUE, à part.

Pas pour moi !

BARBARIGO, qui a ouvert la malle.

Rien, que des habits d'homme... des pourpoints de velours et de riches dentelles.

MUGNOZ.

Ça se trouve bien !... les miennes n'étaient plus à la mode.

BARBARIGO.

Un peu d'or... des papiers... des portraits de femmes...

MUGNOZ.

Et des paquets de cigarettes !...

DON HENRIQUE, à part.

Cigares de la Havane... Il n'y a que cela que je regrette !

REBOLLEDO, qui s'est assis près de la table à gauche.

On peut voir si elles sont passables...

BARBARIGO et MUGNOZ, s'asseyant aussi.

Nous allons t'en dire notre avis.

DON HENRIQUE, à part.

Faquins que vous êtes !...

(Tous trois se sont mis à la table et fument.)

MUGNOZ.

Voyons, d'abord, ce que contiennent ces papiers...

REBOLLEDO, les prenant.

Non... attendons la Catarina... je les lui remettrai.

BARBARIGO.

La Catarina !... Ah çà ! on ne peut donc plus rien faire sans elle ?

MUGNOZ.

Il faut la consulter sur toutes les expéditions...

BARBARIGO.

Et elle n'en permet aucune !... mais, en revanche, elle nous fait ici travailler nuit et jour !

REBOLLEDO.

Comme d'honnêtes gens... Ça te fatigue ?

BARBARIGO.

Dame ! quand on n'en a pas l'habitude !... Et puis, obéir à une femme, c'est humiliant !

MUGNOZ.

C'est le mot !... Et pour nous commander ainsi, quelle est-elle ?...

REBOLLEDO.

Ce qu'elle est ?... La fille de votre ancien chef... de mon frère Miguel-Salvator Rebolledo, le roi des bohémiens et des contrebandiers de l'Estramadure... celui qui, pendant vingt ans, vous a enrichis.

MUGNOZ.

C'est vrai ! c'était un homme de tête, celui-là !...

BARBARIGO.

Le génie de la contrebande !

MUGNOZ.

Et s'il vivait, nous ne nous serions pas mis fabricants !

BARBARIGO.

Il y aurait encore des coups de fusil et de l'agrément.

REBOLLEDO.

Et si, avec sa fille, il y a mieux que tout cela... s'il y a le moyen de réaliser vos bénéfices ?

MUGNOZ.

Ah bah !

REBOLLEDO.

Une liquidation honorable... comme qui dirait une pension de retraite, et l'espoir de mourir dans son lit.

BARBARIGO.

C'est bien quelque chose !... je serais le premier de ma famille... Mais qui nous l'assure ?...

REBOLLEDO.

Moi !... Antonio Rebolledo, qui ne vous ai jamais trompés... et qui vous réponds de Catarina, ma nièce, et de son pouvoir.

MUGNOZ.

Pourquoi, alors, ne la voit-on jamais ?... car lorsqu'elle vient ici, c'est avec toi seul qu'elle communique.

BARBARIGO.

A toi seul qu'elle daigne donner ses ordres! Du reste, toujours absente.

REBOLLEDO.

Dans votre intérêt !... jeune et belle comme elle l'est, et surtout élevée comme une duchesse, car Salvator, mon frère, qui avait de la religion, l'avait mise dès l'âge de douze ans au couvent de la Trinidad... et, maintenant, reçue et accueillie dans les premières maisons de Lisbonne, elle nous tient au courant de tout ce qui s'y passe... elle veille sur nous et nous protège de loin, par le crédit de tous ces beaux seigneurs qui lui font la cour... et qui s'en viennent tous les soirs jouer de la guitare sous son balcon.

MUGNOZ.

C'est qu'au fait c'est une belle fille !...

REBOLLEDO.

Je m'en vante !... et j'en suis fier pour nous !... une vraie bohémienne... une fille des montagnes, qui, transplantée au milieu des salons, y éclipse toutes les beautés de la cour.

MUGNOZ.

Ça ne m'étonne pas !... elle promettait ça déjà dès l'âge de douze ans, quand elle était ici comme servante... nous versant le genièvre ou le madère.

BARBARIGO.

Ou qu'avec ses castagnettes elle nous chantait la ronde des *Enfants de la nuit*.

REBOLLEDO.

Qu'elle n'a pas oubliée... elle la fredonnait encore hier.

BARBARIGO.

Elle est donc ici ?...

REBOLLEDO.

Au couvent de la Montagne, où elle est arrivée comme une grande dame, en bel équipage... et par le passage souterrain qui communique à cette voûte... elle viendra aujourd'hui...

MUGNOZ.

Aujourd'hui!...

REBOLLEDO.

Inspecter les travaux qu'elle a commandés, et donner ses ordres... Et songez-y, morbleu! si l'un de vous lui manquait, (Touchant sa ceinture.) mon arsenal ne le manquerait pas!

MUGNOZ, riant.

On dirait vraiment qu'il est amoureux de sa nièce.

REBOLLEDO.

Et pourquoi pas?... par la Madone del Pilar! si je vous disais ce qu'elle a fait pour moi!... Savez-vous que, dernièrement, en écoulant à Lisbonne les produits de nos fabriques, j'étais tombé, comme faux-monnayeur, entre les mains du grand-inquisiteur et dans celles du comte de Campo Mayor, ministre de grâce et de justice... et que le lendemain j'allais être jugé et pendu... foi d'honnête homme! c'est-à-dire, brûlé!... lorsque Catarina elle-même est descendue dans mon cachot, et à la lueur de mon bûcher qui déjà flamboyait, elle m'a enlevé à l'Inquisition, qui n'y a vu que du feu.

BARBARIGO.

Ah! s'il en est ainsi, je me fais tuer pour elle!

MUGNOZ.

Moi de même!...

REBOLLEDO.

Silence! voici l'heure où elle doit arriver... prévenons les ouvriers. (A Barbarigo.) Et toi, sonne la cloche!

DON HENRIQUE, à part.

C'est fait de moi !

MUGNOZ et REBOLLEDO, qui ont fait quelques pas vers l'entrée du souterrain, aperçoivent don Henrique qui en sort.

O ciel !

(Barbarigo sonne une cloche, et au moment où don Henrique a tiré son épée pour se défendre contre Rebolledo et Mugnoz qui lui font face, tous les faux-monnayeurs s'élancent en foule du souterrain derrière don Henrique qu'ils entourent et désarment.)

LES FAUX-MONNAYEURS.

Ah ! de notre colère
Qu'il craigne les effets ;
La mort au téméraire
Qui surprend nos secrets !

La mort ! la mort !
(Ils lèvent tous leurs poignards sur don Henrique qu'ils veulent frapper.)

SCÈNE III.

LES MÊMES ; CATARINA, entrent par la gauche et paraissent au milieu d'eux.

Arrêtez !...

DON HENRIQUE, jetant les yeux sur elle.

Ah ! qu'elle est belle !

REBOLLEDO, courant à elle.

Catarina ! c'est elle !

TOUS, à demi-voix, respectueusement et ôtant leurs chapeaux.

La Catarina !

CATARINA.

AIR.

Oui, c'est moi, c'est votre compagne
Dont le nom seul vous protégea !

Car la reine de la montagne,
C'est moi, c'est la Catarina !

Par le mystère et par la crainte,
Qui partout impose la loi ?
C'est moi !
Quelle est la fée ou bien la sainte
Que l'on invoque avec effroi ?...
C'est moi !

Oui, c'est moi, c'est votre compagne, etc.

Cette main dont l'empire
Éloigne le péril,
Ne punit que le sbire,
L'archer ou l'alguazil...
Mais le soir et dans l'ombre,
Jeune fille aux beaux yeux,
Qui dans la forêt sombre
Venez seule, ou bien deux,
Passez sans peur, couple amoureux !
Et soudain...
Le villageois ou sa compagne
M'adresse un Ave Maria,
Car la sainte de la montagne,
C'est la santa Catarina !

LES FAUX-MONNAYEURS.

Oui, la reine de la montagne,
C'est la belle Catarina !

CATARINA.

Oui, la reine de la montagne,
C'est moi, c'est la Catarina !

(A don Henrique.)
Apprends-nous comment on te nomme.

DON HENRIQUE.

Don Henrique de Sandoval,
Marquis de Santa-Cruz.

CATARINA.

Un noble et beau jeune homme,
Depuis six ans absent, je crois, du Portugal ?

DON HENRIQUE, étonné.

Quoi! tu sais?

CATARINA, froidement.

Je sais tout... Pour former ta jeunesse,
Tes illustres parents t'avaient fait voyager!...
Et tu reviens, dit-on, de l'étranger,
Après avoir appris...

DON HENRIQUE.

Tout!

CATARINA.

Hormis la sagesse!

DON HENRIQUE.

Qui te l'a dit?

CATARINA.

Pour preuve je n'en veux
Que ta présence dans ces lieux...
Comment t'y trouves-tu?...

DON HENRIQUE.

Par hasard, je le jure!
Maintenant j'y viendrais exprès!

REBOLLEDO.

Sur lui voici notre capture :
Des lettres, de l'or, des portraits...

CATARINA, souriant.

De femmes, je présume!... ah! je serai discrète
Qu'on les lui rende, aussi bien que son or!

DON HENRIQUE, étonné.

D'honneur, je n'y puis croire encor!

CATARINA, à Rebolledo.

Les lettres, nous lirons à loisir!

REBOLLEDO.

C'est sa tête
Que nous voulons.

CATARINA, souriant.
Franchement,
Crois-tu qu'elle en vaille la peine?...

DON HENRIQUE, avec colère.
Ah! ce doute outrageant!...

CATARINA, à Rebolledo.
Que te disais-je? Il se fâche, à présent,
De ce qu'on n'en veut pas...
(Gravement.)
Ici qu'on le retienne
Pendant deux ou trois mois, prisonnier seulement,
Et nous verrons après...

DON HENRIQUE.
Deux ou trois mois!

REBOLLEDO.
Silence!

DON HENRIQUE.
Permettez, je réclame...

REBOLLEDO.
Silence!

DON HENRIQUE, à Catarina.
Rien qu'un instant, un instant d'audience?

CATARINA.
Soit!... et qu'il obéisse ensuite sur-le-champ!
Laissez-nous!

Ensemble.

CATARINA.
Qu'ici le respect accompagne
Les ordres que ma voix donna;
Car la reine de la montagne,
C'est moi, c'est la Catarina!

DON HENRIQUE, à part.
En honneur, le respect me gagne,
Et me voilà soumis déjà;
Car la reine de la montagne,
C'est la belle Catarina!

REBOLLEDO et LES FAUX-MONNAYEURS.
Oui, que le respect accompagne
Les ordres que sa voix donna;
Car la reine de la montagne,
C'est elle! c'est Catarina!

(Tous les faux-monnayeurs entrent dans le souterrain à droite, excepté Rebolledo.)

SCÈNE IV.

REBOLLEDO, CATARINA, DON HENRIQUE.

CATARINA, à don Henrique.

Qu'avais-tu à nous dire?... parle!

DON HENRIQUE.

Je t'ai demandé une audience particulière, à toi... (Regardant Rebolledo.) A toi seule!

REBOLLEDO, sérèrement.

On ne tutoie pas la Catarina.

DON HENRIQUE, étonné.

Ah! tant pis!... c'était plus agréable, (La regardant.) car elle est vraiment gentille.

REBOLLEDO, de même.

On ne regarde pas la Catarina.

DON HENRIQUE, avec impatience.

Encore!... (A Catarina, montrant Rebolledo.) S'il y a ici, señora, une vue dont je voudrais me priver, c'est la sienne!... car ce cavalier me déplaît souverainement.

REBOLLEDO, portant la main à son poignard.

Qu'à cela ne tienne!

DON HENRIQUE.

Ah! de grand cœur!

CATARINA.

Un instant !... je prie vos deux Seigneuries de se calmer.

DON HENRIQUE, offensé.

Nos Seigneuries !...

CATARINA.

Vos Excellences, si tu tiens aux titres.

DON HENRIQUE.

Je n'y tiens pas !... tous me sont indifférents, pourvu qu'il n'y en ait pas un seul de commun entre moi et lui.

CATARINA.

C'est fier, et digne d'un noble Portugais.

REBOLLEDO, avec une colère concentrée.

Qui fera bientôt connaissance avec la lame de mon poignard.

CATARINA.

Paix, Rebolledo !... nous imposons silence à vous et à votre poignard !... (Avec dignité, à don Henrique.) Parle, mon gentilhomme !

DON HENRIQUE.

Vous me faites l'honneur de m'inviter à passer trois mois dans ce séjour... du reste, fort agréable... et dans toute autre circonstance, trois mois, auprès de vous, j'en serais ravi et trop heureux...

REBOLLEDO, avec ironie.

En vérité !...

DON HENRIQUE, à Rebolledo.

Je n'ai parlé que de la señora et non de sa compagnie. (A Catarina.) Mais par fatalité, j'ai dans ce moment des affaires importantes et pressées... des affaires de famille qu'il était inutile de vous raconter devant tous ces braves gens.

CATARINA, souriante.

Et vous daignez me les confier à moi !... je vous en remercie... Quelles sont-elles ?...

DON HENRIQUE.

Depuis six ans, absent du royaume, comme vous le savez, je parcourais, pour mon plaisir, l'Italie, la France et l'Allemagne, lorsque je reçus une lettre, que vous pouvez lire, d[u] comte de Campo Mayor, mon oncle.

REBOLLEDO.

Le ministre de grâce et de justice... celui qui a manqu[é] de me faire pendre!

DON HENRIQUE.

Il ne fait jamais les choses qu'à demi, c'est son seul tort.. il m'annonçait qu'à la mort de notre gracieux souverain, e[t] pendant la minorité de la princesse Maria Francesca, nom[mé] un des régents du royaume... il me priait, comme oncle, m'ordonnait, comme ministre, de revenir pour conclu[re] enfin une alliance dès longtemps projetée entre nous.

CATARINA.

Laquelle?

DON HENRIQUE.

Un mariage entre moi et ma jeune cousine Diana de Cam[po] Mayor, avec qui j'ai été élevé, et qui m'attend avec im[pa]tience au château de Coïmbre... où toute la famille est ré[u]nie pour notre contrat... Quarante lieues d'ici à demain; [je] suis déjà en retard... et pour peu que je m'arrête, vo[us] comprenez?... Aussi, je vous prie de me rendre ma libert[é] pour ne pas faire attendre ma cousine... pas autre chose.

CATARINA, souriant.

Vraiment!... (Se retournant vers Rebolledo qui parcourt les lettr[es.) Eh bien! ces lettres?...

REBOLLEDO, lisant les papiers.

Ce qu'il dit est vrai! son oncle l'attend pour la noce, [au] château de Coïmbre... Voici de plus, pour franchir la fro[n]tière et traverser le royaume, un sauf-conduit, qui n'est [pas] même rempli, et que son oncle lui a adressé.

DON HENRIQUE.

En blanc et de confiance, pour moi et les amis qui m'accompagneraient... et je suis venu seul avec Pedro mon domestique, qui s'est enfui.

CATARINA, qui a regardé le sauf-conduit.

Oui, c'est bien la signature du ministre, d'un des régents... Bazano de Campo Mayor. (A Rebolledo.) Nous nous en servirons! Quant à toi, don Henrique, tu dis donc que tu veux te marier?

DON HENRIQUE.

Avec votre permission, señora... car maintenant mon mariage dépend de vous plus que de mon oncle.

CATARINA, souriant.

Il serait vraiment dommage de s'y opposer, car Diana de Campo Mayor est, dit-on, la plus jolie personne de l'Estramadure.

DON HENRIQUE, avec galanterie.

Je le croyais ce matin!

CATARINA.

Tu l'aimes?...

DON HENRIQUE.

Certainement!... je l'aime bien... mais sans en perdre la tête... parce que, vous comprenez... en pays étranger, en France surtout, on a tant de distractions... Moi, j'aurais encore attendu... mais c'est cette pauvre fille, c'est ma petite cousine qui m'attend... qui se désespère et compte les moments.

CATARINA, avec ironie.

Tu crois?... Il me semble, cependant... car nous autres, bohémiennes, nous sommes un peu sorcières... il me semble avoir lu...

DON HENRIQUE, vivement.

Dans les cartes?

CATARINA.

Ou dans les astres, si tu veux... qu'il y avait quelq
que ton retour chagrinait fort... un beau jeune homme
faisait à Diana une cour assidue.

DON HENRIQUE, riant.

Vraiment!... Pauvre jeune homme, il perdra son temp

CATARINA.

Malgré cela, et comme il pourrait y avoir de graves
gers à différer ton retour...

DON HENRIQUE.

Vous me laissez partir!...

CATARINA.

Il se peut que j'y consente... mais à une condition.

DON HENRIQUE.

Laquelle?

CATARINA.

Je te la dirai plus tard... Voici l'heure du repas!

SCÈNE V.

Les mêmes; MUGNOZ, BARBARIGO, tous les Faux-
Nayeurs, sortant du souterrain à droite.

LES FAUX-MONNAYEURS.

Amis, dans ce manoir
Noir,
Narguant les alguazils
Vils;
Et jamais fatigués,
Gais;
Frappons, d'un même effort
Fort!
Pan! pan! pan! pan!
Oui, notre bras, et sans crainte et sans terme,

S'il faut frapper ou boire, est toujours ferme !
(On a dressé autour du souterrain des tables, où ils sont tous assis; ils boivent et trinquent.)

CATARINA, les regardant.

J'aime leurs cris joyeux, ce bruit et cet éclat !

REBOLLEDO s'approchant d'elle avec respect.

La señora veut-elle à cette table
Qu'on lui serve son chocolat ?

CATARINA.

Pas maintenant ; plus tard !

DON HENRIQUE, riant, à part.

C'est admirable !
Une chef de bandits qui prend du chocolat !...

LES FAUX-MONNAYEURS.

La nuit et dans l'ombre,
Toujours travaillant,
Sous la voûte sombre,
Nous allons frappant :
Pan, pan, pan, pan, pan !
Pour moi, je préfère
Au bruit des marteaux
Le doux choc du verre,
Signal du repos !

MUGNOZ, à table, levant et élevant la voix.

Je demande, en l'honneur d'un retour qui m'enchante,
Que la Catarina nous chante
Notre air...

CATARINA.

Lequel ?

MUGNOZ.

Celui des *Enfants de la nuit !*

TOUS.

C'est dit !

CATARINA.

RONDE.

Premier couplet.

Le beau Pédrille, amoureux, pauvre et tendre,
Dans la forêt, un soir, allait se pendre!
Sans fortune ici-bas,
Il cherchait le trépas.
Quand il croit tout à coup entendre sous ses pas...

LES FAUX-MONNAYEURS, à voix basse.

Voici, minuit, voici minuit!
Dans l'ombre de la nuit,
Travaillons, frère!
L'or qui brille et qui luit,
Seul, nous éclaire.

CATARINA.

Brave, et sans être ému,
Pédrille s'élance...
Téméraire, où vas-tu?...
Sous la voûte immense,
Franchis avec crainte
Cette sombre enceinte,
C'est là le terrible réduit
Des enfants de la nuit.

LES FAUX-MONNAYEURS.

Dans les entrailles de la terre,
Il est un démon solitaire,
Dont le flambeau qui brille et luit
Garde les enfants de la nuit!

CATARINA.

Deuxième couplet.

Que fit Pédrille, et quel fut le mystère
Qui le retint dans le sein de la terre?
Chacun l'ignore, hélas!
Mais il ne mourut pas!
Et le soir, on l'entend qui chante aussi tout bas :

LES FAUX-MONNAYEURS.
Voici minuit !
Dans l'ombre de la nuit,
Travaillons, frère !
L'or qui brille et qui luit,
Seul, nous éclaire.

CATARINA.
Mais dès le lendemain,
O surprise extrême !
Riche, il obtient la main
De celle qu'il aime.
Et discret et sage,
Dans son doux ménage,
A chaque instant, son cœur bénit
Les enfants de la nuit !

TOUS.
Brava ! brava !
La Catarina !...

(Barbarigo apporte une petite cassette, qu'il pose sur la table. Rebolledo tire de sa poche la clef qu'il présente à Catarina, qui la prend, ouvre la cassette, et examine avec attention ce qu'elle contient.)

DON HENRIQUE, les observant.
Eh quoi ! le même lien rassemble
Ces traits si doux, ces cœurs de fer !
D'honneur, on croirait voir ensemble
Et le paradis et l'enfer !...

REBOLLEDO, à Catarina, qui examine ce que contient la cassette.
Êtes-vous satisfaite ?

CATARINA.
C'est bien, très-bien !
(A Rebolledo.)
D'une telle conquête,
A toi l'honneur !

DON HENRIQUE, qui jette un regard sur la cassette, à part.
Oh ! les beaux diamants !
Quel immense trésor ! D'où vient-il ? Je comprends !

Volé par ces bandits, que sa voix encourage.
Ah! quelle horreur!

(Regardant Catarina.)

Ah! quel dommage!

LES FAUX-MONNAYEURS, à table, et trinquant.

La nuit et dans l'ombre
Toujours travaillant,
Sous la voûte sombre,
Nous allons frappant :
Pan, pan, pan, pan, pan!
Pour moi, je préfère
Au bruit des marteaux
Le doux choc du verre,
Signal du repos!
Tin, tin, tin, tin, tin!
Repos et bon vin,
Voilà notre refrain!

REBOLLEDO, passant au milieu du théâtre.

Écoutez, maintenant, écoutez, mes amis!
De la Catarina voici l'avis suprême :
Les ordres sont donnés... vous êtes poursuivis;
Dans quelques jours... demain, peut-être aujourd'hui même,
Ces lieux seront cernés par de nombreux soldats.
Il faut mettre à l'abri vos trésors et vos têtes,
Chercher un autre ciel et de lointains climats
Où vous puissiez, en paix, couler des jours honnêtes;
Pour cela, compagnons, il faut fuir!

MUGNOZ.

Mais comment?

REBOLLEDO, montrant Catarina.

Préparé par ses soins, un vaisseau vous attend.

TOUS.

Viva Catarina!...

BARBARIGO.

Mais jusqu'à la frontière,
Et pour gagner le port, comment pourrons-nous faire?

REBOLLEDO.

Ne craignez rien pour nous, nos trésors et nos gens,
Le ministre nous donne un sauf-conduit.

DON HENRIQUE.

J'entends!
C'est le mien!

CATARINA, le leur donnant.

Le voilà!

TOUS.

Viva Catarina!

REBOLLEDO.

Et de peur d'accidents, partons, à tout hasard,
Dès aujourd'hui... Disposez le départ!

TOUS.

Préparons-nous pour le départ!
Allons, allons!

Ensemble.

DON HENRIQUE, à part.

Ah! c'est grand dommage!
Quoi! pour des brigands
Ce joli visage,
Ces accents charmants!
Pour moi, je préfère
Aux traits les plus beaux
Son allure fière,
Son air de héros!

LES FAUX-MONNAYEURS.

Pour nous, plus d'ouvrage;
Quels heureux instants!
Quand, après l'orage,
Brille le beau temps,
Gaîment, je préfère
Au bruit des marteaux
Le doux choc du verre,
Plaisir et repos

CATARINA et REBOLLEDO.
Ah! quel noble ouvrage,
Changer des brigands
En honnêtes gens!
Pour eux, plus d'orage,
Chacun d'eux préfère
Au bruit des marteaux,
N'avoir rien à faire
Et vivre en repos.

(Tous les faux-monnayeurs sortent.)

SCÈNE VI.

DON HENRIQUE, CATARINA; puis REBOLLEDO.

DON HENRIQUE.

Eh bien! señora, vous m'avez promis de me rendre ma liberté?

CATARINA, souriant.

Et par reconnaissance, je dois tenir ma promesse... Comment te garder ici prisonnier... toi qui nous aides à partir?

DON HENRIQUE.

Oui, je fais là une belle action... et grâce à moi, mon oncle le ministre aura signé, sans le savoir, une ordonnance...

CATARINA.

Ce n'est peut-être pas la première.

DON HENRIQUE.

C'est possible!... Mais enfin, tu as parlé de conditions... Lesquelles mets-tu à mon départ?

CATARINA.

Une seule... difficile peut-être à exécuter.

DON HENRIQUE.

N'importe!... Laquelle?

CATARINA.

C'est que pendant une année entière, tu te tairas sur ce que tu as vu ou entendu, que tu n'en parleras à personne !... (Geste de don Henrique.) Ah! c'est gênant !... c'est fâcheux !... car l'anecdote est piquante et originale... et pour un cavalier qui cause volontiers, et qui même, dit-on, est assez indiscret...

DON HENRIQUE, vivement.

Jamais!...

CATARINA.

Enfin, il le faut!...

DON HENRIQUE.

Je le jure!

CATARINA.

Il y va de ta vie... et de plus, si un jour, par hasard, tu me rencontrais, tu ne me reconnaîtrais pas.

DON HENRIQUE.

Voilà, señora, qui est plus difficile.

CATARINA.

Il le faut!...

DON HENRIQUE.

Je le jure sur l'honneur!...

CATARINA.

C'est bien!... Seigneur don Henrique de Sandoval, vous êtes libre... (A Rebolledo, qui paraît en ce moment.) Que l'on rende à M. le marquis de Santa-Cruz sa voiture!

DON HENRIQUE.

Impossible, señora... perdue et abîmée dans un précipice de cent cinquante pieds!

CATARINA.

C'est affreux!...

DON HENRIQUE, haut.

Du tout! Je voulais la changer.

CATARINA, à Rebolledo.

Qu'on dispose la mienne... (A don Henrique.) qui te conduira jusqu'à la première poste. (A Rebolledo.) Reviens nous avertir quand elle sera prête !

(Rebolledo sort.)

DON HENRIQUE.

Sa voiture ?... En vérité, señora, c'est moi qui, maintenant, vais presque te devoir de la reconnaissance... et je voudrais te le prouver en te donnant un bon conseil... mais je n'ose...

CATARINA.

Parle !

DON HENRIQUE.

Eh bien ! l'état que tu as choisi est certainement fort beau... Il a du vague, de la poésie, et, comme tel, se permet des licences souvent dangereuses...

CATARINA.

C'est son beau côté... Le danger ennoblit tout.

DON HENRIQUE.

Je le sais bien... Mais, pour toi, j'en aimerais mieux un autre... Fâche-toi, si tu veux... Malgré moi, je ne peux pas m'empêcher de prendre intérêt à ton sort... quoique...

CATARINA, riant.

Quoique je ne le mérite guère... C'est cela que tu veux dire ?...

DON HENRIQUE.

Non... non... Mais, vois-tu bien, cela finira mal... Quelque jolie que tu sois, les archers et les alguazils sont peu galants de leur nature... les flammes de l'Inquisition ne respectent rien !

CATARINA.

Je le sais.

DON HENRIQUE.

Pourquoi alors t'y exposer ?

CATARINA.
Peut-être y suis-je forcée... Peut-être un motif louable...

DON HENRIQUE.
Lequel?

CATARINA, *souriant*.
C'est mon secret.

DON HENRIQUE.
C'est juste... Mais si jamais ce secret-là te mène où je le prévois... adresse-toi à moi... au marquis de Santa-Cruz. Peut-être aurai-je encore assez de crédit pour obtenir...

CATARINA.
Une injustice?

DON HENRIQUE.
Oui, en te sauvant... Mais toi, toi seule... entends-tu bien?... car, pour les autres, si je pouvais, au contraire...

CATARINA.
Monsieur le marquis!...

DON HENRIQUE.
A commencer par ce Rebolledo.

CATARINA.
Mon oncle?...

DON HENRIQUE.
Ton oncle!... Tu en es bien sûre?

CATARINA.
Sans doute.

DON HENRIQUE.
Je craignais que ce ne fût mieux que cela... Il te surveille d'un œil si inquiet et si jaloux!

CATARINA.
Que t'importe?

DON HENRIQUE.
Rien... J'aime mieux que ce soit ton oncle.

CATARINA, riant.

Et moi aussi.

DON HENRIQUE.

Et, dis-moi... dans la vie indépendante et aventureuse que tu mènes, n'as-tu rien à craindre de ces bandits et de leurs hommages?

CATARINA, avec fierté.

La fille de leur ancien chef!.. Et puis, n'ai-je pas?...
(Elle montre un poignard qu'elle porte à sa ceinture.)

DON HENRIQUE.

Je vois bien.

CATARINA.

Qu'aucun d'eux n'oserait braver!

DON HENRIQUE.

Aucun?

CATARINA.

Sois tranquille!... Ce n'est pas là que serait le danger!

DON HENRIQUE.

Où donc serait-il?

CATARINA.

Tu es bien curieux!

DON HENRIQUE.

Non... Mais si belle et si fière... Je voudrais bien savoir si jamais ton cœur a parlé?...

CATARINA.

Don Henrique, tu es le premier qui ait osé m'adresser une pareille demande.

DON HENRIQUE.

Et tu crains d'y répondre?

CATARINA.

Peut-être!

DON HENRIQUE.

Et pourquoi donc ?

SCÈNE VII.

Les mêmes ; REBOLLEDO.

REBOLLEDO.

La voiture de monsieur le marquis est prête.

DON HENRIQUE.

Déjà !

REBOLLEDO, montrant un déjeuner que l'on apporte sur une table, et que l'on place sur le devant du théâtre.

Et voici le chocolat de la señora.

DON HENRIQUE.

Il a, parbleu ! bonne mine.

REBOLLEDO, à don Henrique.

La voiture...

DON HENRIQUE.

C'est bien !... Et moi qui vais me remettre en route... je me rappelle justement que je suis à jeun !

CATARINA.

Est-ce que monsieur le marquis daignerait me faire l'honneur de partager mon déjeuner ?... Une tasse à monsieur le marquis !

(Le bandit qui a mis le chocolat sur la table apporte une tasse qu'il y place également.)

DON HENRIQUE.

Trop heureux d'une pareille bonne fortune !

CATARINA.

Vous qui étiez si pressé !...

DON HENRIQUE.

Je reste, señora ; je reste !... (A part, s'asseyant.) C'est charmant !

LES DIAMANTS DE LA COURONNE

DUO.

Ensemble.

DON HENRIQUE, à part.

Le doux tête-à-tête!
Le joli repas!
Ma bouche discrète
N'en parlera pas!
Mais près d'elle, à table,
Être en ce moment,
Ah! c'est admirable!
Ah! c'est ravissant!

CATARINA, à part.

L'heureuse conquête!
Le joyeux repas!
Sa bouche discrète
N'en parlera pas;
Mais, voir à ma table
Seigneur si galant,
Ah! c'est admirable!
Ah! c'est ravissant!

DON HENRIQUE, de même, la regardant.

Quel feu dans ses beaux yeux rayonne!

CATARINA, lui versant du chocolat.

Comment le trouvez-vous!

DON HENRIQUE.

Très-bon!

(A part.)
Quelque fabricant de Bayonne
Dont on pilla la cargaison.

CATARINA, lui offrant des gâteaux.

Votre Seigneurie en veut-elle?

DON HENRIQUE, à part.

Que ces doigts sont fins et jolis!
Que cette main est blanche et belle,
Pour commander à ces bandits!

CATARINA, à Rebolledo, qui lui offre une assiette.
Non, grand merci de votre zèle.
(A don Henrique.)
Vous ne mangez pas?

DON HENRIQUE.
Je fais mieux.
(A demi-voix, lui montrant Rebolledo.)
Mais cet oncle, en valet fidèle,
Ne vous quitte donc pas des yeux!

CATARINA, à Rebolledo.
Laissez-nous.

REBOLLEDO, hésitant et regardant don Henrique.
Mais... mais...

CATARINA.
Je le veux!
(Rebolledo sort.)

Ensemble.

DON HENRIQUE.
Le doux tête-à-tête!
Le joli repas!
Ma bouche discrète
N'en parlera pas!
Mais près d'elle, à table,
Narguer ce brigand,
Ah! c'est impayable!
Ah! c'est ravissant!

CATARINA.
L'heureuse conquête! etc.

DON HENRIQUE, examinant Catarina, qui regarde autour d'elle avec inquiétude.
D'où viennent le trouble et la crainte
Que je crois lire dans les yeux?
Est-ce la force ou la contrainte
Qui te retiennent en ces lieux?
S'il est vrai, pour briser ta chaîne

Et pour t'arracher de leurs bras,
Je brave tout!

CATARINA.
T'exposer au trépas,
Pour moi, que tu connais à peine !
Que dis-je ? hélas ! que tu connais trop bien !

DON HENRIQUE.
Cela t'étonne ?

CATARINA.
Non, d'un cœur tel que le tien ;
C'est bien, c'est généreux, et je t'en remercie,
Mais...

DON HENRIQUE.
Eh bien ?

CATARINA, hésitant.
Mais...

(Riant.)
Votre tasse est finie !

Ensemble.

CATARINA.
Adieu, seigneur, il faut partir
Je n'oserais vous retenir.
Votre cousine vous attend,
Et du départ voici l'instant.

DON HENRIQUE.
Eh quoi ! déjà, déjà partir ?
De te parler j'ai le loisir ;
Il n'est pas tard, et j'ai le temps,
Encor... encor quelques instants
Oui, je veux te faire connaître
Le danger que tu cours près d'eux.

CATARINA.
Et croire à vos discours, peut-être
Serait encor plus dangereux !

DON HENRIQUE.
Moi... moi, qui voudrais te rendre
A l'honneur, à la vertu !

CATARINA.
Pensez-vous que vous entendre
En soit le moyen?

DON HENRIQUE.
Que dis-tu?

CATARINA.
Que vous prêchez avec tant de sagesse
Que je voudrais vous écouter sans cesse!
Mais... mais...

DON HENRIQUE.
Eh bien?

CATARINA.
Mais...

Ensemble.

CATARINA, *lui faisant la révérence.*
Adieu, seigneur, il faut partir;
Je n'oserais vous retenir.
Votre cousine vous attend,
Et du départ voici l'instant!
Partez, partez... l'on vous attend!

DON HENRIQUE.
Eh quoi! déjà, déjà partir, etc.

SCÈNE VIII.

LES MÊMES; REBOLLEDO, *descendant l'escalier du fond.*

FINALE.

REBOLLEDO.
Partir! c'est impossible, à présent!

DON HENRIQUE.
Que dit-il?
Impossible que je m'en aille!
Je reste alors... je passe ici la nuit,

Ou sur la terre ou sur la paille,
Sans gêne, sans façon, et comme vous voudrez!

REBOLLEDO, à Catarina.

Vous l'aviez bien prévu... nous sommes entourés...

DON HENRIQUE.

Grand Dieu!

REBOLLEDO.

Par une troupe nombreuse et fidèle.

DON HENRIQUE, courant à Catarina.

Ah! je vous défendrai... Venez...

CATARINA.

Vous, Sandoval!

DON HENRIQUE, à part.

Elle a dit vrai... M'aller battre pour elle,
Et surtout avec eux!... je suis fou... C'est égal!

CATARINA, qui a parlé bas à Rebolledo.

Tu m'entends?

REBOLLEDO, à demi-voix.

Très-bien!

DON HENRIQUE, à part.

C'est égal!

Ensemble.

DON HENRIQUE.

La piquante aventure!
Ah! dans aucun roman
Je n'ai lu, je le jure,
Pareil événement.

CATARINA et REBOLLEDO.

La fâcheuse aventure!
C'est terrible, vraiment;
Et, pour nous, je le jure,
Je crains le dénoûment!

(A la fin de cet ensemble, au moment où Mugnoz et ses compagnons descendent l'escalier du fond, Rebolledo entre dans le souterrain à droite.)

SCÈNE IX.

**LES MÊMES; MUGNOZ, BARBARIGO, PLUSIEURS FAUX-MON-
NAYEURS,** descendant l'escalier du fond.

LES FAUX-MONNAYEURS.
Aux armes! aux armes!
Frayons-nous un passage à travers leurs soldats!

CATARINA.
Je le défends... point de sang, de combats!

MUGNOZ.
Je les ai vus... ce sont, dit-on, deux cents gendarmes,
Par l'ordre du ministre envoyés contre nous.

DON HENRIQUE, étourdiment.
Par mon oncle!

CATARINA, à demi-voix.
Taisez-vous

MUGNOZ.
De plus l'officier qui les guide
Est un chef jeune, intrépide,
Sébastien d'Areyro...

DON HENRIQUE, de même.
Mon ami!

CATARINA, de même.
Taisez-vous!

Ensemble.

DON HENRIQUE.
La piquante aventure! etc.

CATARINA.
La fâcheuse aventure! etc.

MUGNOZ et LES FAUX-MONNAYEURS.
La terrible aventure!
C'est vraiment effrayant;

Et je crains, je le jure,
Un fâcheux dénoûment !

MUGNOZ.

Comment donc faire ? et de cette montagne,
Par quel moyen sortir avec notre or ?

SCÈNE X.

LES MÊMES ; REBOLLEDO, puis TOUS LES FAUX-MONNAYEURS
habillés en moines.

REBOLLEDO, passant au milieu d'eux.

Un bon ange vous accompagne ;
Catarina sur vous veillait encor ;
Elle avait tout prévu d'avance.
Silence ! silence !
De vous sauver voilà le seul moyen !
Silence ! silence !
Écoutez bien !

(Il parle bas aux faux-monnayeurs qui sont en scène et qui rentrent dans le souterrain ; pendant ce temps les autres faux-monnayeurs sortent du souterrain à droite, revêtus de costumes de moines, escortant une châsse.)

LES FAUX-MONNAYEURS.

C'est l'ermite de la chapelle,
Ce sont les frères du couvent.
Prosternez-vous, chrétiens fidèles,
Priez, priez, d'un cœur fervent,
Avec les moines du couvent !

REBOLLEDO, aux moines.

Gravissez ces degrés... sortez par l'ermitage,
Et tous, les yeux baissés, d'un pas tranquille et lent,
A travers les soldats passez dévotement.
Eux-mêmes s'inclinant vous livreront passage
Ainsi qu'à vos trésors, désormais à couvert
Sous la châsse de saint Hubert.

TOUS, avec force.

Viva ! viva !
Catarina !

REBOLLEDO, les faisant taire.
Silence !
TOUS, à demi-voix.
C'est l'ermite de la chapelle, etc.

REBOLLEDO, à Catarina, lui montrant le souterrain à gauche.
Nous, par la route souterraine,
De Lisbonne au plus tôt reprenons le chemin.

DON HENRIQUE, à Catarina, qui fait un pas pour sortir.
Ne sera-t-il permis de vous offrir la main ?

CATARINA, souriant.
Non... ne prenez pas cette peine.

DON HENRIQUE, insistant.
J'y tiens !...

REBOLLEDO.
Que monseigneur ne se dérange pas !
Et pour peu qu'à ses jours il tienne,
Qu'il se garde, surtout, d'accompagner nos pas !
(Sur un geste de Rebolledo, plusieurs moines appuient sur la poitrine de don Henrique des mousquetons cachés sous leurs robes.)

DON HENRIQUE.
Quand on s'y prend ainsi, l'on n'a plus rien à dire ;
Vous le voulez ?... je reste là !
Je n'irai pas plus loin ! Désolé, señors,
De ne pouvoir vous reconduire.

TOUS.
Marchons ! marchons !

REBOLLEDO et CATARINA.
Partons !

LES FAUX-MONNAYEURS, à demi-voix.
C'est l'ermite de la chapelle,
Ce sont les frères du couvent.
Prosternez-vous, chrétiens fidèles,
Priez, priez, d'un cœur fervent,
Avec les moines du couvent !

DON HENRIQUE, à part.
La piquante aventure !
Ah ! dans aucun roman,
Je n'ai lu, je le jure,
Pareil événement !
C'est charmant ! c'est charmant !

(La procession monte lentement les degrés du fond, portant la châsse. Rebolledo et Catarina sortent par le souterrain à gauche. Don Henrique, toujours couché en joue par les mousquets, salue respectueusement. Une partie des moines est sur l'escalier ; l'autre moitié se dispose à les suivre.)

ACTE DEUXIÈME

Un riche salon, dans le château de Coïmbre. — Porte au fond; deux portes latérales; fenêtre à droite. Un clavecin.

SCÈNE PREMIÈRE.

DON SÉBASTIEN, DIANA, entrant ensemble.

DON SÉBASTIEN, avec dépit.
Eh bien, señora, que vous disais-je ?...

DIANA, tristement.
Eh bien, don Sébastien ?...

DON SÉBASTIEN.
Depuis deux jours, don Henrique est arrivé au château.

DIANA.
Eh ! mon Dieu ! oui.

DON SÉBASTIEN.
Et vous avez beau me dire de ne pas m'effrayer... tout se dispose pour votre mariage, votre père donne ce soir un concert et un bal, toute la noblesse des environs y est invitée... et pourquoi ?... pour signer à votre contrat !

DIANA.
Je le sais bien !... puisque me voilà en grande toilette...

DON SÉBASTIEN.
Et vous avez eu le cœur de vous parer, de vous faire belle !...

DIANA.

Par ordre de mon père !

DON SÉBASTIEN.

Et, malgré vos promesses, vous n'avez encore rien dit à votre cousin ?

DIANA.

Ce n'est pas ma faute !... il est si bon, si aimable, si confiant, que je n'ose pas... je ne sais comment lui dire : Je ne vous aime pas.

DON SÉBASTIEN.

Ah ! c'est que vous l'aimez, c'est évident !

DIANA.

Plût au ciel !... car je ne serais pas malheureuse comme je le suis... je ne me reprocherais pas ma trahison... car c'en est une, quand on a été élevés ensemble... quand on a promis de se marier... de s'aimer toujours... et que, six ans après, on n'aime plus son cousin... bien mieux, qu'on en aime un autre !... Voilà qui est affreux, voilà de ces choses qu'on n'ose s'avouer à soi-même... et vous voulez que je le dise à don Henrique !...

DON SÉBASTIEN.

Oui, sans doute... dans son intérêt... car enfin, si vous ne le lui apprenez que le lendemain de son mariage...

DIANA.

Eh bien ! monsieur, vous qui parlez, pourquoi ne pas lui confier vous-même ce qui en est ?

DON SÉBASTIEN.

Moi !... à qui deux fois il a sauvé la vie !... moi qui, officier de fortune, lui dois toute ma position... moi, enfin, en qui il a tant de confiance, qu'à son départ il m'a chargé de veiller sur vous... d'empêcher qu'on ne vous fît la cour !

DIANA.

Et vous vous en êtes si bien acquitté, que personne ne pourrait approcher de moi, excepté vous !

18.

DON SÉBASTIEN.

Pour mon malheur !... c'est là ce qui m'a perdu... et moi qui n'ai ni fiefs, ni domaines à vous offrir, comment puis-je, aux yeux de votre père, du premier ministre, vous disputer à don Henrique, son neveu, le plus élégant, le plus aimable et surtout le plus riche seigneur du royaume ?... Si, encore, je pouvais me battre avec lui !...

DIANA.

Je vous le défends !

DON SÉBASTIEN.

Si au moins nous avions la guerre !... je me distinguerais... j'arriverais, ou je me ferais tuer ! Mais non, rien ne me réussit, pas même cette expédition dont votre père m'avait chargé contre les bandits de l'Estramadure... je n'ai pas même pu les joindre... heureusement pour eux, car dans ma colère, je n'aurais pas fait de quartier !...

DIANA.

Allons, calmez-vous... et laissez-moi vous faire part de quelque espérance !

DON SÉBASTIEN.

Dans ce moment, puis-je en avoir encore ?...

DIANA.

Oui, monsieur ! puisque j'en ai !

DUO.

DIANA.

Mon cousin, qui, dans tous les temps,
Se distinguait par sa folie,
Depuis deux jours, a des moments
De tristesse et de rêverie !

DON SÉBASTIEN.

Il rêve à vous.

DIANA.

Il le dirait peut-être...
Et n'en dit rien... jamais il ne me fait la cour !

DON SÉBASTIEN.

Est-il vrai ?

DIANA.

Pas un mot ! pas un seul mot d'amour !
Ce n'est pas naturel...

DON SÉBASTIEN.
C'est juste !

DIANA.

Il était maître
De fixer le jour de notre hymen.
Car mon père avait dit : ou ce soir ou demain !

DON SÉBASTIEN.

Il a dit aujourd'hui ?

DIANA.
Non, il a dit : demain !

DON SÉBASTIEN et DIANA.
En effet,
C'est un fait,
Un trait
Qui paraît
Parfait,
Et l'on peut concevoir
Encor quelqu'espoir !

Preuve évidente,
Qui m'enchante,
Et rend le bonheur
A mon cœur !

En effet !
C'est un fait, etc.

DON SÉBASTIEN.
Vous croyez donc que s'il est insensible...

DIANA.
C'est qu'une autre a su le charmer.

DON SÉBASTIEN.
Une autre !... oh ! non, c'est impossible !
Lui ! votre fiancé... cesser de vous aimer !

DIANA, naïvement.
Il faut bien que quelqu'un commence ;
J'ai cru que c'était moi... Jugez de mon bonheur,
Si c'était lui !... par cette heureuse chance,
De mon père et de sa fureur
Je n'ai plus rien à craindre...

DON SÉBASTIEN, d'un air de doute.
Oui, oui, mais don Henrique...

DIANA.
Plus le moment approche, et plus, sur mon honneur,
Il est sombre et mélancolique.

DON SÉBASTIEN, étonné.
Sombre et mélancolique !

DIANA et DON SÉBASTIEN, avec joie.
En effet,
C'est un fait, etc.

DIANA, regardant au fond.
Tenez, tenez... il vient de ce côté, avec mon père qui lui parle, et il n'a pas l'air de l'écouter.

SCÈNE II.

Les mêmes ; LE COMTE DE CAMPO MAYOR, DON HENRIQUE.

CAMPO MAYOR.
Oui, mon neveu, il faut que nous soyons demain à Lisbonne, où ma présence est indispensable pour la cérémonie du couronnement, pour le serment que nous devons prêter... et surtout pour les comptes de régence que je dois

rendre, et dans lesquels, j'ose le dire, j'ai fait preuve d'habileté et de talent !

DON HENRIQUE, rêvant.

C'est inconcevable !

CAMPO MAYOR, étonné.

Comment cela, s'il vous plaît ?

DON HENRIQUE, sortant de sa rêverie.

Pardon, mon oncle, il ne s'agit pas de vous, mais d'une idée fixe... un rêve qui me poursuit !

CAMPO MAYOR.

C'est là ce qui te tourmente ?

DON HENRIQUE.

Oui, mon oncle... j'en suis honteux... j'en rougis... c'est absurde d'y penser, et malgré moi, ce maudit rêve me poursuit toujours... Un air fier ! des yeux superbes... un poignard... et une grâce... un charme inconnu... voilà mot pour mot l'exacte vérité !... Comprenez-vous ?

CAMPO MAYOR.

Moins qu'auparavant !... mais croyez-vous donc qu'un homme d'État tel que moi ait le temps de s'occuper de rêves !... Ce soir, le contrat... et je vous sais gré, don Sébastien, d'avoir fait diligence pour y assister... Quelle nouvelle de votre expédition ?

DON SÉBASTIEN.

J'ai battu, d'après vos ordres, toutes les montagnes de l'Estramadure... et je n'ai rien trouvé !

CAMPO MAYOR.

Ça ne m'étonne pas !... les ministres mes collègues ont fait grand bruit d'une troupe de bandits et de faux-monnayeurs... je les ai laissés dire... mais j'avais mon idée, et la voici : c'est qu'il n'y a pas de brigands... il n'y en a pas !... (A don Henrique.) Es-tu de mon avis ?

DON HENRIQUE, vivement.

Oui, mon oncle !... et si vous voyez toujours aussi juste...

CAMPO MAYOR.

Toujours !... et la preuve, c'est qu'on n'a rien trouvé !

DON SÉBASTIEN.

On m'avait surtout indiqué les environs de l'ermitage de Saint-Hubert... je m'y suis tenu en embuscade toute une journée, sans voir personne !

DON HENRIQUE.

Personne !

DON SÉBASTIEN.

Qu'une procession de pénitents blancs, qui sortaient de l'ermitage, et portaient la châsse du saint... j'ai fait porter les armes à mes soldats.

DON HENRIQUE, riant.

En vérité ?

DON SÉBASTIEN.

Et je les ai fait mettre à genoux !

DON HENRIQUE, riant.

A genoux !... celui-là est trop fort !

DON SÉBASTIEN.

Et pourquoi donc ?

DON HENRIQUE, riant.

Rien !... je ne peux pas dire... mais c'est que... des archers ou des carabiniers royaux à genoux... présentez armes !... laisse-moi rire... je t'en prie !...

DON SÉBASTIEN, bas, à Diana.

Allons ! le voilà maintenant d'une gaîté...

DON HENRIQUE.

C'est le seul parti à prendre... Ne songeons plus à cela... ne songeons qu'à la joie, au plaisir, et à ma cousine, que j'aime... que j'épouse !... (A Diana.) Oui, ma petite Diana... oui, avec la permission de mon oncle, je t'aime... je t'aime !

(A part.) A force de le lui dire, je me le persuaderai peut-être.

DON SÉBASTIEN, à demi-voix, à Diana.

Vous l'entendez ?

DON HENRIQUE.

Et puis, ce soir, un concert, un bal, du bruit, du tapage... c'est ce qu'il me faut... (A part.) Ça vous étourdit !... on n'a plus le temps de penser ! (Haut.) Et je ne sais pas pourquoi l'on ne commence pas !

CAMPO MAYOR.

Voici, grâce au ciel, tout le monde qui arrive... la noblesse de province, tous gentilshommes campagnards, qui n'ont jamais été à la cour, et sont trop heureux de venir voir le ministre dans ses terres.

SCÈNE III.

LES MÊMES ; SEIGNEURS et DAMES des environs, PLUSIEURS DOMESTIQUES.

LE CHOEUR.

Du plaisir qui nous appelle
C'est le rendez-vous joyeux,
Et de l'amitié fidèle
Nous vous apportons les vœux.
(A don Henrique.)
Au plus noble !
(A Diana.)
A la plus belle !
Nous venons offrir nos vœux !

CAMPO MAYOR, à Diana et à don Henrique.

Allons, ma fille, allons, mon gendre,
Par vous le concert doit s'ouvrir ;
Ensemble l'on veut vous entendre.

DIANA, baissant les yeux.
Je suis prête à vous obéir !
(A don Henrique.)
Que dirons-nous ?

DON HENRIQUE.
Mon choix sera le vôtre.

DIANA, prenant un papier de musique sur le clavecin.
Ce boléro ?

DON HENRIQUE.
Très-bien ! s'il est de votre goût !
(Lisant le titre.)
Le Brigand !
(A part, avec humeur.)
Encore un !... J'en rencontre partout !...
Bien différent de Sébastien !
(Haut.)
Un autre
Ne vous conviendrait pas ?

DIANA.
J'aime mieux celui-ci.

DON HENRIQUE, lisant le titre.
Le Brigand du Rocher Noir ! C'est joli ! Voici !
(Chantant.)
Dans les défilés des montagnes,
Sous la voûte du Rocher Noir...
(Un courrier entre en ce moment, remet des dépêches au comte de Campo Mayor, et sort avec don Sébastien, qui ne le quitte pas et semble l'interroger.)

CAMPO MAYOR, ouvrant les dépêches.
De mes collègues les ministres,
Des dépêches... O ciel !

DON HENRIQUE, à Campo Mayor.
Eh ! mais, sont-elles donc
Fâcheuses et sinistres ?

CAMPO MAYOR.
Non pas !

DON HENRIQUE.
Heureuses ?

CAMPO MAYOR.
Non !
(Montrant la porte de l'appartement à gauche.)
J'entre en mon cabinet, car il faut que je donne
Des ordres... Je reviens; mais, surtout, que personne
Ne se dérange... Je le veux !
(A don Henrique et à Diana.)
Continuez !
(A part, se dirigeant vers la porte à gauche, relisant les dépêches.)
Si c'est vrai, c'est affreux !...

DON HENRIQUE et DIANA.
Dans les défilés des montagnes,
Sous la voûte du Rocher Noir...

DON SÉBASTIEN, rentrant par la porte du fond et s'adressant à Campo
Mayor, qui va entrer dans son cabinet.
Presque aux portes de ce domaine,
Une riche voiture est brisée...

TOUS.
Ah ! grands dieux !

DON SÉBASTIEN.
Et les voyageurs, fort en peine,
Demandent, pour une heure ou deux,
L'hospitalité.

CAMPO MAYOR.
Soit ! qu'ils viennent !... Le ministre
Lui-même aurait voulu les recevoir...
(A don Sébastien.)
Chargez-vous de ce soin.
(Don Sébastien s'incline et sort.)

CAMPO MAYOR à Diana.
Et toi, c'est ton devoir,

Ma fille, accueille-les...
(Montrant le cabinet.)
Pendant que j'administre...
(Il entre dans le cabinet.)

DON HENRIQUE, sa musique à la main.
A moins d'un coup du sort, impossible à prévoir,
(Montrant son papier.)
Des défilés de la montagne,
Nous ne sortirons pas ce soir !
Allons, ma gentille compagne...

DON HENRIQUE et DIANA.
Dans les défilés des montagnes,
Sous la voûte du Rocher Noir...
Jeunes filles de nos campagnes,
Gardez-vous de passer le soir !...

SCÈNE IV.

LES MÊMES ; pendant que don Henrique et Diana chantent auprès de Clarecia et que tout le monde est assis autour d'eux, paraissent, à la porte du fond, en habits de voyage, REBOLLEDO, tenant sous son bras la cassette qu'on a vue au premier acte ; CATARINA, à qui DON SÉBASTIEN donne la main à son entrée ; les personnes qui sont assises veulent se lever. Catarina fait un geste de la main pour qu'on ne se dérange pas, et, surtout, pour qu'on n'interrompe pas les chants, et elle vient doucement se placer sur un fauteuil au bord du théâtre, à gauche : don Sébastien et Rebolledo se tiennent debout derrière elle.

DON HENRIQUE, qui chantait, l'aperçoit en ce moment en face de lui.
O ciel !...
(Balbutiant en chantant.)
Jeunes filles des campagnes...
Des campagnes...

DIANA.

Qu'avez-vous donc?

DON HENRIQUE.

Moi? rien! Je n'y vois plus!
Ou j'y vois mal!

(Chantant.)

Dans les défilés des montagnes...
Des montagnes...

(S'arrêtant.)
Je m'y perds!

DIANA.

Mon cousin... c'est vous qui n'allez plus!

DON HENRIQUE, hors de lui.

Non, non, mais à mes yeux tout est trouble et confus!

Ensemble.

DON HENRIQUE, à part.

O surprise nouvelle!
Elle est là, je la vois;
Et je frémis pour elle,
Et de trouble et d'effroi.

CATARINA et REBOLLEDO, de même.

O surprise nouvelle!
C'est lui que je revoi!
Mais, discret et fidèle,
Il gardera sa foi!

DIANA, DON SÉBASTIEN et LE CHŒUR, montrant don Henrique.

Oui, malgré tout son zèle,
Il s'embrouille, je croi.
La musique nouvelle
Lui cause cet effroi!

CATARINA, à Diana, qui veut rester près d'elle.

Non, nous serions désolés d'interrompre
Ce concert délicieux.
Continuez, de grâce!

DIANA.
Eh quoi ! près de ces lieux,
Votre chaise vient de se rompre ?...

CATARINA.
Eh ! oui, vraiment, un accident,
Qui de nos postillons prouve la maladresse.
Je voyageais avec mon intendant...

DON HENRIQUE, vivement, et montrant Rebolledo.
Ah ! monsieur est intendant ?

REBOLLEDO, saluant.
De madame la comtesse.

TOUTES LES DAMES, à demi-voix.
Ah ! c'est une comtesse ?

REBOLLEDO, élevant la voix.
La comtesse de Villa-Flor !...

DON HENRIQUE, à part.
Allons, autre mensonge encor !

CATARINA, à Diana.
Et je viens implorer la bonté protectrice...

DON HENRIQUE, à haute voix, et avec intention.
Du comte de Campo Mayor,
Du ministre de la justice...

CATARINA et REBOLLEDO, à part.
Ah ! grand Dieu !

DON HENRIQUE, de même.
C'est chez lui que vous êtes !

CATARINA, à part.
J'entends !

DON HENRIQUE, bas à Catarina.
Et si vous m'en croyez, n'y restez pas longtemps !

Ensemble.

DON HENRIQUE.
O surprise nouvelle, etc.

REBOLLEDO et CATARINA.

O surprise nouvelle ! etc.

DIANA et DON SÉBASTIEN, regardant Catarina.

Qu'elle est aimable et belle !
Ah ! chacun, je le crois,
Serait heureux, près d'elle,
De vivre sous sa loi !

DIANA, s'adressant à don Henrique.

Allons, mon cher cousin, et pour la señora...

CATARINA, à part, souriant.

Son cousin !... C'est, alors, la belle Diana.

DIANA.

Achevons donc notre romance.

CATARINA.

Que de bontés !... J'écoute.

DON HENRIQUE.

Oh ! non ! je ne pourrais...

DIANA.

Et pourquoi donc ?

DON HENRIQUE, jetant le papier sur le clavecin.

Elle est trop difficile !

CATARINA, prenant le papier qu'elle parcourt des yeux.

Eh ! mais,
Rien n'est plus simple... et, je le pense,
Tout le monde la chanterait.

DIANA, vivement.

Vous, sans doute ?

CATARINA, souriant.

Mais, oui... si j'étais nécessaire,
Mais je ne le suis pas !

DIANA.

Vous l'êtes, en effet,
Car mon cousin refuse ; et c'est là le salaire
Que j'attends de votre bonté,
Comme prix, señora, de l'hospitalité.

REBOLLEDO, voulant la retenir.

Mais, madame...

DON HENRIQUE, à part.

Elle accepte! Ah! grand Dieu! quelle audace!...
Lorsque mon oncle est là... quand on peut les saisir!
Ah! c'est d'un aplomb qui me passe,
Et, pour elle, me fait frémir!

NOCTURNE à deux voix.

CATARINA et DIANA.

Dans les défilés des montagnes,
Sous la voûte du Rocher Noir,
Jeunes filles de nos campagnes,
Gardez-vous de passer le soir!

Là, presque invisible,
Se cache, dit-on,
Un brigand terrible,
L'effroi du canton!
Qui, seul de sa bande,
Pouvant tout oser,
Jamais ne demande
Rien qu'un seul baiser!
Chacun a des doutes
Sur l'audacieux...
Mais nous disons toutes :
C'est un amoureux!
Tra la, la, la, la!

Ensemble.

DON HENRIQUE, à demi-voix, à Catarina.

Assez, assez!... mon oncle peut venir!
Assez, assez!... hâtez-vous de partir!

CATARINA.

Tra la, la, la, la!
La, la, la, la, la!

LE CHOEUR.

Douce voix qui vient nous ravir,
Ah! que de charme et de plaisir!

DON HENRIQUE, de même, à Catarina.
Ah ! c'est vouloir tenter le sort !
Assez !
　　　　　　　DIANA, qui l'entend.
Comment, assez !
　　　DON HENRIQUE, tout haut et feignant de se tromper.
　　　　　　　　Je voulais dire : Encor !
　　　　　　　CATARINA et DIANA.
　　　　　　　Oui, toujours il guette
　　　　　　　Les minois fripons ;
　　　　　　　Galment il arrête
　　　　　　　Les jeunes tendrons ;
　　　　　　　Et quand au passage
　　　　　　　On vient s'exposer,
　　　　　　　Pour droit de péage
　　　　　　　Il veut un baiser !
　　　　　　　Chacun a des doutes
　　　　　　　Sur l'audacieux ;
　　　　　　　Mais nous disons toutes :
　　　　　　　C'est un amoureux !
　　　　　　　Tra la, la, la, la !
　　　　　　　　DIANA, à Catarina.
Vous avez avec moi, charmante señora,
　　Daigné chanter, et c'est beaucoup déjà ;
Mais tant de complaisance est par vous prodiguée,
Qu'ici je voudrais bien vous entendre à présent,
Seule !
　　　　　DON HENRIQUE, vivement, à Diana.
　　Y pensez-vous ?... C'est abuser...
　　　　　　　　　CATARINA.
　　　　　　　　　　　　Non, vraimen' !
Je ne suis pas du tout fatiguée !
　　　　　(Elle chante seule.)
　　　　Ah ! je veux briser ma chaîne,
　　　　　　Disait le bel Ivan !
　　　　Tu causes trop de peine,
　　　　　　Amour, va-t'en !

Il s'envolait déjà,
Ivan le rappela...
Ah ! ah ! ah ! ah ! ah !
Qui le maudit toujours y reviendra...

DON HENRIQUE, bas, à Catarina.

Prenez garde ! Je frémis... c'est assez !

CATARINA, de même.

Allons, n'ayez pas peur,
Calmez votre frayeur.

DON HENRIQUE, de même.

Mais mon oncle...

CATARINA, de même.

Il ne vient pas !

(Haut.)
Tra la, la, la, la !

DON HENRIQUE, bas, à Catarina.

Mais s'il vient ?

CATARINA, de même.

Il m'applaudira !

Ensemble.

DON HENRIQUE, à Catarina.

Assez, assez !... hâtez-vous de partir !
Assez, assez !... mon oncle va venir !

CATARINA.

Tra la, la, la, la, la, la, la, la, la !

LE CHOEUR.

Douce voix qui vient nous ravir,
Quel charme heureux et quel plaisir !

DON SÉBASTIEN et LES ASSISTANTS, entourant Catarina.

C'est charmant ! c'est délicieux !

CATARINA.

Vous êtes trop bons !

DON HENRIQUE, à part.

Elle reçoit leurs compliments avec une aisance et un sang-froid...

REBOLLEDO, qui a entendu don Henrique.

Madame la comtesse y est habituée.

DIANA.

Le bal commence dans les salons à côté... et si, pendant les deux heures qu'elle nous donne, la señora voulait accepter une danse française ou une valse...

CATARINA.

Je vous remercie.

DON HENRIQUE, à part.

C'est bien heureux !... j'ai cru qu'elle allait encore accepter !

DIANA, à Rebolledo, montrant la table de jeu.

Monsieur voudrait-il jouer ?... (A don Sébastien.) Don Sébastien, offrez à monsieur une carte ou des dés.

DON HENRIQUE, à part, montrant don Sébastien qui s'assied à un trictrac avec Rebolledo.

Le malheureux va se faire duper ! ou s'il gagne, on le paiera en fausse monnaie... Et ne pouvoir l'avertir ! n'importe ! ayons l'œil sur lui.... car il y a ici tant d'or et de diamants, que cela m'effraie pour mes nouvelles connaissances !...

DIANA, à Catarina, la conduisant à une table à droite, où sont déjà des dames.

Aimez-vous mieux, ainsi que ces dames, parcourir ces gravures, ces livres et ces gazettes ?

CATARINA, à Diana.

On ne m'avait pas trompée, en me parlant de la belle Diana comme de la personne la plus gracieuse et la plus aimable !

19.

DIANA, qui a ouvert une gazette.

Ah! mesdames, voici, dans *la Gazette de l'Estramadure*, l'aventure la plus bizarre et la plus amusante... Une histoire de voleurs!...

TOUTES LES DAMES.

De voleurs!... ah! quel plaisir!

DON HENRIQUE, à part.

C'est comme un fait exprès!... je n'entendrai parler que de cela!

DIANA, lisant.

C'est un nommé Pedro... un domestique...

DON HENRIQUE, à part.

Le mien.

DIANA.

Qui fait un récit effroyable de ce qu'il a vu.

DON HENRIQUE.

Un poltron... un menteur...

DIANA, lisant.

Du tout... Séparé de son maître et tombé par hasard dans une caverne de brigands, près l'ermitage Saint-Hubert!...

DON SÉBASTIEN, qui joue avec Rebolledo.

Saint-Hubert... des brigands!... ce n'est pas possible!

REBOLLEDO, froidement.

Et pourquoi donc?... ça n'est pas si rare!

DON SÉBASTIEN.

Eh bien! monsieur, moi qui vous parle, je n'ai pas pu en rencontrer un seul...

REBOLLEDO.

C'est jouer de malheur!

DON HENRIQUE, avec intention.

C'est vrai... Car on en a souvent sous la main...

CATARINA, à don Henrique, qui se trouve près d'elle.

Seigneur cavalier... prenez garde!

DON HENRIQUE, à part.

O ciel !

CATARINA, montrant le bas de sa robe.

Vous froissiez ma robe...

DON HENRIQUE.

Pardon, señora... je ferai attention... je vous le promets !...

CATARINA, froidement.

J'y compte. (Se retournant vers Diana, qui continue de lire.) Eh bien, madame ?

DIANA.

Eh bien !... tombé dans un précipice, ce domestique, par une espèce de soupirail formé entre les rochers, a plongé dans l'intérieur de la caverne, où il ne distinguait qu'imparfaitement les objets... aussi, n'a-t-il vu qu'une partie de ces brigands... et il en a compté jusqu'à quatre mille !

REBOLLEDO, vivement.

Il n'y en a seulement pas le quart !... (Se reprenant et à don Sébastien.) je le suppose.

DIANA.

Ce n'est rien encore !... voici l'admirable, le romanesque.. et ce qui va piquer votre curiosité au dernier point... Devinez quel est le chef de ces brigands !

DON SÉBASTIEN.

Quelque vieux contrebandier échappé des présides ?

DIANA.

Du tout ! (A Catarina.) Cherchez un peu.

CATARINA.

Je ne trouve jamais rien !

DON SÉBASTIEN.

C'est comme moi.

REBOLLEDO, à don Sébastien.

Ah ! vous ne trouvez rien ?

DIANA.

Eh bien ! mesdames, c'est une femme !

TOUTES LES DAMES.

Une femme !

DIANA.

Une très-jolie femme !

CATARINA.

Bah ! les voyageurs exagèrent toujours... (à don Henrique.) Qu'en dit monsieur le marquis ?

DON HENRIQUE, hors de lui.

Je dis... je dis... que c'est d'une audace à vous renverser, à vous confondre !

DON SÉBASTIEN.

Il a raison... c'est impossible !

DIANA, lisant.

Pedro l'a vue... vue de ses propres yeux ! et la preuve, c'est qu'il en donne le signalement le plus exact et le plus minutieux... il est là !

DON HENRIQUE, à part.

O ciel !... (Voulant prendre la gazette.) Donnez, ma cousine... donnez-le-moi...

DIANA, la serrant.

Du tout... je le garde pour mon père... qui peut et qui doit en tirer parti !

DON HENRIQUE.

Mais vous ne pouvez pas voir monsieur le comte, qui est renfermé là... dans son cabinet...

DIANA.

Qu'importe ?... je vais le lui porter, et lui présenter madame...

CATARINA, à part.

O ciel !... (Haut.) Pardon ! je ne suis pas en costume de bal...

DIANA.

N'est-ce que cela ?... je vais vous faire donner un appartement... le mien, si vous le voulez ?

(On entend un prélude de contredanse.)

DON SÉBASTIEN.

Une sarabande !... c'est le bal qui commence.

TOUS.

Le bal !

PLUSIEURS DAMES, à Diana.

Venez-vous, mademoiselle ?

DIANA.

Oui, mesdames... je suis invitée... (cherchant.) par qui donc ?...

DON HENRIQUE, avec embarras.

Serait-ce par moi ?

DIANA, de même.

Je ne crois pas.

DON HENRIQUE.

Ni moi non plus !... (Bas et vivement à don Sébastien.) Dis que c'est toi !

DON SÉBASTIEN, étonné.

Pourquoi donc ?...

DON HENRIQUE, de même.

Dis toujours !

DON SÉBASTIEN, à Diana.

C'est moi, señora... c'est moi !

DIANA.

C'est vrai... je me le rappelle... et vous demande pardon de l'avoir oublié... Venez-vous ?..

DON SÉBASTIEN.

Je vous suis. (Diana sort avec tout le monde, excepté Catarina, don Sébastien et don Henrique, pendant que l'orchestre continue le prélude.

(Don Sébastien se rapprochant vivement de don Henrique.) Est-ce que ce bal, est-ce que ce mariage te contrarieraient ?...

DON HENRIQUE.

Par exemple !

DON SÉBASTIEN.

Tu peux me le dire, à moi, ton ami !

DON HENRIQUE.

Du tout !... ma cousine est charmante !... (Regardant Catarina.) et ne fût-ce que pour éloigner à jamais !...

DON SÉBASTIEN.

Quoi donc ?

DON HENRIQUE.

Je te parle de la contredanse, dont je viens de me débarrasser... Mais ce mariage... il le faut !... il le faut !...

DON SÉBASTIEN.

Tu dis cela avec fureur !...

DON HENRIQUE.

C'est que je suis furieux !... c'est que je suis fou... amoureux fou de ma cousine... Va donc... va donc !... elle t'attend... et surtout ne la quitte pas !...

DON SÉBASTIEN.

Oui, mon ami, j'y vais !

(Il sort et ferme la porte du salon.)

SCÈNE V.

DON HENRIQUE, qui a reconduit don Sébastien jusqu'à la porte du salon ; CATARINA, assise à droite.

DON HENRIQUE, redescendant en scène.

Comment ! tu es encore là, tranquillement !... tu ne te hâtes pas de partir et de disparaître ?

CATARINA, froidement.

Rien ne presse !... il faut bien attendre que ma voiture soit réparée !...

DON HENRIQUE.

Tu ne sais donc pas les dangers qui te menacent ?

CATARINA, de même.

Si vraiment !... mais où serais-je plus en sûreté que dans la maison même du ministre de la justice ?...

DON HENRIQUE, à part.

Elle a encore raison !... (haut.) Mais comment ne t'es-tu pas enfuie avec tes compagnons ?... car, si je me le rappelle, ils doivent être embarqués... eux et leurs trésors !...

CATARINA.

Eh bien ! alors, il n'y a plus de fausse monnaie dans le royaume !... De quoi te plains-tu ?

DON HENRIQUE.

Pourquoi ne les as-tu pas suivis ?... pourquoi es-tu ici ?...

CATARINA.

D'abord, la question n'est pas galante !... et puis, j'avais probablement quelque affaire importante qui me retenait... quelque projet.

DON HENRIQUE.

Encore quelque projet coupable !... quelque ruse ! quelque fourberie !...

CATARINA, avec fierté.

Sandoval !

DON HENRIQUE.

Ah ! l'indignation te sied bien !... après tous les mensonges que tu m'as faits !... Ce Rebolledo, que tu disais ton oncle... et qui maintenant est ton intendant !

CATARINA, riant.

L'un n'empêche pas l'autre !... Si je prends mon oncle pour intendant, c'est une économie.

DON HENRIQUE.

Avoue plutôt qu'il n'est ni l'un ni l'autre !

CATARINA.

C'est possible !

DON HENRIQUE.

Quel est-il donc, alors ?... ton fiancé ?... ton mari ?...

CATARINA, riant.

Lequel aimes-tu le mieux ?

DON HENRIQUE, avec colère.

Ah ! si je le savais !... J'irais à l'instant vous livrer tous les deux !

CATARINA, froidement.

Je t'en défie !

DON HENRIQUE.

Et qui m'en empêcherait ?

CATARINA.

Ta promesse !... tu l'as juré !... et dans le peu de temps que nous avons passé ensemble, j'ai vu sans peine que tu étais un galant homme... un homme d'honneur... et je suis tranquille !...

DON HENRIQUE.

Tranquille ! dans un état pareil !... mais moi, qui n'y suis pour rien... c'est-à-dire, qui, malgré moi, suis votre confident et votre complice... je sentais tout à l'heure comme un battement de cœur... comme une sueur froide à l'idée seule de vous voir reconnus et arrêtés devant tout ce monde !... je tremblais... je tremble encore pour vous !...

CATARINA, vivement, lui pressant la main.

C'est vrai !

DON HENRIQUE.

Oui, oui, partez ! allez-vous-en !... car depuis que vous êtes ici, je n'existe plus,... je ne sais ni ce que je dis, ni ce que je fais... et au trouble, à la terreur que j'éprouve, je croirais presque, si ce n'était profaner un tel nom et un tel sentiment, je croirais presque que je vous aime !

CATARINA, froidement.

Je l'ai bien vu !

DON HENRIQUE.

Non, non !... cela n'est pas... ce n'est pas possible... ce serait trop indigne... trop honteux !... Va-t'en, te dis-je !... va-t'en !...

CATARINA.

Tu as raison... Toi, don Henrique de Sandoval, tu ne peux pas sans rougir jeter les yeux sur moi !... ce soir, d'ailleurs, on signe ton contrat avec une personne de haute naissance... tu dois l'aimer... tu l'aimes !...

DON HENRIQUE.

Eh bien ! non... je ne l'aime pas !... c'est ce dont j'enrage... je ne l'aimerai jamais... je le sens maintenant... et l'honneur et la probité me défendent de contracter une union qui ferait mon malheur et le sien !... Écoute, Catarina, écoute-moi... nous sommes seuls, et personne ici ne peut me voir rougir... si tu veux, je te cache à tous les yeux... je t'emmène à Lisbonne... tu oublieras le passé... je l'oublierai moi-même... cet or, ces parures, ces richesses que tu aimes tant... je te les prodiguerai... à toi ma fortune entière... mon existence... mon amour !

CATARINA, avec fierté.

Moi ! votre maîtresse !

DON HENRIQUE.

Silence !... je veux t'arracher au châtiment... à la honte qui te menacent !... tu ne fus qu'égarée... et ma voix rappellera dans ton âme des sentiments d'honneur et de vertu que tu es faite pour connaître et pour comprendre... oui, tu abjureras tes erreurs passées... tu les oublieras... tu deviendras une honnête fille... (Voyant qu'elle détourne la tête.) et déjà, je le vois, tu es émue... tu pleures... (Catarina se retourne en riant.) Non... tu ris... tu ris de moi !... ah ! c'est indigne !... et je te déteste !...

CATARINA.

Et vous avez tort, monseigneur... Je vous remercie de vos bonnes intentions... Mais je ris de vous entendre me parler de vertu, en me proposant d'y manquer!

DON HENRIQUE.

Elle a raison!

CATARINA.

Moi, bohémienne, j'ai de l'honneur à ma manière... et jamais je ne serai votre maîtresse... passe pour être votre femme!

DON HENRIQUE, avec indignation.

Ma femme!

CATARINA.

Mais, rassurez-vous, je refuserais.

DON HENRIQUE.

Tu refuserais?

CATARINA.

Pour vous, don Henrique... pour vous, qui méritez mieux que Catarina la bohémienne... car vous êtes un bon et loyal jeune homme... que j'estime, que j'aime... autant que je puis aimer... Et si mon amitié ne vous paraissait pas trop audacieuse... ou trop indigne... je vous prierais d'en recevoir un gage... un souvenir... Cette bague...

DON HENRIQUE.

Donne!

CATARINA.

Mais votre cousine peut-être s'en offenserait?

DON HENRIQUE.

Non, non... car désormais ce mariage est impossible... Je le lui dirai. Donne, te dis-je... (Il prend la bague et aperçoit Diana, qui entre par le fond.) Dieu! c'est elle!

SCÈNE VI.

Les mêmes; DIANA.

DIANA.
Pardon, señora, de vous avoir abandonnée aussi longtemps... je dansais, et j'espère bien que vous suivrez mon exemple... Dans mon appartement, qui vous attend, vous trouverez toutes mes parures de bal, que je mets à votre disposition.

DON HENRIQUE.
Impossible, ma cousine!... La señora me disait tout à l'heure qu'elle avait hâte de partir.

DIANA.
Je viens alors lui annoncer une mauvaise nouvelle... fort heureuse pour nous... Sa voiture ne peut être réparée que demain, très-tard.

CATARINA.
Ah! mon Dieu! Je vois alors, comme vous dites, qu'il faut me résigner...

DIANA.
Et danser?

CATARINA, gaîment.
Et danser!

DON HENRIQUE, bas à Catarina.
Quoi! vous pourriez?...

CATARINA.
Adieu, monsieur le marquis... adieu, señora. Je reviens.

SCÈNE VII.

DON HENRIQUE, DIANA.

DUO.

DIANA.

Savez-vous, mon cousin, un fait bien étonnant?
Nous n'avons pas encor dansé de la soirée.

DON HENRIQUE.

J'y pensais... j'allais vous inviter.

DIANA.

Ah! vraiment!

DON HENRIQUE.

De tant d'adorateurs vous êtes entourée
Qu'on n'osait approcher...

DIANA.

Je suis prête... J'entends
Commencer une sarabande...
Partons.

DON HENRIQUE.

C'est, ma cousine, une faveur bien grande!

DIANA.

C'est pour moi, mon cousin, un plaisir des plus grands!

Ensemble.

DIANA.

Ah! si j'osais... Allons! du courage et du cœur!
Près d'un cousin pourquoi cette frayeur?
De la franchise... Aussi, pourquoi trembler?
Il faut tout dire... allons il faut parler!

DON HENRIQUE.

Ah! si j'osais... Allons! du courage et du cœur!
Pour un cousin pourquoi cette frayeur?
De la franchise... Aussi pourquoi trembler?
Il faut tout dire... allons il faut parler!

DON HENRIQUE.
Vous tenez donc beaucoup à cette sarabande?

DIANA.
Et vous, mon cher cousin?

DON HENRIQUE.
Moi, je vous le demande.

DIANA.
Pas beaucoup.

DON HENRIQUE.
Moi non plus... et puis j'aurais, je crois,
A vous parler.

DIANA.
C'est comme moi.

DON HENRIQUE.
Eh bien! nous voilà seuls.

DIANA.
C'est rare... et j'ai l'idée
Qu'au lieu d'aller danser peut-être il vaudrait mieux...

DON HENRIQUE.
Rester.

DIANA.
M'y voilà décidée.

DON HENRIQUE.
Et causer.

DIANA.
Causons donc.

DON HENRIQUE.
Tous les deux.

DIANA.
Tous les deux.

Ensemble.

DIANA.
Voici l'instant! Allons! du courage et du cœur! etc.

DON HENRIQUE.
Voici l'instant ! Allons ! du courage et du cœur ! etc.

DIANA.
Allons ! dites... je vous écoute.

DON HENRIQUE.
Dites vous-même...

DIANA.
Il est plus naturel
Que ce soit vous qui commenciez...

DON HENRIQUE.
Sans doute.
Eh bien ! donc, señora, je vous adore...

DIANA, à part.
O ciel !

DON HENRIQUE.
C'est-à-dire... je vous aime
De tout mon cœur !

DIANA.
Et moi de même.

DON HENRIQUE.
Mais, voyez-vous, à part moi, je me dis
Qu'il faut, d'abord...

DIANA.
C'est aussi mon avis...

DON HENRIQUE.
Par la franchise il faut qu'on brille !

DIANA.
C'est juste !

DON HENRIQUE.
Eh bien ?
(On entend sonner chez le ministre.)
Mon oncle !

DIANA.
Ah ! Dieu, que c'est gênant !

On ne peut un instant
S'expliquer en famille !

Ensemble.

DIANA.

Ah ! quel malheur ! Allons ! du courage et du cœur ! etc.

DON HENRIQUE.

Ah ! quel malheur ! Allons ! du courage et du cœur ! etc.

SCÈNE VIII.

LES MÊMES ; CAMPO MAYOR.

CAMPO MAYOR.

Enfin, et, grâce au ciel, mes ordres sont donnés et mes courriers expédiés dans toutes les directions... Je suis à vous maintenant pour toute la soirée !

DON HENRIQUE.

Les dépêches que vous avez reçues sont donc bien importantes ?

CAMPO MAYOR.

Plus que je ne peux te dire !... Imagine-toi que les ministres mes collègues, qui forment avec moi le conseil de régence, m'ont écrit que par un attentat audacieux, inouï, on avait enlevé à Lisbonne, et dans le palais même, tous les diamants de la couronne.

DON HENRIQUE.

Est-il possible ?

CAMPO MAYOR.

Les plus beaux diamants de l'Europe, qui de temps immémorial étaient renfermés sous triple serrure dans le coffre royal... Des sommes immenses, incalculables !

DIANA.

Et comment un pareil vol a-t-il été commis ?

CAMPO MAYOR.

C'est ce qu'on ne peut s'expliquer !... Mais les coupables ne sont point encore sortis du royaume... peut-être même n'ont-ils pas encore quitté Lisbonne... et je viens d'ordonner sur toute la route la surveillance la plus active... Défense de fournir des chevaux à personne... Défense de laisser passer aucune voiture, excepté la mienne, dont les armes sont connues ainsi que ma livrée... et pour peu que le plus léger indice nous mette seulement sur la trace...

DON HENRIQUE, serrant la main de Campo Mayor.

Disposez de moi, mon cher oncle... et comptez sur mon activité, mon zèle...

CAMPO MAYOR, lui prenant la main.

Ah ! mon Dieu ! qu'as-tu donc là ?

DON HENRIQUE.

Rien... une étincelle de peu de prix.

CAMPO MAYOR.

De peu de prix, dis-tu ?... Eh ! mais, je ne me trompe pas... je la reconnais... je ne connais que cela... C'est la *brésilienne !*

DIANA.

Que dites-vous ?

CAMPO MAYOR.

Un des diamants de la couronne... une étincelle renommée par son éclat... et qui dans la nuit éclairerait comme une escarboucle... (Voulant éteindre les bougies.) Tu vas voir.

DON HENRIQUE.

Non, non, c'est inutile, et je vous crois.

CAMPO MAYOR.

Comment est-elle en ton pouvoir ?

DON HENRIQUE.

Je ne sais... je l'ai achetée dernièrement.

CAMPO MAYOR.

D'un des voleurs... c'est certain !... Nous voilà sur la trace... Quel est-il ?

DON HENRIQUE, hésitant.

C'est... c'est... un marchand de Coïmbre.

CAMPO MAYOR.

Lequel ?

DON HENRIQUE.

C'est dans la grande rue qui mène au château.

CAMPO MAYOR.

Ce riche magasin... Samuel Mendoza le joaillier...

DON HENRIQUE.

C'est possible... je ne connais pas... Après cela, il se peut que lui-même ne soit pas coupable.

CAMPO MAYOR.

Eh ! n'importe, on peut toujours l'arrêter.

DON HENRIQUE.

Mais, mon oncle...

CAMPO MAYOR.

Ça ne peut pas faire de mal... On arrête toujours, quitte à s'informer après... à connaître après ses vendeurs, ses affidés, ses complices... car ils doivent être une bande.

DIANA.

Ah ! mon Dieu ! si c'était celle de la Catarina, ces bandits de l'Estramadure ?

DON HENRIQUE.

Qui n'existent pas, mon oncle le disait lui-même ce matin...

CAMPO MAYOR.

Oui, mais, depuis ce matin...

DON HENRIQUE.

Impossible !

CAMPO MAYOR.

N'importe ! il faut voir.

DIANA.

Mon père a raison... Il faut voir.

DON HENRIQUE, à Diana.

De quoi vous mêlez-vous ?... Est-ce que cela regarde les femmes, les demoiselles ?... Et cette sarabande que nous devions danser, l'avez-vous oubliée ?

DIANA.

Eh bien ! par exemple ! vous y aviez renoncé... et je veux d'abord montrer à mon père l'article du journal où l'on parle de la Catarina... où l'on donne son signalement.

DON HENRIQUE.

Est-ce que mon oncle a le temps ?... occupé comme il est... Ne parlait-il pas de prendre des informations sur Samuel Mendoza ?...

CAMPO MAYOR.

C'est juste ! je vais expédier un alguazil à cheval, pour l'arrêter.

DON HENRIQUE.

Ce n'est pas cela que je disais !

CAMPO MAYOR.

Et tu as raison de m'y faire penser !... je vais signer l'ordre... (Il s'assied, et en écrivant il dit à Diana.) Mets ce journal sur ma table, dans mon cabinet... car dans ce moment, tu vois que je n'ai pas le temps.

DON HENRIQUE, à Diana.

Il n'a pas le temps !

DIANA.

N'est-ce que cela ?... je vais vous le lire !...

DON HENRIQUE.

Pour l'empêcher d'écrire... pour le troubler... il va en faire arrêter un autre.

DIANA.

Du tout ! (Lisant.) « La Catarina est une jeune et jolie femme, qui a des cheveux blonds et des yeux bleus !... »

DON HENRIQUE, à Campo Mayor.

Mon oncle... et Samuel Mendoza ?...

DIANA, lisant.

« Des cheveux blonds, des yeux bleus !... »

CAMPO MAYOR, distrait, à don Henrique.

Samuel Mendoza a des cheveux blonds ?...

DIANA, lisant.

« La Catarina !... »

DON HENRIQUE, à Campo Mayor.

Et votre départ pour Lisbonne, vous n'y pensez pas ?...

CAMPO MAYOR.

Ce soir, après le contrat !... Ma fille !...

DIANA, lisant toujours.

« La Catarina !... »

DON HENRIQUE, à Diana.

Écoutez donc votre père, qui vous parle...

CAMPO MAYOR.

Tu donneras des ordres... tu commanderas ma voiture et mes chevaux, pour qu'après le contrat nous partions tous les deux.

DIANA.

Oui, mon père !...

CAMPO MAYOR.

Entends-tu ?... car demain de bon matin, il faut que je sois à Lisbonne.

DIANA, parcourant le journal.

Ah ! mon Dieu ! quelle ressemblance ! quelle rencontre !... Est-ce possible ?...

DON HENRIQUE, à Campo Mayor qui s'est levé.

Venez, mon oncle... venez, je ne vous quitte pas... donnons cet ordre et d'autres encore... tous les ordres possibles.

CAMPO MAYOR.

Tu as raison !... hâtons-nous.

(Ils sortent vivement par le fond.)

SCÈNE IX.

DIANA, seule, lisant, avec effroi.

Mais oui... mais oui... c'est bien cela... tout à l'heure près de moi, je l'ai vue... voilà la peur qui me prend... et tout ce monde, ces deux ou trois cents personnes qui sont là... qui dansent, sans se douter de rien !... nous ne sommes pas en sûreté !... Au secours ! au secours !

SCÈNE X.

DIANA, DON HENRIQUE, rentrant par le fond; puis CATARINA.

DON HENRIQUE.

Taisez-vous ! taisez-vous !

DIANA.

Ah ! mon cousin, que je suis heureuse de vous voir !... venez me sauver la vie !

DON HENRIQUE.

Silence !...

(En ce moment, Catarina entre par la droite, se place sur le canapé, derrière la table, cachée par le dossier du fauteuil, de manière à n'être pas vue de Diana et de don Henrique.)

DIANA.

Vous ne savez pas que cette Catarina, cette femme horrible... non, qu'on dit si jolie... elle est ici !...

DON HENRIQUE.

Quelle folie !...

DIANA.

Voyez plutôt son signalement trait pour trait... c'est elle.

DON HENRIQUE.

Taisez-vous !

DIANA.

C'est elle, je vous jure.

DON HENRIQUE, lui arrachant le journal.

Ça n'est pas vrai.

DIANA, lui montrant le journal.

Mais ce papier le prouve.

DON HENRIQUE, le déchirant.

Il ne prouve rien ! car il n'existe plus.

DIANA.

Mais vous empêchez par là qu'on ne la reconnaisse... qu'on ne l'arrête.

DON HENRIQUE.

L'arrêter, dites-vous ?... plutôt mourir !

DIANA.

O ciel !

DON HENRIQUE.

Et si vous m'aimez, ma cousine, si vous avez pitié de moi... vous ne direz rien. Vous garderez le silence ! je vous en prie, je vous en conjure !...

DIANA.

C'est vous qui la défendez... qui la protégez ! (Avec indignation.) Est-ce que par hasard vous l'aimeriez ?...

DON HENRIQUE, hors de lui.

Vous l'avez dit !

DIANA, cachant sa tête dans ses mains.

Ah !...

20.

DON HENRIQUE.

Il faut m'aider à l'éloigner... à la sauver... (Avec force, voyant qu'elle hésite.) Vous m'aiderez, ou sinon!...

DIANA, tremblante.

Eh bien! oui, mon cousin... mais à une condition.

DON HENRIQUE.

Toutes celles que vous voudrez... ma fortune, ma vie!...

DIANA.

Je n'en demande pas tant!... mais ce soir, quand il faudra signer le contrat, c'est vous qui refuserez...

DON HENRIQUE.

Je le promets!

DIANA.

Qui direz : Non !

DON HENRIQUE.

Je le jure!

DIANA.

Devant mon père... devant le notaire!...

DON HENRIQUE.

Devant le monde entier... mais vous la sauverez?...

DIANA.

Et comment?...

DON HENRIQUE.

Il faut qu'elle parte à l'instant même... et sa chaise de poste est brisée.

DIANA.

Elle ne le serait pas, que ça reviendrait au même, car toutes les voitures sont arrêtées sur la route... excepté celle du ministre.

DON HENRIQUE.

C'est celle-là qu'il faut prendre.

DIANA.

Celle de mon père ?

DON HENRIQUE.

Il le faut! je le veux!... On vous a chargée de donner des ordres... donnez-les... que cette voiture soit prête pour elle... pour elle... entendez-vous?... ou sinon je dis : Oui... je signe au contrat... je vous épouse!...

DIANA, vivement.

Tout sera prêt, mon cousin!... tout sera prêt.

DON HENRIQUE.

A la bonne heure!... Où pourra-t-elle vous attendre?...

DIANA.

Là... dans le cabinet de mon père... personne n'y entre... il y a une seconde porte... un escalier dérobé qui donne sur la cour!...

DON HENRIQUE.

Très-bien.

DIANA.

Mais, à votre tour, songez au scandale, au danger et à la perdition de votre âme!...

DON HENRIQUE.

Mais allez donc... allez donc!... cette pauvre femme qu'il faut sauver...

DIANA.

Cette pauvre femme, dites-vous!... une femme épouvant... ah!...

(Catarina s'est levée vers la fin de cette scène et a gagné le milieu du théâtre; Diana l'aperçoit, et reste toute tremblante, puis, sur un geste de Catarina, elle s'enfuit sans retourner la tête.)

SCÈNE XI.

DON HENRIQUE, CATARINA.

DON HENRIQUE, à Catarina.

Quoi! tu étais là... comme un espion!... il ne te manquait plus que ça!...

CATARINA.

J'ai tout entendu...

DON HENRIQUE.

Ne m'approche pas!... va-t'en!

CATARINA.

J'en suis encore émue et attendrie.

DON HENRIQUE.

Et moi, je suis indigné et furieux... je te déteste, maintenant!... j'aurais dû, peut-être... mais l'autre jour, et parmi ces brigands, tu m'as sauvé la vie... c'est la seule chose que je n'oublierai pas!... Tiens, entre dans ce cabinet, et par une porte secrète tu sortiras... tu descendras dans la cour où une voiture t'attendra, toi et ton intendant... Eh bien! m'entends-tu, Catarina?... à quoi penses-tu?

CATARINA.

A toi!... (Avec curiosité.) Je voudrais bien savoir si réellement tu refuseras, pour moi, de signer le contrat?

DON HENRIQUE.

Voici mon oncle... va-t'en, Catarina... pour toi... pour ta vie!... (Catarina reste immobile.) Eh bien! non... pour moi!...

CATARINA, avec émotion.

Je t'obéis!...

(Elle entre dans le cabinet.)

DON HENRIQUE, avec effroi refermant la porte.

Adieu!...

SCÈNE XII.

DON HENRIQUE, CAMPO MAYOR, DON SÉBASTIEN, SEIGNEURS et DAMES.

FINALE.

CAMPO MAYOR, à quelques seigneurs.

Oui, je pars cette nuit... Dans le poste où je brille,
On ne s'appartient plus... on se doit à l'État.
Mais avant tout, je veux qu'entre amis, en famille,
De ma fille, messieurs, nous signions le contrat.

DON SÉBASTIEN, à part.

Le contrat! plus d'espoir!... Dieu! voici le notaire!

(Le notaire paraît. Campo Mayor va au devant de lui. Des valets apportent au milieu du théâtre une table et tout ce qu'il faut pour écrire. Le notaire s'y installe et écoute, en écrivant, les instructions que Campo Mayor lui donne à voix basse.)

DON HENRIQUE, près du cabinet, à part.

L'on ne part pas! j'écoute et n'entends rien.

DON SÉBASTIEN, apercevant Diana qui paraît.

C'est elle!...

(Bas, à Diana.)

C'en est fait! je vous perds!

DIANA, gaîment, et regardant don Henrique.

Au contraire!

DON SÉBASTIEN, à demi-voix.

Mais voici le contrat!

DIANA, de même.

N'importe!

DON SÉBASTIEN.

Et le notaire!...

DIANA.

N'importe! tout va bien!

DON SÉBASTIEN, à part, avec colère.

Quel air de joie et de conquête!

DON HENRIQUE, à demi-voix, à Diana.

Eh bien! la voiture?

DIANA, de même.

Elle est prête.

DON HENRIQUE, de même.

Alors, Catarina peut fuir?

DIANA, de même.

Sans doute.

(Lui prenant la main.)

Allons! du cœur!

DON HENRIQUE, cherchant à se remettre.

J'en aurai!

DIANA, souriant.

Comme il tremble!
A votre tour, tenez votre serment.

(Tous deux causent à la gauche du théâtre.)

DON SÉBASTIEN, les regardant avec dépit.

C'est qu'ils ont l'air de s'adorer!

CAMPO MAYOR, d'un air de triomphe.

Vraiment
Ils en ont l'air! Allons, voici l'instant!

(Il leur montre le notaire, qui vient d'achever le contrat et qui lui présente la plume.)

Ensemble.

DON SÉBASTIEN.

Ah! je tremble, je frissonne
Rien n'égale mon tourment,
L'espérance m'abandonne.
Voici le fatal moment.

CAMPO MAYOR.

De l'époux que je lui donne.
Je suis fier, je suis content.

D'un nouvel éclat rayonne
Mon nom, déjà si brillant.

DIANA, regardant don Henrique.

A l'espoir je m'abandonne;
Oui, je crois à son serment,
Et l'effroi que je lui donne,
Ne va durer qu'un moment.

DON HENRIQUE, regardant la porte à gauche.

Il faut, son salut l'ordonne,
Qu'elle s'éloigne à l'instant!
Ah! pour elle je frissonne,
Rien n'égale mon tourment!

LE CHŒUR, montrant Campo Mayor.

Au bonheur il s'abandonne,
Par cet hymen séduisant,
D'un nouvel éclat rayonne
Son nom, déjà si brillant!

CAMPO MAYOR, présentant la plume à Diana.

A toi, ma fille!

DON SÉBASTIEN, à part.

O ciel!

DIANA, à don Sébastien, à demi-voix.

Ne craignez rien...
Je vous l'ai déjà dit : Tout va bien! tout va bien!

DON SÉBASTIEN, part.

Mais quelle est donc sa dernière espérance?
Je devine... Elle va refuser... Ah! grand Dieu!
Elle signe?...

CAMPO MAYOR, à don Henrique.

A vous, mon neveu.

DON SÉBASTIEN, qui s'est rapproché de Diana.

Perfide!

DIANA, souriant, à demi-voix.

Tout va bien! Un peu de patience!

CAMPO MAYOR, à don Henrique.

C'est à vous de signer.

DON SÉBASTIEN, à part.

Quel malheur est le mien !

DON HENRIQUE, jetant la plume et redescendant la scène.

Je ne le puis !

CAMPO MAYOR, et les assistants qui l'entourent.

O ciel !

(Catarina se montre à la porte du cabinet.)

DON HENRIQUE, apercevant Catarina, à demi-voix.

Encore ici ?

CATARINA, de même, avec tendresse et approbation.

C'est bien ! Merci ! merci ! merci !

DON HENRIQUE, à demi-voix, avec effroi.

Fuyez ! fuyez !

(Catarina referme la porte et disparaît.)

DIANA, bas, à don Sébastien.

Je vous le disais bien...
Tout va bien ! tout va bien !

(Campo Mayor et les assistants descendent la scène en désordre.)

Ensemble.

DON HENRIQUE.

Ah ! j'en perdrai la tête !
Au diable le contrat !
Je brave la tempête,
Le scandale et l'éclat !
D'empêcher qu'on l'arrête
Quel est donc le moyen ?
Je cherche dans ma tête,
Et je n'y trouve rien.
Ah ! j'en perdrai la tête !
Quel tourment est le mien !

DON SÉBASTIEN.

C'est à perdre la tête !

Ah! quel heureux éclat!
A sa voix tout s'arrête.
Ah! j'étais un ingrat!
Elle fut bon prophète ;
Mais quel fut son moyen?
Je cherche dans ma tête,
Et ne devine rien!
Je cherche dans ma tête,
Et ne devine rien!

CAMPO MAYOR.

C'est à perdre la tête!
Au moment du contrat,
Troubler de cette fête,
Et la pompe et l'éclat!
Quel scandale s'apprête?
Quel projet est le sien?
Je cherche dans ma tête,
Et je n'y trouve rien!
C'est à perdre la tête!
Non, je n'y comprends rien!

DIANA, à don Sébastien.

Ils en perdront la tête!
Il n'est plus de contrat,
Plus d'hymen, plus de fête!
Vous étiez un ingrat!
Ai-je été bon prophète?
Tout va bien! tout va bien!
Mais je serai discrète,
Et je ne dirai rien.
Ils en perdront la tête!
Tout va bien! tout va bien!

LE CHŒUR.

C'est à perdre la tête!
Au moment du contrat,
Troubler de cette fête
Et la pompe et l'éclat!
Quel scandale s'apprête?
Quel projet est le sien?

Je cherche dans ma tête,
Et je ne trouve rien !
C'est à perdre la tête,
Ah ! je n'y comprends rien !

CAMPO MAYOR, à son neveu.

Vous parlerez... et d'une telle injure
Vous me direz le motif.

DON HENRIQUE.

Oui, plus tard !

(On entend le roulement d'une voiture.)

TOUS, écoutant.

Mais quel est donc ce bruit ?

CAMPO MAYOR, courant à une fenêtre.

Comment ! une voiture ?
Lorsque j'ai défendu... C'est la mienne qui part !

DON HENRIQUE, à part.

Je respire ! elle échappe au sort qui la menace.

CAMPO MAYOR, qui vient de sonner, à Diana.

Ma voiture qui part... que veut dire cela ?

DIANA, baissant les yeux.

Je l'ai fait préparer...

CAMPO MAYOR.

Et qui donc a l'audace
De la prendre ?

SCÈNE XIII.

LES MÊMES; PLUSIEURS VALETS.

LES VALETS.

Une jeune et belle señora,
Par l'ordre de mademoiselle.

CAMPO MAYOR, regardant Diana.

Qu'est-ce à dire ?

LES VALETS.
Et, de plus, par le vôtre, dit-elle.

CAMPO MAYOR.
C'est faux !

DIANA, s'enhardissant.
Très-faux !

CAMPO MAYOR.
Ce sont d'insignes faussetés.

LES VALETS.
Elle et son compagnon lestement sont montés,
Puis elle a dit son nom en partant...

CAMPO MAYOR.
Et, de grâce,
Quelle est cette impudente et belle señora ?

LES VALETS.
La Catarina.

TOUS, avec effroi.
La Catarina !

CAMPO MAYOR.
Cette chef de bandits ! Oh ! comble de l'audace !
Lorsque sa tête est mise à prix !
Partir dans ma voiture... à son aise, à ma place !

LES VALETS.
Avec une cassette.

CAMPO MAYOR.
Ah ! grand Dieu ! je frémis.
Si c'était...

DON HENRIQUE, à part.
Justement !

CAMPO MAYOR, aux valets.
Courez tous sur ses pas
A qui la saisira quinze mille ducats !

Ensemble.

CAMPO MAYOR.
C'est à perdre la tête,

Pour un homme d'État!
Quel orage s'apprête!
Quel bruit et quel éclat!
Partez, et qu'on l'arrête;
Mais, comment? quel moyen
Je cherche dans ma tête,
Et je ne trouve rien!

DON HENRIQUE.

C'est à perdre la tête,
Pour un homme d'État!
Quel orage s'apprête!
Quel bruit et quel éclat!
Il prétend qu'on l'arrête;
Mais comment? quel moyen?
Il cherche dans sa tête,
Mais il ne trouve rien!

DIANA.

Ils en perdront la tête! etc.

DON SÉBASTIEN.

C'est à perdre la tête! etc.

LE CHOEUR.

C'est à perdre la tête! etc.

CAMPO MAYOR.

Mais, je l'ai dit : Quinze mille ducats.
Partez! partez! suivez ses pas!

(Tout le monde sort en désordre.)

ACTE TROISIÈME

Un salon d'attente dans le palais de la reine, à Lisbonne. — Au fond, la salle du trône, séparée du salon d'attente par une colonnade; derrière les colonnes, de riches rideaux en velours, qui forment des portières à l'entrée du salon; à gauche du spectateur, trois grandes croisées, donnant sur la principale place de Lisbonne; à droite, les appartements particuliers de la reine. Une grande porte, et deux portes latérales.

SCÈNE PREMIÈRE.

DON HENRIQUE, DON SÉBASTIEN.

DON HENRIQUE.

Don Sébastien à Lisbonne... dans le palais de la reine... et, comme moi, sans doute, attendant audience de Sa Majesté?

DON SÉBASTIEN.

Eh! mon Dieu! oui... la compagnie que je commande est de service au palais... C'est aujourd'hui le couronnement de notre jeune souveraine! c'est aujourd'hui que le conseil de régence remet en ses mains le pouvoir... et, au commencement d'un règne, il est toujours facile d'obtenir...

DON HENRIQUE.

Des grâces et des faveurs!

DON SÉBASTIEN.

Je ne veux que justice...

DON HENRIQUE.

Eh, mais! par le temps qui court, c'est déjà une grande faveur... ne l'obtient pas qui veut. A peine arrivé, il m'a été facile de voir que tout allait assez mal dans notre beau royaume du Portugal et des Algarves... des fonctionnaires qui ne reçoivent pas de traitement et vendent leur conscience... une armée qui n'est pas payée... des finances en si mauvais état que la banqueroute est immanquable... Joli commencement de règne!

DON SÉBASTIEN.

Eh, mon Dieu!... toi, qui ne pensais jamais qu'au plaisir, tu te lances dans les affaires d'État... te voilà de la fronde et de l'opposition!

DON HENRIQUE.

Oui... parce que... parce que je suis de mauvaise humeur.

DON SÉBASTIEN.

Et de quoi?...

DON HENRIQUE.

De tout!... (Avec embarras.) Mais, dis-moi... toi, qui es venu avec mon oncle, et qui ne l'as pas quitté, tu ne pourrais pas me dire s'il a obtenu quelques renseignements sur cette femme, sur sa fuite?...

DON SÉBASTIEN.

Qui?... La Catarina et ses complices?...

DON HENRIQUE.

Oui, mon ami... Est-on sur leurs traces?... Mon oncle, qui est ministre de la police, a-t-il découvert quelque chose?...

DON SÉBASTIEN.

Rien... absolument rien!...

DON HENRIQUE, *gaîment.*

Je le reconnais là!... ce n'est pas lui qu'on accusera d'attenter aux libertés publiques... il n'a jamais pu arrêter personne... Et Diana, sa fille, quelles nouvelles?...

DON SÉBASTIEN.

Ah! mon ami! tu ne connais pas tous tes droits à mon dévouement et à ma reconnaissance... c'est par toi que j'existe encore... car, si ce mariage avait eu lieu... si tu avais épousé la cousine... vois-tu bien, j'en serais mort!

DON HENRIQUE.

Comment! c'était cela!... Diana avait donc une inclination?...

DON SÉBASTIEN.

Oui, vraiment!

DON HENRIQUE.

Et c'était toi?...

DON SÉBASTIEN.

Cela te fâche?...

DON HENRIQUE.

Au contraire... je suis ravi... enchanté... et si je peux vous aider, toi et Diana!...

DON SÉBASTIEN.

Silence!... on vient!

DON HENRIQUE.

Quelque grand seigneur qui sollicite aussi?

DON SÉBASTIEN.

Ton oncle et ta cousine...

SCÈNE II.

Les mêmes; CAMPO MAYOR, DIANA.

CAMPO MAYOR, saluant, puis reconnaissant son neveu.

Que vois-je?... Don Henrique de Sandoval, qui ose se présenter à mes yeux...

DON HENRIQUE.

Permettez, mon oncle... c'est vous qui vous présentez

devant moi... car nous étions les premiers... nous attendons audience de Sa Majesté... La cour est un terrain neutre où toutes les haines ont leurs entrées... ce qui n'empêche pas de se donner la main.

CAMPO MAYOR, le repoussant.

Jamais ! Je venais ici avec ma fille... La duchesse de Pombal, première dame d'honneur, veut bien la présenter à la reine, qui croyait la trouver mariée...

DON HENRIQUE.

Il ne tiendra qu'à vous... car voici un jeune gentilhomme qui l'aime... et qui en est aimé...

CAMPO MAYOR.

O ciel !...

DON SÉBASTIEN, à don Henrique.

Mon ami !...

DIANA, au même.

Mon cousin... (À demi-voix.) Et mon père, qui ne savait pas...

DON HENRIQUE.

Eh bien ! il le sait maintenant.

CAMPO MAYOR.

Monsieur, je ne dis pas que l'alliance de don Sébastien d'Aveyro ne soit fort honorable; qu'il fasse fortune, qu'il monte en grade, et nous verrons... Mais, pardon, nous avons, en ce moment, des affaires tellement graves et difficiles...

DON SÉBASTIEN.

Puis-je vous y servir ?... mon sang et ma vie sont à vous.

CAMPO MAYOR.

Eh mais ! voilà une occasion d'arriver... donnez-nous les moyens de retrouver les diamants de la couronne...

DON HENRIQUE et Diana, à part.

O ciel !...

CAMPO MAYOR.
Et l'on n'aura rien ici à vous refuser.

DON SÉBASTIEN, avec joie.
Est-il possible ! et comment ?...

CAMPO MAYOR.
En arrêtant la Catarina ou ses complices...

DON HENRIQUE.
La Catarina !...

CAMPO MAYOR, à don Sébastien.
Dont l'audace passe toutes les limites... Imaginez-vous qu'en arrivant à Lisbonne, j'ai trouvé dans la cour de mon hôtel ma chaise de poste qu'elle m'avait renvoyée.

DON HENRIQUE.
En vérité !...

CAMPO MAYOR.
Avec ces mots : « Je vous remercie de votre voiture que j'ai trouvée excellente et bien meilleure que la mienne. »

DON SÉBASTIEN.
La Catarina est donc ici, à Lisbonne ?... Soyez tranquille... je pars...

DON HENRIQUE, effrayé, le retenant.
Permets donc... tu ne sais seulement pas...

DON SÉBASTIEN.
N'importe... je réussirai !... Que j'aie le moindre indice... que je sois seulement sur leurs traces...

SCÈNE III.

LES MÊMES; L'HUISSIER de la chambre.

L'HUISSIER, annonçant.
Son Excellence le comte Antonio Las Morillas de Fuentès.
(Paraît Rebolledo, richement habillé, portant des plaques et des cordons.

Les acteurs sont placés dans l'ordre suivant : don Sébastien, le premier à gauche, sur le devant du théâtre ; Campo Mayor, remontant au fond, au-devant de Rebolledo, qui est placé le troisième ; Diana et don Henrique, à droite.)

QUINTETTE.

DIANA, l'apercevant.

O ciel !

DON HENRIQUE, l'apercevant.

O ciel !

(Rebolledo se retourne à gauche et salue don Sébastien.)

DON SÉBASTIEN, de même.

O ciel !

(Il le suit quelque temps des yeux avec stupéfaction, puis, voyant Campo Mayor qui lui parle à voix basse.)

Ah ! vous connaissez donc,
Vous êtes bien sûr de connaître
Le comte de Fuentès ?

CAMPO MAYOR.

En aucune façon.
Les Fuentès sont connus par eux-mêmes...

DON SÉBASTIEN, à part.

Peut-être...

CAMPO MAYOR, à Rebolledo.

Noble maison, je crois, du Beïra.

REBOLLEDO.

Oui, monseigneur.

CAMPO MAYOR.

Descendant de don Sanche ?

REBOLLEDO, froidement.

Nous sommes, nous : Fuentès de Tavira.

CAMPO MAYOR.

Alors, c'est une autre branche.
Je n'ai pas eu l'honneur de vous voir, je le crois,
A la cour.

REBOLLEDO, froidement.

M'y voici, pour la première fois...

DON SÉBASTIEN, à part, le regardant.

Plus de doute, c'est lui !

CAMPO MAYOR.

Vous y venez, je pense,
Pour le couronnement ?

REBOLLEDO, de même.

Oui, j'y suis invité :
La reine, ce matin, m'attend en audience.

DON SÉBASTIEN, à part.

O ciel ! ce n'est pas lui !

DON HENRIQUE, à part, regardant Rebolledo.

D'une telle impudence,
Je ne puis revenir...

(A don Sébastien qui le tire par son habit.)

Qu'est-ce ?

DON SÉBASTIEN, à demi-voix, lui montrant Rebolledo.

De ce côté,
Regarde...

DON HENRIQUE.

Eh bien ?

DON SÉBASTIEN.

Eh bien ! cette figure,
Le comte Antonio Las Morillas Fuentès
De Tavira... ne t'offre pas les traits
D'un coquin, d'un fripon...

DON HENRIQUE, à part, avec effroi.

O ciel !

(Haut.)

Non, je te jure !

DON SÉBASTIEN, de même.

De l'intendant de la Catarina !...

DON HENRIQUE, haussant les épaules.

Allons donc !

DON SÉBASTIEN.

Mais regarde...

DON HENRIQUE.

Allons donc !

DON SÉBASTIEN.

Je t'assure
Qu'il lui ressemble.

DON HENRIQUE.

Moi, je ne vois pas cela.

DON SÉBASTIEN, s'échauffant.

Quoi ! ces traits...

DON HENRIQUE, de même.

Non, mon cher...

DON SÉBASTIEN.

Quoi ! son air, sa tournure...

DON HENRIQUE.

Pas le moindre rapport.

DON SÉBASTIEN.

C'est frappant !

DON HENRIQUE.

Nullement.
Pas le moindre rapport, et tu rêves, vraiment.

Ensemble.

DON SÉBASTIEN.

Je ne sais si je veille ;
Ressemblance pareille
Me semble une merveille,
Et tient du fabuleux ;
Au trouble que j'éprouve,
C'est lui, tout me le prouve,
Et moi seul, je le trouve,
Et moi seul, j'ai des yeux.

DON HENRIQUE et DIANA.

Oui, d'honneur, il sommeille !

Tais-toi, je te conseille ;
Ressemblance pareille
Ne frappe pas mes yeux.
Ici, tout vous le prouve,
Chacun vous désapprouve,
Et personne ne trouve
Ce rapport merveilleux.

REBOLLEDO.

Oui, ce monsieur sommeille ;
Insistance pareille,
Me semble une merveille
Et tient du fabuleux.
Ici, tout vous le prouve,
Chacun vous désapprouve,
Et personne ne trouve
Ce rapport merveilleux.

CAMPO MAYOR.

Quel est donc ce débat ?...

DON SÉBASTIEN.

A vous je m'en rapporte,
Ne vous semble-t-il pas que ce noble hidalgo
Ressemble, trait pour trait, et d'une étrange sorte,
A celui qui s'en vint chez vous, incognito,
Et l'autre soir vous demander asile ?

CAMPO MAYOR.

Je n'en puis pas juger... car je ne l'ai pas vu !

DON SÉBASTIEN.

C'est vrai !

CAMPO MAYOR.

Mais il est facile
A ma fille qui l'a reçu...
Et qui peut, je le pense, en parler mieux qu'un autre...

DON SÉBASTIEN.

Monseigneur a raison, oui, parlez, señora...

DON HENRIQUE, bas, à Diane.

J'ai tenu mes serments, n'oubliez pas le vôtre,

DON SÉBASTIEN, à Diana, lui montrant Rebolledo.

Qu'en dites-vous ?

DIANA, d'un air étonné.

Quoi donc ?

DON SÉBASTIEN.

Ne trouvez-vous pas là
Les traits de l'intendant de la Catarina ?

DIANA, haussant les épaules.

Allons donc !

DON SÉBASTIEN.

Regardez !

DIANA, de même.

Allons donc !

DON SÉBASTIEN.

Je vous jure...
Qu'il lui ressemble...

DIANA.

Moi, je ne vois pas cela...

DON SÉBASTIEN, s'échauffant.

Quoi ! ses traits ?...

DIANA.

Pas un seul.

DON SÉBASTIEN, de même.

Quoi ! son air, sa tournure ?

DIANA.

Pas le moindre rapport !

DON SÉBASTIEN.

C'est frappant !

DIANA.

Nullement,
Pas le moindre rapport... et vous rêvez, vraiment !

Ensemble.

DON SÉBASTIEN.

Je ne sais si je veille, etc.

DIANA et DON HENRIQUE.
Oui, d'honneur, il sommeille! etc.

REBOLLEDO et CAMPO MAYOR.
Oui, ce monsieur sommeille; etc.

DON SÉBASTIEN.
Eh! oui, morbleu! j'entre en fureur!
Chacun me traite ici d'insensé, de rêveur,
Je n'ai jamais dit que Son Excellence
Fût cet homme... j'ai dit que cette ressemblance
Était grande...

TOUS.
Allons donc!

REBOLLEDO, avec une douloureuse émotion.
C'est possible, en effet...
Permettez... n'est-ce pas un fort mauvais sujet?

DON SÉBASTIEN.
Justement... un fripon...

DON HENRIQUE.
D'une impudence extrême...

DON SÉBASTIEN.
Que nous poursuivons...

REBOLLEDO, froidement.
Moi de même!

TOUS.
Que dit-il?

REBOLLEDO.
Je venais prier Sa Majesté
Pour qu'il fût, par son ordre, au plus tôt arrêté
Et renfermé... notre honneur le commande!

CAMPO MAYOR, avec intérêt.
Quoi! vraiment?

REBOLLEDO, douloureusement.
Les plus nobles maisons
Ont souvent, par malheur, d'indignes rejetons!

CAMPO MAYOR, avec intérêt.

C'est un parent ?

REBOLLEDO.

Très-proche !

DON SÉBASTIEN.

Un frère !

REBOLLEDO.

Je demande
Qu'on brise là...

DON SÉBASTIEN.

Pardon, monsieur, je suis confus
De mon étourderie et de mon imprudence...

REBOLLEDO, avec dignité.

Je pardonne, monsieur...

DON SÉBASTIEN, à don Henrique.

Parbleu ! la ressemblance
A présent ne m'étonne plus !

Ensemble.

DON HENRIQUE, à part.

Voilà, je l'avoue,
Un fripon hardi,
Qui de nous se joue
Et nous brave ici !
Ni ciel, ni justice
Ne le font trembler,
Et moi, son complice,
Je ne puis parler !

DIANA, de même.

Voilà, je l'avoue,
Un fripon hardi,
Qui de nous se joue
Et nous brave ici !
Ni ciel, ni justice
Ne le font trembler,

Et moi sa complice,
Je ne puis parler!

  REBOLLEDO, de même.

Voilà, je l'avoue,
Un moyen hardi.
Du ciel je me loue;
Il prend mon parti!
 (Regardant don Henrique.)
Oui, cet artifice
A beau le troubler,
Il est mon complice
Et ne peut parler!

  CAMPO MAYOR, à Rebolledo.

Voilà, je l'avoue,
Un trait inouï,
Mais, moi, je vous loue
D'en agir ainsi!
C'est un sacrifice,
Mais, sans reculer,
C'est à la justice
Qu'il faut l'immoler!

  DON SÉBASTIEN, à part.

Voilà, je l'avoue,
Un hasard maudit;
Le sort qui me joue,
Toujours me trahit!
Son nouveau caprice
Vient de m'aveugler,
Et son injustice
Semble m'accabler!

SCÈNE IV.

LES MÊMES; UN HUISSIER.

CAMPO MAYOR.
Notre reine est visible, on peut entrer, je pense?

L'HUISSIER DE LA CHAMBRE, paraissant.
Sa Majesté ne reçoit point.

DON HENRIQUE et DON SÉBASTIEN.
Nous espérions pourtant une audience.

L'HUISSIER.
Impossible, à présent!

CAMPO MAYOR, aux deux jeunes seigneurs.
Eh! oui; sur plus d'un point
Nous avons à causer...

L'HUISSIER, l'arrêtant respectueusement.
Sa Majesté la reine
Ne reçoit que le comte Antonio Morillas
De Fuentès...

DON HENRIQUE.
Qu'entends-je? Ah! j'ose y croire à peine!

TOUS.
Que dit-il?

DON HENRIQUE.
Ah! je reste... et je ne m'en vais pas!

TOUS.
Mais c'est manquer aux ordres de la reine!

DON HENRIQUE.
N'importe! je ne puis laisser ma souveraine
En tête-à-tête ainsi...

REBOLLEDO, froidement.
Pourquoi donc, monseigneur?

DON HENRIQUE, hors de lui.
Il le demande encor!
DON SÉBASTIEN.
Daignez nous en instruire!
DON HENRIQUE, furieux et prêt à parler.
Eh bien! c'est que... je dois...
(S'arrêtant, à part.)
Non... je n'ai rien à dire ;
Non, je ne puis parler... et ma juste fureur...
(Haut.)
Venez, venez... sortons...
(A part.)
Mais du moins, dans mon zèle,
Et proche de ces lieux, je veillerai sur elle!...

Ensemble.

DON HENRIQUE.
Voilà, je l'avoue, etc.
DIANA.
Voilà, je l'avoue, etc.
CAMPO MAYOR.
Voilà, je l'avoue, etc.
REBOLLEDO.
Voilà, je l'avoue, etc.
DON SÉBASTIEN.
Voilà, je l'avoue, etc.
(Ils sortent tous, excepté Rebolledo.)

SCÈNE V.

REBOLLEDO, L'HUISSIER.

L'HUISSIER.
Sa Majesté vous ordonne de rester dans ce salon, où elle va se rendre.
(L'huissier sort.)

REBOLLEDO, seul.

La reine va venir!... On a beau ne pas être poltron... cela fait quelque chose de se trouver pour la première fois face à face avec une Majesté! Allons, allons, remettons-nous... J'ai eu de plus mauvais moments dans ma vie... Et quant à ce rapport que je dois présenter à Sa Majesté avec les pièces à l'appui... il me semble que, si ce n'est le style, rien n'y manque... Je le crois, du moins... (Relisant.) « Rap-
« port à la reine. — Madame, le 12 octobre dernier, j'étais
« dans les prisons de l'Inquisition... » (S'arrêtant.) Était-ce bien le 12?... oui, car le lendemain 13, mauvais jour, je devais être brûlé sur la grande place de Lisbonne... Ce sont de ces détails qu'on n'oublie pas!... (Continuant.) « La porte de mon
« cachot s'ouvrit, je vis paraître une jeune dame enveloppée
« dans une mante. — Vous êtes Rebolledo le bohémien?...
« — Oui, señora. — On vous offrait votre grâce, à la con-
« dition de nommer vos complices, et vous avez refusé? —
« Oui, señora. L'inconnue jeta alors sur moi un regard qui
« semblait me dire : C'est bien!... et continua : — Rebol-
« ledo, vous êtes condamné par l'Inquisition, pour avoir
« fabriqué de la fausse monnaie, et, de plus, pour avoir imité
« à s'y méprendre des pierreries et des diamants... le tout
« par des moyens magiques et diaboliques... » (S'interrompant.) Tout uniment avec du génie et du strass... Ils ne connaissent pas encore ça, eux autres... (Continuant.) « L'incon-
« nue me montra alors un diamant véritable et de la plus belle
« eau. — Pourriez-vous parvenir à l'imiter? — Ici, c'est
« difficile... mais dans les montagnes de l'Estramadure, où
« j'ai mes ateliers et mes ouvriers, tous bohémiens comme
« moi... — On vous donnera ce qu'il faut... » (S'interrompant.) J'ai oublié de mettre que... quelques jours après mon ouvrage était achevé... et de manière, j'ose le dire, à étonner ma protectrice, qui ne pouvait plus distinguer le modèle de la copie... (Continuant.) « Écoutez-moi, me dit-elle : Je suis
« dame d'honneur de la princesse Maria Francesca, qui bien-
« tôt sera proclamée reine... Bientôt les trois régents nom-

« més par son père lui remettront le royaume... mais en
« quelle situation !... Le désordre partout et surtout dans nos
« finances... Pas un maravédis dans les caisses de l'État ?.. »
(S'interrompant.) C'était exactement comme dans la mienne !...
(Continuant.) « Alors la señora s'approcha d'un grand coffre
« doré qu'elle ouvrit et dont la vue pensa m'éblouir... C'étaient
« les diamants de la couronne, provenant des mines du Bré-
« sil et entassés depuis des siècles par les rois de Portugal...
« — Trésors inutiles, me dit ma protectrice... richesses sté-
« riles qui ne servent à rien... mais dont on ne saurait faire
« usage sans ravir au pays son crédit et au trône sa di-
« gnité... » (S'interrompant.) Je crois bien... le peuple de Lisbonne croirait tout perdu, si l'on touchait à l'écrin de la
reine... (Continuant.) « Alors seulement on m'instruisit des
« projets de Sa Majesté... On m'apprit qu'une loi prescri-
« vant aux reines de Portugal de rester un mois en retraite
« avant leur couronnement, Votre Majesté allait se retirer
« au couvent de la Trinidad, dans les montagnes de l'Estra-
« madure, et que là elle surveillerait nos travaux... toujours
« par l'entremise de sa dame d'honneur, qui voulut bien ac-
« cepter le rôle de ma nièce la Catarina... » (S'interrompant.)
Tout le reste est en règle. Et quant à la récompense honorable dont Sa Majesté m'a adressé ce matin le brevet... cette
place d'intendant général de sa police secrète... vrai Dieu !
elle a eu raison de me la confier... et je lui en rendrai bon
compte !... Pour bien connaître les coquins, il faut avoir été
des leurs... et je réunis, j'ose le dire, toutes les qualités re-
quises... (Otant vivement son chapeau.) Dieu ! l'on vient !...

L'HUISSIER, rentrant et annonçant.

La reine !

REBOLLEDO.

Allons, courage !

SCÈNE VI.

REBOLLEDO, LA REINE.

(La reine sort de l'appartement à droite; elle est vêtue en blanc et très-simplement. Elle s'avance vers Rebolledo qui se tient incliné, et qui, à son approche, met un genou en terre et baise le bas de sa robe.)

LA REINE, avec dignité.

Relève-toi, Rebolledo.

REBOLLEDO, poussant un cri de surprise.

Ah! la confidente de Sa Majesté!

LA REINE, souriant.

Sa Majesté elle-même.

REBOLLEDO.

La reine!

LA REINE, de même.

La Catarina, ta nièce!

REBOLLEDO, avec embarras et baissant les yeux.

Ah! madame, c'est trop d'honneur pour la famille, qui, vrai! ne le méritait pas.

LA REINE.

Tu m'as servie avec zèle, discrétion et courage... c'était le moyen d'expier bien des fautes.

REBOLLEDO, lui présentant le rapport.

Voici, madame, la liste exacte des trésors de votre Majesté... Tous les diamants qui m'avaient été confiés par elle ont été successivement contrefaits, et ces faux diamants remis dans votre écrin, tandis que les véritables, répandus dans toutes les places de l'Europe, et vendus par des agents fidèles, ont déjà produit des sommes immenses ignorées de vos ministres, et dont les bordereaux sont ci-joints.

LA REINE, prenant les papiers.

C'est bien... Je peux régner, maintenant, sans emprunts,

sans impôts, et sans faire tort à personne qu'à moi, la reine, qui, aujourd'hui, à mon couronnement, porterai des diamants faux... Qu'importe? si nul ici ne s'en aperçoit?

REBOLLEDO, avec chaleur.

Je vous en réponds d'avance!

LA REINE.

Comment cela?

REBOLLEDO.

Ils auront beau briller sur le front de Votre Majesté... (Avec galanterie.) ce ne sont pas les diamants qu'on regardera.

LA REINE, souriant.

Ah! Rebolledo le bohémien devient flatteur et courtisan!... Ce n'est pas là ce que je veux... (Elle lui fait signe d'avancer un siége et s'assied.) Au contraire, je t'ai fait surintendant de ma police secrète pour savoir la vérité... Parle, que dit-on, aujourd'hui?

REBOLLEDO.

La capitale entière s'occupe de votre couronnement et de l'époux qu'on vous destine... On dit que, d'après le testament du feu roi, vous devez, avant de recevoir la couronne, accepter le mari que les États de Portugal, c'est-à-dire que le conseil de régence aura choisi pour Votre Majesté.

LA REINE, soupirant.

Oui, vraiment!... Et soupçonne-t-on les intentions des trois régents?

REBOLLEDO.

Il paraîtrait que le duc de Pombal a reçu des sommes immenses du roi de Naples, et le marquis de Lintza de la cour d'Autriche.

LA REINE.

Et le comte de Campo Mayor?

REBOLLEDO.

Lui seul n'est pas encore acheté.

LA REINE, avec satisfaction.

C'est bien !

REBOLLEDO.

On le marchande... Il a eu ce matin une audience secrète avec un envoyé du roi d'Espagne... (Geste d'indignation de la reine.) Et moi qui me rappelle maintenant avoir entendu plus d'une fois dire à Votre Majesté, que son rêve était d'être aimée pour elle-même...

LA REINE, soupirant.

Un rêve !... Tu dis vrai... est-ce qu'une reine est jamais aimée ?... est-ce que je puis l'être ?...

REBOLLEDO, gravement.

M'est-il permis de continuer mon rapport ?

LA REINE.

Sans doute !

REBOLLEDO.

Eh bien ! j'ai découvert qu'ici, à Lisbonne, un noble Portugais avait l'audace d'adorer Votre Majesté à en perdre la tête.

LA REINE, souriant.

En vérité !...

REBOLLEDO.

Et vous pouvez me croire !... car ce noble cavalier est peu de mes amis, et m'aurait déjà fait pendre, sans la crainte de compromettre et même de faire arrêter Votre Majesté.

LA REINE, avec émotion.

Ah ! don Henrique !...

REBOLLEDO.

Lui-même !... Une passion, un amour véritable...

LA REINE, de même.

C'est bien... Je l'éloignerai... ou plutôt, pour reconnaître le dévouement dont il m'a donné tant de preuves, je le nommerai à quelque ambassade.

REBOLLEDO, lentement et la regardant.

Peut-être mériterait-il mieux que cela !

LA REINE, vivement.

Tais-toi, tais-toi !... (Avec dignité.) J'ai choisi Rebolledo, le bohémien, pour m'adresser des rapports, et non des conseils !... ce n'est pas quand tout un peuple a les yeux sur moi, au moment de monter sur le trône, qu'il faut écouter des rêves de jeune fille ou des souvenirs romanesques et impossibles...

REBOLLEDO.

On peut tout, quand on est reine !

LA REINE.

Si je l'étais !... Mais le conseil de régence ! et tout ce peuple qui lui obéit...

REBOLLEDO, s'inclinant.

C'est vrai... je conseillerai alors à Votre Majesté de redevenir la Catarina.

LA REINE, étonnée.

Et pourquoi ?...

REBOLLEDO.

Elle y gagnerait en autorité ; car, alors, elle était maîtresse chez elle... et quand elle avait dit à Rebolledo, son ministre : J'entends et je veux !... les autres avaient beau murmurer ! Rebolledo leur disait : Ce sera... car la Catarina le veut !... (Avec force.) Et c'était !...

LA REINE.

Silence !

REBOLLEDO, continuant.

C'était le bon temps !... mais, depuis que vous êtes redevenue reine, il paraît que ce sont les autres qui parlent comme la Catarina.

LA REINE, sévèrement, et se levant.

Rebolledo !...

REBOLLEDO.

Votre Majesté me paie pour lui dire la vérité... j'ai voulu gagner mes appointements.

LA REINE.

C'est assez !... laissez-moi !

REBOLLEDO, s'incline et dit, à part, en sortant.

C'est égal... Sa Majesté n'est pas fâchée !...

SCÈNE VII.

LA REINE, seule.

AIR.

Non, non, fermons l'oreille aux conseils qu'il me donne ;
Je connais les devoirs qu'impose la couronne.

 A toi, j'ai recours,
 Vierge, ma patronne ;
 Viens à mon secours,
Et protége ici mes amours !

 Tout l'éclat du trône
 Vaut-il un ami ?
 Pour moi, la couronne
 N'est plus rien sans lui !

 A toi, j'ai recours, etc.

En vain, dit-on, les reines sont ingrates,
 Mon cœur ne l'est pas, je le crois !
Mais, comment donc forcer trois diplomates
A me laisser maîtresse de mon choix ?...

 Je suis femme, je suis reine ;
 Il n'est rien que je n'obtienne,
  Et je dois sans peine
 Imposer ma loi souveraine.

  Il faudra
Que l'on me craigne et qu'on m'adore ;

Car je suis femme, et, mieux encore,
Je suis la Catarina !

Comme elle, avec adresse,
Employons la terreur,
Et soyons la maîtresse,
Au moins, de notre cœur !

Oui... je suis femme, je suis reine ; etc.

SCÈNE VIII.
CAMPO MAYOR, LA REINE.

LA REINE.

Qu'est-ce ?...

CAMPO MAYOR.

J'apporte à Votre Majesté la décision du conseil de régence, au sujet de votre mariage.

LA REINE.

C'est bien... Parlez !

CAMPO MAYOR.

Le choix du conseil s'est arrêté sur le prince d'Espagne, et vous savez qu'avant la cérémonie du couronnement, il faut que cette décision soit approuvée par Votre Majesté.

LA REINE, prenant le papier.

Je le sais !... (Elle s'assied à la table à droite, et écrit.) Je proposerai seulement un léger changement.

CAMPO MAYOR, s'inclinant.

Très-volontiers.

LA REINE, lui remettant le papier.

Le voici !

CAMPO MAYOR, lisant.

« Le conseil et le peuple de Lisbonne laissent la reine maîtresse absolue de se choisir un époux... » (A part.) O ciel ! Et mes engagements avec l'Espagne... (Haut, avec embarres.) Certainement, nous le voudrions, moi et mes collègues ; mais le testament de votre auguste père... et surtout les lois du royaume...

LA REINE.

Mais si elles sont exécutées, je fais, dès demain, confisquer tous les biens de vos collègues... car ils ont laissé enlever les diamants de la couronne.

CAMPO MAYOR, vivement.

Et Votre Majesté fera bien !... Ces trésors étaient confiés, à Lisbonne, à leur garde... et ils en étaient responsables... mais moi, absent, en ce moment, pour votre service... je ne suis pas coupable...

LA REINE.

Pas coupable !... N'avez-vous pas reçu dans votre château la Catarina ?

CAMPO MAYOR, à part.

O ciel ! qui a pu l'instruire ?... (Haut.) Je n'en savais rien !

LA REINE.

N'avez-vous pas favorisé son départ, en lui prêtant votre voiture ?

CAMPO MAYOR, de même.

Je n'en savais rien.

LA REINE.

D'accord, dit-on, avec votre fille et votre neveu que je vous ordonne d'arrêter !

CAMPO MAYOR, pendant qu'elle écrit.

Mon neveu ? C'est possible... je ne dis pas non, d'autant plus que, maintenant, (Montrant les bagues qu'il porte au doigt) je me rappelle *la brésilienne*... (La reine lui remet l'ordre.) Mais ma fille, ça ne se peut pas ; je réponds d'elle comme de moi-même. La voici.

LA REINE, à part.

O ciel ! Diana !

CAMPO MAYOR, *montrant sa fille, qui arrive.*

La duchesse de Pombal s'était chargée de la présenter à Votre Majesté... mais je vais moi-même...

LA REINE, *à part.*

Que faire?... Si sa fille me reconnaît... tout est perdu!...

SCÈNE IX.

DIANA *que* CAMPO MAYOR *a été chercher au fond du théâtre;* LA REINE, *assise près de la table à droite, leur tournant le dos et ayant l'air d'écrire.*

TRIO.

CAMPO MAYOR.

Devant un père qu'on accuse,
Et votre reine que voici...

DIANA, *au fond.*

La reine! ô ciel !

CAMPO MAYOR.

Sans détour et sans ruse,
Il faut parler!...

DIANA, *tremblante, à part.*

Ah! j'ai frémi !

CAMPO MAYOR.

Oubliant vos devoirs de fille et de sujette,
Est-il vrai que chez moi vous ayez, en cachette,
Protégé, secondé, fait évader enfin,
D'accord avec votre cousin,
Ce serpent odieux, cette infâme vipère...
La Catarina?...

DIANA, *troublée.*

Dieu !...

CAMPO MAYOR, *avec colère.*

Répondrez-vous?

22.

DIANA.
Mon père !

CAMPO MAYOR.
Répondez à Sa Majesté !

DIANA.
Punissez-moi, car c'est la vérité !

Ensemble.

CAMPO MAYOR.
Déshonneur de ma famille !
Je demeure confondu...
C'est par elle, par ma fille,
Qu'à jamais je suis perdu !

DIANA.
Déshonneur de ma famille !
Mon crime vous est connu...
Et c'est, hélas ! votre fille,
C'est moi qui vous ai perdu !

LA REINE, à part.
Oui, par l'aveu de sa fille,
Il demeure confondu !...
(Haut.)
De vous, de votre famille,
Le crime est donc reconnu !

CAMPO MAYOR, bas, à sa fille.
Il y va de mes jours, et ma perte est certaine,
Si vous n'obtenez de la reine
Grâce et pardon pour nous tous !

DIANA, tombant à genoux près de la reine, toujours assise et détournant la tête.

Ah ! j'embrasse vos genoux !
Pitié pour une coupable !
C'est moi, madame, c'est moi,
Qui voulus soustraire à la loi
Cette infâme, cette misérable...
(Levant les yeux et regardant la reine.)
O ciel !

LA REINE, à voix basse, et près d'elle.
Tais-toi!

DIANA, à part.
Je meurs d'effroi!

LA REINE, de même.
Tais-toi!... sur ta tête!... tais-toi!...

Ensemble.

DIANA.
Pour moi, pour mon père,
Je veux, je dois taire
Ce fatal mystère
Qui glace de peur!
(Regardant la reine.)
Pourtant son visage
Paraît sans nuage...
Je sens le courage
Renaître en mon cœur!

LA REINE, bas, à Diana.
Pour toi, pour ton père,
Songe à bien te taire!
A ce prix, espère
Toute ma faveur!
(Regardant Campo Mayor.)
Oui, prudent et sage,
Il craindra l'orage...
Courage!... courage!...
Il tremble de peur!

CAMPO MAYOR.
Dieu! quelle colère!
Et quel air sévère!...
Un pareil mystère
Me glace de peur...
Mais, prudent et sage,
Détournons l'orage,
Ou tout me présage
Désastre et malheur!...

LA REINE, à Campo Mayor.

Quelque motif que chacun d'eux allègue,
Qu'on m'apporte à l'instant cet écrit, je le veux,
Signé par vous et par chaque collègue...
Je pardonne... ou sinon...

CAMPO MAYOR, s'inclinant.

Je remplirai vos vœux...

LA REINE, bas, à Diana.

Toi, muette avec tous, tiens-toi bien sur tes gardes ;
Pas un mot à ton père, et même à ton cousin...

DIANA.

Don Henrique...

LA REINE, de même.

A ce prix, ton hymen est certain !
Je nomme Sébastien capitaine des gardes,
Toi, ma dame d'honneur... Mais surtout pas un mot !

DIANA, de même.

Ne craignez rien, madame... on me tûrait plutôt...

Ensemble.

DIANA, gaîment.

Pour moi, pour mon père,
Je saurai me taire..
Un pareil mystère
Ne me fait plus peur !
Oui, son doux langage
Dissipe l'orage,
Et tout me présage
Espoir et bonheur !

LA REINE.

Pour toi, pour ton père,
Promets de te taire...
A ce prix, espère
Toute ma faveur !
(A part.)
Oui, prudente et sage,
Je tiens un otage...

Courage!... courage!...
Je vois le bonheur!...
CAMPO MAYOR.

Craignons sa colère,
Et pour mieux lui plaire,
Sachons satisfaire
Le vœu de son cœur...
Oui, prudent et sage,
Détournons l'orage,
Ou tout me présage,
Désastre et malheur!...

(Campo Mayor sort par le fond.)

LA REINE, prête à partir, à Diana.

Toi, n'oublie pas mes recommandations...

DIANA, s'inclinant avec respect.

Oui, madame!... (Apercevant don Henrique.) Ah! mon Dieu!

SCÈNE X.

DON HENRIQUE, LA REINE, DIANA.

DON HENRIQUE, entre vivement, aperçoit la reine qui allait sortir, et qui recule en le voyant. Il court à elle.

Ah! qu'ai-je vu?... Malheureuse!... comment te trouves-tu ici, au palais... dans les appartements de la reine?...

DIANA, passant près de lui pour le faire taire.

Mon cousin!...

LA REINE, la retenant.

Silence!

DON HENRIQUE, avec chaleur, à la reine.

Ou plutôt, je devais m'y attendre... dès que ton complice y était... tu ne devais pas être loin... vous ne pouvez marcher l'un sans l'autre!...

DIANA, avec effroi.

Oser parler ainsi!...

DON HENRIQUE.

Oh ! et elle m'entendra !

LA REINE, avec dignité.

Monsieur !...

DON HENRIQUE.

Tu as beau prendre ton air imposant... je ne te laisse pas partir que tu ne m'aies dit où je pourrai, aujourd'hui même, te retrouver et te revoir !...

DIANA, à Henrique.

Y pensez-vous ?

DON HENRIQUE, à Diana, avec exaltation.

Oui !... oui !... je ne peux vivre sans elle !... c'est plus fort que moi !...

DIANA, à part, avec désespoir.

Oh ! mon Dieu ! oh ! mon Dieu !...

DON HENRIQUE.

Non pas que je sois sa dupe et que je ne devine ses ruses...

DIANA, voulant le faire taire.

Par exemple !...

DON HENRIQUE, continuant.

Je vois où son infernale coquetterie, où ses artifices veulent m'amener.

DIANA, joignant les mains.

Mon cousin !... au nom du ciel !

DON HENRIQUE.

N'importe !... puisqu'il n'y a pas d'autre moyen d'être à elle... j'y suis décidé... je m'y résigne... je l'épouse.

DIANA, s'appuyant sur un fauteuil.

Vous ! grand Dieu !

(Elle rencontre un regard de la reine, qui lui fait signe de se taire.)

DON HENRIQUE, à la reine, montrant Diana.

Vous le voyez !... elle est toute tremblante !... (Courant à

Diana.) Je conçois votre colère, votre indignation... mais rassurez-vous, ma cousine... je ne flétrirai ni mon nom, ni mes aïeux... je m'en irai... je me ferai passer pour mort... je le serai en effet pour ma famille, pour le monde entier... et quant à ma fortune, je vous la laisse, ma cousine, pour épouser don Sébastien.

LA REINE, avec émotion.

En vérité !...

DON HENRIQUE, avec amour et colère.

Oui... à tous les biens de la terre je préfère le bonheur, non, l'infamie d'être à toi !...

DIANA, passant entre eux deux, et lui mettant la main sur la bouche.

Ah ! c'est trop fort.

LA REINE, retenant Diana.

Silence !... (Bas, à don Henrique.) Adieu !

DON HENRIQUE, toujours retenu par Diana et parlant à la reine.

A condition que je te reverrai !...

LA REINE, s'éloignant toujours.

Je te le promets !...

DON HENRIQUE, de même.

Quand cela ?...

LA REINE, de même.

Aujourd'hui !

DON HENRIQUE, de même.

En quel lieu ?...

LA REINE, s'enfuyant par le fond.

Ici même !...

(Elle disparaît.)

DON HENRIQUE, se débattant avec sa cousine, qui le retient toujours.

Ici, dit-elle !... ah ! ce n'est pas possible !... elle me trompe encore, et pour plus de sûreté...

DIANA.

Que voulez-vous faire ?...

DON HENRIQUE

La suivre !... l'enlever.

DIANA, hors d'elle-même.

Et vous perdre à jamais.

DON HENRIQUE.

N'importe... Ciel !... mon oncle !

(Il veut sortir par le fond; une compagnie, commandée par don Sébastien, entre par la droite.)

SCÈNE XI.

LES MÊMES ; CAMPO MAYOR, DON SÉBASTIEN, SOLDATS.

CAMPO MAYOR, à don Sebastien.

Arrêtez ce gentilhomme !

DON SÉBASTIEN.

Lui, mon ami ?

CAMPO MAYOR, à don Henrique.

Votre épée, monsieur, votre épée !

DON HENRIQUE.

Et de quel droit, mon oncle ?

CAMPO MAYOR.

Par l'ordre de Sa Majesté, qui a daigné me charger de m'assurer de votre personne.

DON HENRIQUE, remettant son épée à don Sébastien.

Tiens, mon ami ! (A Campo Mayor.) Mais il y a erreur !

CAMPO MAYOR.

Non, monsieur ; je ne me trompe jamais !...

DON SÉBASTIEN, à Campo Mayor.

Qu'a-t-il fait, de grâce ?...

DON HENRIQUE.

Et de quoi m'accuse-t-on ?

CAMPO MAYOR.

Du crime de lèse-majesté.

DIANA, à part.

La ! j'en étais sûre !

CAMPO MAYOR.

D'outrages envers la reine !...

DON HENRIQUE.

La reine !... je ne l'ai pas encore vue !

DIANA, à part.

Il croit cela !

CAMPO MAYOR.

Et de plus, de complicité avec cette indigne, cette infâme...

DIANA, vivement.

Mon père, taisez-vous !

CAMPO MAYOR, élevant la voix.

Et pourquoi donc me taire !... Cette infâme Catarina !...

DON HENRIQUE.

O ciel !...

CAMPO MAYOR.

Pour cela, monsieur, vous ne pouvez le nier... Ma fille le sait trop bien... et moi aussi... (Montrant la bague qu'il a au doigt.) C'est-à-dire... non, non... nous ne savons rien... et je vous prie de ne pas nous compromettre, quand vous serez confronté avec elle... ce qui ne peut tarder...

DON HENRIQUE, avec effroi.

Comment cela ?

CAMPO MAYOR.

On est sur sa trace... car elle a osé pénétrer, dit-on, jusqu'en ce palais... et maintenant, sans doute, elle est arrêtée.

DON HENRIQUE.

Ah ! voilà ce que je craignais !

DON SÉBASTIEN.

Que dit-il ?... C'était donc vrai ?...

DIANA.

Eh ! mon Dieu ! oui.

DON HENRIQUE.

Je cours aux pieds de la reine, lui demander grâce... non pas pour moi, mais pour elle !

(La marche commence en dehors.)

CAMPO MAYOR.

Écoutez... écoutez !... c'est la reine qui se rend à la salle du trône... (Regardant par la fenêtre.) Oui, voici le cortége... la maison militaire... les grands officiers !...

(Il fait signe aux soldats d'emmener don Henrique, ceux-ci descendent et l'entourent.)

FINALE.

DIANA.

Entendez-vous cette marche guerrière,
Les clairons et les cris joyeux ?
Je vois briller la royale bannière,
La reine se rend en ces lieux !

DON HENRIQUE.

Moi captif, quand il faut qu'ici je la délivre !

DON SÉBASTIEN.

La reine, en ta faveur, plus tard pardonnera ;
Mais son ordre est formel, ami, je dois le suivre.

Ensemble.

DON HENRIQUE.

Sainte Vierge, à qui j'ai recours !
Peu m'importent mes jours !
Pour protéger les siens,
Prenez les miens !

DIANA, à don Henrique.

Ne craignez rien de lui,
Car pour vous, mon ami

Sera votre soutien,
Votre gardien !

DON SÉBASTIEN.

A regret, j'obéis,
Mais ce sont vos amis
Qui seront vos soutiens
Et vos gardiens !

DON HENRIQUE.

O vous, qui lisez dans mon cœur
Et mon amour et ma terreur,
Sauvez Catarina !
Protégez-la !

DIANA et DON SÉBASTIEN, à don Henrique.

Allons, allons, il faut partir ;
Éloignez-vous, ils vont venir.
Je les entends déjà,
Et les voilà !

CAMPO MAYOR.

La reine va venir ;
Allons, il faut partir !

(Don Henrique sort avec les gardes, Campo Mayor et don Sébastien, pendant que le cortége commence à paraître.)

SCÈNE XII.

LE PEUPLE se précipite par la galerie du fond et descend sur le théâtre; un instant après, les rideaux du fond s'ouvrent. On voit LA REINE sur son trône avec le manteau royal, le sceptre, la couronne, et resplendissante de diamants. Elle est entourée de ses ministres et des principaux corps de l'Etat. A gauche, CAMPO MAYOR et les membres du conseil de régence ; à droite, REBOLLEDO ; puis DON HENRIQUE et DON SÉBASTIEN.

LE CHŒUR.

Vive, vive notre Reine !
Notre jeune souveraine,
Qui d'avance nous enchaîne
Par sa grâce et sa beauté !

LA REINE, *du haut du trône.*

Peuple et nobles seigneurs, le conseil de régence,
Qui remet dans mes mains le sceptre de vos rois,
M'invite à proclamer un époux de mon choix ;
Mais, avant tout, je sais quel est de la puissance
Le plus noble attribut... la justice, et je dois,
D'abord, la rendre à tous...

(Elle descend du trône. — A Campo Mayor.)

Comte, que l'on amène
Votre neveu.

CAMPO MAYOR.

Madame, il n'est plus mon parent,
Après un pareil crime il n'est plus de mon sang !
(Don Henrique paraît, amené par don Sébastien et quelques soldats. Il s'incline devant la reine.)

DON HENRIQUE.

Grâce, ma souveraine !
Grâce, non pas pour moi... mais pour Catari...
(Il lève les yeux, regarde la reine, et reste frappé de surprise.)

Dieux !...

DON SÉBASTIEN, *de même.*

O ciel !...

DIANA.

Silence ! tous les deux !

LA REINE, *se retournant vers Campo Mayor et les grands de l'État.*

Puisqu'on me laisse
Reine et maîtresse
De ma tendresse,
Au lieu de prendre, aux yeux de tous,
Un étranger pour mon époux,
Parmi vous, je l'ai choisi,
Nobles seigneurs ; et le voici !...

(Elle désigne don Henrique.)

DON HENRIQUE, *tombant à ses pieds.*

Ah !...

LE CHŒUR.

Vive, vive notre reine ! etc.

LA REINE, qui pendant le chœur, avait fait signe à Rebolledo de tout expliquer à don Henrique, s'approche de celui-ci, l'amène sur le devant du théâtre, et lui dit à demi-voix :

Eh bien! Catarina ne vous avait-elle pas prédit que vous l'épouseriez?

DON HENRIQUE, de même.

Quoi! tout ce qu'on vient de me dire, Catarina... mon bonheur, sa tendresse, tout cela est véritable?

LA REINE, souriant.

Oui !... (Lui montrant les diamants qui brillent sur son front.) Il n'y a que cela de faux.

LE CHŒUR.

Vive, vive notre reine ! etc.

TABLE

	Pages.
ZANETTA OU JOUER AVEC LE FEU.	1
L'OPÉRA A LA COUR.	107
LE GUITARRERO.	187
LES DIAMANTS DE LA COURONNE.	277

ŒUVRES COMPLÈTES

DE

EUGÈNE SCRIBE

DE L'ACADÉMIE FRANÇAISE

RÉSERVE DE TOUS DROITS

DE PROPRIÉTÉ LITTÉRAIRE

En France et à l'Étranger.

ŒUVRES COMPLÈTES
DE
EUGÈNE SCRIBE
DE L'ACADÉMIE FRANÇAISE

OPÉRAS COMIQUES

LA MAIN DE FER
LE DIABLE A L'ÉCOLE
LE DUC D'OLONNE
LE CODE NOIR

PARIS
E. DENTU, LIBRAIRE-ÉDITEUR
PALAIS-ROYAL, 17-19, GALERIE D'ORLÉANS.

1879

Paris-Imp. PAUL DUPONT, 41 rue Jean-Jacques-Rousseau. 1895 — 78

LA MAIN DE FER
ou
UN MARIAGE SECRET

OPÉRA-COMIQUE EN TROIS ACTES

En société avec M. de Leuven

MUSIQUE D'ADOLPHE ADAM.

THÉÂTRE DE L'OPÉRA-COMIQUE. — 26 Octobre 1841.

PERSONNAGES.   ACTEURS.

ŒGIDIUS BUGISLAFF, médecin et ministre du
   duc Henri de Wolfenbuttel, régent de Hanovre.. MM. Ricqvier.
ÉRIC, prince héréditaire .... Lagey.
NATHANIEL, peintre coloriste d'images de sain-
   teté......................... Mocker.
JOB, frère quêteur au service de l'ermite de Sainte-
   Verrène .... Sainte-Foi.
RIBEMBERG, barbier du grand-duc .... Paliasil.
DOROTHÉE, femme d'Œgidius Bugislaff.... Mmes Capdeville.
BERTHA, prétendue de Nathaniel .... Descot.

Seigneurs et Dames de la cour. — Hommes d'armes.—
Paysans et Paysannes.

En 1180, dans les principautés de Hanovre et d'Hildesheim.

LA MAIN DE FER
ou
UN MARIAGE SECRET

ACTE PREMIER

Une montagne sur les confins du Hanovre et de l'évêché d'Hildesheim. — A gauche, l'ermitage de Sainte-Verrène. A droite et au fond, des sentiers escarpés par lesquels on y arrive. Devant l'ermitage, la statue de la sainte, et, à la porte, une clochette.

SCÈNE PREMIÈRE.

Paysans et Paysannes, à genoux devant la statue de la sainte.

INTRODUCTION.

LES PAYSANS et LES PAYSANNES.
Sainte que l'on révère,
Daigne entendre nos vœux !
Ton appui tutélaire
Peut seul nous rendre heureux.

Éloigne la misère
De nos riants coteaux,
Rends féconde la terre,
Et bénis nos travaux!

SCÈNE II.

LES MÊMES; OEGIDIUS, JOB, arrivant par le fond.

OEGIDIUS, à Job.

Allons, mon cher, allons, bien vite,
Fais-moi parler au sire ermite...

JOB, saluant avec respect.

A l'instant même, monseigneur.

LES PAYSANS, se levant avec respect.

Un seigneur!
Un seigneur!

OEGIDIUS.

Quels sont tous ces gens-là?

JOB.

Des manants de la plaine
Qui viennent présenter leurs hommages pieux
A Sainte-Verrène,
Patronne de ces lieux.

OEGIDIUS, aux paysans.

Priez donc, mes amis, pour qu'il calme la peine
De notre illustre maître, illustre et très-puissant
Duc de Hanovre...

LES PAYSANS, avec joie.

Eh quoi! vraiment? il est souffrant!

OEGIDIUS, gravement.

Ce bon prince est souffrant,
Et telle est sa loi souveraine :
Peine de mort à qui
Ne prira pas pour lui!

LES PAYSANS, tombant à genoux.
Prions, prions pour lui!
Que Dieu veille aujourd'hui
Sur ce prince chéri!

(..., qui les a contemplés pendant quelques instants d'un air d'approbation, entre en ce moment avec Job dans l'ermitage à gauche, et les paysans, se voyant seuls, interrompent leur prière et se disent entre eux :)

C'est un mauvais prince,
Un tyran maudit ;
Par lui la province
Et souffre et gémit ;
Sans cesse il demande
L'argent du vassal.
Que le ciel lui rende
Le mal pour le mal !

QUELQUES PAYSANS, regardant du côté de l'ermitage.
On vient, je crois...

TOUS, se remettant à genoux avec crainte et chantant à tue-tête.
Que Dieu veille aujourd'hui
Sur ce prince chéri!
(Ils se retournent et regardent autour d'eux.)
Non... non... personne, Dieu merci !...
(Ils se relèvent.)
C'est un mauvais prince, etc.
(Ils se retirent par le fond au moment où Job sort de l'ermitage.)

SCÈNE III.

JOB, seul.

J'ai laissé ce seigneur avec le saint anachorète... Je ne [sa]is pas ce qu'ils ont à se dire... Mon maître m'a ordonné [d]e m'en aller... Et je ne demanderais pas mieux ; car, [d]epuis huit jours que je suis à son service, moi, ancien gar[ç]on de ferme, et, maintenant, garçon anachorète... j'en ai [d]éjà assez... Sonner la cloche, servir la messe, prier toujours... et ne dîner jamais... Ça ne peut pas durer comme ça!... Ils me disaient tous, au village, que c'était un bon état que celui de saint ermite, qu'on n'y avait rien à faire qu'à s'engraisser... Et ça m'allait, parce que je suis paresseux et que je suis maigre!... Mais le père Anselme, mon maître, qui est en odeur de sainteté, donne à tout le monde sa bénédiction gratis... il ne demande rien... et, dans leur reconnaissance, les paysans lui donnent juste ce qu'il demande... Aussi, quel ordinaire!... Des racines... de l'eau claire, et des châtaignes le dimanche!... Ça me réduit à rien... Ah! si je pouvais entrer, pour me refaire, dans les cuisines de quelque grand seigneur ou de quelque bon bourgeois... pieux ou non... pourvu qu'ils dînent... Voilà tout ce que je leur demande... (Apercevant Œgidius.) Ah! c'est le seigneur de tout à l'heure... Il est impossible que celui-là ne donne pas à l'offrande.

SCÈNE IV.

ŒGIDIUS, JOB.

ŒGIDIUS, à part.

C'est fait de moi, je suis perdu! Aucun moyen de faire entendre raison à cet obstiné père Anselme... Aussi, quelle idée de m'arracher à mes travaux et à mes livres... moi, le plus grand savant de l'Allemagne... moi, le docteur Œgidius Bugislaff... et m'ordonner de séduire... qui?... un ermite... un pieux, un damné ermite... qui ne veut rien... ne demande rien... et ne craint rien... Séduisez donc un enragé pareil!... J'y aurais perdu mon latin... (Se retournant vers Job, qui lui tend la main.) Qu'est-ce que tu me veux?

JOB.

N'oubliez pas le jeune frère...

ŒGIDIUS.

Encore un frocard!...

JOB.

Je n'ai pas cet honneur... je ne suis encore que frère Job... frère coupe-choux... un apprenti ermite... et si vous vouliez me donner quelque chose... pour me soutenir dans ma vocation... quelques pièces d'or pour m'aider à faire vœu de pauvreté...

OEGIDIUS, avec dédain.

De l'or?... Je te donnerai mieux que cela...

JOB.

Ça vous est permis.

OEGIDIUS.

Un trésor plus grand, plus précieux !

JOB, tendant la main.

Est-il possible !... Une si riche aumône !...

OEGIDIUS.

Tu es laid, chétif et faible.

JOB, mettant la main sur son estomac.

Oh! faible... au dernier degré.

OEGIDIUS, gravement.

Félicite-toi, alors, de ton bonheur, et remercie le ciel... car je suis premier médecin de Son Altesse Henri de Wolfenbuttel, régent de Hanovre.

JOB, ôtant son chapeau.

Celui qu'on appelle la *Main de fer?*

OEGIDIUS.

Précisément.

JOB.

A cause... qu'avec laquelle... il est censé avoir étranglé son frère aîné... et que, dès qu'il l'étend sur quelqu'un... ladite main... c'est comme qui dirait un homme mort... ce qui fait que tout le monde tremble...

OEGIDIUS.

En bénissant son doux règne.

JOB.

Et en espérant que ça ne durera pas longtemps... car il a, dit-on, soixante et onze ans...

ŒGIDIUS.

Je m'en vante !... car c'est moi qui le fais vivre... ce sont mes talents qui prolongent son existence...

JOB.

Un fameux service que vous rendez au pays !... Et, alors, ce n'est pas lui... c'est vous qu'on devrait étrangler...

ŒGIDIUS, avec colère.

Frère Job !...

JOB.

Pour nous sauver la vie à tous...

ŒGIDIUS.

Veux-tu te taire !... (A part.) Il n'aurait qu'à leur donner cette idée-là... (Haut.) Puisque je promets de te la sauver sans cela... Donne-moi ta main... (Job la lui présente ouverte.) C'est inutile... ferme-la... Voici un pouls qui annonce un homme malade... Il nous faudra prendre la diète...

JOB.

Eh ! mordi !... je ne prends que cela... car, avec ce maudit saint homme...

ŒGIDIUS, vivement.

Tu n'es donc pas son élève ?... tu ne partages donc pas ses principes ?...

JOB.

Je ne connais pas ses principes... mais je connais sa cuisine, qui est déplorable... et dont vous voyez les désastreuses conséquences.

ŒGIDIUS.

Tu ne tiens donc pas à lui ?

JOB.

Je me donnerais, corps et âme, à celui qui me ferait connaître l'embonpoint.

OEGIDIUS, avec joie, à part.

Eh! mais... voilà l'homme qu'il me faudrait... et en utilisant l'envie qu'il a de s'arrondir... (Haut.) Ce que tu demandes là n'est pas impossible.

JOB, avec espoir.

Vous croyez ?

OEGIDIUS, lentement.

Il y a dans la belle ville de Hanovre et au palais ducal, où j'habite, des repas délicats et splendides... On s'y attable tous les jours...

JOB.

Tous les jours ?

OEGIDIUS.

Quatre fois au moins...

JOB.

Oh! quatre fois béni ce paradis terrestre !

OEGIDIUS.

Je puis t'y faire entrer.

JOB.

Partons...

OEGIDIUS.

A condition que tu nous serviras...

JOB.

Parlez ! Le plus tôt sera le mieux, car j'ai un appétit qui vous répond de ma fidélité.

OEGIDIUS.

C'est la meilleure... celle de l'estomac... elle est bien plus sûre que toutes les autres... Écoute donc... Cet ermitage... l'ermitage de Sainte-Verrène, est un lieu d'asile... un terrain neutre et indépendant, situé entre les duchés de Brunswick, de Hanovre et l'évêché d'Hildesheim, et sur lequel aucun seigneur n'a droit de juridiction. Sans cela... et sans la crainte d'armer contre lui la jalousie des princes ses voisins... le duc Henri aurait déjà étendu sa main de fer sur le père Anselme, qui ose le braver... et sur cet ermitage, qui n'en vaut pas la peine.

JOB.

Il a bien raison... Il l'aurait avec tous ses revenus, qu'il n'en serait pas plus gras...

OEGIDIUS.

Mais, aujourd'hui... redouble d'attention... aujourd'hui ou demain, on soupçonne qu'un beau jeune homme, appartenant à une noble famille du Hanovre, doit venir, en secret, se marier à cet ermitage... car nul autre que le père Anselme n'oserait, après les menaces que j'ai faites, bénir ce funeste mariage... Enfin, il s'agit de s'y opposer !... Quelle est l'heure choisie ?... quelle est la fiancée ?... On l'ignore... mais, malgré le déguisement qu'ils prendront, sans doute, tu reconnaîtras facilement les coupables... à leur air distingué, et, quand ils viendront pour ce mariage clandestin, tu seras là...

JOB.

On ne peut pas se passer de moi... je suis seul pour servir la messe...

OEGIDIUS.

A merveille !... Tu tâcheras de les faire attendre, de les retarder... n'importe sous quel prétexte... et tu accourras m'avertir.

JOB.

Au palais ducal ?

OEGIDIUS.

Non pas !... ce serait trop loin... mais au bas de la montagne, sur la route de Göttingue, à l'auberge du *Freiénoff*. Tu préviendras maître Seiffel, un sergent et quelques hommes d'armes que j'y laisserai, et qui savent ce qu'ils ont à faire.

JOB.

Pas autre chose ?

OEGIDIUS.

Pas autre chose... et, maintenant, car je me suis perdu en venant... indique-moi le chemin le plus court pour regagner le *Freiénoff*.

JOB.

Vous y retournez donc ?

OEGIDIUS.

J'y serai jusqu'à ce soir... attendant ma femme, madame Dorothée, qui revient des eaux de Baden-Berg, où elle est, depuis six mois, pour ses vapeurs et sa migraine.

JOB.

De sorte que, si j'avais quelques bonnes nouvelles à vous annoncer, je vous trouverais encore...

OEGIDIUS.

Jusqu'au coucher du soleil... peut-être plus tard... s'il prend fantaisie à ma femme de se faire attendre... car on a beau être un savant, un conseiller, un favori du prince, et commander à tout le monde... quand on a épousé une femme jeune et jolie... on est à ses ordres... ce qui est un grand déconfort et déshonneur pour la science...

JOB, naïvement.

Comment cela ?

OEGIDIUS.

Je n'ai pas le temps de te l'expliquer ; il faut que je m'en aille, et, dès que tu m'auras indiqué...

JOB.

Du tout... Je vais vous reconduire, moi-même, par un petit sentier qui vous abrégera de moitié.

OEGIDIUS.

A la bonne heure !

JOB.

Et, en route, vous me direz quelle place vous me destinez

au palais ducal... J'aimerais assez être dans les cuisines...
ou dans l'office...

ŒGIDIUS.

Je te garderai près de moi... ou plutôt près de ma femme...
Ça peut m'être utile pour savoir... Enfin, partons...

JOB, lui montrant un sentier à gauche.

Par ici, monseigneur...

(Ils sortent tous deux. On entend dans la coulisse à droite la ritournelle des couplets suivants.)

SCÈNE V.

BERTHA, seule.

ROMANCE.

Premier couplet.

Celui que j'aime,
Mon doux ami,
Las ! ce soir même,
Sera parti !

Je suis une pauvre fille,
Orpheline et sans famille ;
Mais on me trouve gentille...
Il m'avait donné son cœur.
Quand j'espérais jours de bonheur,
Quand je l'aimais avec ardeur,
Ah ! ah ! triste avenir !
Il va me fuir !

Celui que j'aime, etc.

Deuxième couplet.

Douleur extrême !
Espoir trahi !
Lorsque l'on s'aime,
Partir ainsi !

Un beau songe, à mon jeune âge,

Promettait le mariage
Et le plus heureux ménage
Que l'amour ait embelli ;
Mais, par malheur pour moi, pour lui,
Cet hymen est trop assorti !
Ah ! ah ! ah ! il est sans bien,
Et je n'ai rien !

Douleur extrême, etc.

SCÈNE VI.

BERTHA, NATHANIEL, avec un petit bissac au bout de son bâton.

BERTHA.

Eh bien ! mon pauvre Nathaniel, te voilà donc ?...

NATHANIEL, tristement.

Oui, j'y suis décidé ; je pars pour mon tour d'Allemagne... Voilà une grande lieue de faite... et je me sens déjà fatigué...

BERTHA.

Ce n'est pas ton bagage qui te pèse.

NATHANIEL.

Dame ! j'emporte avec moi, au bout de ce bâton, tout ce que je possède... ma palette, mes pinceaux, la fortune d'un peintre coloriste... Et je m'étais mis en route avec courage... mais l'idée de nous séparer... de ne plus te revoir...

BERTHA, essuyant une larme.

Ça brise le cœur !

NATHANIEL.

Et ça casse les jambes... Je n'en ai eu que pour gravir cette montagne... parce que tu m'avais dit hier soir : « Demain, à l'ermitage de Sainte-Verrène... je t'attendrai pour te dire adieu ! » (s'asseyant) Et, maintenant, il m'est impossible d'aller plus loin...

BERTHA, s'asseyant à côté de lui.

Ça n'est pas raisonnable... car, enfin, pauvres et orphelins tous les deux... si nous ne travaillons pas, nous ne pourrons jamais amasser de quoi nous marier.

NATHANIEL.

C'est vrai... mais si l'on pouvait travailler sans se quitter...

BERTHA.

Ça n'est pas possible... Si tu savais lire et écrire, le père Anselme, qui nous veut du bien, t'aurait placé chez les bénédictins d'ici près... (Regardant Nathaniel qui fouille dans son bissac.) Qu'est-ce que tu prends donc là ?

NATHANIEL.

Rien... c'est du pain et des pommes... En veux-tu ? (Mordant à même.) car, moi, je n'ai de cœur à rien... Le chagrin m'a ôté l'appétit...

BERTHA, sans lui répondre, mordant aussi dans une pomme.

Mais, au lieu de cela... tu es coloriste d'images de sainteté et broyeur de couleurs chez maître Ulrich, le peintre de la cour... ce qui ne te rapporte rien...

NATHANIEL.

Parce que mon maître refuse de m'employer comme élève !... Et, moi, je sens là que j'aurais du talent, que je ferais des portraits comme un autre... J'ai déjà essayé... j'ai fait le tien...

BERTHA.

Qui était charmant.

NATHANIEL.

Je crois bien !... Il était ressemblant... mais nul n'est prophète en son pays.

BERTHA.

Raison de plus pour voyager.

NATHANIEL.

Si tu pouvais voyager avec moi !

BERTHA, lui prenant la pomme qu'il tient à la main et mordant à même.

Est-ce que c'est décent et convenable ?... D'ailleurs, je ne te servirais à rien.

NATHANIEL.

C'est selon.

BERTHA.

Et à quoi?

NATHANIEL.

Dame!... à dîner avec moi, comme à présent...

BERTHA.

Un joli repas... Tandis que, pendant ce temps, si j'entre en maison, si je gagne aussi de mon côté... notre fortune ira plus vite... (Mangeant sa pomme.) Ah dame! j'en avais une toute faite... une fortune... et je n'aurais pas eu besoin de travailler... sans les révolutions... qui nous ont ruinés.

NATHANIEL.

Toi?... Tu n'as jamais rien eu!

BERTHA.

Bah!... J'avais une marraine... la jeune comtesse Mathilde... la nièce de notre dernier duc... Quoiqu'elle ne fût guère plus âgée que moi, elle m'avait prise en affection et gardée avec elle, parce que j'étais pauvre et orpheline; et, à dix ans, quand nous jouions ensemble... je me le rappelle encore... elle me disait : « Bertha, je te donnerai un jour une dot et un mari. »

NATHANIEL, vivement.

Ah! elle avait des vues sur moi?

BERTHA.

Elle ne te connaissait pas, ni moi non plus... mais elle t'aurait choisi, j'en suis sûre... puisque je t'aime. Par malheur, tout cela n'est plus qu'un rêve... notre bon vieux maître le duc Berthold a été étranglé par son méchant frère, le duc Henri, *la Main de fer*; ma pauvre marraine, que je n'ai pas revue depuis huit ans, est retenue prisonnière au palais, et l'on dit même que, ces jours-ci, elle va entrer religieuse dans un couvent...

NATHANIEL.

Encore une qui se mariera moins que nous.

BERTHA.

Tu vois donc bien qu'il y en a de plus à plaindre... et qu'il ne faut pas désespérer... (Lui faisant signe de partir.) Ainsi, mon pauvre Nathaniel... aussi bien le dîner est fini.

NATHANIEL.

Et le souper aussi... je n'avais que cela pour ma journée.

BERTHA.

Allons ! il faut partir.

NATHANIEL.

Déjà ?

BERTHA.

Viens demander la bénédiction du père Anselme... c'est lui qui m'a baptisée, qui m'a fait communier, et c'est lui qui nous mariera...

NATHANIEL.

Oui... mais quand ?

BERTHA.

Il ne faut pas encore penser à cela... mais se hâter de partir pour revenir plus tôt... Allons, et ne pleure pas ainsi, car j'ai déjà assez de peine à me retenir... c'est toi qui es l'homme, tu dois avoir du cœur.

(Elle sanglote.)

NATHANIEL, pleurant.

Je n'en ai plus !

BERTHA.

Embrasse-moi, cela t'en donnera... (Nathaniel l'embrasse.) En as-tu, maintenant ?

NATHANIEL.

Pas encore assez.

(Il l'embrasse de nouveau.)

DUO.

NATHANIEL.

Adieu donc, mes seules amours !
Adieu, peut-être pour toujours !

BERTHA.

Non, non, et dans trois ans, j'espère,
Tu reviendras riche et content !

NATHANIEL.

Pour s'enrichir, tu crois, ma chère,
Qu'il faut trois ans ?

BERTHA.

    Eh ! oui, vraiment...
C'est suffisant !

NATHANIEL et BERTHA.

Espérance et courage,
Et soyons patients !
Pour entrer en ménage,
Il suffit de trois ans !

BERTHA.

Ainsi donc, dans trois ans, à la grâce de Dieu !...

NATHANIEL, reprenant son bissac.

Nous reviendrons ici nous marier.

BERTHA.

    Adieu !
Voilà la chose décidée...

NATHANIEL, se disposant à partir.

Bien décidée.

(Revenant.)

Pourtant il me vient une idée !

    (Il dépose son bissac.)

BERTHA.

Et laquelle ?

NATHANIEL.

Avons-nous bien besoin de trois ans ?

BERTHA.
Au fait... pour s'enrichir, faut-il aussi longtemps?
NATHANIEL.
Il me semble à moi, soyons francs,
Que deux ans...
BERTHA.
C'est possible, deux ans.
NATHANIEL, gaiement.
Deux ans...
BERTHA, de même.
Deux ans...
NATHANIEL.
Sont suffisants!
NATHANIEL et BERTHA.
Espérance et courage,
Et soyons patients!
Pour entrer en ménage,
Il suffit de deux ans!
BERTHA, lui donnant son bissac.
Adieu donc, c'est bien convenu.
NATHANIEL, partant.
Oui, sans doute, c'est entendu!
(Revenant.)
Mais dis-moi donc...
BERTHA.
Eh bien?
NATHANIEL.
En conscience,
Crois-tu qu'il nous faudra deux ans?
BERTHA, hésitant.
Eh mais, je crois
Que c'est beaucoup!
NATHANIEL.
Beaucoup trop, je le pense,
Et si l'on s'enrichit...

BERTHA.
En un an!
NATHANIEL.
En six mois!
Le tout est d'aller vite!
BERTHA.
On se marie alors en six mois...
NATHANIEL.
En trois mois!
(Jetant son bagage à terre.)
Pourquoi pas tout de suite?
BERTHA, un peu effrayée.
Sur-le-champ!
NATHANIEL.
Sur-le-champ! A quoi bon tant d'apprêts?
BERTHA.
Oui, le bonheur, d'abord!
NATHANIEL.
Et la fortune après!
NATHANIEL et BERTHA.
Maintenant, il me semble,
Tant j'ai d'amour au cœur,
Que le malheur ensemble,
C'est presque du bonheur!
NATHANIEL.
Parlons au bon ermite.
BERTHA.
Il est de nos amis.
NATHANIEL.
Le saint homme, au plus vite...
BERTHA.
Nous mariera gratis.
NATHANIEL.
Tu le vois, chère amie...

BERTHA.
C'est une économie.

NATHANIEL.
Et notre doux lieu...

BERTHA.
Ne nous coûtera rien.

NATHANIEL et BERTHA.
Maintenant, il me semble,
Tant j'ai d'amour au cœur,
Que le malheur ensemble,
C'est presque du bonheur!

SCÈNE VII.

LES MÊMES; JOB, revenant par la gauche.

JOB.
Ah! le bon seigneur... le riche seigneur! quel dîner! Ma fortune est sûre, si je lui rends service... (Apercevant Nathaniel et Bertha qui vont entrer dans l'ermitage.) Où allez-vous, vous autres?

NATHANIEL.
Nous voulons parler à l'ermite.

BERTHA.
Sur-le-champ!

NATHANIEL.
Nous sommes pressés!...

JOB, vivement.
Est-ce pour un enterrement, un baptême, un mariage?

NATHANIEL et BERTHA.
Pour un mariage.

JOB.
Un mariage!... (A part, avec joie.) Oh! quelle chance! A

leur tournure distinguée, je les ai reconnus tout de suite, ce sont nos jeunes gens... Mais, n'ayons pas l'air...

NATHANIEL, à Bertha.

Allons, viens, entrons...

JOB, se plaçant devant la porte de l'ermitage.

Entrons, entrons... On n'entre pas comme ça chez le saint homme !

BERTHA.

Oh ! je ne suis pas une étrangère pour lui.

JOB.

C'est possible... mais il est absent. Parlez-moi, c'est absolument la même chose... je suis son suppléant.

BERTHA.

Depuis quand ?... je ne vous connais pas.

JOB.

Depuis huit jours. (Soupirant.) Huit longs jours... Vous dites donc que vous voulez vous marier?

BERTHA, vivement.

A l'instant même !

JOB.

C'est très-bien... Mais avez-vous tout ce qu'il faut pour cela ?...

NATHANIEL.

Dame ! je crois que oui...

JOB.

Vos papiers ?...

NATHANIEL.

A quoi bon ?

JOB.

Le consentement de votre mère ?...

NATHANIEL, tristement.

Je n'en ai plus.

JOB.

De votre père ?

NATHANIEL.

Je ne l'ai jamais connu.

BERTHA.

Nous sommes orphelins tous les deux.

NATHANIEL.

Dénués de famille...

BERTHA, voulant entrer.

Ainsi...

JOB, les arrêtant.

Ainsi, il faut un certificat qui prouve que vous êtes libres de disposer de vous.

BERTHA.

C'est vrai, nous n'y avions pas pensé.

NATHANIEL.

Comment, pour s'aimer ?...

BERTHA.

Il faut des certificats.

NATHANIEL.

Je croyais que ça allait tout seul, et ce que vous me demandez là...

JOB.

Le bourgmestre de votre endroit vous le donnera sans qu'il vous en coûte une obole... Vous reviendrez dans la soirée.

NATHANIEL.

Si tard ?

JOB.

Le père Anselme ne pourra pas être revenu plus tôt.

BERTHA, à Nathaniel.

Va donc vite... mais cependant...

JOB.

Mais... mais vous aurez beau dire et beau faire, pas avant.

BERTHA.

Allons, il faut bien en passer par là.

NATHANIEL.

Je m'en vas chercher cette maudite paperasse...

BERTHA.

Et moi, en attendant, j'entre dans la chapelle, faire ma prière à Sainte-Verrène.

JOB.

C'est ça.

NATHANIEL, à Bertha.

A bientôt.

BERTHA.

Au revoir !

JOB.

Ce soir, vous serez unis et bénis... comptez là-dessus !...

(Nathaniel s'éloigne par le fond. Bertha sort par la gauche.)

SCÈNE VIII.

JOB, seul, se frottant les mains.

(La nuit vient par degrés pendant cette scène.)

Ça va bien... ça va bien !... Je n'attendrai pas longtemps la fortune... la voilà qui vient me trouver, elle me devait ça ; le seigneur doit être encore à l'auberge du *Freiénoff*... Vite, vite, courons l'avertir... De la venaison au lieu de châtaignes, du vin de Hochheim au lieu d'eau claire... décidément, voilà la vie qui me convient. (Apercevant Éric qui entre.) Encore une visite, ça donne aujourd'hui... quelque fils de fermier... Maintenant que je suis en affaires avec des grands seigneurs, ne nous compromettons plus avec des gens de rien... Courons prévenir Sa Seigneurie.

(Il sort par le fond.)

SCÈNE IX.

ÉRIC, seul et simplement vêtu.

AIR.

Ah! de celle qui m'est si chère,
Qu'un ange protecteur guide vers moi les pas!
Qu'un surveillant sévère
Ne nous surprenne pas!
Car, dans sa cruelle vengeance,
Un tyran furieux sacrifîrait nos jours.
Que cet hymen secret, trompant son espérance,
Légitime enfin nos amours!

De mon enfance, ô tendre amie!
Mathilde, accours auprès de moi!
J'ai, grâce à toi, souffert la vie,
Ah! pour toujours reçois ma foi!

Quand le malheur nous environne,
Quand nous menace le danger,
Ah! que l'hymen au moins me donne
Le droit de te protéger!

De mon enfance, ô tendre amie! etc.

SCÈNE X.

ÉRIC, BERTHA entrant par la gauche.

(Nuit complète.)

FINALE.

BERTHA.

Le ciel nous bénira, je pense,
J'ai prié bien longtemps...

ÉRIC.

Pour moi quelle douce espérance!
Chère Mathilde, je t'attends...
Surtout, de la prudence!

ÉRIC et BERTHA.

O nuit charmante,
Nuit de bonheur!
Je sens d'attente,
Battre mon cœur.

BERTHA.

Je meurs, hélas! d'impatience,
Il tarde bien à revenir.

ÉRIC.

Je tremble!... Pourquoi cette absence?...
Qui peut, hélas! la retenir?

(A ce moment, Bertha se dirige à tâtons du côté où est Éric.)

ÉRIC et BERTHA.

Je crois l'entendre,
Espoir flatteur
Qui vient me rendre
Le bonheur!

ÉRIC, à voix basse.

Es-tu là?...

BERTHA.

Je suis là!

ÉRIC.

Me voilà!

BERTHA.

Te voilà!

ÉRIC.

Oui, c'est moi...
Mais tais-toi,
Et reçoi
Ce gage de ma foi.

(Il lui passe un anneau au doigt.)

BERTHA.
L'anneau du mariage !

ÉRIC.
C'est le prix d'un baiser,
Qu'on ne peut refuser...
(Il l'embrasse. En cet instant, la lune, dégagée des nuages, éclaire un peu la scène.)

ÉRIC, repoussant Bertha.
Mais, qu'ai-je vu !... ce n'est pas elle !...

BERTHA, stupéfaite.
Mon Nathaniel !... ce n'est pas lui !...

ÉRIC.
Pardon, pardon, mademoiselle...
Je m'abusais...

BERTHA.
Vraiment aussi,
Je vous prenais pour un ami
Qui va devenir mon mari...
La nuit, à tort on se hasarde,
Voyez comme il faut prendre garde...
Sans la lune qui brille au ciel...
(A part.)
J'en tremble encor pour Nathaniel !...

ÉRIC, regardant vers le fond à droite.
Mais que vois-je là-bas ?
Des soldats, des soldats !...

BERTHA, courant à lui.
Pourquoi l'effroi qui vous agite ?

ÉRIC, à part.
Sans doute on surveillait nos pas...
Mathilde !... Courons au plus vite...
Ah ! qu'en ces lieux elle ne vienne pas !...
Tâchons d'éviter leur poursuite.

(Fausse sortie.)

BERTHA, le rappelant.
Seigneur ! seigneur !

ÉRIC, revenant.
Que voulez-vous ?

BERTHA, baissant les yeux.
De ce qui s'est passé cette nuit entre nous
Ne dites rien, ne dites rien, de grâce !...

ÉRIC, sans l'écouter et dans le plus grand trouble.
Ah ! du péril qui la menace
Tâchons de détourner les coups !

(Il sort vivement par le fond à droite, et se rencontre avec Œgidius qui arrive.)

SCÈNE XI.

BERTHA, ŒGIDIUS, Hommes d'armes, avec des torches.

ŒGIDIUS, désignant le côté par où est sorti Éric.
C'est lui !... c'est bien lui !... Sa complice...
(Montrant Bertha, qui paraît très-effrayée.)
La voilà !
Contre elle il faut que je sévisse...
A l'instant interrogeons-la.
(A Bertha, durement.)
En ces lieux que venez-vous faire ?...
Approchez !...

BERTHA, d'une voix tremblante.
Mon Dieu !... que j'ai peur !...
Monseigneur !...

ŒGIDIUS.
Allons, allons, point de mystère !...
A l'instant répondez ! ou craignez ma rigueur...
Cette nuit, à cet ermitage,
Vous veniez...

BERTHA, tremblante.
Pour un mariage...

OEGIDIUS.
Et cet hymen...

BERTHA.
Sera conclu,
Tout à l'heure...

OEGIDIUS, à part.
Rien n'est perdu !...
Pour déjouer pareille trame,
Ah ! grâce au ciel, j'arrive bien !...
(Aux soldats.)
Emparez-vous de cette femme !...

BERTHA.
De moi ! de moi !...

OEGIDIUS, se radoucissant.
Ne craignez rien...

BERTHA, se débattant au milieu des soldats.
Mon futur qui va revenir...
L'ermite qui doit nous unir...
Ah ! laissez-moi... mon Dieu ! mon Dieu !...
Je ne peux pas quitter ce lieu !

OEGIDIUS et LES HOMMES D'ARMES.
Allons, point de résistance,
Car ce serait une offense !
Vite, il le faut, suivez-nous,
Ou craignez notre courroux !

(A cet instant la voix de Nathaniel se fait entendre dans le lointain;
il appelle :)

NATHANIEL.
Bertha ! Bertha !

BERTHA, se débattant.
Cette voix !... Ah ! c'est lui !... c'est lui !...
Laissez-moi revoir mon ami !

OEGIDIUS et LES HOMMES D'ARMES.
Allons, point de résistance, etc.

(Ils entraînent Bertha par la droite. Nathaniel paraît au fond.)

SCÈNE XII.

NATHANIEL, seul, arrivant très-gaiement.

Pour notre mariage
J'ai tout ce qu'il me faut,
Et le bonheur, je gage,
Nous sourira bientôt.
(Appelant.)
Bertha! Bertha! Bertha!
Eh quoi! tu n'es pas là?...
De nous marier voici l'heure...
Dans un instant elle viendra...
Bertha! Bertha! chère Bertha!
Ce soir, ce soir, dans sa demeure
Un tendre époux t'emmènera...
Mais, je le sens, malgré moi, ma paupière
Veut se fermer et céder au sommeil!...
O ma Bertha, ta présence si chère
Va m'apporter le bonheur au réveil...
Bertha! Bertha!
Bientôt elle viendra!...
(Il s'est assis sur un banc de pierre et il s'endort en répétant le motif du duo.)
Maintenant, il me semble,
Tant j'ai d'amour au cœur,
Que le malheur ensemble,
C'est presque du bonheur!

ACTE DEUXIÈME

Une salle gothique dans le palais ducal de Hanovre. Une galerie au fond. — A gauche, sur le second plan, l'entrée d'une chapelle ; à droite les appartements du gouverneur. Sur le premier plan, à gauche, une toilette ; à droite, une table.

SCÈNE PREMIÈRE.

DOROTHÉE, assise devant sa toilette, se levant.

AIR.

A quoi bon la toilette? A quoi sert d'être belle?
Me voici de retour en ce sombre palais,
Où s'écoule une vie uniforme et cruelle,
Que les joyeux plaisirs n'embellissent jamais.

Que l'hymen est terrible,
Et qu'il offre d'ennui
Avec un cœur sensible
Et près d'un vieux mari!

Je fais ma seule étude
De ses doctes avis!
Mais, dans la solitude,
Hélas! je le maudis!
Et je me dis :

Que l'hymen est terrible, etc.

Coquette,
Par qui la vie
Est embéllie,
Éloignez-vous!

Il faut me faire
Prude et sévère,
Afin de plaire
A mon époux !
(A demi-voix, et s'avançant sur le bord du théâtre.)
Et si le hasard vous présente
Un jeune homme aimable et galant,
Comme ce jeune étudiant,
Alibert, qui me trouve charmante,
Alibert, qui pour moi, sans espoir,
En secret dès longtemps soupire,
Il faut ne rien apercevoir ;
Froide et sévère, il faut lui dire :
Passez votre chemin, beau sire,
Je n'écoute que mon devoir !

(Coquetterie, etc.

(Elle se remet à sa toilette et s'occupe de sa coiffure pendant que, derrière elle, Œgidius et Job sortent de l'appartement à droite.)

SCÈNE II.

DOROTHÉE, ŒGIDIUS, JOB.

ŒGIDIUS, à Job.

Je tiendrai ma promesse... Tu seras panetier ou échanson, à ton choix...

JOB.

Manger ou boire... Ça m'est indifférent... Les deux, si vous voulez... J'ai une égale capacité pour les deux fonctions...

ŒGIDIUS, à demi-voix.

Soit... Tu les rempliras en apparence...

JOB, se récriant.

Comment ! en apparence...

OEGIDIUS, de même.

Oui... parce que, en secret... je t'en destine une autre... surveillant officiel de tout ce qui se passe au palais... Mais il faut avant tout que je te présente à ma femme...

DOROTHÉE.

Qu'est-ce ? Qu'y a-t-il ?

OEGIDIUS.

Un nouveau commensal du palais... Je l'ai retenu pour notre service.

DOROTHÉE, le regardant.

Et vous avez bien fait... Il est très-bien, ce jeune homme... Un air de bêtise et de béatitude.

OEGIDIUS, bas, à Job.

Tu lui plais.

DOROTHÉE.

Je le prends pour mon coureur.

OEGIDIUS, bas à Job.

Remercie...

JOB, saluant.

Mais, madame...

DOROTHÉE, à OEgidius.

Par exemple, il faudra veiller à ce que sa taille reste la même.

JOB.

Moi qui, au contraire...

DOROTHÉE.

Car, s'il engraisse, je le chasse !

JOB.

Mais...

DOROTHÉE.

C'est bien, cela suffit... va-t'en.

JOB, à part.

Autant retourner à l'ermitage.

(Il sort.)

SCÈNE III.

DOROTHÉE, OEGIDIUS.

DOROTHÉE.

Eh bien! monsieur, que s'est-il passé pendant mes six mois d'absence?...

OEGIDIUS.

Six mois qui m'ont paru un siècle!

DOROTHÉE.

Comment va votre auguste malade, qui est toujours à l'extrémité et qui ne meurt jamais?... c'est bien la peine d'avoir trois médecins!

OEGIDIUS, avec effroi.

Imprudente!... si l'on vous entendait...

DOROTHÉE.

J'espère que vous allez me présenter à Son Altesse.

OEGIDIUS.

Je m'en garderai bien... excepté nous, ses médecins, et maître Ribemberg, son barbier, personne n'est admis en sa présence...

DOROTHÉE.

Et pourquoi?

OEGIDIUS, à voix basse.

Il ne veut pas qu'on s'aperçoive de son changement et de sa fin prochaine...

DOROTHÉE.

Il est ici?

OEGIDIUS.

Eh non!... Il s'est persuadé que l'air de la campagne lui

ferait du bien, et il s'est établi, depuis quinze jours, dans sa résidence d'été... à trois lieues d'ici... avec mes deux collègues.

DOROTHÉE.

Ce qui vous laisse liberté entière.

ŒGIDIUS.

Liberté qui m'enchaîne... car c'est moi qui dirige tout en son absence; c'est moi qui suis responsable si ça va mal... et ça m'inquiète beaucoup.

DOROTHÉE.

Laissez donc! médecin et ministre... vous êtes enchanté, car vous avez de l'ambition!... Mais moi, qui n'en ai pas, je prévois que, grâce à la maladie de notre souverain, je vais ici périr d'ennui... autant valait rester à Baden-Berg, à la porte de Göttingue... Il y a là, au moins, des bals, des fêtes... des jeunes étudiants qui valsent à merveille... le comte Albert...

ŒGIDIUS.

Comment, madame! le comte Albert...

DOROTHÉE.

L'Université valse très-bien... tandis qu'ici des gens immobiles, qui ne savent ni vivre... ni mourir...

ŒGIDIUS, effrayé.

Voulez-vous bien vous taire!...

DOROTHÉE.

Pas le plus petit spectacle... pas la moindre cérémonie.

ŒGIDIUS.

Vous allez en avoir une superbe...

DOROTHÉE, vivement.

Vraiment!

ŒGIDIUS.

Le prince Éric... le neveu de notre maître, va demain, avec grande pompe, dans la cathédrale de Saint-Œgidius, et aux yeux de toute la ville, entrer dans les ordres religieux.

DOROTHÉE.

Lui! le fils du dernier souverain... l'héritier direct des duchés de Brunswick et de Hanovre!

OEGIDIUS.

Il le veut ainsi... c'est une vocation ardente et décidée.

DOROTHÉE, souriant.

Allons donc!

OEGIDIUS, gravement.

Aucun moyen de l'en détourner...

DOROTHÉE.

Je m'en charge, si vous voulez... et c'est déjà bien avancé.

OEGIDIUS, avec effroi.

Qu'osez-vous dire?

DOROTHÉE.

Eh! oui, messieurs... Vous autres docteurs n'y entendez rien; mais moi, qui, avant mon départ, le voyais tous les jours, ce pauvre petit prince, renfermé au palais où vous l'éleviez... car vous étiez son gouverneur... et Dieu sait quels principes vous lui donniez... éducation mystique qui le menait tout droit à s'ensevelir dans un cloître... Moi, pour le sauver, pour contre-balancer vos fatales doctrines...

OEGIDIUS, avec effroi.

Eh bien?

DOROTHÉE, souriant.

Eh bien...

COUPLETS.

Premier couplet.

A ses yeux j'offrais sans cesse
Et le monde et ses plaisirs,
Vers leur pompe enchanteresse
Je tournais tous ses désirs!

Et je pense qu'il préfère,
Grâce à mes doctes avis,
Les délices de la terre
A celles du paradis !

Car pour former aux galantes manières
Un petit abbé,
En mes mains tombé,
Et, pour qu'il veuille, arborant nos bannières
Et changeant sa foi,
Suivre notre loi,
Comptez sur moi !

Mais, pour en faire un ennuyeux ermite,
Qui prie, hélas ! et qui toujours récite
Des *oremus* et des *alleluias*...
Non, non, non, sur moi ne comptez pas !

Deuxième couplet.

Des dames, à plus d'un titre,
Je lui parlais avant tout !
Et je crois, pour ce chapitre,
Qu'il aurait beaucoup de goût !
Oui, les femmes, qu'il admire,
Que par moi seule il connaît,
Lui semblent, j'ose le dire,
Le trésor le plus parfait.

Car pour former un galant gentilhomme,
Le rendre élégant,
Et surtout constant,
Et pour, qu'il soit, aussitôt qu'on le nomme,
Des amours le roi,
Des maris l'effroi,
Comptez sur moi !

Mais pour en faire un saint anachorète,
Qui, nuit et jour, psalmodie et répète,
Des *oremus* et des *alleluias*...
Non, non, non, sur moi ne comptez pas !

Eh bien ! qu'avez-vous donc ?... comme vous êtes agité !... comme vous voilà rouge !...

OEGIDIUS.

J'étouffe de colère... c'est donc vous qui en secret avez miné, détruit, renversé tous mes projets ?...

DOROTHÉE.

Est-ce que je savais ?...

OEGIDIUS.

Oui, madame, oui... il y va de notre avenir, de notre fortune, de ma tête, peut-être...

DOROTHÉE.

Eh bien ! ça vous apprendra ! Pourquoi ne me rien confier, et transformer tout en secrets d'État ? Je suis capable de continuer, et de faire encore quelque bonne action que vous appellerez une gaucherie...

OEGIDIUS.

Gardez-vous-en bien !...

DOROTHÉE.

Cela dépend de vous.

OEGIDIUS.

Eh bien, madame, je vais alors vous confier un secret...

DOROTHÉE, avec joie.

Un secret !...

OEGIDIUS, après s'être assuré qu'ils sont bien seuls.

Apprenez donc que notre dernier souverain, le duc Berthold, qui est mort de... (Hésitant.) d'un mal de gorge... (Vivement.) On a dit autre chose, mais ce n'est pas vrai... Enfin, il est mort, laissant pour toute famille le prince Éric, son fils, qui avait douze ans... une fille de sa sœur, la jeune Mathilde, sa nièce, qui en avait dix... et leur donnant pour tuteur son autre frère, le très-haut, très-puissant Henri de Wolfenbuttel, qui vu son aptitude et sa fermeté à tenir les rênes de l'État, a été surnommé...

DOROTHÉE.

La Main de fer.

OEGIDIUS.

Nom glorieux qu'il doit à l'amour de son peuple, ainsi que la régence qui lui revenait de droit pendant la minorité de son neveu... Mais moi, qui observais souvent notre nouveau maître... en qualité de son premier médecin... il m'était facile de voir que son humeur et sa bile étaient sans cesse excitées par ce neveu qui le gênait... Plus d'une fois même, il me répéta : « Cet enfant-là a trop d'esprit pour vivre, n'est-il pas vrai, docteur ? » Ce qui, dans sa bouche, équivalait à...

DOROTHÉE.

Un arrêt de mort.

OEGIDIUS.

Précisément, et ça n'aurait pas tardé, si le jeune prince n'avait eu un jour l'heureuse idée, je ne sais d'où elle lui est venue... de dire qu'il se sentait une vocation décidée pour l'état monastique. « S'il en est ainsi, me dit le régent, attendons !... je vous charge de son éducation... arrangez-vous pour qu'avant sa majorité il ait prononcé ses vœux... nous en ferons alors un évêque d'Hildesheim, sinon, sa tête et la vôtre tomberont. » Commencez-vous à comprendre l'étendue de votre étourderie ?

DOROTHÉE.

Très-bien...

OEGIDIUS.

Le régent a lui-même un fils qui est colonel au service de l'empereur Maximilien ; ce fils devient, après lui, héritier du trône, si l'héritier direct se fait moine ou évêque ; et pour confondre enfin tous les droits, notre souverain, qui est un habile politique, veut marier ce fils à la jeune Mathilde, sa nièce, le dernier rejeton du sang des Berthold.

DOROTHÉE.

Et si Mathilde refuse ?...

OEGIDIUS.

Elle ne refusera pas !... Élevée comme prisonnière dans ce palais... n'y voyant personne, pas même son cousin, et habituée à obéir, elle a déjà répondu qu'elle était prête à se soumettre aux volontés de son oncle et de son souverain... et tout allait au gré de nos vœux... lorsque, par une bizarrerie, une fatalité que je ne pouvais comprendre et que je m'explique à présent, je remarquai dans mon élève une effervescence, une agitation et des idées... des discours inconcevables... il parlait même en dormant, et j'entendais des mots de femme, d'amour, de passion éternelle.

DOROTHÉE.

Pauvre jeune homme !...

OEGIDIUS.

Qui aurait dit cela à son âge ?... dix-sept ans à peine !... et puis, élevé dans la retraite, il ne connaît du monde que ce que je lui en ai appris ; je le croyais, du moins ; mais un de nos gens m'a assuré que le prince avait donné hier rendez-vous à l'ermitage de Sainte-Verrène, à une jeune personne inconnue... que nous connaîtrons, car j'ai tout arrêté... tout saisi... jusqu'à la jeune fille.

DOROTHÉE, vivement.

Est-elle jolie ?

OEGIDIUS.

Vous allez en juger !... le grand-duc voudra sans doute la connaître.

DOROTHÉE.

Lui qui ne voit personne ?

OEGIDIUS.

Aussi, je fais faire son portrait pour l'envoyer au duc avec mon rapport... les pièces à l'appui ; je viens de faire demander le peintre de la cour, maître Ulrich. Le voici, sans doute.

SCÈNE IV.

Les mêmes; NATHANIEL.

OEGIDIUS.

Eh! non, ce n'est pas lui!...

NATHANIEL.

Monseigneur, maître Ulrich est en voyage avec la permission du prince, et comme on a dit de votre part que c'était très-pressé... moi, Nathaniel, son élève, je suis accouru prendre vos ordres.

DOROTHÉE, le regardant.

Eh! mais, ce pauvre garçon a l'air souffrant et malade.

NATHANIEL.

Ne faites pas attention, madame, c'est que je n'ai pas beaucoup dormi... j'ai passé toute la nuit sur une pierre... au haut de la montagne, à attendre...

DOROTHÉE.

Le lever du soleil, pour le peindre?...

NATHANIEL.

Oui, madame... le soleil qui m'aurait ranimé et rendu la vie... (Soupirant.) Mais il n'a pas apparu, je n'ai rien vu... (A Oegidius.) Et je rentrais au logis quand on est venu me chercher de votre part.

OEGIDIUS.

Ce qui n'est pas la même chose... à moins que tu ne puisses remplacer maître Ulrich, ton patron.

NATHANIEL.

De quoi s'agit-il?

DOROTHÉE.

D'un portrait.

NATHANIEL, à part.

Dieu! quelle occasion... celle que je cherchais depuis

longtemps. (Haut.) Certainement, j'ai du talent sans que ça paraisse, ou plutôt ça ne demande qu'à paraître, et si je vous montrais le portrait que j'ai fait de ma bonne amie... Pauvre portrait, je n'ai plus que lui, à présent !

DOROTHÉE, gaîment.

Nathaniel est amoureux ?

NATHANIEL.

Comme un enragé.

DOROTHÉE, vivement.

Je le protége... Il a du talent, il doit en avoir.

OEGIDIUS.

Silence donc !... c'est le prince !

SCÈNE V.

Les mêmes ; ÉRIC, habillé en noir.

ÉRIC, entrant vivement avec colère.

Ah ! vous voilà, monseigneur ? (Apercevant Dorothée.) Pardon, madame, j'ignorais votre retour, mais vous, qui êtes si bonne... vous serez indignée comme moi de la manière dont on me traite ici... et je demanderai à M. le docteur pourquoi les portes de ce palais me sont fermées ? pourquoi l'on me retient prisonnier, moi, prince de Hanovre ?

OEGIDIUS.

Tel est l'ordre de votre oncle ! et votre conduite d'hier légitime des mesures aussi rigoureuses.

ÉRIC.

Que voulez-vous dire ?

OEGIDIUS.

Nous savons tout.

ÉRIC, à part.

O ciel !

ŒGIDIUS.

Vous qui vouliez, disiez-vous, prendre l'habit monastique, trouvez-vous qu'il soit convenable pour un jeune diacre ou pour un damp abbé d'aller, le soir, à l'ermitage de Sainte-Verrène, attendre des jeunes filles.

ÉRIC, avec colère.

Monseigneur!...

ŒGIDIUS.

Les y attendre... passe encore, mais ce qui est contraire à toutes les lois canoniques, vouloir les épouser!

ÉRIC.

Et qui peut vous le faire croire?

ŒGIDIUS.

Nous avons des preuves... *corpus delicti*... votre complice elle-même, qui va paraître devant vous!...

(Il sonne; un domestique paraît à qui il donne des ordres.)

ÉRIC, à part.

Plus d'espoir, Mathilde est perdue!

DOROTHÉE, pendant ce temps, à Nathaniel, qui est à gauche.

Nathaniel, prépare tes pinceaux.

NATHANIEL, à mi-voix.

Ah! c'est la maîtresse du prince que je vais peindre?

DOROTHÉE.

Justement : une jeune fille qu'il a enlevée et qu'il adore.

ŒGIDIUS, s'approchant d'Éric.

De plus, je suis chargé de vous dire, de la part de monseigneur votre oncle, que si demain vous ne prononcez pas vos vœux, votre tête et celle de votre maîtresse...

ÉRIC, se levant.

Ah! tout ce que l'on voudra... (A part.) pourvu que Mathilde soit sauvée, et je vais devant elle...

ŒGIDIUS.

La voici!...

SCÈNE VI.

LES MÊMES; BERTHA, qui s'avance les yeux baissés.

QUINTETTE.

ÉRIC, la regardant et à part, avec joie.
Grands dieux! ce n'est pas elle!

NATHANIEL, à part, stupéfait.
C'est Bertha, l'infidèle!...

ÉRIC, à part, avec étonnement et regardant OEgidius.
Quoi! celle que j'aimais...

DOROTHÉE, bas, à OEgidius.
Quoi! celle qu'il aimait...

NATHANIEL, bas, à Dorothée.
Quoi! celle qu'il aimait...

OEGIDIUS, à sa femme.
C'est elle.

DOROTHÉE, à Nathaniel.
C'est elle.

TOUS.
C'est elle.

BERTHA, levant les yeux et reconnaissant Nathaniel.
Ah! je le revois! Nathaniel!

NATHANIEL, la repoussant.
Laissez-moi!...

Ensemble.

ÉRIC, avec joie, à part.
O l'heureuse méprise
Qui nous sauve tous deux!
Oui, le ciel favorise
Notre amour et nos vœux!

NATHANIEL, à part.

O douleur ! ô surprise !
O transport furieux !
L'infidèle méprise
Nos serments et nos vœux !

BERTHA, à part.

O douleur ! ô surprise !
Et quel air furieux !
On dirait qu'il méprise
Notre amour et nos vœux.

OEGIDIUS et DOROTHÉE.

Voyez-vous sa surprise,
Comme il baisse les yeux !
Son trouble, qu'il déguise,
Les trahit tous les deux.

ÉRIC, avec passion jouée, à OEgidius, en montrant Bertha.

Que sa grâce naïve
Obtienne mon pardon !
C'est elle qui captive
Mon cœur et ma raison !

BERTHA, étonnée, à Nathaniel.

Que dit-il ?

NATHANIEL, à Bertha.

Infidèle !

ÉRIC.

Oui, sa grâce naïve
A séduit ma raison !...
(A part.)
Ah ! si j'osais lui demander son nom !

BERTHA, à Nathaniel.

Quel est donc ce seigneur qui m'aime
Avec une si vive ardeur ?

NATHANIEL, avec colère.

Eh ! mais... c'est le prince lui-même !

BERTHA, étonnée.

Le prince !...
(A Éric.)
Ah ! pardon, Monseigneur !
Mais, j'ignorais, je vous l'atteste...

OEGIDIUS.

C'est clair... vous le nierez toujours !
Mais lui-même l'avoue !

ÉRIC, avec exaltation.

Oui, cet amour funeste
Ne finira qu'avec mes jours !

Ensemble.

ÉRIC.

Je l'aime ! je l'aime,
Sans savoir moi-même
Quel délire extrême
Égare mes sens !
Mais, je le proclame,
L'amour qui m'enflamme
Porte dans mon âme
Ses feux dévorants !

BERTHA.

Il m'aime ! il m'aime !
J'ignore moi-même
Quel délire extrême
Égare ses sens ;
Mais la raison blâme
L'amour qui l'enflamme
Et porte en son âme
Des feux dévorants.

OEGIDIUS, à part.

Il l'aime ! il l'aime !
Sans savoir lui-même
Quel délire extrême
Égare ses sens ;
Mais, il le proclame,

3.

L'amour qui l'enflamme
Porte dans son âme
Des feux dévorants !

DOROTHÉE.

Il l'aime ! il l'aime !
Sans savoir lui-même
Quel délire extrême
Égare ses sens ;
Mais, il le proclame,
L'amour qui l'enflamme
Porte dans son âme
Des feux dévorants !

NATHANIEL, à part.

Il l'aime ! il l'aime !
Sans savoir lui-même
Quel délire extrême
Égare ses sens ;
Mais, pour moi, je blâme
Une telle flamme,
Et crains, sur mon âme,
Pareils sentiments.

BERTHA, s'approchant d'Éric en passant devant Œgidius, qui reste près d'elle et l'écoute.

Et depuis quand cette flamme importune
Vint-elle, Monseigneur, ainsi vous embraser ?

ÉRIC, à demi-voix.

Depuis qu'à l'ermitage... un soir... au clair de lune,
Ce baiser...

BERTHA, vivement et regardant Nathaniel.

Ah ! grands dieux ! taisez-vous !

ÉRIC, continuant à demi-voix.

Ce baiser
Et cet anneau...

ŒGIDIUS, saisissant la main de Bertha, et à part.

C'est vrai !... c'est le sien !

BERTHA, désolée.

Je vous jure
Que je n'y comprends rien !

OEGIDIUS et DOROTHÉE, riant.

C'est juste !

BERTHA.

Je ne peux
Empêcher Monseigneur d'être mon amoureux...
Mais ce n'est pas, du moins j'en suis bien sûre,
Lui que j'aime !...

OEGIDIUS, haussant les épaules et avec ironie.

Allons donc !... ce n'est pas lui ?

BERTHA.

Non, non !
C'est un autre.

OEGIDIUS.

Eh ! qui donc ? s'il vous plaît !

TOUS.

Oui, qui donc ?

BERTHA, se jetant dans les bras de Nathaniel.

C'est lui !

Ensemble.

BERTHA.

Je l'aime, je l'aime !
Je sens bien moi-même
La tendresse extrême
Qu'ici je ressens !
Oui, je le proclame,
Tous deux, sur mon âme,
L'amour nous enflamme,
Et depuis longtemps !

NATHANIEL.

O bonheur extrême !
Je l'aime, je l'aime,
Et plus que moi-même !

Elle a mes serments ;
Oui, je le proclame,
Tous deux, sur mon âme,
L'amour nous enflamme,
Et depuis longtemps !

OEGIDIUS, riant.

Quoi ! c'est lui qu'elle aime !...
Adroit stratagème !
Dont je ris moi-même.
Le trait est charmant !
Mais la raison blâme
Cette ardente flamme
Qui n'est, sur mon âme,
Qu'un détour prudent.

DOROTHÉE, riant.

Quoi ! c'est lui qu'elle aime ?
Adroit stratagème,
Qui voile ici même
Ses vrais sentiments.
Mais la raison blâme
Cette ardente flamme
Qui n'est, sur mon âme,
Que ruse d'amants.

ÉRIC.

Je l'aime ! je l'aime !
Sans savoir moi-même
Quel délire extrême
Egare mes sens !
Mais, je le proclame,
L'amour qui m'enflamme
Porte dans mon âme
Ses feux dévorants !

OEGIDIUS, à Bertha, lui montrant Nathaniel.

Ainsi donc vous l'aimez ?

DOROTHÉE, bas, à son mari.

Mais vraiment, je le crois !

OEGIDIUS, bas, à sa femme en riant.

Stratagème grossier !... regardez-les tous trois !
Vous allez voir l'effet...

(Haut, à Bertha, montrant Nathaniel.)
Vous en êtes bien sûre ?
C'est lui que vous aimez ?

BERTHA.
Oui, seigneur, je le jure !

OEGIDIUS, bas, à sa femme.
Regardez bien !
(A voix haute.)
Alors, je veux,
Avant une heure... ici... vous marier tous deux !

ÉRIC, NATHANIEL et BERTHA, avec surprise.
O ciel !

OEGIDIUS, à demi-voix, les montrant en riant à sa femme.
Voyez-vous ?

NATHANIEL et BERTHA, n'y pouvant croire.
Quoi ! tous deux ?

OEGIDIUS, bas, à sa femme.
Je les ai pris au piége !
(Haut, avec force.)
Oui ! tous les deux !

NATHANIEL et BERTHA.
Tous deux ?

ÉRIC.
Tous deux ?

Ensemble.

NATHANIEL et BERTHA, à part.
Ah ! quel grand politique !
Et quelle douce erreur !
Le moyen est unique,
Et fait notre bonheur !

ÉRIC, riant, à part.
Ah ! le grand politique !

Je ris de son erreur.
Cet hymen tyrannique
Va faire leur bonheur !

DOROTHÉE, à part.

C'est d'un grand politique ;
Mais je crains quelque erreur.
Cet hymen tyrannique
Leur fait trop de bonheur !

OEGIDIUS.

En adroit politique,
Je lis au fond des cœurs.
Le moyen est unique
Pour tromper des trompeurs.

BERTHA, s'approchant d'OEgidius.

Comment, monseigneur, c'est-il Dieu possible !... m
riés ?...

OEGIDIUS, avec ironie.

Oui, mademoiselle... dans une heure, ici, à la chapel
du château... Avez-vous quelques objections à faire ?

BERTHA.

Oh ! mon Dieu ! non... (Avec embarras.) Mais c'est que.
c'est le père Anselme qui m'a baptisée... et je ne deva
être mariée que par lui ! Et alors...

OEGIDIUS.

Est-ce un prétexte pour retarder cet hymen ?... Il ne vo
réussira pas... Je vais envoyer, de votre part, chercher l
père Anselme, qui sera ici dans une heure...

BERTHA.

Je vous remercie... mais...

OEGIDIUS.

Mais... mais... malgré la joie que vous affectez, cela vo
déconcerte (Montrant Éric.) ainsi que monseigneur.

BERTHA, vivement.

Non, sans doute... (Hésitant.) Mais c'est que...

OEGIDIUS.

Qu'est-ce encore ?

BERTHA.

C'est que... il y a ici... au palais, une personne qui m'a toujours protégée, et pour qui je donnerais ma vie... ma marraine, la comtesse Mathilde...

ÉRIC, vivement.

Comment ?

OEGIDIUS, le regardant froidement.

Qu'avez-vous donc ?

ÉRIC.

Moi ?... Rien !...

BERTHA.

Elle m'avait toujours promis de me faire l'honneur d'assister à mon mariage... et si elle n'était pas là... je ne voudrais pour rien au monde...

OEGIDIUS, riant avec ironie.

A merveille !... Encore un obstacle qui ne vous sauvera pas davantage... (Montrant Dorothée.) Madame va prier la princesse de vouloir bien descendre à la chapelle... par ordre de son oncle le grand-duc, et nous verrons, alors, mademoiselle...

(Il cherche son nom.)

BERTHA, faisant la révérence.

Bertha.

OEGIDIUS.

C'est votre nom ?...

ÉRIC, à part.

Enchanté de l'apprendre... (Haut et avec force.) Oui, Bertha, sois tranquille... Rien ne peut nous désunir, et plus tard...

OEGIDIUS, l'arrêtant.

Qu'est-ce que c'est que ces manières-là ?... (Lui prenant la main.) Dans votre intérêt, monseigneur, je vous conseille de garder le silence, et de ne pas vous opposer à ce mariage, que votre fol amour a rendu nécessaire et indispensable.

NATHANIEL et BERTHA.

Quoi ! vous nous mariez ?...

ŒGIDIUS, avec force, à Bertha.

Parce que le prince vous aime, entendez-vous bien ?... Voilà l'unique raison...

BERTHA, timidement.

De sorte que, s'il ne m'aimait pas ?...

ŒGIDIUS.

C'eût été différent.

NATHANIEL, qui est passé près d'Éric, à voix basse.

Oh ! alors, monseigneur, ne cessez pas.

BERTHA, de même.

Et continuez, je vous prie, dans le même sens.

ÉRIC, à voix basse, à Bertha.

A une condition... J'ai un service à te demander.

BERTHA, de même.

Parlez...

ÉRIC, de même.

Ici, impossible... mais, tout à l'heure, à l'orangerie.

BERTHA.

C'est dit.

ŒGIDIUS, montrant à sa femme Éric et Bertha qui causent tout bas.

Voyez-vous ! voyez-vous ! si on les laissait faire,... Mais ce mariage est un coup de maître... Je vais faire prévenir le père Anselme... (A Dorothée.) vous, la comtesse Mathilde... Sortez tous, (A Éric.) excepté vous, monseigneur, qui ne pouvez quitter ce palais, par ordre supérieur !

(Nathaniel et Bertha sortent par le fond, Dorothée et Œgidius par la droite.)

SCÈNE VII.

ÉRIC, seul.

Nous voilà sauvés... sauvés jusqu'à demain... car ces
vœux, je ne puis les prononcer, et cette ruse, que Mathilde
elle-même m'avait conseillée... devient impossible... Je ne
puis plus maintenant renoncer à ma cousine, à ma femme,
à tout ce que j'aime... Mais, depuis hier, on a grillé la seule
fenêtre qui, de mon côté, donnait sur les combles du palais,
et par laquelle je me hasardais chaque nuit... au risque de
me briser, de deux cents pieds de haut, sur le pavé... Et
comment, maintenant, parvenir jusqu'à ma pauvre cousine
prisonnière ?... Comment combiner un nouveau plan d'évasion ?... comment savoir seulement ce qui a fait manquer
celui de cette nuit ?... Il n'y a, pour nous, d'espoir et de
salut que dans cette jeune fille... Le peu de mots qu'elle a
dits tout à l'heure me prouvent qu'elle est dévouée à Mathilde,
et puisque, dans quelques instants, et pour ce mariage, elle
doit la voir à la chapelle... elle pourra aisément lui glisser
un billet dans la main... Écrivons !... (Il se met à la table à droite,
et écrit en parlant.) Bertha m'a promis de m'attendre à l'orangerie... Elle me rendra ce service... Oui... c'est cela...
(Il écrit toujours.)

SCÈNE VIII.

OEGIDIUS, qui, à la fin de la scène précédente, est sorti de la chapelle
à gauche, entre sur le théâtre en rêvant; ÉRIC, à la table à droite;
puis RIBEMBERG.

OEGIDIUS, à lui-même.

Tout est prêt à la chapelle ; quant au messager que vient
de m'envoyer le duc... il est là... il attend, comme à l'ordinaire, mon rapport de chaque jour. Le voici fait en règle,

et je vais le lui remettre. (Levant les yeux et apercevant Éric qui écrit.) Que vois-je!... et à qui écrit mon élève?... Je le saurai... nouveau chapitre à ajouter à mon rapport. (Il s'approche doucement derrière la chaise d'Éric, passe la main par dessus son épaule, et saisit la lettre qu'il écrivait.)

ÉRIC, se levant et avec indignation.

Monseigneur... une telle audace!... un tel espionnage!..

OEGIDIUS.

Tous les moyens sont bons en politique... et, d'ailleurs vous le savez... si je me laisse tromper, il y va de m' ours... Le danger ennoblit et légitime tout... Voyons...

ÉRIC, voulant reprendre la lettre.

Vous ne lirez pas!

OEGIDIUS.

Je lirai... avec vous... A nous deux, ou bien je fais appeler la garde ducale, les trabans de votre oncle... et, en leu présence... Choisissez...

ÉRIC, cherchant à modérer sa colère.

Monsieur...

OEGIDIUS.

Vous voyez qu'il vaut mieux que tout se passe en famille.. (Lisant.) « On ne se doute de rien; le ciel, qui veille su « nous en ce palais, semble encore y protéger nos amour « Bertha, que je charge de ce billet, et dont le savant doc « teur a eu la bêt... (Il regarde Éric avec colère, puis continue.) « simplicité de me croire amoureux, détourne loin de nou « tous les soupçons. » (S'interrompant.) Est-il possible? (lisant.) « Et comme nous pouvons, je crois, nous confier « sa fidélité et à son dévouement... » (S'interrompant.) C' bon à savoir... (Continuant.) « Voici ce que j'ai imaginé... Il « faut qu'aujourd'hui... aujourd'hui même... » (S'arrêtant.) pas davantage, pas une ligne de plus...

ÉRIC, froidement.

J'en étais là quand vous m'avez arrêté.

OEGIDIUS, à part.

Ah! si j'avais su!... (Haut.) Mais ce mot me suffit et m'aidera à vous prouver que ce savant docteur, dont vous vous raillez, ne se laisse pas prendre aisément pour dupe!... (Avec une colère concentrée.) Ah! ce n'est pas Bertha que vous aimez...

ÉRIC.

Permis à vous de le croire...

OEGIDIUS.

Non... je ne le crois plus... mais il y en a une autre, et cette autre, quelle est-elle ?

ÉRIC.

C'est ce que je ne vous dirai pas...

OEGIDIUS.

Et ce qu'il me sera facile de deviner... Pour cela, il ne me faut qu'un indice... et j'ai remarqué une phrase... Oui, c'est cela... (Relisant le billet.) « Le ciel, qui veille sur nous « en ce palais, semble encore y protéger nos amours... » Celle que vous aimez est donc en ce palais...

ÉRIC, à part.

O ciel !

OEGIDIUS.

Elle y habite avec vous.

ÉRIC, effrayé.

Monseigneur !...

OEGIDIUS, avec jalousie.

Or, il n'y a ici à demeure, au palais, que deux femmes... et j'y vois clair...

ÉRIC, à part.

C'est fait de nous !... (Haut, vivement.) Grâce pour elle !... C'est moi, moi seul qui fus coupable.

OEGIDIUS, avec colère.

Vous l'avouez donc !

ÉRIC, continuant avec chaleur.

Qui ne l'eût pas été à ma place, n'ayant qu'elle au monde pour confidente et pour amie ?...

OEGIDIUS, avec colère.

Là !... ce que je lui disais ce matin... sa coquetterie et ces entretiens continuels avec vous...

ÉRIC, étonné.

Comment ?

OEGIDIUS.

Entretiens que je n'aurais pas dû tolérer, comme gouverneur et comme mari...

ÉRIC, vivement.

Votre femme !... (A part.) O bonheur !

OEGIDIUS, avec colère.

Oui, oui... ma femme... Je me vengerai...

ÉRIC, avec chaleur.

Sur moi ! monseigneur, sur moi seul !... Séduit par sa beauté... par son esprit, irrité par ses rigueurs et par cette coquetterie même dont vous parliez tout à l'heure, ai-je pu conserver ma raison ?... ai-je eu la force ou le courage de me dire : Malheureux, elle ne peut être à toi... ni t'appartenir... Elle ne peut t'aimer... car c'est la femme de ton gouverneur... d'un docteur révéré... d'un savant respectable...

OEGIDIUS.

Et, cependant, vous l'aimiez ?...

ÉRIC, vivement.

Amour pur, vertueux, platonique, dont elle ne se doute même pas.

OEGIDIUS.

Et cette lettre ?

ÉRIC.

C'est la première... je vous le jure... et si vous saviez...

OEGIDIUS.

Silence...

ÉRIC.

Non, je veux tout dire...

OEGIDIUS.

Et moi, je ne veux rien entendre, car on vient...
(Paraît Ribemberg, en noir, qui s'approche d'OEgidius.)

RIBEMBERG.

Je suis là... j'attends...

OEGIDIUS.

Eh! je le sais bien... il attend, et son maître aussi, qui n'aime pas à attendre... C'est le messager du duc, son barbier, son confident. Il vient chercher ce maudit rapport... Je ne puis plus lui envoyer celui-là, à présent, il en faut un autre. (Il le déchire. A Éric.) Laissez-moi! Laissez-moi!... Mais vous n'en êtes pas quitte : je vous interrogerai plus tard sur faits et articles...

ÉRIC, s'inclinant.

A vos ordres, monseigneur. (A part.) Allons retrouver Bertha.

(Il sort.)

OEGIDIUS.

Et vous, maître Ribemberg, quelques instants encore... le rapport n'est pas achevé... J'ai quelques légers changements à y introduire...

(Ribemberg sort.)

SCÈNE IX.

OEGIDIUS, seul.

Ah! bien oui... faire un rapport officiel de tout ce qui s'est passé depuis hier... M'en préserve le ciel!... Mais si le duc l'apprend par d'autres que par moi, car il a partout des espions... il me fera un crime de mon silence... Il est capable d'y voir un complot... il croira que je l'ai trahi... et qu'il est trompé!... quand c'est moi, au contraire... Et c'est bien assez... c'est déjà trop que je le sache, sans aller le raconter, le signer, et le certifier véritable dans ce rapport... qui passera sous les yeux du duc et de tout le conseil... Jamais! Plutôt mourir que d'apprêter ainsi à rire à mes dépens!... Ça n'est pas tant pour moi que pour la science... car, dès qu'il arrive un accident à un docteur, à un front savant, tous ces messieurs de la cour sont enchantés... comme si le malheur qui nous accable les allégeait d'autant... Après cela, je m'exagère les choses... je me monte la tête... je me fais les événements plus graves qu'ils ne sont en effet... Une femme coquette et légère... mais sage par ses principes! Un jeune homme timide et sans expérience, qui aime pour la première fois, et, comme cela arrive toujours, d'un amour pur, vertueux et platonique... Il l'avoue lui-même, et tout me le prouve... des causeries, des confidences... niaiseries sentimentales... pas autre chose... Et, dans tout cela, rien de réel... rien de sérieux, j'en suis sûr... Je puis donc, sans tromper notre maître, lui faire un récit exact et véridique qui supprime la moitié des choses, et en déguisant, en arrangeant le reste... nous arrivons au véritable rapport officiel... Nous ne les faisons jamais autrement.

SCÈNE X.

ŒGIDIUS, à la table, composant son rapport; JOB, s'avançant doucement derrière lui.

ŒGIDIUS.

« Rapport à Son Altesse le régent, concernant le prince Éric, son neveu. » (A lui-même.) Seconde édition. (Écrivant.) « Monseigneur... » (s'interrompant.) Qui vient là?

JOB, timidement.

C'est moi, monseigneur...

OEGIDIUS, écrivant.

Qu'y a-t-il?

JOB.

Vous savez bien le nouveau poste que vous m'avez donné... place honorable... emploi de confiance, qui m'oblige à tout voir, tout entendre...

OEGIDIUS.

Et à ne rien dire qu'à moi.

JOB.

Qui me paierez chaque rapport...

OEGIDIUS.

C'est convenu!

JOB, tendant la main.

En ce cas, payez-moi.

OEGIDIUS.

Comment cela?

JOB.

J'ai déjà commencé... J'ai vu, j'ai entendu, et je sais...

OEGIDIUS.

Quoi donc?

JOB.

Un secret... un fameux!... Le prince est amoureux!

OEGIDIUS, à part.

Il croit me l'apprendre! (Haut, d'un air de dédain.) Un amour romanesque et innocent...

JOB.

Du tout : un amour terrible, et des suites plus terribles encore!

OEGIDIUS, effrayé.

Hein!... Comment?... Qu'est-ce que c'est?...

JOB.

J'étais donc dans la salle basse qui donne sur l'orangerie, sans penser à rien...

COUPLETS.

Premier couplet.

Tout à coup une porte s'ouvre,
Et de peur qu'on ne me découvre,
Je me blottis, pour mon salut,
Derrière un antique bahut...
C'était le prince et cette belle,
Berthâ, la gente demoiselle...
Tous deux s'avançaient pas à pas,
  Tous deux parlaient bien bas...

   Et moi j'écoutais...
   Et je regardais...
   Car j'aime à tout voir,
   J'aime à tout savoir...
   Et moi j'écoutais...
   L'oreille aux aguets...
   Car j'aime à tout voir,
   J'aime à tout savoir;
   Par là on s'instruit,
   Et même l'on dit
   Que l'on s'enrichit...
(Tendant la main à Œgidius, qui lui donne de l'argent.)
   Oui, l'on s'enrichit !

Deuxième couplet.

Il lui disait : « Sois-nous fidèle !
Tous deux nous comptons sur ton zèle !
Reçois et protége toujours
Ce seul gage de nos amours !
Car c'est à toi que je confie
Le secret d'où dépend ma vie !... »
Vous voyez bien que c'était un secret,
  Un très-grand secret...

   Et moi j'écoutais, etc.
         (Tendant de nouveau la main à Œgidius.)

OEGIDIUS.

Encore!...

(Il lui donne de l'argent.)

JOB, avec joie.

Oui, l'on s'enrichit!

SCÈNE XI.

LES MÊMES; BERTHA, habillée en mariée.

BERTHA, à Œgidius.

Me voilà prête pour la cérémonie, et quand vous voudrez...

OEGIDIUS, avec impatience.

Va te promener!...

BERTHA.

Comment! me promener... avant le mariage...

OEGIDIUS, avec humeur.

Il n'a plus lieu... car le prince... ce n'est pas toi qu'il aime... c'est une autre...

BERTHA.

C'est-il possible!... Et qui donc?

OEGIDIUS.

Ça ne te regarde pas!... (Avec colère.) Tais-toi et va-t'en... Non... reste... (A Job.) Et toi, parle... Après?...

JOB.

Rien de plus!

OEGIDIUS.

Comment! rien de plus!... Et ce secret?...

(Bertha s'approche et écoute.)

JOB.

Ce secret... M'est avis que la jeune fille l'emportait avec

elle sous sa mante, et si bien caché qu'on n'y aurait rien vu... si ce n'est que je l'ai entendu crier.

OEGIDIUS.

Le secret!...

JOB.

Et Bertha est entrée avec, vis-à-vis le palais, dans la boutique de Nathaniel, le peintre coloriste, et je vais voir...

OEGIDIUS, à Job, vivement en le faisant taire.

C'est bien! c'est bien!... Va-t'en!

JOB, continuant.

Je vais surveiller autour de la maison de Nathaniel pour en savoir davantage.

OEGIDIUS.

A la bonne heure... (A Bertha qui veut sortir.) Toi, Bertha, reste!...

(Job sort.)

SCÈNE XII.

OEGIDIUS, BERTHA; puis RIBEMBERG.

BERTHA.

A quoi bon... puisque le mariage est encore retardé indéfiniment.

OEGIDIUS, lentement et à demi-voix.

Il aura lieu... comme je te l'ai promis, et tu seras mariée...

BERTHA, vivement.

Avec Nathaniel?

OEGIDIUS, gravement.

Avec lui!

BERTHA, vivement.

Sur-le-champ?

OEGIDIUS.

Sur-le-champ! car tout est prêt... (Montrant la chapelle à gauche.) Le père Anselme est arrivé, et la marraine, la comtesse Mathilde, va descendre de l'appartement où elle est prisonnière... Je l'ai permis...

BERTHA.

Alors, partons!

OEGIDIUS.

Un instant! A condition que tu me répèteras mot pour mot tout ce que t'a dit tout à l'heure le prince!

BERTHA.

J'ai juré sur ma tête de me taire... mais puisque ce bavard vous a dit tout... je ne risque rien.

OEGIDIUS.

Eh bien donc?

BERTHA, mystérieusement.

Eh bien... le prince est amoureux...

OEGIDIUS.

Eh! je le sais de reste... Ils viennent tous me l'apprendre...

BERTHA.

Par exemple, il ne m'a pas dit de qui...

OEGIDIUS.

C'est bien à lui... mais je n'ai pas besoin de le savoir... Que m'importe?... Achève.

BERTHA.

« Puisque tu es libre, a-t-il continué, puisque tu peux sortir de ce palais où je suis prisonnier, emporte avec toi, et quand tu seras mariée, conserve en secret et comme t'appartenant le seul bien qui restera après moi de celle que j'ai tant aimée!... »

OEGIDIUS, à part.

Je sens une sueur froide...

BERTHA.

Je le lui ai promis... Vous auriez fait comme moi... Et bien certainement après mon mariage... puisqu'enfin il va avoir lieu... j'aimerai et j'élèverai comme mon enfant celui qu'il m'a remis... et qui est si gentil, gentil... qu'il vous ferait plaisir à voir...

ŒGIDIUS, se contenant à peine.

A moi!... c'en est trop!... (A part.) Voilà donc cet amour pur et platonique... et cette absence de six mois à Baden-Berg pour ses vapeurs et sa migraine... (Apercevant Ribemberg qui paraît à la porte de droite.) O ciel!

RIBEMBERG.

Me voilà... J'attends.

ŒGIDIUS, à part.

Et le rapport qui n'est pas fini... et le duc qui s'impatiente... qui va arriver, peut-être... si je n'écris pas... Et tout lui dire... et mettre cet enfant-là sur le rapport... Impossible!... (Il le déchire.) Allons, encore un qui ne peut plus servir... C'est à recommencer... une troisième édition...

BERTHA, le retenant.

Et mon mariage?

ŒGIDIUS.

Il se passera de ma présence!... Impossible d'y assister. (A Ribemberg, qu'il entraîne.) Viens! viens!

(Il sort avec lui par la porte à droite.)

SCÈNE XIII.

BERTHA, ÉRIC, paraissant à la porte du fond et entrant au moment où il voit Œgidius disparaître.

ÉRIC.

Eh bien?

BERTHA.

Eh bien! il est chez moi... en sûreté... Mais un espion

nous avait entendus, et le gouverneur m'a forcée de lui avouer...

ÉRIC.

O ciel !

BERTHA.

Et il est sorti troublé, pour faire, dit-il, un rapport.

ÉRIC.

Ou plutôt pour parler à son maître, à mon oncle lui-même qui vient d'arriver ; j'ai vu sa litière entrer dans la cour du palais... tout est perdu !...

BERTHA.

Au contraire ! je peux maintenant garder comme le mien le trésor que vous m'avez confié, car je vais me marier.

ÉRIC.

Qui te l'a dit ?

BERTHA.

Le gouverneur lui-même, qui ne peut assister à mon mariage... Mais le père Anselme vient d'arriver... il est là dans la chapelle, avec ma marraine.

ÉRIC avec joie.

Mathilde !... Est-il possible ?

BERTHA.

Oui, Monseigneur... ma bonne marraine !... quel bonheur, devant elle, et non sans peine, je vais enfin me marier...

ÉRIC, vivement et regardant du côté de la chapelle.

Non... non... pas encore !

BERTHA.

Comment ? pas encore !

ÉRIC.

Si tu aimes ta marraine... si tu lui es dévouée...

BERTHA.

A la vie et à la mort...

4.

ÉRIC.

Eh bien !... je ne t'ai pas encore dit le secret d'où dépendent nos jours... quoique séparés l'un de l'autre, quoique tous deux prisonniers, c'est elle que j'aime !

BERTHA.

Ah ! mon Dieu !

ÉRIC.

Plus tard, tu sauras comment je pouvais parvenir jusqu'à elle, comment, par les soins d'une de ses femmes qui est mariée et qui lui est dévouée, nous avons pu jusqu'ici cacher à tous les yeux... Mais... ce soir peut-être je n'existerai plus... car mon oncle n'est pas homme à me pardonner... et si, avant ma mort, je pouvais assurer l'avenir de Mathilde et surtout les droits à la couronne de son fils et du mien...

BERTHA.

Quoi, c'était...

ÉRIC.

C'était pour cela qu'hier, en secret, je voulais l'épouser; et ce mariage, contre lequel tout le monde est conjuré, ce mariage auquel tout s'oppose, peut avoir lieu en ce moment si tu le veux...

BERTHA.

Est-il possible ? Mais comment ?...

ÉRIC.

Nous n'avons qu'une minute... une seconde... OEgidius est absent... il est près de son maître... Mathilde est là dans la chapelle, seule avec le père Anselme, qui, hier, devait nous unir à l'ermitage.

BERTHA.

Ah ! je comprends !... Oui, oui... j'attendrai encore... tandis que vous... Allez... allez vite...

ÉRIC.

Ah! si le ciel nous protège et nous sauve... sois sûre qu'un jour ma reconnaissance...

BERTHA, vivement.

Allez donc... le gouverneur peut revenir... Je guette...
je serai sentinelle...

(Éric sort par la porte à gauche.)

SCÈNE XIV.

BERTHA, seule, et regardant du côté de la chapelle, dont la porte est restée ouverte.

ROMANCE.
Premier couplet.

Moment auguste et solennel!...
Vers eux le saint homme s'avance,
Et debout auprès de l'autel
Tous deux se tiennent en silence!
C'est ma marraine... la voilà...
Qu'elle est belle! qu'elle est heureuse!...
   Ah! ah! ah!...
Si j'eusse été moins généreuse,
   Je serais là!

Deuxième couplet.

Que Dieu protége leurs amours,
Et qu'un jour autant m'en advienne!...
  (Regardant.)
Ils jurent de s'aimer toujours,
Et le ciel a béni leur chaîne...
Oui... oui, tout est fini déjà,
Et voici même qu'il l'embrasse...
   Ah! ah! ah!...
Si l'on n'avait pas pris ma place,
   Je serais là!

(Regardant à droite.)

Dieu! M. le docteur!

SCÈNE XV.

BERTHA, ŒGIDIUS.

ŒGIDIUS.

Ah! te voilà... j'allais te rejoindre à la chapelle... Eh bien! ce mariage?...

BERTHA.

Est terminé.

ŒGIDIUS.

Tout est fini?

BERTHA, avec embarras.

Oui, monseigneur.

ŒGIDIUS.

Tant mieux... car le duc... le duc lui-même vient d'arriver; il s'est fait transporter en litière, et quelle figure!... (A part.) A peine a-t-il quelques jours à vivre, et il n'en est que plus méchant... il se dépêche... (Haut.) Et sans me laisser le temps de parler, il s'est écrié : « Qu'est-ce que ça signifie? quelle est cette jeune fille que mon neveu voulait épouser?... » Mes ennemis lui avaient déjà écrit cette fable, et j'ai répondu par un mot : « Bertha, dont on le disait épris, se marie en ce moment à Nathaniel, son amoureux... Elle est mariée, je vous le jure... »

BERTHA, à part.

Ah! mon Dieu!...

ŒGIDIUS.

A quoi il a répondu : « C'est bien; qu'on me présente tout à l'heure les deux époux... » Ce qui de sa part est une grande faveur... lui qui ne reçoit personne... Et voici tout le monde qui vient déjà vous féliciter...

BERTHA, à part.

Il s'adressent bien!

SCÈNE XVI.

BERTHA, OEGIDIUS, ÉRIC, sortant de la chapelle à gauche; DOROTHÉE, entrant par le fond; SEIGNEURS et DAMES de la cour; RIBEMBERG; puis JOB.

FINALE.

LES SEIGNEURS et LES DAMES de la cour, à haute voix.
O jour heureux et prospère!
O mariage enchanteur!
(Entre eux.)
Oui, messieurs, il doit nous plaire,
Car il plaît à monseigneur.

JOB, entrant par le fond, s'approchant d'OEgidius, et à voix basse.
Je connais enfin ce mystère :
J'ai vu dans la maison un jeune et bel enfant,
A Nathaniel appartenant,
Et qui rendait, je crois, cet hymen nécessaire!

OEGIDIUS, avec impatience.
C'est bien! je savais tout.
(A Bertha.)
Mais le nouveau mari?

TOUS.
Ah! le voici.

SCÈNE XVII.

LES MÊMES; NATHANIEL, habillé en marié.

LES SEIGNEURS et LES DAMES de la cour, l'entourant.
O jour heureux et prospère!
O mariage enchanteur!
Oui, vraiment, il doit nous plaire,
Car il plaît à monseigneur!

NATHANIEL, *qui vient de rendre à chacun ses saluts.*
Pour être mieux encor, je me suis fait attendre.
(*Offrant la main à Bertha, qui lui fait en vain signe de se taire.*)
Allons, partons.

CEGIDIUS.
Où donc ?

NATHANIEL.
Ne faut-il pas nous rendre
A l'autel ?

CEGIDIUS.
Mais vous en venez !

NATHANIEL.
Qui ? moi !
J'y vais !

CEGIDIUS.
Non pas.

NATHANIEL.
Pour recevoir sa foi,
J'accours en beaux habits de fête.
Partons.

DOROTHÉE, *riant.*
Oh ! le bonheur lui fait tourner la tête.

ÉRIC.
L'hymen est célébré.

JOB.
Vous êtes son mari ?

NATHANIEL.
Je le serai, mais pas encor !

ÉRIC, CEGIDIUS, JOB, DOROTHÉE.
Mais si.

NATHANIEL.
Moi !

TOUS.
Vous.

NATHANIEL.
Moi !

TOUS.
Vous.

NATHANIEL.
C'est inoui !

Ensemble.

NATHANIEL.
Je n'en ai pas mémoire,
Et d'une telle histoire
Mon esprit ne peut croire
Le récit imposteur !
Ah ! c'est une infamie !
Je veux qu'on nous marie,
Je réclame et je crie
Justice à monseigneur !

OEGIDIUS, à part, montrant Éric.
Ah ! la fatale histoire !
A peine je puis croire
Une trame aussi noire.
Pour moi, quel déshonneur !
Ah ! c'est une infamie,
C'est une perfidie !
Voir ma flamme trahie,
Par un tel séducteur !

TOUS.
Ah ! la plaisante histoire !
Il n'a plus de mémoire,
Et refuse de croire
A ce titre flatteur.
Il veut qu'on le marie;
Près de femme jolie,
Se peut-il qu'on oublie
Jusques à son bonheur.

OEGIDIUS, à Nathaniel.
Monseigneur vous attend et tous deux vous réclame ;
Venez !

NATHANIEL, avec obstination.
Je n'irai pas que je ne sois mari,
Et je ne le suis pas, demandez à ma femme !

ÉRIC, bas à Bertha.

Réponds !

BERTHA, à Nathaniel.

Eh ! si vraiment.

NATHANIEL, étonné.
Comment ?

BERTHA.
Tout est fini !

ŒGIDIUS et DOROTHÉE, à Nathaniel.
Ta femme est mariée, et tu dois l'être aussi !

NATHANIEL, allant à Bertha.

Eh quoi ! Bertha...

JOB, à Nathaniel.
De plus, je vous fais compliment,
Je viens de le voir, et vraiment,
Il est superbe !

NATHANIEL.
Qui ?

JOB.
Votre enfant.

NATHANIEL.
Mon enfant !
Époux et père ! moi !... Je n'en ai pas mémoire,
Et d'une telle histoire ! etc.

TOUS.
Ah ! la plaisante histoire ! etc.

ŒGIDIUS, à part.
Ah ! la fatale histoire, etc.

(A la fin de cet ensemble, qui est très-bruyant, paraissent par la galerie du fond quelques domestiques avec des flambeaux, et des gardes entourant une litière.)

LE CHOEUR.

Taisez-vous, on s'avance,
C'est lui, c'est monseigneur !
Courbons-nous en silence,
Par respect !...

(A part.)

Par terreur !

(Tout le monde s'incline devant la litière, qui s'arrête un instant au milieu du théâtre. Œgidius s'avance respectueusement près des rideaux qui s'entr'ouvrent ; une main présente un papier à Œgidius. La litière se remet en marche et traverse le théâtre ; tout le monde la suit des yeux. Pendant ce temps, Œgidius s'avance au bord du théâtre et lit d'une voix tremblante :)

ŒGIDIUS.

« Vous deviez tout savoir et tout empêcher... De nou-
« veaux avis m'assurent que cette jeune fille est mariée,
« non pas à Nathaniel, mais à mon neveu, et qu'un héritier
« légitime et direct a maintenant des droits à la couronne...
« Prouvez-moi le contraire, ou ce soir votre tête tombera !... »

(La musique reprend.)

ŒGIDIUS, avec désespoir.

Le lui prouver !... J'en perdrai la raison !...

(Regardant Dorothée.)

Moi qui m'étais promis de garder le silence
Sur mon affront !...

DOROTHÉE, s'approchant de lui, doucement.

Qu'avez-vous donc ?

ŒGIDIUS, avec colère.

Laissez-moi !... Craignez ma vengeance !

(A part.)

Pour me sauver je n'ai que ce moyen,
Il faudra donc prouver, quoi qu'il m'en coûte,
Que cet héritier qu'il redoute,
Que cet héritier... est... le mien !...
Ah !...

Ensemble.

ŒGIDIUS.

Le dépit, la colère,
La vengeance et la peur
Chez moi se font la guerre
Et partagent mon cœur !
L'honneur veut que j'éclate.
Non ; croyons ma frayeur,
Et cachons à l'ingrate
Mon trouble et ma fureur.

ÉRIC.

D'où vient donc sa colère,
Son dépit, sa terreur ?
De ce maître sévère,
Craindrait-il la fureur ?
Si son courroux éclate,
Adieu tout mon bonheur !
Et l'espoir qui me flatte
Ne sera qu'une erreur !

TOUS.

D'où vient donc sa colère,
Son dépit, sa terreur ?
De ce maître sévère,
Craindrait-il la fureur ?
Si son courroux éclate,
Malheur à nous ! malheur !
Sa mort, dont je me flatte,
Est encore une erreur !

(Œgidius sort avec Ribemberg. Tout le monde le suit des yeux.)

ACTE TROISIÈME

Un petit salon gothique ouvert sur une galerie. — A gauche, l'entrée de l'appartement du régent; cette entrée est masquée par une riche portière. — Au troisième plan, à gauche, une autre porte latérale communiquant au même appartement.

SCÈNE PREMIÈRE.

BERTHA, entrant en courant devant NATHANIEL, qui la poursuit.

DUO.

BERTHA.
Laissez-moi! laissez-moi! ne suivez point mes pas!

NATHANIEL.
Non, non, morbleu! je ne te quitte pas!
(La prenant par la main et la forçant à se retourner.)
Regarde-moi... là... bien en face!

BERTHA, le regardant effrontément.
Eh bien!... après?

NATHANIEL.
Auras-tu bien l'audace
De soutenir encore ici
Que nous sommes unis?

BERTHA, résolûment.
Oui!

NATHANIEL.
Que nous sommes bénis?

BERTHA, de même.
Oui.

NATHANIEL.
Et qu'enfin je suis ton mari ?

BERTHA, de même.
Oui ! oui ! oui ! cent fois oui !
(S'enfuyant.)
Si tu ne le veux pas, tant pis !

NATHANIEL, la retenant par la main.
Non ! non ! demeure !...
(A Bertha, qui s'arrête et qui croise les bras.)
Eh bien ! oui... je te crois ! j'y consens, je veux bien
Que nous ayons formé ce fortuné lien !...

BERTHA.
Vous l'avouez, enfin !... A la bonne heure !...

NATHANIEL.
J'y fais tous mes efforts !... Par malheur, ma raison
S'oppose à ma conviction !

BERTHA.
La raison ?

NATHANIEL.
La raison !

BERTHA, d'un air de reproche.
Quoi ! monsieur, plus que moi vous croyez la raison ?

Ensemble.

BERTHA, pleurant.
Ah !... ah !... vous ne m'aimez pas !
Que les hommes sont ingrats !
Ah !... ah !... je le vois, hélas !
Non ! non ! vous ne m'aimez pas !

NATHANIEL.
C'est à vous casser les bras!
Qui ?... moi ! je ne t'aime pas?
Quand l'amour me brise, hélas !

Et les jambes et les bras!
(Essuyant les larmes de Bertha.)
Tu le veux?... J'obéis, selon mon habitude,
Et le doute, pour moi, se change en certitude.

BERTHA.

C'est heureux!

NATHANIEL, d'un air railleur, reprenant le premier motif du duo.
Ainsi donc nous sommes unis?

BERTHA.

Oui!

NATHANIEL, étendant la main.
Ainsi, nous sommes bénis!

BERTHA.

Oui!

NATHANIEL.

Alors, si je suis ton mari,
Tu m'appartiens!

BERTHA, surprise, à part.
O ciel!

NATHANIEL.
C'est légal!

BERTHA, à part.
Je frémi!

NATHANIEL, la prenant dans ses bras.
Tu ne peux m'empêcher, ici,
De prendre un baiser de mari.

BERTHA, se débattant.

Finissez!...

NATHANIEL.
Tu l'as dit!... Ah! je suis ton mari!...

Ensemble.

NATHANIEL.
Tu ne peux t'en défendre!

Je suis sûr du succès !
(A part.)
Morbleu ! j'ai su la prendre
Dans ses propres filets !
(Haut.)
L'église et la justice
Le commandent ainsi ;
Il faut qu'on obéisse
Aux ordres d'un mari !

BERTHA, à part.

Ah ! comment me défendre ?
Inutiles projets !
Car il a su me prendre
En mes propres filets !
(Haut.)
J'entends mieux la justice,
Et s'il faut, Dieu merci !
Que quelqu'un obéisse,
C'est toujours le mari.

NATHANIEL, avec joie.

Oui, ma mémoire, plus fidèle,
Me revient, et je me rappelle
Le moment où, dans la chapelle,
Mon destin au tien fut uni.

BERTHA, à part, naïvement.

Peut-on, mon Dieu ! mentir ainsi !

NATHANIEL, de même.

Et j'entends le révérend père
Nous dire, d'une voix sévère,
Qu'en ménage la loi première
Est d'obéir à son mari.

BERTHA, à part.

Quel embarras !
(A Nathaniel, qui la presse.)
Redoutez mon courroux !

NATHANIEL.

Ah ! redoutez plutôt celui de votre époux !..

Car tu l'as dit!... oui, je suis ton époux!...

Ensemble.

Tu ne peux t'en défendre, etc.

BERTHA.

Ah! comment me défendre? etc.

SCÈNE II.

LES MÊMES; ÉRIC.

BERTHA, *se dégageant des bras de Nathaniel et courant au-devant du prince.*

Ah! monseigneur, monseigneur, venez à mon aide!

ÉRIC.

Qu'y a-t-il?

BERTHA, *avec embarras.*

Il y a que je ne peux... que je ne sais comment lui dire... qu'il est mon mari... sans que je sois sa femme.

NATHANIEL.

Eh bien! par exemple!

BERTHA, *au prince.*

Arrangez ça vous-même... c'est trop difficile, et j'y renonce...

NATHANIEL.

Vous voyez donc bien que vous me trompiez.

ÉRIC.

Non, non... rassure-toi... Je me charge de la justifier...

BERTHA, *à Nathaniel.*

Tu vois bien...

ÉRIC, *à Nathaniel.*

Tu sauras tout... je te le promets...

BERTHA.

Tu vois bien...

ÉRIC.

Et si j'échappe au danger qui me menace, je m'acquitterai envers vous... je vous marierai cette fois, et réellement...

NATHANIEL.

Ça me semble impossible !

ÉRIC.

Je placerai ta femme près de la mienne... et toi, tu ne me quitteras pas, tu seras mon intendant, mon secrétaire.

NATHANIEL, bas, à Bertha.

Moi, qui ne sais pas lire !...

BERTHA, de même.

C'est égal, on accepte toujours : je lirai pour toi.

ÉRIC, à Bertha.

Toi, Bertha, mon oncle veut te voir, te parler...

BERTHA.

Ah ! mon Dieu !

ÉRIC.

Et, quoiqu'il soit au plus mal, à ce que chacun dit, t'interroger lui-même.

BERTHA, à Nathaniel.

Voilà la peur qui me prend... Que vais-je lui dire ?

NATHANIEL.

Si c'est à moi que tu le demandes...

ÉRIC.

Réponds tout simplement que tu ne comprends rien aux méprises de mon gouverneur, que tu n'es mariée ni à moi, ni à personne.

BERTHA.

C'est la vérité !...

NATHANIEL.

Alors, décidément nous ne le sommes donc pas?

ÉRIC, avec impatience.

Eh non!

NATHANIEL, de même.

Voilà ce que je veux qu'on m'explique.

ÉRIC.

Et c'est ce que je vais faire... (On sonne à gauche.) Écoutez... (à Bertha.) C'est mon oncle qui te demande... Allons, allons, du courage!

BERTHA.

Je tâcherai... Vous, pendant ce temps, vous allez tout dire à Nathaniel.

ÉRIC.

Je te le promets.

(Bertha entre dans l'appartement à gauche.)

SCÈNE III.

NATHANIEL, ÉRIC; puis JOB.

NATHANIEL.

Eh bien! monseigneur... vous disiez donc?...

ÉRIC.

Tu jures d'être discret?

NATHANIEL.

Comme une statue!... On me briserait en morceaux qu'on n'en saurait pas davantage... Une fois que je tiens un secret, je le tiens bien!... mais il faut le tenir.

ÉRIC.

Eh bien, mon garçon, apprends donc... (Regardant autour de lui et apercevant Job qui se glisse avec précaution derrière eux; à demi-voix.) Prends garde!...

5.

NATHANIEL, à demi-voix.

Qu'y a-t-il ?

ÉRIC, de même.

Nous ne sommes pas seuls, on nous écoute... (A Job.) Que fais-tu là ?

JOB.

Je me promène... Je prends l'air... monseigneur le gouverneur m'a pris à son service.

ÉRIC, avec ironie.

Pour ne rien faire.

JOB.

Oui, vraiment... Il m'a même présenté à monseigneur votre oncle, qui veut aussi m'employer en cette qualité-là... Par ainsi, ne vous gênez pas, ne faites pas attention à moi.

ÉRIC, bas, à Nathaniel.

C'est un espion, de la prudence !...

NATHANIEL.

J'aurais pourtant voulu savoir...

ÉRIC, de même.

Je ne puis devant lui t'expliquer... (Tirant une lettre de sa poche.) Mais, tiens, voici une lettre d'elle... d'elle... tu entends... qui en peu de mots te mettra au fait de tout... Lis vite, dépêche-toi.

(Il lui donne la lettre, s'éloigne de lui et se rapproche de Job.)

NATHANIEL, tenant la lettre et la retournant dans tous les sens.

Que je me dépêche ou non... le temps ne fait rien à l'affaire... D'un autre côté, lui avouer que je ne sais pas lire... Bertha dit qu'il ne faut pas... à cause de la place de secrétaire... Si je pouvais seulement deviner à la physionomie...

JOB, à part, le regardant.

C'est une lettre qu'il lui a remise... une lettre qui le met au fait de tout.

ÉRIC, revenant vers Nathaniel.

Eh bien, tu vois clairement que cette pauvre Bertha est innocente.

NATHANIEL, avec embarras.

Oui, oui, monseigneur.

ÉRIC, à voix basse.

C'est à son dévouement que nous devons notre salut, et toi ta fortune.

NATHANIEL, vivement.

Ah! oui, ma fortune... J'ai vu cela... c'est là... c'est écrit.

ÉRIC, lui reprenant sa lettre.

Silence! on vient...

SCÈNE IV.

LES MÊMES; OEGIDIUS, sortant de l'appartement à gauche d'un air sombre et rêveur.

OEGIDIUS, à Nathaniel.

Sortez! (A Éric.) Vous, monseigneur, Son Altesse notre auguste maître désire vous parler...

ÉRIC.

A moi!

OEGIDIUS.

A vous-même.

ÉRIC, à part.

A moi aussi!... Allons, mon sort va se décider!
(Il entre dans l'appartement à gauche, Nathaniel s'éloigne par le fond.)

OEGIDIUS.

Enfin, me voilà seul et je puis réfléchir.

JOB, s'avançant près de lui mystérieusement.

Monsieur!...

OEGIDIUS.

Encore celui-là !

JOB, mystérieusement.

J'ai des nouvelles !

OEGIDIUS, avec colère.

Qui est-ce qui te les demande ?

JOB, de même.

Je sais quelque chose.

OEGIDIUS, avec colère.

Je n'en ai pas besoin, j'en sais trop.

JOB.

Vous savez que l'enfant n'est pas de Nathaniel...

OEGIDIUS, vivement.

Tais-toi !

JOB.

Il est d'un autre !

OEGIDIUS, de même.

Tais-toi !

JOB.

Et tout à l'heure encore, ici... j'ai tout découvert.

OEGIDIUS.

Alors, malheureux, si tu en dis un mot...

JOB.

Vous me payez pour parler.

OEGIDIUS.

Je te paierai pour te taire, et si tu ouvres la bouche...

JOB.

C'est convenu.

OEGIDIUS.

Dis à ma femme de venir me parler... Je l'attends ici, dans ce salon.

JOB.

Oui, monseigneur, et pour le reste ?

OEGIDIUS.

Va-t'en au diable !

JOB.

Quand vous voudrez, je suis à vos ordres.

(Il sort.)

SCÈNE V.

OEGIDIUS, seul.

Quelle situation, grand Dieu !... et quelle fureur dans un homme qui s'en va !... car il n'a plus de force que pour se mettre en colère... c'est cela qui le soutient... Et quand il m'a dit avec un air dur et froid comme le fer d'une hache : « Eh bien ! docteur, quelle est cette femme que mon neveu a épousée... quel est cet héritier de son nom ?... Vous devez les connaître... » j'ai cru que j'allais faire tomber toute sa colère d'un seul mot... j'ai cru même qu'il allait me faire l'honneur de rire à mes dépens, quand je lui ai dit : « Il n'y a ni mariage, ni héritier à craindre, monseigneur ; car cette femme, c'est la mienne !... » Mais au contraire, il a froncé le sourcil, en disant : « Vous me trompez ! » Et moi de lui attester que j'étais... « Ça n'est pas vrai ! et rien ne peut vous soustraire au supplice, à moins que vous ne me donniez des preuves évidentes et certaines que vous ne vous vantez pas... et que réellement vous... » Il n'y a pas d'exemple d'un despotisme pareil... lui prouver, sous peine de mort, que... (Regardant la portière à gauche.) La tapisserie a remué, monseigneur m'a dit qu'il serait là... qu'il écouterait, et il y est. Allons, et puisqu'il faut sauver ma tête aux dépens de... du courage, de l'adresse, et tâchons d'en venir à mon honneur !... Ma femme !

SCÈNE VI.

ŒGIDIUS, DOROTHÉE.

DOROTHÉE.

On vient de me dire que vous me demandiez, et je me rends aux ordres de mon seigneur et maître.

ŒGIDIUS, à part, avec colère.

Ah! traîtresse!

DOROTHÉE, étonnée.

Qu'avez-vous?

ŒGIDIUS, à part.

Calmons-nous, ou je ne saurai rien. (haut.) Ce que j'ai, madame, ce que j'ai!... Ne vous en doutez-vous pas? Ne savez-vous pas comme moi que l'on vous aime?

DOROTHÉE, à part.

O ciel! qui donc lui a parlé d'Albert?

ŒGIDIUS.

Et si je pouvais en douter encore, votre trouble me le dirait...

DOROTHÉE.

Et pourquoi le nier, monseigneur?

ŒGIDIUS, se tournant vers la tapisserie.

Elle en convient!

DOROTHÉE.

Je ne puis empêcher que l'on m'aime; mais ce n'est pas une raison pour que je réponde à cet amour!

ŒGIDIUS, à part, avec effroi.

Grand Dieu! (haut.) Prenez garde à ce que vous dites! c'est très-sérieux!...

DOROTHÉE.

C'est la vérité! je le jure!

ŒGIDIUS.

Voyez-vous, chère amie, je ne suis pas de ces époux dont la jalousie absurde ne pardonne rien à la jeunesse et à l'étourderie, et quels que soient vos torts...

DOROTHÉE.

Pas un seul de réel.

ŒGIDIUS.

Raison de plus, mon indulgence peut tout excuser...

DOROTHÉE.

Est-il possible ?...

ŒGIDIUS.

A une seule condition, celle d'une entière franchise.

DOROTHÉE.

Quoi ! vous voulez ?

ŒGIDIUS.

Je veux tout savoir ! (A part.) Et je ne suis pas le seul... Dieu ! quelle situation !... Et il est là, et il écoute... (Haut.) Eh bien ! madame ?

DOROTHÉE.

Eh bien ! monseigneur ?

COUPLETS.

Premier couplet.

Dans un bal dont j'étais la reine,
Un jeune homme avec moi dansa,
Sa main osa presser la mienne.

ŒGIDIUS.

Votre main !...

DOROTHÉE.

Rien de plus !

ŒGIDIUS, avec inquiétude.

Rien de plus ?

DOROTHÉE.

Rien de plus ce jour-là.

Deuxième couplet.

A chaque bal, j'étais sa dame,
En valsant, un jour il osa
Me parler de sa vive flamme.

OEGIDIUS.

Une déclaration !...

DOROTHÉE.

Rien de plus !

OEGIDIUS.

Rien de plus ?

DOROTHÉE.

Rien de plus ce jour-là.

Troisième couplet.

Un jour, enfin, plus imprudente,
Parmi des fleurs, sa main glissa
Une lettre ardente et brûlante.

OEGIDIUS.

Une lettre !...

DOROTHÉE.

Rien de plus !

OEGIDIUS.

Rien de plus ?

DOROTHÉE.

Rien de plus ce jour-là.

OEGIDIUS, à part.

Mon Dieu ! mon Dieu ! (Haut.) Madame, ce n'est pas tout, sans doute... parlez, car, enfin, cette lettre... achevez...

DOROTHÉE.

Je vous ai tout dit... et, si vous en doutez, je peux vous montrer la lettre d'Albert.

OEGIDIUS.

D'Albert !

DOROTHÉE.

Eh ! oui, vraiment, le comte Albert, ce jeune étudiant de Göttingue.

OEGIDIUS.

Grand Dieu ! Et le prince ?...

DOROTHÉE, avec indignation.

Quelle idée !... Rassurez-vous, monsieur, rassurez-vous !

OEGIDIUS.

Quoi ! le prince Éric... le neveu de monseigneur ?...

DOROTHÉE, élevant la voix.

Jamais, je vous le jure... jamais !

OEGIDIUS.

Voulez-vous bien vous taire !

DOROTHÉE.

Et, devant vous, devant le prince lui-même, je suis prête à attester...

OEGIDIUS.

Je suis perdu !...

SCÈNE VII.

Les mêmes; RIBEMBERG.

RIBEMBERG.

Monseigneur me charge de vous dire que vous n'avez plus qu'un quart d'heure...

OEGIDIUS.

Il a entendu !

DOROTHÉE.

Quoi donc ?...

OEGIDIUS.

Laissez-nous, madame... je vous en prie... laissez-nous !

(Dorothée sort.)

RIBEMBERG.

Un quart d'heure pour découvrir et lui apprendre la vérité... Passé ce délai, point de grâce... et le prince qui refuse de rien avouer... le prince et vous...

ŒGIDIUS.

Comment !... Ah ! mon Dieu !

(Ribemberg sort.)

SCÈNE VIII.

ŒGIDIUS, seul.

Pendu ! moi, le docteur Œgidius... parce que je ne suis pas trahi... Est-ce que c'est ma faute ?... Et un quart d'heure... rien qu'un quart d'heure pour découvrir quelle est la femme du prince... sa femme véritable !... Ce n'est plus la mienne... Ce n'est pas Bertha, puisque je l'ai mariée à Nathaniel... qui soutient, il est vrai, ne pas l'avoir épousée... tandis qu'elle, au contraire... C'est un chaos de mariages auquel le diable, qui les fait tous... le diable lui-même ne se reconnaîtrait pas... (Apercevant Job.) Ah ! Job ! mon ami... mon sauveur !

SCÈNE IX.

ŒGIDIUS, JOB.

JOB.

Qu'y a-t-il, monseigneur ?

ŒGIDIUS.

Ne m'as-tu pas dit tout à l'heure que tu savais tout ?...

JOB.

Ah bien ! oui... quelques mots...

ŒGIDIUS.

Tu ne sais donc rien ?...

JOB.

Si, vraiment!

OEGIDIUS.

Parle, alors, parle, je t'en prie.

JOB.

Laissez donc! Je ne suis pas une bête : vous m'avez défendu de parler!

OEGIDIUS.

Je te le permets.

JOB.

C'est pour m'éprouver...

OEGIDIUS.

Je te l'ordonne.

JOB.

Vous m'avez dit que vous me tueriez, si je disais un mot...

OEGIDIUS, avec colère.

Et je te tuerai, si tu ne parles pas.

JOB.

Alors, arrangez-vous : auquel des deux dangers faut-il obéir?

OEGIDIUS, avec colère.

Au plus pressé... car, si tu tardes à me répondre, vois-tu bien!...

(Il le prend à la gorge.)

JOB.

C'est différent... Mais vous conviendrez vous-même que ça méritait explication... Vous me demandez donc, maintenant?...

OEGIDIUS.

Ce que tu as découvert... ce que tu sais...

JOB, mystérieusement.

Eh bien! monseigneur... je ne sais rien...

ŒGIDIUS, furieux.

Malheureux!

JOB.

Mais je connais... j'ai découvert celui qui sait tout...

ŒGIDIUS.

Quel est-il?

JOB.

C'est Nathaniel!

ŒGIDIUS, étonné.

Nathaniel!

JOB.

Tout à l'heure, ici, devant moi, le prince lui a remis un papier en lui disant : « Tiens, voici une lettre d'elle qui te mettra au fait de tout... »

ŒGIDIUS.

C'est ce que je demande! pas autre chose!...

JOB.

Nathaniel a lu la lettre bien attentivement et l'a rendue au prince en lui disant : « Je vois... je comprends... tout est là... c'est écrit... » Donc, Nathaniel sait tout!...

ŒGIDIUS, avec joie.

Donc... nous sommes sur la trace! (Il s'essuie le front.) enfin, et non sans peine! (Regardant l'horloge.) Mais les moments sont précieux... plus précieux que tu ne crois... Va me chercher Nathaniel... amène-le-moi ici... mort ou vif... Il y va de ta tête... et de bien plus encore...

JOB, étonné.

De quoi donc?

ŒGIDIUS.

De la mienne!... Cela doit te suffire!...

JOB.

L'autre suffisait... et j'y cours!

(Il sort par la droite.)

SCÈNE X.

ŒGIDIUS; ÉRIC conduit par RIBEMBERG, et entouré de SOLDATS.

(Mouvement de marche.)

ŒGIDIUS.
Grand Dieu! déjà le prince que l'on conduit au supplice... et moi que l'on vient chercher...

RIBEMBERG, à Œgidius.
Vous n'avez plus que cinq minutes.

ŒGIDIUS.
Vous avancez! (A Éric.) Eh bien! monseigneur, vous refusez donc de parler... C'est fait de nous!

ÉRIC.
Rassurez-vous... le tyran n'a plus que quelques instants à vivre... Sa mort suivra de près la nôtre...

ŒGIDIUS.
La belle avance!

ÉRIC.
Oui, sans doute... car, après moi, ma femme et mon fils règneront...

ŒGIDIUS.
Mais, moi, votre gouverneur, que d'un seul mot vous pouvez sauver...

ÉRIC.
Je ne puis rien, monseigneur... que mourir avec vous!

ŒGIDIUS.
Ah! c'est d'une ingratitude... d'un égoïsme... Mais tremblez!... ce secret, je le saurai malgré vous... car j'aperçois Nathaniel, qui le connaît...

ÉRIC.
O ciel!...

ŒGIDIUS.
Voilà qui vous déconcerte!

JOB, entrant, à Œgidius.
Le voici, monseigneur... le voici!

ŒGIDIUS.
Cours vite chez monseigneur... Qu'il suspende l'arrêt...
car, dans l'instant, il va tout savoir...

(Job sort.)

SCÈNE XI.

LES MÊMES; DOROTHÉE, NATHANIEL, SEIGNEURS et
DAMES de la cour.

(Dorothée court à Œgidius, qui la repousse.)

FINALE.

ŒGIDIUS, à Nathaniel.
Écoute ici! ta fortune est certaine!
Hier, je t'ai voulu faire épouser Bertha.

NATHANIEL.
Oui, c'était votre idée et c'était bien la mienne;
Mais, c'est encore à faire!

ŒGIDIUS.
Et cela se fera.

NATHANIEL.
Dieu sait quand!

ŒGIDIUS.
A l'instant! L'effet suit mes paroles.
(Tirant une bourse.)
Et voici, pour ta dot, d'abord ces cent pistoles.

NATHANIEL.
Pour moi!

OEGIDIUS.
Pour toi, si tu le veux.

NATHANIEL.
Ah! je ne demande pas mieux!

ÉRIC, à part, avec effroi.
Quoi! nous trahir ainsi, le perfide! l'infâme!

OEGIDIUS, à Nathaniel.
Dis-nous alors...

NATHANIEL.
Je n'ai rien à vous refuser...

OEGIDIUS.
Le nom... car tu le sais... le nom seul de la femme
    Que monseigneur vient d'épouser.

NATHANIEL, avec embarras.
Son nom?

TOUS.
Son nom.

NATHANIEL.
    Son nom! Ah! je vous le dirais,
Si je le savais!
Par malheur, hélas!
Je ne le sais pas!

ÉRIC, à part.
Grâce au ciel! je respire.
(Bas, à Nathaniel.)
Bien! bien! c'est ainsi qu'il faut dire!

NATHANIEL, haut.
Je dis la vérité! car, par malheur, hélas!
    Je ne le sais pas!

Ensemble.

ÉRIC.
Dévoûment héroïque!
Son habile tactique

De ce grand politique
Redouble l'embarras.
Lui qui jura ma perte,
Cela le déconcerte;
A cette découverte
Il n'arrivera pas!

OEGIDIUS.

L'aventure est unique,
L'affaire se complique;
Serait-il véridique?
Veut-il me perdre, hélas!
Ah! tout me déconcerte.
On a juré ma perte!
A cette découverte
Je n'arriverai pas.

NATHANIEL.

L'aventure est unique,
Et pour moi se complique;
Car je suis véridique,
Et l'on ne me croit pas.
Oui, tout me déconcerte;
D'une fortune offerte
Je déplore la perte,
Grand Dieu! quel embarras!

DOROTHÉE, RIBEMBERG, LE CHOEUR.

Dévoûment héroïque!
Son habile tactique
De ce grand politique
Redouble l'embarras.
D'une fortune offerte
Il méprise la perte;
Rien ne le déconcerte,
Il ne parlera pas!

OEGIDIUS, *se rapprochant de Nathaniel et lui donnant un portefeuille.*

Si ce n'est pas assez, si tu veux plus encor,
Voici deux cents écus en bons sur le trésor.

NATHANIEL, avidement.

Pour moi?

OEGIDIUS.

Pour toi!... De plus, j'ai cette métairie,
Cette ferme si riche, à deux milles d'ici!...
Je te la donne...

NATHANIEL.

A moi?... Comment! la ferme aussi?

OEGIDIUS.

Mais, dis ce que tu sais; parle, je t'en supplie!

NATHANIEL, d'une main tenant le portefeuille, et de l'autre la bourse.

Et les deux cents écus!

OEGIDIUS, à part, avec joie et le regardant.

Je le vois... je l'emporte...

ÉRIC, à part.

Ah! la tentation pour son cœur est trop forte!

OEGIDIUS.

Eh bien! donc, ce secret?...

DOROTHÉE, à Nathaniel.

Ami, tu parleras!
Tu les sauveras du trépas!

NATHANIEL, avec embarras.

Ce secret?...

ÉRIC, à part.

Ah! de nous c'en est fait!

TOUS, à Nathaniel.

Ce secret!

NATHANIEL.

Ah! je vous le dirais
Si je le savais.
(Rendant à Œgidius la bourse et le portefeuille.)
Par malheur, hélas!
Je ne le sais pas.

Ensemble.

ÉRIC.

Dévoûment héroïque!
Son habile tactique,
De ce grand politique
Redouble l'embarras, etc.

OEGIDIUS.

L'aventure est unique
L'affaire se complique;
Serait-il véridique?
Veut-il me perdre, hélas! etc.

NATHANIEL.

L'aventure est unique
Et pour moi se complique;
Je suis très-véridique,
Et l'on ne me croit pas, etc.

DOROTHÉE, RIBEMBERG, LE CHOEUR.

Dévoûment héroïque!
De se taire il se pique,
Et par cette tactique
Double notre embarras, etc.

RIBEMBERG, à OEgidius.

Voici l'heure!

OEGIDIUS, tressaillant.

Ah! grand Dieu!

(Avec colère, s'adressant à Nathaniel.)

Sur ce fatal mystère
Si tu persistes à te taire,
Tu causeras ma mort!

NATHANIEL.

Qui? moi!

RIBEMBERG et DOROTHÉE.

Sans doute.

OEGIDIUS.

Eh bien!
Ton châtiment, du moins, précédera le mien.

Dans ces lieux encor je commande!
(S'adressant aux soldats qui sont au fond du théâtre.)
J'ordonne donc qu'à l'instant on le pende!

NATHANIEL, tremblant.

Juste ciel!

ŒGIDIUS, aux soldats.

A l'instant!

NATHANIEL.

Pour moi, grâce et pardon!

ŒGIDIUS, avec force.

Qu'on le pende!

NATHANIEL, vivement.

Non pas!

ŒGIDIUS, lui pressant le bras avec violence.

Mais, alors, parle donc!

DOROTHÉE et RISENBERG.

Dis-nous donc ce secret!

NATHANIEL.

Ah! je le dirais,
Si je le savais!
Par malheur, hélas!
Je ne le sais pas!

DOROTHÉE.

Tu parleras, tu parleras,
Tu les sauveras du trépas!

NATHANIEL.

Je ne peux pas!

TOUS.

Tu parleras!

NATHANIEL, avec colère.

Non, non, je ne parlerai pas!

ÉRIC.

Ah! c'est trop héroïque! ah! c'est trop beau, vraiment!
Comment payer jamais un pareil dévoûment?

ŒGIDIUS, *faisant signe aux soldats d'entraîner Nathaniel.*
A la mort! à la mort!

RIBEMBERG, *faisant signe aux gens de justice d'entraîner Œgidius et Éric.*
A la mort! à la mort!

ÉRIC.
Ah! c'en est trop!... et je ne puis souffrir... Apprenez donc...

SCÈNE XII.

LES MÊMES; JOB, *sortant aux cris de mort de la chambre à gauche, et marchant sur la pointe du pied.*

JOB.
Silence!... Il ne veut pas qu'on le sache!... Silence!

TOUS.
Qu'est-ce?

JOB.
Un secret!

ŒGIDIUS.
Encor!

JOB.
D'une grande importance
Il a dit devant nous : « Pendant un mois encor,
Je veux que la nouvelle en soit ici cachée. »

TOUS.
Quelle nouvelle?

SCÈNE XIII.

LES MÊMES; BERTHA, *sortant de l'appartement de gauche.*

BERTHA, *pleurant.*
Ah! ah! ah! que j'en suis fâchée....

Pauvre homme!... J'étais là, près du lit, à genoux!...
Voici ses derniers mots : « Il faut les pendre tous!... »

DOROTHÉE, RIBEMBERG, ÉRIC, OEGIDIUS.

O ciel! il est donc mort?

JOB.

Silence!... Il ne veut pas qu'on le sache! Il est mort!

RIBEMBERG.

Mort!

DOROTHÉE.

Mort!

OEGIDIUS.

Je n'ose y croire encor!

OEGIDIUS, RIBEMBERG, LES SOLDATS et LE PEUPLE, se découvrent et s'inclinant devant Éric.

Honneur à notre maître,
A notre vrai seigneur!
Avec lui vont renaître
La paix et le bonheur!

ÉRIC.

Merci, mes chers amis! Que mon règne commence
Par le pardon et la clémence.

(Regardant OEgidius, Ribemberg et les soldats qui allaient le traîner au supplice.)

Grâce pour tous!

(Se tournant vers Nathaniel.)

Et toi, mon fidèle sujet,
Je t'unis à Bertha, qui comme toi savait
Et gardait notre secret.

NATHANIEL, bas, à Bertha.

Tu le savais!

BERTHA.

Et pourquoi pas?

NATHANIEL.

Tu le savais...

BERTHA.

Sans doute!

NATHANIEL, vivement.

Ah! tu me le diras.

LE CHOEUR.

Honneur à notre maître,
A notre vrai seigneur!
Avec lui vont renaître
La paix et le bonheur!

LE
DIABLE A L'ÉCOLE

LÉGENDE EN UN ACTE

MUSIQUE DE E. BOULANGER.

THÉATRE DE L'OPÉRA-COMIQUE. — 17 Janvier 1842.

PERSONNAGES.   ACTEURS.

STENIO, jeune négociant de Venise............   MM. Roger.
BABYLAS......................................   Henri.

FIAMMA, servante de Stenio....................   Mlle Descot.

Entre Padoue et Venise, au bord de la Brenta.

LE
DIABLE A L'ÉCOLE

> Oui, croyez-en ma parole,
> Diablotins trop ignorants !
> Sur terre, allez à l'école,
> Et vous reviendrez savants.
> (*Le Diable à l'école*, sc. VIII.)

Un pavillon au milieu des jardins d'une villa appartenant à Stenio. — Au fond, à droite et à gauche, des allées ; tables en pierre à droite et à gauche du théâtre ; à droite, une madone dans une niche.

SCÈNE PREMIÈRE.

STENIO, *assis à droite, près d'une table, la tête appuyée sur sa main et rêvant profondément.*

ROMANCE.

Premier couplet.

L'amour en se jouant déroulait de ma vie
    Le fil d'or,
Et pour moi des plaisirs la coupe était remplie
    Jusqu'au bord.

Séjour des voluptés, séjour où tout captive
    Mes regards,
Sur vos bords fortunés, à peine, hélas! j'arrive,
    Et je pars!

Deuxième couplet.

Et toi, dont les attraits ont charmé ma jeunesse,
    Doux trésor!
Que ne puis-je en tes yeux, ô ma belle maîtresse!
    Lire encor!
Mais non, le sort dérobe à ton regard si tendre
    Mes regards;
Près de toi, Lélia, le bonheur va m'attendre,
    Et je pars!

SCÈNE II.

STENIO, *près de la table à droite,* FIAMMA, *portant une corbeille de fleurs qu'elle place sur la table à gauche.*

FIAMMA, *s'approchant de Stenio et le voyant plongé dans ses réflexions.*

Allons, le voilà encore dans ses idées sombres... il ne m'a seulement pas entendue arriver. (*Parlant à mi-voix.*) Seigneur Stenio!... mon maître! (*Se touchant le front avec la main.*) Personne à la maison, impossible d'en obtenir une parole... (*Lui touchant légèrement l'épaule.*) Mon jeune maître!

STENIO, *semblant se réveiller.*

Que voulez-vous?... il n'est pas temps encore.

FIAMMA.

Eh! mon Dieu!... quel air effrayé! Rassurez-vous, mon maître... c'est moi, c'est Fiamma, votre servante, votre sœur de lait.

STENIO, *lui tendant la main.*

Et une amie véritable!

FIAMMA.

Pour ce qui est de ça... je n'ai pas besoin de vous le dire, parce que vous le savez bien.

STENIO.

Oui, oui, je connais ton dévouement, j'en suis sûr!

FIAMMA.

M'est avis au contraire que vous n'y croyez pas... car vous êtes triste à vous tout seul... et autrefois nous l'étions nous deux... vous n'aviez pas un chagrin que je n'en eusse ma part! c'était là d'un bon maître, tandis que maintenant...

STENIO, comme rappelant ses souvenirs.

Oui, quand j'ai eu follement dissipé la fortune de mon père, le plus riche joaillier de Venise, tous mes amis m'ont abandonné, toi seule es restée près de moi... m'as servi pour rien, m'as presque nourri de ton travail... car habitué au luxe et à l'oisiveté, je n'étais bon qu'à faire un soldat... Je le voulais, je l'aurais dû!...

FIAMMA.

Une belle idée!... et à quoi bon vous rappeler tout cela?... N'êtes-vous pas, maintenant, plus riche que jamais?... ne vous est-il pas tombé du ciel la succession de votre oncle Orlando... un oncle que je ne vous avais jamais connu!... et avec la fortune, tous vos amis ne sont-ils pas revenus?

STENIO.

C'est vrai!

FIAMMA.

A telles enseignes, que ce sont tous les jours des repas de prince, que je ne peux pas y suffire... Ce soir encore, un souper magnifique:

STENIO, se levant.

Il n'aura pas lieu.

FIAMMA.

Et pourquoi donc?

STENIO.
Je souperai seul... oui, seul avec toi.

FIAMMA.
Avec moi !... Est-il possible?... un pareil honneur! Je vais me croire encore au temps où vous étiez malheureux... c'était mon bon temps à moi... et d'où vous vient, mon maître, une si bonne idée?

STENIO.
C'est que demain je pars, je te quitte.

FIAMMA.
Ah! voilà toute ma joie qui s'en va... vous partez?

STENIO.
Pour bien loin d'ici, un voyage qui durera longtemps.

FIAMMA.
Et vous ne m'emmenez pas...

STENIO.
Je ne le puis...

FIAMMA.
Eh! qui donc vous servira?... Qui donc vous aimera, mon maître?...

STENIO.
Ne parlons pas de cela !... Il faut que je parte, il le faut... c'est arrêté, c'est convenu!

FIAMMA.
Est-ce que vous allez rejoindre à Vérone la belle Lélia Bentivoglio, cette jeune veuve que vous aimez tant et que vous devez, dit-on, épouser?...

STENIO.
Plût au ciel!

FIAMMA, vivement.
Est-ce que le mariage n'a pas lieu?

STENIO, de même, avec embarras.
Si vraiment... mais à cause de ce voyage!... J'espère

cependant encore qu'avant mon départ... (Avec impatience.) Enfin, peu importe, il ne s'agit pas de moi, mais de toi, Fiamma, dont je veux assurer le sort... parce que, quand je ne serai plus là...

FIAMMA.

Quand vous ne serez plus là, mon maître, je n'aurai besoin de rien.

STENIO.

Pour cela, il faut que tu aies une fortune assurée... une belle dot, et je m'en charge.

FIAMMA.

Je vous remercie... je ne suis pas comme vous, je n'ai pas envie de me marier.

STENIO.

Quoi! vraiment... tu n'as pas d'amoureux

FIAMMA.

Non, mon maître, je ne suis ni aimable, ni jolie... personne ne m'aime.

STENIO.

Ce n'est pas possible!

FIAMMA.

Cela est, cependant, et je vous jure par Sainte Marie *del Fiore*, ma patronne qui est là et qui nous entend... que mon seul désir est d'entrer dans un couvent!

STENIO.

Toi!...

FIAMMA.

Où je prierai pour vous, pour votre femme et vos enfants!... à moins que vous n'ayez besoin de moi... Alors, vous me direz : Viens, et j'arriverai. Eh bien! est-ce que ça vous fait de la peine, ce que je vous dis là? je vois des larmes dans vos yeux!

STENIO.

Non, non, mais j'ai besoin d'être seul, je n'y suis pour personne... pour personne, entends-tu bien !

FIAMMA.

Oui, mon maître... et toujours... A tantôt, à souper !... cela se trouve d'autant mieux... que c'est aujourd'hui ma fête et celle de Notre-Dame-des-Fleurs, ma patronne.

STENIO, à part.

L'Assomption ! O ciel ! (Haut.) Adieu ! adieu !

(Il sort.)

SCÈNE III.

FIAMMA, seule.

(Elle regarde Stenio qui s'éloigne, puis s'approche de la madone qui est à droite, et prie.)

AIR.

O ma patronne ! ô vierge sainte !
Vierge Marie, en qui j'ai foi,
Bannis et sa peine et ma crainte,
Veille sur lui ! veille sur moi !

(Elle va prendre plusieurs poignées de fleurs dans la corbeille qu'elle a placée sur la table à gauche, et revient près de la statue à qui elle fait la révérence.)

C'est votre fête, ô ma patronne !
Pour vous parer, voici des fleurs ;
Recevez-les, je vous les donne,
Comme ma joie et mes douleurs.

Divine reine,
Protége-moi,
Car dans la peine
Je viens à toi.

(Elle met un bouquet dans les mains de la madone et jette des fleurs à ses pieds.)

Ton pouvoir suprême
Console et guérit ;
(A mi-voix.)
Et celui que j'aime,
A toi je l'ai dit !
Oui, mieux que moi-même,
Tu le connais bien...
Mais n'en dis rien !
(Lui faisant la révérence.)
C'est votre fête, ô ma patronne! etc.
(Au moment où elle est aux pieds de la statue entre Babylas.)
Hein!... qui vient là?... (Sans regarder.) Un étranger, un importun... n'oublions pas ma consigne.

SCÈNE IV.

BABYLAS, FIAMMA.

BABYLAS.
Le seigneur Stenio est-il chez lui?

FIAMMA.
Non, monsieur, il est sorti... (Levant les yeux.) Eh! mais, j'ai déjà vu cette figure originale !

BABYLAS, regardant.
Eh! oui... l'autre soir, au bord de la Brenta.

FIAMMA.
Ce bal champêtre...

BABYLAS.
C'est ma jolie danseuse!

FIAMMA.
Ce gros et joyeux seigneur, qui après la première saltarelle, a osé me demander pour le lendemain un rendez-vous au carrefour de la forêt...

BABYLAS.

Et je m'y suis trouvé bien exactement.

FIAMMA.

Est-il possible?... Et vous avez eu l'audace...

BABYLAS.

Dame!... on m'a assuré que pour réussir il ne fallait douter de rien... Je me suis dit : Tu es jeune, tu es beau, tu es riche... sois audacieux! Et comme tu m'avais répondu : « Attendez-moi sous l'orme... » J'ai attendu!

FIAMMA, riant.

En vérité!

BABYLAS.

Sous un orme magnifique et par une pluie battante... Pourquoi n'es-tu pas venue?

FIAMMA.

Pourquoi?... (A part.) Voilà un séducteur qui n'est pas redoutable! (Haut.) Mon gentilhomme, est-ce à l'université de Padoue que vous avez fait vos études?

BABYLAS, naïvement.

Je n'ai jamais étudié!

FIAMMA.

C'est étonnant!

BABYLAS, de même.

N'est-ce pas? je viens pour ça, et de loin... bien loin d'ici!... ma famille me fait voyager pour me former et me dégourdir, parce qu'au pays ils ont tous l'idée que je n'ai pas d'idées... et que je suis même un peu simple.

FIAMMA, avec finesse et secouant la tête.

Vous en avez l'air...

BABYLAS, de même.

Mais je ne le suis pas!... je suis même très-fin et très-malin, avec les hommes... Avec les femmes, c'est différent.... je n'ai pas encore pu jouter... parce que je les regarde, ce

qui me fait perdre l'esprit et m'ôte mes avantages naturels...
surtout quand elles ont comme toi une mine drôlette et des
yeux !

FIAMMA, riant.

Eh bien ! eh bien !

BABYLAS, la pressant.

C'est plus fort que moi... la tête n'y est plus !

FIAMMA.

Finissez, je vous prie, finissez, ou j'appelle mon maître !

BABYLAS, vivement.

Il y est donc ?

FIAMMA, à part.

Dieu ! que je suis bête ! plus que lui encore ! (Haut.) Eh
bien ! oui, il y est... mais il ne reçoit personne... ça revient
au même.

BABYLAS.

Nous ne sommes pas encore assez liés pour que j'aie le
droit de forcer sa porte ; mais écoute, écoute ici... Si tu
veux faire en sorte que je lui parle...

DUO.

Vois cette bague, on la dit belle...

FIAMMA, riant.

C'est vrai, très belle !

BABYLAS.

Comme la flamme, elle étincelle...

FIAMMA.

Elle étincelle !

BABYLAS.

Et brille encor moins que tes yeux !

FIAMMA, de même.

Moins que mes yeux !

BABYLAS.
Elle est à toi, si tu le veux.
A ton maître fais-moi parler.

FIAMMA.
Je ne le peux!

BABYLAS.
Eh bien! je suis plus généreux!
Et pour un prix encor plus facile, je jure
De la donner!

FIAMMA.
Lequel?

BABYLAS.
Un baiser!... Il est clair
Que c'est pour rien!

FIAMMA, le regardant.
Avec cette figure!
Non, vraiment! c'est trop cher!...

Ensemble.

BABYLAS, à part.
En vain, l'ingrate,
La scélérate,
Ici, se flatte
De m'échapper!
J'ai trop d'adresse
Et de finesse;
Je ne me laisse
Plus attraper!

FIAMMA, à part.
Son âme ingrate
Et scélérate
En vain se flatte
De me tromper!
J'ai trop d'adresse
Et de finesse;
Je ne me laisse
Pas attraper!

BABYLAS, lui montrant la bague.
C'est un anneau d'étrange sorte!
Et si tu connaissais son charme tout-puissant!...
A son doigt sitôt qu'on le porte,
Chacun vous adore à l'instant!

FIAMMA, vivement et regardant du côté de l'appartement de son maître.
Ah! vraiment!
Par lui l'on est aimé sur-le-champ?

BABYLAS.
Sur-le-champ!

FIAMMA.
Ah! voyons!
(Elle met l'anneau à son doigt et regarde de côté, à gauche, où est l'appartement de son maître; pendant ce temps, Babylas s'est jeté à droite, à ses genoux. Elle se retourne et l'aperçoit.)

BABYLAS.
Je t'adore, et mon âme,
Fidèle en ses amours,
D'une nouvelle flamme,
Brûlera tous les jours!

FIAMMA, étonnée.
Quoi! grâce à cette bague, il m'adore! et son âme...

BABYLAS.
Fidèle en ses amours...

FIAMMA.
D'une nouvelle flamme...

BABYLAS.
Brûlera tous les jours!

FIAMMA.
O puissant
Talisman!

Ensemble.

BABYLAS, à part.
Je tiens l'ingrate,
La scélérate,

Et je me flatte
De la tromper!
Par mon adresse,
Par ma finesse,
Je veux sans cesse
Les attraper!

FIAMMA, à part.

Son âme ingrate
Et scélérate
En vain se flatte
De me tromper!
J'ai trop d'adresse
Et de finesse;
Je ne me laisse
Pas attraper!

(Baissant les yeux et ôtant la bague de son doigt.)

Reprenez, je vous en supplie,
Ce talisman trop séduisant!

BABYLAS.

Il est à toi!...

FIAMMA.

Pour un instant
Reprenez-le, je vous en prie!

BABYLAS.

Très-volontiers!...

(Il le remet à son doigt.

FIAMMA, après l'avoir regardé un instant.

Eh bien! son charme tout-puissant
N'était que vaine tromperie!

BABYLAS, étonné.

Comment?

FIAMMA.

Car cet anneau... vous le portez, hélas!
Et pourtant, monseigneur, je ne vous aime pas!

Ensemble.

BABYLAS, avec colère.

O fatal stratagème!
Adieu tous mes projets!
Je me suis pris moi-même
En mes propres filets!
Ah! quelle faute énorme!
On rit à mes dépens,
Et pour que je me forme,
Il faudra bien longtemps!

FIAMMA.

O plaisant stratagème
Qui détruit ses projets!
Monsieur s'est pris lui-même
En ses propres filets!
Oui, bien loin qu'il se forme,
On rit à ses dépens;
Attendez-moi sous l'orme,
Vous m'attendrez longtemps!

(On sonne du côté de l'appartement à gauche.)

FIAMMA.

C'est mon maître!... il me sonne, et vous ne voudrez pas
Me faire encourir sa colère!

BABYLAS.

Non, vraiment!

FIAMMA.

Au jardin promenez-vous là-bas.
S'il peut vous recevoir...

BABYLAS, lui remettant une carte.

Voici mon nom, ma chère.

FIAMMA.

Je vous avertirai.

BABYLAS.

Très-bien!

Mais, du moins, tu promets...

FIAMMA.

    Moi? je ne promets rien!

BABYLAS.

Que plus tard, ton amour...

FIAMMA.

    Quand mon amour viendra,
(Lui montrant son doigt.)
Cet anneau-là
Vous le dira!

Ensemble.

BABYLAS.

O fatal stratagème, etc.

FIAMMA.

O plaisant stratagème, etc.

(Stenio sonne de nouveau. Babylas sort par une des allées du fond, à droite.)

SCÈNE V.

FIAMMA, seule.

Voyez-vous, pourtant, si on les écoutait!... Et quel est donc cet adroit trompeur?... (Regardant la carte.) Impossible de lire son nom, ni de déchiffrer ce qu'il a écrit, tant c'est griffonné!... et puis une odeur de soufre... fi! l'horreur!... surtout pour un élégant et un petit-maître...

(Elle va pour entrer dans l'appartement à gauche au moment où Stenio en sort.)

SCÈNE VI.

STENIO, FIAMMA.

FIAMMA.

Ah! j'y allais, monsieur!

STENIO.

Oui, depuis une heure que je sonne!

FIAMMA.

Ce n'était pas ma faute... J'étais retenue par un étranger qui vous demandait...

STENIO.

Je ne reçois pas...

FIAMMA.

C'est ce que je lui ai dit! Alors, il m'a remis pour vous ce papier... Voyez si vous serez plus habile que moi...

STENIO, jetant les yeux sur le papier.

O ciel! Babylas!...

FIAMMA.

Ah! vous avez pu lire... C'est-il du grec ou de l'hébreu? (Regardant Stenio qui s'appuie sur la table.) Eh bien! qu'avez-vous donc?... Vous tremblez, vous chancelez?...

STENIO.

Oui... oui... je devais m'y attendre... je m'y attendais... et cependant... quand l'instant arrive... quand l'heure fatale approche... Car c'est ce soir... il vient m'en prévenir et me le rappeler, comme si je l'avais oublié.

FIAMMA.

Quoi donc?

STENIO.

Une dette fatale... Une dette terrible qu'il faut enfin payer...

FIAMMA.

Encore un créancier!... J'aurais dû m'en douter à son air en dessous... Mais je croyais que tout était fini, que vous étiez redevenu riche, que vous n'aviez plus de dettes.

STENIO, allant s'asseoir près de la table à gauche.

Une seule... pour ma perte... une seule qui m'ôte tout espoir!...

FIAMMA, debout près de lui.

Allons donc! il y en a toujours!... Mon maître, mon maître, confiez-vous à votre fidèle servante...

STENIO.

Tu n'y peux rien!

FIAMMA.

Qu'en savez-vous? Je peux toujours vous consoler...

STENIO.

Et si ma perte est certaine...

FIAMMA, avec entraînement.

Me perdre avec vous!

STENIO, lui serrant la main.

Ah! Fiamma! mon amie! ma sœur!... Oui, je te dirai tout!

FIAMMA, se rapprochant de lui.

A la bonne heure, au moins!

STENIO.

Tu sais que jeune, sans expérience, et grâce aux bons amis qui m'entouraient, je dissipai en quelques années la fortune que mon père avait amassée dans son commerce d'orfèvrerie... et loin de suivre tes avis, loin de chercher dans le travail et l'économie une nouvelle source de richesses, je résolus de tout regagner en un seul jour ou de me tuer!

FIAMMA.

Jésus Maria!...

STENIO, toujours assis.

C'était, comme aujourd'hui, le jour de l'Assomption... Il me restait deux cents écus d'or... J'allai à Venise, au palais Graziani, où affluaient tous les étrangers et où l'on jouait gros jeu... Je risquai d'un seul coup tout ce que je possédais... et je gagnai! Je doublai une seconde, une troisième fois, je gagnai encore, je gagnais toujours! Celui contre lequel je jouais était un jeune seigneur couvert de riches habits et dont tous les traits respiraient la sottise et le contentement de lui-même... et lorsque, avec un sourire niais et railleur dont j'aurais dû me défier, il jeta sur la table ses bagues, sa ceinture, ses chaînes en diamants, me demandant une dernière revanche... tous mes trésors contre les siens... j'acceptai, certain du succès... Tout le monde se leva, se pressa autour de nous... il se fit un grand silence... les dés roulèrent... et je perdis! (se levant.) Oui, Fiamma, oui, j'avais tout perdu!... La rage dans le cœur, mais calme en apparence et le sourire sur les lèvres, je sortis... La nuit était profonde... Je me dirigeai vers le grand canal, et j'allais m'élancer... lorsque je me sens retenu, par mon manteau... Je me retourne... c'était mon joueur, mon adversaire dont j'entends encore l'éclat de rire stupide... — « Y pensez-vous, mon cher? se tuer pour si peu!... Tous vos trésors, je vous les rapporte, et bien d'autres, si vous le voulez. — Et qui donc êtes-vous, » m'écriai-je? — Il me répondit froidement : « Ne l'avez-vous pas deviné en me trouvant dans une maison de jeu? C'est là notre domicile... quiconque y met le pied ne s'appartient plus, car, en sortant, il tombe entre nos mains, tu le vois... » Et à la lueur d'une lanterne sourde cachée sous son bras, je vis un parchemin qu'il me tendait, et une plume de fer... que dans ma fièvre... dans mon délire... je saisis...

FIAMMA.

Vous avez signé, grand Dieu!

STENIO.

Oui, j'ai signé... j'ai juré la perte de mon âme... Mais ce n'est rien encore... Je marchai, je courus... et arrivé chez moi, épuisé de fatigue, de terreur, de remords... je tombai dans un sommeil léthargique.

FIAMMA.

Je me le rappelle encore, tant j'en fus effrayée!

STENIO.

Et je vis en rêve... je vis mon père assis dans la chambre où j'étais... il regardait un grand coffre plein d'or et il disait : « Oui; mon fils, dont je connais le caractère, aura bientôt dissipé la fortune que je lui laisse... Mais plus tard, éclairé par le malheur et par l'expérience, il apprendra le prix et l'usage des richesses, et alors, il sera heureux de trouver ce trésor que ma prudence paternelle aura amassé pour lui et caché derrière ce panneau que recouvre mon portrait... » En ce moment, je m'éveillai... et encore sous l'influence de ce songe, je courus à ce tableau que mes mains embrassaient, et sous mes doigts se rencontra dans le cadre un clou doré que je pressai, et le panneau s'ouvrit... et je vis devant moi plus de trésors que je n'en avais jamais possédé...

FIAMMA.

Est-il possible?

STENIO.

Et c'est dans ce moment que, désespérant de la Providence et de moi-même, je venais de me vendre, de jurer ma perte en ce monde et dans l'autre... car, sans voir, sans examiner ce que je signais... j'avais promis que dans deux ans...

FIAMMA.

Est-il possible!

STENIO.

Oui... pour prix des trésors qu'il m'avait donnés et qui, désormais, me devenaient inutiles... j'avais juré que dans deux ans, à pareil jour... ce soir... à minuit, je lui appartiendrais...

FIAMMA.

Ce soir?

STENIO, montrant le papier.

Et c'est cette dette que Babylas vient me rappeler... (A part.) C'est lui! le voici! (Haut.) Va-t'en!

FIAMMA, apercevant Babylas à l'extrémité de l'allée à gauche et poussant un cri.

Ah!
(Elle se cache la tête dans les mains et s'enfuit par l'allée à droite.)

SCÈNE VII.

BABYLAS, STENIO.

BABYLAS, regardant Fiamma qui s'enfuit.

Eh bien! eh bien! elle s'en va!... C'est dommage! car, vrai, elle est charmante!

STENIO.

Tu trouves?

BABYLAS.

Je le jure par Belzébuth, mon parrain!

STENIO, avec ironie.

Malheureusement, c'est l'honneur et la vertu mêmes... et pour toi, il n'y a pas moyen d'en approcher.

BABYLAS, faisant jabot.

Peut-être... si je le voulais bien.

STENIO.

Ah! tu es fat et libertin?

BABYLAS.

Pourquoi pas?... Croyez-vous donc qu'il n'y ait que vous autres hommes qui ayez le droit de l'être?... Ça n'empêche pas d'être bon diable... et je le suis.

STENIO.

Eh bien! prouve-le-moi?... J'ai traité avec toi sans marchander.

BABYLAS.

C'est vrai!

STENIO.

J'ai signé ce que tu as voulu, sans le lire.

BABYLAS.

Parce que je t'ai pris au bon moment... quand la passion t'empêchait de réfléchir et de calculer.

STENIO.

Je t'aurais demandé cent ans, deux cents ans de jeunesse et de fortune... tu me les aurais accordés...

BABYLAS.

Sans contredit... Tu ne l'aurais pas payé plus cher. (Riant et se frottant les mains.) C'est en cela que j'ai fait une bonne affaire.

STENIO.

Et moi, un marché de dupe... tu m'as trompé, friponné...

BABYLAS.

C'est mon état.

STENIO.

Et si tu avais un peu de conscience...

BABYLAS.

Moi? Où veux-tu que je la mette?...

STENIO.

Eh bien! un peu de générosité... Tu m'accorderais une vingtaine d'années de plus...

BABYLAS.

En me parlant de générosité, tu me prends par mon faible... parce que, nous autres libertins et mauvais sujets, nous sommes toujours généreux, et je voudrais t'accorder ta demande, mais voici ma position, tu vas en juger par toi-même.

STENIO, lui montrant la table à gauche.

Asseyez-vous donc.

BABYLAS.

Très-volontiers.

STENIO, *lui montrant les bouteilles de liqueur qui sont sur la table.*

Oserais-je vous offrir un verre de Schiraz?

BABYLAS, *s'asseyant de l'autre côté de la table.*

Je ne demande pas mieux... Le vin, le jeu et les femmes!...

STENIO, *souriant.*

On les aime donc, en enfer?

BABYLAS.

Par goût et par reconnaissance... Ils nous amènent tant de clients!... (*Buvant.*) A ta santé!

STENIO.

A la vôtre!... Je vous écoute.

BABYLAS.

Tu sais qu'on me nomme Babylas... Je suis d'une des bonnes familles de là-bas... le treizième fils d'Astaroth et cousin germain de Belzébuth qui voulut bien être mon parrain et qui me dit : « Tu es le dernier de ta famille, tu ne dois attendre que de toi-même ta position et ta fortune... Je te souhaite donc de l'esprit. »

STENIO.

Et vous en avez.

BABYLAS.

Dame! je trouve que j'en ai beaucoup!... D'abord, c'était l'intention de mon parrain... Mais ils disent tous... c'est le proverbe, que l'enfer est pavé de bonnes intentions... lesquelles produisent toujours un effet contraire, tant il y a que personne n'est prophète en son pays et que là-bas je suis, depuis mon enfance, leur jouet et leur plastron... C'est à qui se moquera de moi et m'enverra des camouflets... enfin, s'il faut te l'avouer, ils me regardent tous comme un bon enfant... ce qui est humiliant et honteux pour un diable... Et moi, qui ai de l'orgueil et de l'amour-propre comme un homme... je brûlais à petit feu... et voyant cela, mon parrain me dit : « Babylas, te voilà grand, te voilà majeur, il faut commencer tes voyages et te distinguer par quelque action brillante, pour imposer silence aux railleurs... Je vais te faire donner une mission sur terre... C'est là que tu pourras achever tes études, te dégourdir et te former... parce que, la plupart du temps, ils sont là-haut plus malins que nous... Et ce que tu apprendras chez eux, joint à ton esprit naturel, me permettra de te donner de l'avancement auprès de Satan, notre roi. » A quoi je répondis : « Mon parrain, je suis prêt à partir. » Et on me délivra une commission en bonne forme qui m'ordonnait de voyager pendant un an sur terre, à la seule condition de rapporter de mon expédition une âme, une seule... Et je me dis, avec mon esprit naturel : Ce ne sera pas difficile.

STENIO.

Eh bien?

BABYLAS, se levant.

Eh bien! vous allez voir... Mon parrain m'avait laissé sur son banquier, un juif, un homme à lui, tout l'argent nécessaire pour faire le voyage avec agrément, et le choix des moyens était à ma disposition... Je pris les traits et l'étude d'un procureur!

STENIO.

C'était bien... un bon état!

BABYLAS.

Oui... mais qui offrait trop d'analogie avec l'autre... Cela devait inspirer de la défiance, et ce n'était presque pas la peine de changer... D'ailleurs, mes confrères en savaient tous plus long que moi, et mon étude allait mal! j'allais être obligé de vendre, quand il m'arriva, un jour, une jeune cliente qui avait un procès, un vieux mari jaloux et une figure enchanteresse... Je me dis : Voilà ce qu'il me faut! Et pendant que je cherchais à l'entraîner et à la séduire, je devins moi-même séduit, entraîné et amoureux à en perdre la tête... Je lui promis qu'elle gagnerait son procès et qu'elle deviendrait veuve... les deux choses qu'elle désirait le plus au monde, si je devenais maître de son âme! « Mon âme, me répondit-elle avec un sourire enchanteur, n'est-elle pas déjà à vous tout entière?... » Ce mot me suffit, et sans autre garantie, sans aucune promesse écrite, je lui fis gagner sa cause et la débarrassai de son mari. Eh bien! monsieur, le croiriez-vous... Y a-t-il rien de comparable, même au fond de l'enfer?... Je suis dénoncé le lendemain par la veuve inconsolable, qui m'accuse de la perte de son mari... et vu la mauvaise réputation dont je jouissais déjà comme procureur, les choses s'arrangent de manière que je suis jugé, condamné et pendu!

STENIO.

Pendu!...

BABYLAS.

Oui, monsieur, moi, qui vous parle... Et la perfide, pour me voir passer, était à son balcon avec un jeune amoureux qu'elle me préférait en secret... et à qui je venais de la donner moi-même... C'était à s'aller pendre, et j'y allais... Ce n'était pas tant la chose... car, pour moi... et dans mon état, cela m'est à peu près égal ; mais c'est le moment où, quittant l'enveloppe de procureur, moi, Babylas, fils d'Astaroth, je retournai au pays natal... Au moment où l'on me vit arriver, ce fut un charivari général de tous les instruments de cuivre de l'enfer, des milliards de casseroles et de sifflets... et des brocards, des camouflets, des éclats de rire à se rouler dans le soufre et le plomb fondu!... car, voyez-vous, monsieur, quand l'enfer est en goguettes, c'est effroyable... c'est à n'y pas tenir... Aussi, je n'y tins pas... Je criai qu'on ne devait pas me juger sur un coup d'essai, que je demandais ma revanche, et, avec la protection de mon parrain, j'obtins une seconde commission. On me renvoya sur terre pour deux ans... Vous savez le reste, et c'est ce soir que je suis rappelé.

STENIO, à part.

O ciel!

BABYLAS.

Vous sentez bien alors que, malgré les intentions les plus généreuses, et quoique entre jeunes gens de bonnes maisons on se doive des égards, je ne puis m'exposer à un second charivari infernal... si je retourne seul au pays.

STENIO, vivement.

Aussi, je tiendrai ma promesse... je vous suivrai... Je ne vous demande plus, pour délais, des années... ou des mois... mais quelques jours... Ne pouvez-vous les obtenir et me les donner? Quelques jours seulement... le temps de revoir et d'épouser celle que j'aime...

BABYLAS.

Vous aussi... vous êtes amoureux?

STENIO.

Oh! mieux encore : je suis aimé d'une femme charmante, et je partirais avec moins de regrets si elle m'avait appartenu; car, jusqu'ici, des obstacles avaient empêché notre mariage, et, dans ce moment, elle m'attend pour m'épouser à trente lieues d'ici... à Vérone.

BABYLAS.

A Vérone?...

STENIO.

La belle Lélia Bentivoglio...

BABYLAS.

Lélia?... celle qui vous aime... qui veut vous épouser?...

STENIO.

Oui, monsieur.

BABYLAS.

Lélia... Bentivoglio... une veuve?...

STENIO.

Oui, monsieur.

BABYLAS.

C'est la mienne!...

STENIO.

Que voulez-vous dire?...

BABYLAS.

Celle dont je vous parlais.

STENIO, haussant les épaules.

Allons donc!

BABYLAS.

Celle qui m'a trompé et qui en tromperait bien d'autres... Et si c'est elle seule qui excite vos regrets...

STENIO.

Ce n'est pas possible... et si je pouvais la voir encore une fois... une seule fois...

BABYLAS.

N'est-ce que cela? Je peux te procurer ce plaisir... ici... sur-le-champ.

STENIO.

Mais elle est à trente lieues...

BABYLAS.

La distance n'y fait rien... A quoi la crois-tu occupée?...

STENIO.

A penser à moi et à compter les instants... car je lui avais écrit la lettre la plus tendre pour lui annoncer mon arrivée... et, inquiète de mon retard... elle est dans la crainte, dans les larmes, peut-être...

BABYLAS.

C'est ce que nous allons voir... Attention!

(Babylas étend la main vers les jardins. Le théâtre devient obscur. Le feuillage s'ouvre, et sur un fond lumineux on aperçoit Lélia à sa toilette et se parant.)

STENIO.

O ciel!...

DUO.

BABYLAS.

Vois cette amante dans les larmes
Calment sourire à son miroir !

STENIO.

Elle veut redoubler de charmes,
Mais pour moi seul !... car je crois voir
Mon billet...

BABYLAS.

Que sa main déchire
En papillotes !

STENIO, avec effroi.

Ah ! grands dieux !

(Vivement.)
Mais non... rêveuse, elle soupire,
Et pense à moi !...

BABYLAS.

Si tu le veux,
Mot pour mot, je vais te traduire
Sa pensée et ses moindres vœux.
Écoute bien !

(Contrefaisant la voix de femme.)
Lequel... lequel épouserai-je,
Du sénateur ou du marquis ?

STENIO, à part.

O ciel !

BABYLAS, continuant comme si Lélia parlait.

L'un est puissant et me protége !...
L'autre est riche... et je m'enrichis !...
Stenio, qui m'aime, et que je trompe,
N'est rien qu'un bourgeois, un marchand.

(Lélia, se mettant à la table, a l'air d'écrire.)
Il faut donc qu'avec lui je rompe ;
Le plus tôt est le plus prudent.

STENIO, avec fureur.

Perfide !...

(Il s'élance vers le tableau de gaze ; les branches d'arbre se rapprochent et se referment. Lélia disparaît. On ne voit plus que le fond des jardins en dehors du pavillon.)

Ensemble.

STENIO, revenant sur le devant du théâtre.

Mais non !... c'est une ruse,
C'est un piége infernal !
Ta malice m'abuse
Par ce tableau fatal !
Tais-toi !... Tu calomnies
Sa vertu, ses attraits !
A tant de perfidies
Je ne croirai jamais !
Jamais !... jamais !

BABYLAS, riant et se frottant les mains.

Il croit que je l'abuse.
Le trait est jovial !
Il prend pour une ruse
Un tour si déloyal !
C'est moi qui calomnie
Ses innocents attraits...
A tant de bonhomie
L'on ne croira jamais !
Jamais !... jamais !

(Toujours riant.)

C'est un vrai service à lui rendre.
Allons, regarde de nouveau !

(Les branches s'entr'ouvrent de nouveau. L'on aperçoit Lélia assise à une table, à côté d'un seigneur richement habillé qui lui tient la main et la regarde avec tendresse. Lélia baisse les yeux.)

STENIO, stupéfait.

Que vois-je ?

BABYLAS.

Veux-tu les entendre ?
Écoute ce tendre duo !

(Contrefaisant tour à tour la voix de femme et la voix de basse-taille.)
(Voix de femme.)
Oui, monseigneur, mon trouble extrême
Vous dit assez que je vous aime.
(Voix d'homme.)
Tendre pudeur!... aveu bien doux!
(Voix de femme.)
Moi, je n'aimai jamais que vous!
(Voix d'homme.)
Que moi!
(Voix de femme.)
Que vous!
Vous êtes le premier.
(Voix d'homme.)
Moi?
(Voix de femme.)
Vous!

STENIO, voulant s'élancer.
Ah! coquette!

BABYLAS.
Écoutez toujours,
Ou vous allez perdre de leurs discours!
(Voix de femme.)
Nos deux âmes n'en feront qu'une.
(Voix d'homme.)
Nos deux âmes et ma fortune!
Il faut donc croire à vos amours.
(Voix de femme.)
Ainsi, vous m'aimerez toujours?
(Voix d'homme.)
Toujours!
(Voix de femme.)
Toujours!...
(Voix d'homme.)
Reçois ma main!...
(Voix de femme.)
A toi toujours!

(Le seigneur presse contre son cœur la main de Lélia et veut la porter à
ses lèvres.)
STENIO.
Ah! c'en est trop!
(Il s'élance vers le tableau, qui disparaît; le jour revient et Stenio s'avance
sur le devant du théâtre.)

Ensemble.
STENIO.
Mais non, c'est une ruse, etc.
BABYLAS, riant.
Il croit que je l'abuse; etc.
(Fiamma s'avance timidement sur la pointe du pied, et tenant à la main
une lettre.).

STENIO, se retournant brusquement.
Qui vient là! cette lettre...
(Jetant les yeux dessus, et la prenant.)
Ah! c'est de Lélia!
(A Fiamma qui ose à peine lever la tête et regarder Babylas.)
Laisse-nous.
(Fiamma s'enfuit sans regarder, et en ayant l'air de dire : Je ne demande
pas mieux.)
C'est sa main... c'est bien d'elle... Et voilà
De quoi confondre ton mensonge...
Et prouver son amour...
(En parlant ainsi, il a ouvert la lettre et y jette les yeux.)
Dieu! que vois-je? Est-ce un songe?
(Se frottant les yeux et lisant.)
« Plaignez-moi... du destin un caprice nouveau
« Me force d'épouser le marquis Dandolo...
« Et quand vous recevrez cette lettre... » Ah! parjure!

BABYLAS, riant et montrant le fond du théâtre.
Le tableau si fidèle est-il une imposture?

STENIO.
Plus d'amour! plus d'espoir, tout me trahit, hélas!

BABYLAS, à part et riant.
Je ne suis pas le seul qu'on attrape ici-bas !

Ensemble.

STENIO, avec fureur.
Perfide ! infidèle !
J'ai donné pour elle
Ma vie éternelle
Et mes plus beaux jours !
Elle m'abandonne...
Qu'ici le ciel tonne...
Satan, je me donne
A toi pour toujours !

BABYLAS, avec joie.
O gloire éternelle !
Conquête nouvelle...
J'espère, par elle,
De glorieux jours...
Le succès couronne
Mon front qui rayonne ;
Son âme se donne
A moi pour toujours !

STENIO, hors de lui.
Ah ! dans l'excès de rage où mon âme se livre,
Si déjà je n'étais à toi par mon serment,
Je m'y donnerais maintenant !
Sans retard, sans délai, je suis prêt à te suivre !

BABYLAS.
Non ! l'instant n'est pas expiré,
Quelques heures encore !

STENIO.
Et j'en profiterai
Pour laisser en partant tous mes trésors à celle
Qui m'a conservé seule une amitié fidèle.
Que Fiamma soit heureuse ! et malheur, après moi,
A celle qui trahit ses serments et sa foi !...

Ensemble.

STENIO, à part, avec colère.
Perfide, infidèle ! etc.

BABYLAS, dans l'enchantement.
O gloire éternelle ! etc.

(Stenio entre dans l'appartement à gauche.)

SCÈNE VIII.

BABYLAS, seul.

Voilà une affaire terminée et ma mission remplie avec honneur... Encore quelques heures et je retourne au pays... et cette fois ce ne sera pas comme la première... Quelle réception m'attend !... quelle fête !... quel triomphe !... Et mon parrain, qui me dira : « Bravo, Babylas ! Je ne te reconnais plus... » Je le crois bien !... il n'y a plus moyen maintenant de m'attraper ou de m'en faire accroire... Quand on a étudié trois ans chez les hommes et surtout chez les femmes comme notre jeune veuve... ça vous forme diablement un diable !

COUPLETS.

Premier couplet.

Jadis, par un sort fatal,
Tout le monde, au pays natal,
Avec moi sortait des bornes
Depuis messieurs les lutins,
Jusqu'aux moindres diablotins,
Chacun me faisait les cornes

A présent
C'est différent,
Pour duper
Et pour tromper,
Je suis docteur
Et professeur !

Oui, croyez-en ma parole,
Diablotins trop ignorants !
Sur terre allez à l'école,
Et vous reviendrez savants.

(La nuit vient peu à peu pendant le couplet suivant.)

Deuxième couplet.

Autrefois, pour la beauté
Je me serais précipité
Dans le bitume ou l'asphalte !
Timide, même en enfer,
Près d'une belle au regard fier,
La crainte m'aurait dit : Halte !...

A présent
C'est différent,
Pour mentir
Et pour trahir,
Je suis docteur
Et professeur...

Et quittant la métropole,
Diablotins trop innocents,
Sur terre allez à l'école,
Et vous reviendrez savants !

SCÈNE IX.

BABYLAS, FIAMMA, tenant à la main un bougeoir allumé et portant sous son bras un panier qui contient tout ce qu'il faut pour le couvert. Elle pose sur la table à droite son bougeoir et son panier.

BABYLAS, à part.

Ah ! c'est la belle Fiamma !

FIAMMA, l'apercevant et tressaillant.

Ah ! mon Dieu !... encore lui ! quand une fois il est dans une maison... il paraît qu'il n'en sort plus !

(Elle recule en voyant Babylas qui s'avance vers elle.)

BABYLAS, s'arrêtant.

Eh bien !... eh bien !... crois-tu donc que je te veux du mal ?... tu ne me connais pas !

FIAMMA, timidement.

C'est parce que je vous connais... que j'ai peur !

BABYLAS.

Et tu as tort !... je n'ai de pouvoir sur les gens qu'autant qu'ils m'en donnent eux-mêmes !

FIAMMA.

Je le sais bien... et par Notre-Dame ma patronne qui me protége... j'espère bien n'être jamais tentée du démon... Quand je pense cependant que j'ai dansé avec lui une saltarelle !...

BABYLAS.

Où est le mal ?

FIAMMA.

Un très-grand !... voyez-vous, jeunes filles, ce que c'est que d'aller à la danse... le diable vous y attend... et ces bijoux... cette bague... qu'il m'offrait tantôt... l'esprit malin vous éblouit et vous séduit par là... J'ai manqué y succomber.

BABYLAS.

En vérité... (Vivement.) Ah ! si tu voulais...

FIAMMA, effrayée.

Quoi donc ?...

BABYLAS, la regardant et passant à droite, pendant que Fiamma, prenant son panier, passe à gauche mettre le couvert.

Rien... rien ! (A part.) Une jeune fille... simple, naïve et innocente... ce serait là une conquête bien autrement glorieuse... que celle de son maître... qui tôt ou tard nous reviendra toujours... (Haut, à Fiamma qui a ôté du panier la nappe et les assiettes et qui commence à mettre le couvert.) Qu'est-ce que tu fais là ?

8.

FIAMMA.

Vous le voyez bien... je mets le couvert de monsieur...

BABYLAS.

Tu en mets deux...

FIAMMA.

Dame!... puisque vous êtes sorcier, vous devez deviner pour qui est le second?

BABYLAS.

Pour moi peut-être!... c'est très-aimable à lui...

FIAMMA.

Allons donc!... il attend meilleure compagnie que ça... c'est moi, monsieur, moi qui aurai cet honneur-là, que je paierais au prix de ma vie...

BABYLAS.

Alors... et à moins que tu ne te dépêches de servir, ton maître risque fort de partir sans souper, car aujourd'hui... je l'emmène.

FIAMMA, quittant la table et accourant vivement auprès de lui.

Vous l'emmenez!...

BABYLAS.

A minuit!...

FIAMMA, toute tremblante.

Lui!... mon maître?...

ROMANCE.

Premier couplet.

A genoux je vous en supplie!
Laissez fléchir votre rigueur!
Et pour ajouter à sa vie
Prenez ma vie et mon bonheur!
Oui, dans le destin qui l'accable,
Hors mes jours qu'à lui j'engageai,
Je n'ai rien, monseigneur le diable,
Mais j'offre, hélas! tout ce que j'ai.
Prenez... prenez tout ce que j'ai!

Deuxième couplet.

Si riche le ciel m'eût fait naître,
S'il m'eût donné titre et grandeur,
A l'instant, pour sauver mon maître,
Je les donnerais de grand cœur!
Mais pour payer dette semblable,
Hors mes jours qu'à lui j'engageai,
Je n'ai rien, monseigneur le diable,
Mais j'offre, hélas! tout ce que j'ai.
Prenez! prenez tout ce que j'ai!

DUO.

BABYLAS.

En faveur de ton maître un dévoûment si tendre
Ressemble à de l'amour!... et c'est à s'y méprendre!

FIAMMA, naïvement.

Et quand il serait vrai!

BABYLAS, secouant la tête.

   J'entends!... j'entends très-bien...
Et si pour le sauver il n'était qu'un moyen!...

FIAMMA, vivement.

J'y consens! quel est-il?

BABYLAS, avec joie, se frottant les mains et s'avançant vers elle.

   Vivat!... Eh bien!...

(Fiamma, effrayée, se réfugie près de la madone qui est à droite.)
Viens alors?

FIAMMA, toujours près de la statue.

Eh! pourquoi?

BABYLAS.

   C'est en vain

(Montrant la statue.)
Que je veux approcher de cette image sainte!
Le bras de l'Éternel élève un mur d'airain
Qui m'empêche à jamais de franchir cette enceinte!

FIAMMA, toujours près de la statue.

Vous n'en pouvez jamais approcher?

BABYLAS, essayant de faire un pas en avant, et ne le pouvant pas.
　　　　　　　　　Tu vois bien!

　　　FIAMMA, à part, se pressant contre la statue.
Oh! c'est bon à savoir!...
　　　　　　　　(Lui parlant de loin.)
　　　　　　　　Quel est donc ce moyen
Qui peut sauver mon maître? Expliquez-vous, de grâce...
Quel est-il?... répondez...

　　　　　　　　BABYLAS.
　　　　　　C'est de prendre sa place!

　　　　　　　Ensemble.

　　　　　　　　FIAMMA.

　　　　D'horreur et d'épouvante,
　　　　Interdite et tremblante,
　　　　Je sens la terre, hélas!
　　　　Tressaillir sous mes pas!

　　　　　　　　BABYLAS.

　　　　Conquête séduisante,
　　　　Qui me plaît et me tente,
　　　　L'Amour guide tes pas,
　　　　Et vers moi tu viendras!

　　　FIAMMA, quittant la statue et se rapprochant de Babylas.
Quoi! pas d'autre moyen?

　　　　　　　　BABYLAS.
　　　　　　　A ce prix seul, je cède!
Un échange!... Un de vous doit me suivre aujourd'hui!
Choisis!

　　　　　　　FIAMMA, à part.
　　　　　Que Dieu me soit en aide!
(Hésitant.)
Quoi! me perdre à jamais!... mais, hélas! c'est pour lui!
　　　　　　(Avec explosion.)
　　　　　Qu'il soit sauvé!

　　　　　　　BABYLAS, vivement.
　　　　　　　Tu l'as dit!

FIAMMA.
    Oui!

BABYLAS.
Tu le veux?

FIAMMA.
    Oui!
Oui, me perdre pour lui!

Ensemble.

BABYLAS, avec joie.
Puissance infernale!
Gloire sans égale!
Elle est ma vassale;
A moi tant d'appas!
Clairon et trompette,
Sonnez sa défaite;
Que l'enfer répète :
Gloire à Babylas!

FIAMMA, à part.
Puissance infernale!
Douleur sans égale!
Je suis sa vassale
Pour jamais, hélas!
Ma perte s'apprête,
Mais mon cœur répète :
Toi que je regrette,
Du moins tu vivras!

BABYLAS.
En bonne forme, et d'une main exacte,
Je vais dresser ce nouvel acte.

FIAMMA, vivement.
Et vous me rendrez l'autre!

BABYLAS.
    Et toi, c'est convenu,
Tu signeras?

FIAMMA.
Eh! oui!

BABYLAS.
Glorieux pacte
Qui range sous mes lois jusques à la vertu!

Ensemble.
BABYLAS.
Puissance infernale, etc.

FIAMMA, à part.
Puissance infernale, etc.

(Babylas sort par une des allées du fond. Fiamma, restée seule, le suit quelque temps des yeux, cache sa tête entre ses mains, puis tombe aux pieds de la madone.)

SCÈNE X.

FIAMMA, seule et à genoux.

(Motif de son premier air.)

O Vierge sainte! ô ma patronne!
Du ciel mon nom est réprouvé,
Que ton cœur me plaigne et pardonne!
Je me perds!... mais, je l'ai sauvé!

SCÈNE XI.

FIAMMA, encore à genoux; STENIO, sortant de l'allée à droite.

STENIO, l'apercevant.
Fiamma à genoux!... C'est pour moi qu'elle prie!

FIAMMA, se relevant.
Dieu! mon maître! (Le regardant.) Et dire que dans quelques instants... séparée pour jamais...

STENIO, lui pressant la main.
Pauvre fille!... tu trembles!... C'est juste... Mon départ te laisserait sans appui, sans ressource... Mais rassure-toi... j'ai pensé à ton avenir!...

FIAMMA, à part, en le regardant.

Et moi aussi!

STENIO.

A toi, qui fus ma seule amie... je viens de léguer tous mes biens... (Vivement.) Ceux que je tiens de mon père... Tu peux les accepter...

FIAMMA.

Ah! c'est trop de bontés, mon maître... mais ces biens me seraient inutiles...

STENIO.

Et à moi encore plus... puisque je pars!

FIAMMA, vivement.

Non! vous ne partirez pas!

STENIO.

Qui te l'a dit?

FIAMMA, de même.

Ma patronne, qui m'a inspiré les moyens de vous racheter, de vous sauver...

STENIO.

Moi!... et comment?

FIAMMA.

C'est mon secret, à moi... Ne m'interrogez pas! mais laissez-moi faire!... et je vous réponds que vous vivrez... que vous échapperez au démon... que votre pacte avec lui sera dans un instant rompu à jamais.

STENIO.

Est-ce possible?

FIAMMA.

Je vous le jure, mon maître, moi, moi, qui ne vous ai jamais trompé!

STENIO.

Et où as-tu puisé un tel courage, un tel dévouement?

FIAMMA, avec entraînement.

Dans mon amour!...

STENIO.

O ciel!

FIAMMA, se cachant la tête dans ses mains.

Ah! qu'ai-je dit? (A part.) Voilà déjà le démon qui me possède et s'empare de moi... (Haut et apercevant Babylas.) C'est lui!... Laissez-nous pour un instant... un instant seulement... et après, toute à vous!...

(Stenio sort par l'allée du fond à droite.)

SCÈNE XII.

BABYLAS, FIAMMA.

FIAMMA, à part, regardant Babylas.

Ou plutôt... toute à lui!...

BABYLAS.

Me voici!... Je n'ai pas été longtemps, mais encore fallait-il remplir toutes les formalités... et j'espère que rien n'y manque... lis plutôt.

(Il lui présente un papier.)

FIAMMA.

Est-ce que je sais lire votre grimoire?...

BABYLAS.

Il est traduit et mis à la portée de tout le monde... pour ne décourager personne... et surtout les gens qui n'ont pas notre esprit et notre savoir... mais tout est en règle, et tu peux signer de confiance.

FIAMMA, prenant le papier.

De confiance, avec vous... Ah! bien oui... je ne suis pas comme mon maître, qui signe toujours sans lire... (Regardant près de la table, à droite, où elle a laissé la bougie allumée.) Et, d'abord, qu'est-ce que je vois là?

BABYLAS.

Où donc?

FIAMMA.

Là... cette ligne rouge : *Ladite Fiamma m'appartiendra à l'instant même.*

BABYLAS.

C'est plus sûr...

FIAMMA.

Quoi! dès que j'aurai signé... vous pourrez m'emporter?

BABYLAS.

Sur-le-champ!... puisque tu prends la place de ton maître.

FIAMMA.

Mais mon maître ne devait partir qu'à minuit... c'est donc plus d'une heure que vous me volez... Voyez-vous, si on ne prenait pas garde!

BABYLAS.

C'est une heure que je gagne, j'en conviens... mais c'est pour les frais!

FIAMMA.

Allons donc!

BABYLAS.

Dans tous les actes du monde... il y a des frais...

FIAMMA.

Me disputer une heure... me chicaner sur quelques minutes; c'est pis qu'un procureur.

BABYLAS.

C'est que je l'ai été... et qu'il en reste toujours quelqu chose...

FIAMMA.

Et moi, je ne signerai pas cela... Partir sur-le-champ... sans revoir mon maître... sans lui faire mes adieux!... Je tiens à cette heure-là... c'est ma dernière...

BABYLAS, la regardant avec tendresse.

Et moi, je n'accorde rien... je suis pressé...

FIAMMA, d'un air suppliant.

Une seule demi-heure... une petite ?...

BABYLAS.

Non !... c'est inutile de marchander...

FIAMMA.

Est-il possible d'être aussi juif en affaires !... (Lui montre le bougeoir qui est sur la table à droite.) Eh bien !... eh bien ! [le] temps seulement que cette bougie soit consumée ?...

BABYLAS.

Non, ma foi !... Cela peut durer plus d'une heure encor[e]

FIAMMA.

Tant mieux !... c'est mon dernier mot... (Jetant le papier [à] terre.) C'est à prendre ou à laisser... Je ne signe plus...

BABYLAS, le ramassant.

Allons ! allons... ne vous fâchez pas... Accordé le dél[ai] demandé.

FIAMMA.

Écrivez-le sur l'acte... car avec vous, je me défie de tou[t]

BABYLAS, se mettant à la table à droite, à la lueur de la bougie.

C'est de bonne guerre !... chacun pour soi... Dès qu[e] affaires on peut se tromper... c'est de franc jeu !... (Écriva[nt] pendant que Fiamma regarde par-dessus son épaule.) « Ledit acte n[e] « sera valable et exécutoire...

FIAMMA, achevant de dicter.

« Qu'au moment où cette bougie sera consumée... C'est bien !...

FINALE.

BABYLAS, lui présentant la plume.

Signe, à présent.

FIAMMA, hésitant.

Je sens tout mon effroi renaître !...

(Prenant la plume et le parchemin.)

Mais il le faut !... allons !...

(Elle signe.)

BABYLAS, avec joie, et étendant la main sur elle.
Tu m'appartiens!...
(Voulant prendre le parchemin.)
Donne...

FIAMMA, refusant.
Rends-moi d'abord le pacte de mon maître.

BABYLAS, le lui donnant.
C'est trop juste, voici ses serments.

FIAMMA, lui donnant le sien.
Et les miens!

(Le regardant avec joie.)
Sauvé! sauvé par moi!...

SCÈNE XIII.

BABYLAS, FIAMMA, STENIO, entrant par la droite.

FIAMMA, courant au-devant de lui, et lui remettant le papier.
J'ai tenu ma promesse...
Que cet écrit soit détruit par le feu!

STENIO, avec joie, le brûlant à la bougie.
O ciel!...

FIAMMA.
Et que pour vous la liberté renaisse!
Vous n'appartenez plus qu'à Dieu!...

STENIO, s'approchant d'elle.
Qu'à toi seule appartienne
Le bonheur de mes jours!
Car j'ai brisé la chaîne
De mes honteux amours!...
C'est toi que je préfère,
Accepte mes serments,
Et donne-moi sur terre
Le ciel que tu me rends!

FIAMMA.
Quoi, c'est moi qu'il préfère!
L'ai-je bien entendu!

Pour moi s'ouvre sur terre
Le ciel, que j'ai perdu!
O tourment de mon âme!...
Mon bonheur et mes jours
   (Regardant la bougie qui est sur la table.)
Vont, avec cette flamme,
S'éteindre pour toujours!

STENIO, *étonné.*

Que dit-elle?

BABYLAS.

Qu'il faut oublier vos projets.
Vous voilà, de nouveau, séparés pour jamais!

Ensemble.

STENIO.

Imposture! artifice!
Discours fallacieux!
L'éternelle justice
Nous unit tous les deux!

FIAMMA.

O douleur!... ô supplice!
Quand il m'offre ses vœux,
L'éternelle justice
Nous sépare tous deux!

BABYLAS, *à part, en riant.*

O bonheur!... ô délice!
Comme ils sont malheureux!
Mon adroite malice
Les sépare tous deux!
  (Calment à Stenio.)
Non, ce n'est point une imposture;
Elle est à moi, je te le jure!
Pour détourner le coup qui t'était destiné...

STENIO.

Quoi, Fiamma?...

BABYLAS.

De l'amour n'écoutant que l'audace,
A voulu se perdre... à ta place!

STENIO, vivement, et courant à Babylas.
Jamais!... jamais!

BABYLAS, lui montrant l'acte.
C'est écrit!... c'est signé!

Ensemble.

BABYLAS.
O bonheur!... ô délice!
Comme ils sont malheureux!
Mon adroite malice.
Les désunit tous deux!

STENIO.
Horrible sacrifice!
Dont s'indignent les cieux!
L'éternelle justice
Doit briser de tels nœuds!

FIAMMA.
O douleur!... ô supplice!
Quand il m'offre ses vœux,
L'éternelle justice
Nous sépare tous deux!

STENIO, avec force.
J'annule ce traité!... mes droits, je les réclame!

BABYLAS.
Impossible à présent!

STENIO, à Fiamma.
Eh bien! je te suivrai!
Mon âme est unie à ton âme!
(Courant à Babylas, et lui montrant Fiamma.)
Et son destin, je le partagerai!...

BABYLAS, vivement.
C'est dit... j'accepte!

STENIO, à Fiamma.
Oui, dans la fortune
Comme dans les maux,

Et chance commune
Et dangers égaux !

BABYLAS, *qui, pendant ce temps, a apprêté son parchemin et sa plume.*
O double fortune !
Triomphe nouveau !
Deux âmes pour une !
Babylas, bravo !
J'entends l'enfer crier : Bravo !... bravo !

FIAMMA, *arrêtant Stenio qui va prendre la plume.*
Non, non, il n'aura rien !...

(*Montrant la statue de la madone.*)
Et, grâce à ma patronne,
Babylas en enfer n'emmènera personne !

BABYLAS, *montrant l'acte qu'il tient.*
Non pas !... tous les détours sont ici superflus !
A moi son âme... à moi sa vie
Quand finira cette bougie !

FIAMMA, *s'approchant de la table.*
Qui durera toujours !... et ne brûlera plus !

(*Elle éteint la bougie.*)

BABYLAS, *voulant s'élancer vers elle.*
Je la rallumerai !...

FIAMMA, *prenant la bougie éteinte, et la plaçant dans les mains de la madone.*
Viens donc la prendre !...

BABYLAS, *s'arrêtant.*
O rage !

FIAMMA, *s'inclinant devant la madone.*
A la Vierge Marie ici j'en fais hommage !
Sur son autel viens la chercher ?

BABYLAS.
Et je ne puis en approcher !

Ensemble.

BABYLAS.
Dieu le défend ! je n'en puis approcher.

STENIO et FIAMMA.

Non, non, jamais il n'en peut approcher !

BABYLAS, avec colère.

Me voir encor dupé ! moi, que par l'esprit brille !
Et dupé cette fois par une jeune fille !...

(On entend dans l'orchestre des éclats diaboliques.)

Ah !... ah !... ah !...

BABYLAS.

De l'enfer j'entends
Les rugissements,
Les éclats de rire
Dont le son déchire
Les plus forts tympans !

(Mêmes cris.)

Ah !... ah !... ah !...
   Oui, je les entends !

(Musique d'église.)

FIAMMA et STENIO, à droite, près de la madone.

Sainte reine des anges,
Recevez nos louanges !...
Votre appui généreux
Nous rend à tous les deux
  Les cieux !...

Sainte vierge Marie,
Par nous soyez bénie !
Votre autel protecteur
Défend notre bonheur !

O vous ! reine des anges !
Recevez nos louanges !...
Votre appui généreux
Nous rend à tous les deux
  Les cieux !...

(Musique infernale.)

BABYLAS.

Dans ce vaste gouffre
De flamme et de soufre,

          Faut-il que je souffre
          De nouveaux affronts ?...
          Leur ardente foule
          Me berne et me roule,
          Et l'enfer s'écroule
          Au bruit des chansons!...

          C'en est fait, voici l'heure
          Et le terrible instant !
          L'infernale demeure
          Et m'appelle et m'attend!...

                                        (Minuit sonne.)

          Dans ce vaste gouffre
          De flamme et de soufre,
          Faut-il que je souffre
          De nouveaux affronts!...
          Leur ardente foule
          Me berne et me roule,
          Et l'enfer s'écroule
          Au bruit des chansons!...
(Rires infernaux.)
Ah!... ah!... ah!...
          C'est leur rire affreux!
     (S'abimant dans la terre.)
          A moi l'enfer!...
   FIAMMA et STENIO, se jetant dans les bras l'un de l'autre.
                    A nous les cieux!...

LE DUC D'OLONNE

OPÉRA-COMIQUE EN TROIS ACTES

En société avec M. X.-B. Saintine

MUSIQUE DE D.-F.-E. AUBER.

THÉATRE DE L'OPÉRA-COMIQUE. — 4 Février 1842.

PERSONNAGES.   ACTEURS.

DON GASPARD DE SAAVEDRA, duc
  d'Olonne, grand d'Espagne . . . . MM. MOCKER.
LE CHEVALIER DE VILHARDOUIN, offi-
  cier français au service d'Espagne. . . . . . . ROGER.
MUGNOZ, intendant du duc d'Olonne . . . . . HENRI.
RAPALLO, officier espagnol . . . . DACDÉ.
LA ROSE, } soldats français . . . . { GRIGNON.
JOLI-CŒUR, }
UN ALCADE MAYOR . . . . VICTOR.
UN DOMESTIQUE DU PALAIS. . . . . . PAISANTI.

BIANCA DE MOLINA, jeune Espagnole . . . Mmes ASSA TRILLOS.
MARIQUITA, femme de Mugnoz . . . . RÉVILLY.
SŒUR ANGÉLIQUE . . . . BLANCHARD.

SOLDATS et OFFICIERS de l'armée de Philippe V. — RELIGIEUSES.
— ALGUAZILS. — VIVANDIÈRES. — UN NOTAIRE. — UN PAGE. —
VASSAUX du duc d'Olonne, etc.

Vers 1710. — En Aragon, dans le château du duc d'Olonne, au premier acte;
à Guadalajara, dans la Nouvelle-Castille, au deuxième acte; à Madrid,
au palais de Buen-Retiro, au troisième acte.

LE
DUC D'OLONNE

ACTE PREMIER

Une salle d'un château gothique. — Une porte au fond; deux portes latérales sur le dernier plan; à gauche, une croisée; à droite, une table sur laquelle est placée une corbeille de noce.

SCÈNE PREMIÈRE.

MARIQUITA, MUGNOZ.

MARIQUITA.

Eh bien ! notre maître dort encore ?

MUGNOZ, avec humeur.

Oui, ma femme !... oui.

MARIQUITA.

Comme tu me dis ça !... Depuis hier soir que M. le duc d'Olonne est arrivé dans son château, tu as l'air presque aussi bourru que lui... (*L'interrogeant.*) car il est bourru, à ce que tu m'as dit ?

MUGNOZ.

Toujours.

MARIQUITA.

Et colère, brutal, emporté ?

MUGNOZ, à demi-voix.

Pire que tout cela.

MARIQUITA.

Il est donc méchant et féroce ?

MUGNOZ.

Pire encore !

MARIQUITA.

Jésus Maria !... c'est donc un loup-cervier... un ogre ?

MUGNOZ.

Tu l'as dit... voilà comme il est... à l'égard des femmes... il les dévorerait toutes... tant il les aime.

MARIQUITA.

En vérité !...

MUGNOZ, secouant la tête.

C'est là un horrible défaut.

MARIQUITA.

C'est drôle... mais en faveur de celui-là... je lui pardonnerais tous les autres.

MUGNOZ.

Ma femme !...

MARIQUITA.

A moins qu'il ne soit vieux et laid... (A demi-voix.) Est-ce qu'il est vieux ?

MUGNOZ, avec humeur.

Il a trente ans... à peu près.

MARIQUITA, avec curiosité.

Oh ! alors, c'est qu'il est affreux ?

MUGNOZ, de même.

Du tout... il n'est pas mal... il est bel homme... il est comme moi... mais je n'ai pas besoin de te le vanter.

MARIQUITA.

N'as-tu pas déjà peur ?

MUGNOZ.

Je ne suis pas le seul... son arrivée a jeté la terreur dans le pays... On se rappelle, il y a une dizaine d'années, quand il est venu, pour la première fois, avec de jeunes gentilshommes de ses amis... Ils n'ont fait pendant un mois que chasser, jouer et boire, avec un tel enthousiasme, que moi, Hieronimo Mugnoz, l'intendant, je n'ai plus retrouvé à leur départ, dans les caves du château, une seule bouteille intacte !

MARIQUITA.

C'est ce qui t'a fâché contre eux !

MUGNOZ.

Je le concevrais encore, mais ce qui est sans excuse... c'est le trouble des ménages, les malheurs domestiques et le désespoir des maris.

MARIQUITA, étonnée.

Ah bah !

MUGNOZ.

Désespoir qui dure encore... car on a fait une remarque foudroyante... c'est que, dans le pays, tous les petits garçons, depuis ce temps, sont de vrais démons... ça réveille des idées...

MARIQUITA.

Allons donc !

MUGNOZ.

Et si cela allait recommencer !

MARIQUITA.

Ce n'est pas possible... puisque monseigneur le duc

d'Olonne, notre maître, vient aujourd'hui dans son château pour y épouser la plus riche héritière de la province, doña Aurore de Castañeda... dont le père est du parti de l'archiduc... et une fois qu'on est marié...

MUGNOZ, *secouant la tête.*

Ça n'empêche pas.

MARIQUITA, *avec colère.*

Comment, monsieur ! ça n'empêche pas ?...

MUGNOZ.

Je parle pour les grands seigneurs ; car nous autres bourgeois... tu sais bien... Enfin, j'aime autant qu'il se marie au plus vite, qu'il emmène sa femme et qu'il me laisse la mienne, à moi tout seul... As-tu tout disposé ?

MARIQUITA.

Pour ce qui me regarde... les tentures de la chapelle, l'appartement de la mariée.

MUGNOZ.

Moi, le repas de noces... les meilleurs vins du pays et les meilleurs vins de France. Quant au chapelain...

MARIQUITA.

Il est ici, déjà occupé.

MUGNOZ.

Oui, il déjeune... Et la corbeille de noce ?

MARIQUITA, *la montrant sur la table à droite.*

Arrivée dès hier de Madrid, et déballée par mes soins... C'est admirable ! les beaux diamants... les belles étoffes... et des dentelles de Flandre magnifiques... Rien n'a souffert du voyage, excepté le bouquet et la couronne nuptiale qui ont été froissés et abîmés.

MUGNOZ, *secouant la tête.*

Vraiment !... Vois-tu, Mariquita, c'est mauvais signe !

MARIQUITA.

Allons donc !

MUGNOZ.
Ce mariage-là ne se fera pas... ou il tournera mal...
MARIQUITA.
A cause ?
MUGNOZ, secouant la tête.
A cause qu'un bouquet d'oranger qui est froissé et abîmé...
MARIQUITA.
Eh bien !... on le remplace, et il n'y paraît pas.
MUGNOZ.
Ah bah !
MARIQUITA.
Puisque c'est artificiel... tout dépend de l'adresse et du talent... et il y a au couvent de Santa-Maria une jeune fille qui est si habile... elle travaille comme les fées.
MUGNOZ.
Ah ! la señora Bianca...
MARIQUITA.
Tu peux bien dire dona Bianca... car elle est de bonne maison... elle est noble !
MUGNOZ.
Une belle noblesse qui la laisse sans un maravédis... et qui la force à se mettre pensionnaire chez les sœurs de Santa-Maria... pendant que son père est sergent ! Un gentilhomme sergent... c'est drôle !
MARIQUITA.
En quoi donc ? il y a des sergents qui ont du mérite, et des colonels qui n'en ont pas ! D'ailleurs, et pour ne pas déchoir, ce pauvre hidalgo n'avait pas d'autres ressources... c'est sa paye qui le fait vivre lui et sa fille.
MUGNOZ.
C'est juste ! tout le monde ne peut pas être... intendant... et la gentille señora a donc bien voulu...

MARIQUITA.

Par complaisance, composer de sa main une couronne et un bouquet de mariée; depuis hier elle y travaille... C'est une perfection; on jurerait que c'est naturel.

MUGNOZ.

Pour ce qui est de ça, on s'y entend au couvent de Santa-Maria, ainsi que pour les confitures de pistaches et de cédrats.

MARIQUITA.

Gourmand!... Tiens! voici dona Bianca!

SCÈNE II.

MARIQUITA, BIANCA, MUGNOZ.

BIANCA, tenant à la main une couronne de roses blanches et un bouquet de fleurs d'oranger.

ROMANCE.

Premier couplet.

Fleurs fraîches et jolies,
Par mes mains assorties,
Lorsque je vous tressais,
Tout bas je me disais :
Blanche et belle couronne,
O toi que l'amour donne,
A qui le portera
Comme le cœur battra!
Ah! ah! ah! ah! ah!

Deuxième couplet.

Puis, malgré moi pensive,
Une crainte tardive
En mon cœur se glissait
Et tout bas murmurait :
Parfois sous la couronne
Une larme rayonne;

Et qui te portera
Peut-être gémira!
Ah! ah! ah! ah! ah!

TRIO.

MARIQUITA.

Allons donc! quel sombre avenir!

MUGNOZ.

On ne songe en un jour de fêtes...

MARIQUITA.

Qu'au bal joyeux, aux castagnettes...

MUGNOZ.

Au bon vin ainsi qu'au plaisir!

MARIQUITA, ouvrant la corbeille pour y placer la couronne de roses.

Par vous la duchesse embellie
Va d'un époux charmer les yeux.

MUGNOZ.

Mais moins que vous, je le parie,
Elle sera fraîche et jolie.

MARIQUITA, qui a tiré le voile de la corbeille, le place sur le front de Bianca avec la couronne.

Et sur votre front gracieux
Ce beau voile brillerait mieux.

MUGNOZ.

Ah! qu'une telle mariée
Des amours serait enviée!

MARIQUITA, à Bianca, qui veut ôter le voile.

Laissez... laissez-nous un instant
Contempler ce tableau charmant!

Ensemble.

MUGNOZ et MARIQUITA.

Toi que l'hymen nous donne,
Fraîche et belle couronne,
A qui te portera
Le cœur joyeux battra!

BIANCA.

Séduisante couronne,
Quand l'amour seul te donne,
Celle qui t'obtiendra
Peut-être gémira!

(On entend sonner vivement dans l'appartement à droite, et Bianca se hâte d'ôter le voile et la couronne, que Mariquita replace dans la corbeille.)

BIANCA.

Ah! quel bruit et quel tapage!

MUGNOZ.

Le maître est impatient.

MARIQUITA.

Que veut-il?

MUGNOZ, montrant un valet qui apporte sur un plateau une tasse de chocolat et des lettres.

C'est, je le gage,
Son déjeuner qu'il attend.

(Il prend le plateau des mains du valet qu'il renvoie.)

BIANCA, prenant les lettres.

Puis des lettres qu'on apporte,
Et je vais...

MUGNOZ, la retenant.

Gardez-vous bien

(Lui montrant l'appartement à droite.)

D'approcher de cette porte,
Ou je ne réponds de rien.

BIANCA, étonnée.

Pourquoi?

MUGNOZ.

Que le ciel vous garde
De son œil jaloux!
Dès qu'il vous regarde,
C'en est fait de vous!
Dans ses vives flammes.

Tout devient son bien,
Et filles ou femmes
Il n'épargne rien!

MARIQUITA et BIANCA, avec effroi.
Que le ciel nous garde
De son œil jaloux!
Dès qu'il vous regarde,
C'en est fait de vous!
Dans ses vives flammes,
Tout devient son bien,
Et filles ou femmes
Il n'épargne rien!

MARIQUITA, reprenant à Bianca les lettres qu'elle tient encore à la main.
Eh oui! c'est courir trop de risque,
Et nous devons vous protéger.

MUGNOZ, arrêtant sa femme qui se dirige vers l'appartement à droite.
Mais toi, qui parles de danger,
A son profit s'il te confisque...

MARIQUITA.
Ah! moi, mon cher, c'est différent!

MUGNOZ.
C'est tout comme.

MARIQUITA.
Non pas, vraiment!

MUGNOZ.
Si tu lui plaisais tout à coup?

MARIQUITA.
Je n'ai pas peur...

MUGNOZ.
J'ai peur... beaucoup.

MARIQUITA.
Je ne crains rien, et tu verras...

MUGNOZ, lui reprenant les lettres.
Je ne veux pas,
Tu n'iras pas!

MARIQUITA.

J'irai!

MUGNOZ.

Tu n'iras pas!

(On entend sonner avec plus de violence dans l'appartement à droite, et tous trois reprennent ensemble, vivement et à voix basse :)

BIANCA, MARIQUITA et MUGNOZ.

Que le ciel nous garde
De son œil jaloux!
Dès qu'il vous regarde,
C'en est fait de vous!
Dans ses vives flammes,
Tout devient son bien,
Et filles ou femmes
Il n'épargne rien,
Rien...
C'est un méchant, c'est un vaurien...
Mais taisons-nous, n'en disons rien,
Rien.

(Mugnoz remet les lettres sur le plateau qu'il prend dans ses mains et entre dans l'appartement à droite.)

SCÈNE III.

MARIQUITA, BIANCA.

BIANCA.

Est-il peureux, votre mari!

MARIQUITA.

C'est de naissance! on n'en guérit pas! Mais j'espère que vous resterez avec nous à la noce?

BIANCA.

Ce sera donc bien beau?

MARIQUITA.

Superbe! la mariée fera des cadeaux à toutes les jeunes filles, et à vous surtout!... quelque jolie parure.

BIANCA.

Je ne tiens pas à me parer.

MARIQUITA.

Pour le bal, cependant, c'est utile; car il y aura un bal.

BIANCA.

Je n'aime pas la danse.

MARIQUITA.

Ah çà! vous n'aimez donc rien?...

BIANCA.

Si vraiment.

MARIQUITA.

Eh! quoi donc?

BIANCA.

Mais... d'abord, j'aime mon père.

MARIQUITA.

Ça ne compte pas... ça va sans dire. Un brave militaire...

BIANCA.

Qui est tout pour moi.

MARIQUITA.

Certainement... mais ça n'empêche pas un mari!

BIANCA.

Un mari!... à moi... c'est impossible!

MARIQUITA.

Et pourquoi donc?

BIANCA.

On m'a élevée en grande dame... on m'a dit que j'avais un nom, de la naissance... De sorte que je suis trop noble ou trop fière pour épouser un paysan... D'un autre côté, je suis trop pauvre pour épouser un seigneur... Tu vois donc bien...

MARIQUITA.

C'est vrai!... c'est gênant...

BIANCA.

Qu'il faut rester fille... et rester au couvent... Je suis résignée et j'ai pris mon parti.

MARIQUITA.

Sans penser à rien?

BIANCA.

Peut-être! On se résigne et on pense! On est aussi heureuse en songe qu'en réalité, et je fais des rêves...

MARIQUITA.

Des châteaux en Espagne.

BIANCA.

Nous sommes dans le pays!... et je me vois souvent habillée en grande dame, avec un voile de dentelle, des fleurs et des diamants... comme j'étais tout à l'heure... marchant à l'autel en donnant la main à quelqu'un...

MARIQUITA.

Qui la serre dans la sienne...

BIANCA.

Un beau seigneur, un jeune officier...

MARIQUITA.

Un Espagnol...

BIANCA.

Non... dans mon rêve, c'est un Français.

MARIQUITA.

Et pourquoi?

BIANCA.

Je ne sais... une idée!

MARIQUITA.

Et sans motif, sans raisons... sans le connaître?

BIANCA.

Je crois que si.

MARIQUITA.

Et comment cela?

BIANCA.

C'est une histoire... ou plutôt, c'est un roman.

MARIQUITA.

Raison de plus pour me le raconter.

BIANCA.

Il y a trois mois... il y avait des soldats dans les environs... car à présent il y en a partout, pour ou contre Philippe V... J'étais dans la chaumière de la vieille Babiena, qui est malade, et je lui portais quelques secours de la part du couvent...

MARIQUITA.

Ou de la vôtre.

BIANCA.

Lorsque ses enfants s'écrièrent : « Voici le galop des chevaux... voici des cavaliers! » En un instant portes et fenêtres furent fermées, et on frappait rudement en dehors...

MARIQUITA.

Une troupe de soldats qui venaient piller?

BIANCA.

Non, un seul cavalier... Il était descendu de cheval et disait : « Si cette chaumière est habitée, ouvrez... ouvrez... » Et cela d'un ton...

MARIQUITA.

Menaçant?

BIANCA.

Non... d'une voix très-douce... C'était en plein midi, par un soleil brûlant... le soleil d'Espagne... « Ma vie, s'écriait-il... ma vie pour un verre d'eau! » — « N'ouvrez pas, » me disaient la vieille Babiena et ses enfants... Et malgré moi, j'ouvris... et j'aperçus un officier français... un tout jeune homme... un bras en écharpe, et l'autre appuyé sur son sabre... Et quoique couvert de sueur et de poussière, sa figure était si belle, si expressive!...

MARIQUITA.

Il vous parla?

BIANCA.

Au contraire!... quand j'apparus tout à coup et que je lui présentai ce verre d'eau... à lui qui mourait de soif... sa main en renversa la moitié... ce qui me déconcerta... parce qu'il me regardait au lieu de boire...

MARIQUITA.

Ce qui était très-mal.

BIANCA.

Oh! je ne lui en voulais pas,.. ou du moins, ce n'était pas dans ce moment-là, mais quand il me présenta de l'or... Et il vit sans doute à mes regards que j'étais fâchée, car il laissa tomber sa bourse aux pieds de la mère Babiena... Et à moi...

MARIQUITA.

A vous, señora?

BIANCA.

Il me jeta une fleur de grenade qu'il portait à sa boutonnière : « A vous, mon ange gardien ! » dit-il. Un instant après il était à cheval au milieu d'officiers qui venaient de le rejoindre, et tous avaient disparu dans un nuage de poussière.

MARIQUITA

Et puis?...

BIANCA.

Et puis... voilà tout.

MARIQUITA.

Pas autre chose!... pas davantage!...

BIANCA.

C'est bien assez... Je te parlais tout à l'heure d'une passion, d'un amant, d'un mari... impossible, et que je m'amusais à rêver... C'est celui-là!

MARIQUITA.

Que vous n'avez pas revu et que jamais vous ne reverrez.

BIANCA.

Voilà justement pourquoi je peux y penser sans danger et m'en occuper sans crainte. Aussi je ne fais que cela. Il est si tendre... si galant... il m'aime tant!... Et moi, donc!... C'est le plus joli ménage qu'on puisse voir!

MARIQUITA.

Voyez ce que c'est qu'une tête de jeune fille!... On n'a d'amour, de constance pareille que pour des maris... qui n'existent pas!... Eh! mon Dieu! c'est le mien. Qu'y a-t-il donc?

SCÈNE IV.

Les mêmes, MUGNOZ.

MUGNOZ.

Ce qu'il y a!... Quel maître, juste ciel!... J'avais bien raison de m'en défier!... C'est la première gratification depuis son arrivée... mais elle peut compter pour deux.

MARIQUITA.

Et comment c'est-il venu?

MUGNOZ.

D'aplomb sur ma joue. Il est féroce pour les hommes.

MARIQUITA.

Tu disais pour les femmes...

MUGNOZ.

C'est un autre genre... Je venais de placer devant lui so chocolat et ses lettres... Il en regarde une et me dit brutalement comme tout ce qu'il fait : « Quelle est cette adresse?.. Madame Mugnoz!... Qu'est-ce que c'est que ça!... » Un lettre pour toi qui s'était glissée dans les siennes!... Je l' là... Où est le mal?... Il en laisse tomber une autre, pendant que je la ramasse : « Quelle est celle-ci?... » toujours avec la même voix. « Cette lettre! que je lui réponds, je l'ignore; je ne me serais pas permis... » — « Lis-la-moi... tu vois bien que je déjeune... Tu hésites... tu ne sais donc pas lire?... et tu es mon intendant! » — « Si vraiment, je sais lire, » lui répliquai-je avec assez de fermeté dans l'organe; quant aux jambes, elles commençaient à s'en aller...

MARIQUITA, à part.

Poltron!...

MUGNOZ.

Je brise donc le cachet qui était aux armes de Castañeda : « Ah! mon beau-père, s'écrie-t-il, et dona Aurore, ma prétendue... Eh bien! arrivent-ils?... achève donc!... » Et voici à peu près ce que j'achève... c'en est le sens : « Monsieur le duc, je croyais donner ma fille à un seigneur sage et rangé, et il paraît que vous êtes un libertin, un joueur, un mauvais sujet... »

BIANCA.

Eh bien?

MUGNOZ.

Eh bien! je n'avais pas achevé la phrase, qu'il m'était tombé sur la joue un énorme soufflet.

MARIQUITA.

Et tu l'as reçu?

MUGNOZ.

Tiens! cette question! J'ai eu beau lui dire : « C'est moi qui lis, ce n'est pas moi qui écris... » le soufflet était donné. « Que ça te serve de leçon, » me dit-il; et sans faire seulement droit à mes réclamations, il s'était mis à son bureau. Il répondait à son beau-père, et d'un style... je n'aurais pas voulu être à sa place : « Tant mieux! tant mieux! s'écriait-il; j'étais bien bon de me marier!... Que tout soit rompu... » Puis, se retournant vers moi : « Et cette lettre, qu'elle lui soit transmise... à l'instant... entends-tu bien;

ou sinon... » J'ai craint que les deux ne fissent la paire, et je suis sorti brusquement avec son message.

MARIQUITA.

Qu'il faut envoyer.

MUGNOZ.

Je n'ai garde d'y manquer. Je vais dépêcher un cavalier au château de Castañeda; j'y courrais plutôt moi-même.

MARIQUITA, le retenant.

Très-bien! Mais ma lettre, à moi, que tu oublies...

MUGNOZ, la lui donnant.

C'est vrai. Au diable les correspondances!... De qui est celle-ci, et qui donc peut t'écrire?

MARIQUITA, qui a ouvert la lettre.

Ah! mon Dieu!

BIANCA, vivement, s'approchant d'elle.

Qu'est-ce donc?

MARIQUITA.

Rien... des affaires de ménage.

MUGNOZ.

Alors, voyons.

MARIQUITA.

Ça ne te regarde pas.

MUGNOZ.

Puisque c'est du ménage...

MARIQUITA.

Raison de plus.

MUGNOZ.

Mais pourtant...

MARIQUITA.

Tais-toi!

BIANCA.

J'entends les pas d'un cheval... Un cavalier!...

MUGNOZ.

Serait-ce le beau-père qui a changé d'idée et qui arrive?

BIANCA, regardant par la fenêtre.

Non... un jeune homme qui s'avance au grand galop le long de l'avenue... un officier... et cet air... cette tournure... (A demi-voix à Mariquita.) C'est lui!... c'est lui!...

MARIQUITA, à demi-voix.

Est-il possible!... (La retenant.) Et que voulez-vous faire?

BIANCA, à demi-voix.

Le voir, sans être vue, au moment où il entrera dans la cour du château... Silence avec lui, avec tout le monde!

(Elle s'enfuit par la porte à gauche.)

MARIQUITA, de même.

Soyez tranquille...

SCÈNE V.

MARIQUITA, MUGNOZ.

MUGNOZ.

Où va-t-elle donc ainsi?

MARIQUITA.

Peu t'importe!... J'aime autant qu'elle ne soit plus là.

MUGNOZ.

Pour quelle raison?

MARIQUITA.

Cette lettre que je reçois est de son père, Juan Vélasquo de Molina.

MUGNOZ.

Le sergent, le vieux gentilhomme?

MARIQUITA.

Qui, maltraité par un jeune officier, a oublié son âge et son grade en tirant l'épée contre son supérieur.

MUGNOZ.

Par saint Jérôme! c'est fait de lui!

MARIQUITA.

Il est arrêté, mis en jugement...

MUGNOZ.

Et sa fille?

MARIQUITA.

Il veut qu'elle ignore cette nouvelle; il me supplie de la lui cacher. Mais il faut courir près de monseigneur... nous jeter à ses pieds... lui demander grâce...

MUGNOZ.

Moi!... ah! bien oui!...

MARIQUITA.

C'est lui!... Il vient.

MUGNOZ.

Je me sauve... S'il me trouvait encore ici... Son message qui n'est pas parti!...

MARIQUITA.

Mais écoute-moi donc!

MUGNOZ.

Tu seras cause qu'il va encore m'échauffer les oreilles. (Il aperçoit don Gaspard, pousse un cri.) Ah!...

(Il s'enfuit par la porte à gauche.)

SCÈNE VI.

MARIQUITA, DON GASPARD, entrant par la porte à droite.

DUO.

MARIQUITA.

Monseigneur! monseigneur!

DON GASPARD.

Qu'est-ce donc?

MARIQUITA, à part.
            J'ai grand'peur.
DON GASPARD.
Ah ! comme elle est jolie !
MARIQUITA.
Lui qu'on disait méchant !
Voyez la calomnie...
DON GASPARD.
C'est ainsi, mon enfant !
Oui, de loin le vulgaire
Nous poursuit de ses traits.
Pour nous juger, ma chère,
Il faut nous voir de près.
MARIQUITA.
Eh bien donc, monseigneur...
DON GASPARD.
Eh bien ?...
MARIQUITA, à part.
            J'ai toujours peur.
(Haut.)
Pardonnez mon audace,
Je viens vous demander...
DON GASPARD.
Eh quoi donc ?
MARIQUITA.
            Une grâce.
DON GASPARD.
A vous d'en accorder.
MARIQUITA.
Quoi ! ce maître sévère,
Qu'on disait si mauvais...
DON GASPARD, lui prenant la main.
Pour nous juger, ma chère,
Il faut nous voir de près.
                (Il l'embrasse.)

MARIQUITA.

Eh bien! monseigneur, puisqu'il en est ainsi...

SCÈNE VII.

MARIQUITA, DON GASPARD, LE CHEVALIER DE VILHARDOUIN.

DON GASPARD, qui tenait les mains de Mariquita, aperçoit le chevalier, pousse un cri et court à lui.

Dieu!... le chevalier de Vilhardouin!

MARIQUITA.

Mais, monseigneur...

DON GASPARD.

C'est bien, c'est bien... va-t'en.

MARIQUITA.

Mais vous me disiez...

DON GASPARD.

Je t'ai dit de t'en aller et de nous laisser.

MARIQUITA.

Un mot seulement...

DON GASPARD, avec colère.

Ah! je n'aime pas qu'on me réplique...

MARIQUITA.

Je m'en vas... monseigneur... Je m'en vas... (A part.) Mon mari a raison... cela dépend des moments... je reviendrai dans un autre.

(Elle sort en faisant la révérence aux deux seigneurs.)

SCÈNE VIII.

LE CHEVALIER, DON GASPARD.

DON GASPARD.

Vous, chevalier... en Espagne, et chez le duc d'Olonne... soyez le bienvenu... Depuis deux ans, je crois, que nous nous sommes rencontrés à la cour de France... vous promettiez d'être un gentil cavalier, et vous avez tenu parole! Mais d'où diable venez-vous ainsi à franc étrier?

LE CHEVALIER.

De quinze lieues au moins, de notre quartier général, à travers les Impériaux et les Anglais qui battent la campagne.

DON GASPARD.

Et pourquoi cette expédition?

LE CHEVALIER.

Pour vous sauver.

DON GASPARD.

Moi... vous voulez rire?

LE CHEVALIER.

Non pas... (Mystérieusement.) Je viens de la part du duc de Vendôme... cela doit vous suffire.

DON GASPARD.

Ma foi, non, et à moins de quelque note explicative...

LE CHEVALIER.

Il n'eût pas été prudent... de m'en charger... et j'espère sans cela me faire comprendre... (A demi-voix.) Le duc d'Olonne, grand d'Espagne, et tout-puissant dans cette province, a pensé qu'en brave et loyal soutien de la monarchie espagnole, il devait obéir au testament du feu roi, et reconnaître Philippe V pour son souverain...

DON GASPARD.

Monsieur...

LE CHEVALIER.

Et tandis que dans ce château où il est venu pour se marier, on le croit occupé de bals, de plaisirs et de fêtes, il ne songe qu'aux moyens de traverser les lignes impériales dont il est entouré, pour conduire au duc d'Anjou les deux régiments qu'il commande.

DON GASPARD, vivement.

Silence!...

LE CHEVALIER.

Vous voyez, monseigneur, que j'en sais autant que vous, et plus encore! car vous vous croyez sûr du succès, et vous êtes trahi... Des officiers auxquels vous vous êtes confié, vous ont dénoncé à l'archiduc d'Autriche, à Madrid.

DON GASPARD.

Qui vous l'a dit?

LE CHEVALIER.

Un courrier expédié par lui donne au gouvernement d'Aragon avis de vos projets, et l'ordre de s'emparer de votre personne; ce courrier, intercepté par nous, sera suivi de quelque autre, qui demain, aujourd'hui peut-être...

DON GASPARD.

Je comprends...

LE CHEVALIER.

Et notre général s'est écrié : « Il ne faut pas que le duc d'Olonne, un partisan de Philippe V, soit compromis pour nous; » et, regardant les officiers qui l'environnaient : « Qui de vous, messieurs, ira au milieu des ennemis l'avertir des dangers qui le menacent? »

DON GASPARD.

Et c'est vous...

LE CHEVALIER.

C'est de droit... Ne vous rappelez-vous pas, à Versailles... ce souper... ce lansquenet... où, grâce à vous, j'ai fait mes premières armes ? Vous m'avez grisé ; vous m'avez fait jouer ; vous m'avez fait battre !

DON GASPARD, riant.

C'est vrai !

LE CHEVALIER.

Voilà de ces procédés qu'on n'oublie pas !... Cadet de famille, et sans espérance, j'ai suivi le petit-fils de Louis XIV à la conquête d'un royaume ; mais avant de chercher fortune en Espagne, j'ai voulu d'abord payer mes dettes envers un ami...

DON GASPARD.

Qui à son tour s'acquittera, je l'espère !

LE CHEVALIER, l'interrompant.

Avant tout, le plus prudent est de quitter ce château, de vous éloigner... parce qu'une fois en France, vous êtes sauvé.

DON GASPARD.

Et ruiné !

LE CHEVALIER.

Que voulez-vous dire ?

DON GASPARD.

Ne savez-vous pas que l'archiduc, qui est un grand financier, a rendu un édit par lequel sont confisqués et vendus sur-le-champ les fiefs et domaines des seigneurs espagnols qui se réfugient à l'étranger ?

LE CHEVALIER.

N'est-ce que cela ? Vous êtes dans la même position que le marquis de Mendoza, et, comme lui, vous pouvez vous mettre à l'abri.

DON GASPARD.

Et comment ?

LE CHEVALIER.

En assurant à l'instant la propriété de vos biens à votre

femme, qui vous en fera passer les revenus... à la belle doña Aurore de Castañeda, que vous épousez ce matin.

DON GASPARD.

Plût au ciel! mais à l'heure qu'il est, ce mariage est rompu!

LE CHEVALIER.

Que m'apprenez-vous là?

DON GASPARD.

Un sermon du beau-père... une bourrasque qu'il était possible de dissiper... Mais au lieu de chercher à l'apaiser, je viens de lui écrire la lettre la plus injurieuse, la plus outrageante...

LE CHEVALIER, vivement.

Et vous l'avez envoyée?

DON GASPARD.

Ah! quelle idée!... (Il sonne avec force.) Peut-être n'est-elle pas encore partie! (Il sonne plus fort.) Viendra-t-on quand j'appelle!... (Il prend à la ceinture du chevalier un pistolet qu'il tire.) Par Notre-Dame d'Atocha et tous les saints d'Espagne...

SCÈNE IX.

LES MÊMES; MARIQUITA et MUGNOZ arrivent au bruit, tout effrayés et se serrant l'un contre l'autre.

MARIQUITA, à demi-voix.

Ah! mon Dieu! quelle colère!

MUGNOZ, de même.

Un nouvel accès.

MARIQUITA, de même.

Non... le même qui dure toujours.

DON GASPARD, à Mugnoz, qu'il prend au collet.

Cette lettre! cette lettre que je t'ai donnée tout à l'heure pour le château de Castañeda?...

MUGNOZ, d'un air aimable.

Soyez tranquille, monseigneur, partie... partie... (Don Gaspard lui donne un soufflet.) Pan! les deux y sont!... j'en suis fâché pour monseigneur qui s'est trompé. Il a cru que je lui disais qu'elle n'était pas partie... et elle l'est.

DON GASPARD, furieux.

Il ose me le rappeler encore!

MUGNOZ.

Un homme à cheval... ventre à terre... il doit être arrivé!

DON GASPARD.

Misérable! Qui te l'avait dit?

MUGNOZ.

Vous-même!

DON GASPARD.

Qu'importe!... Ne devais-tu pas le douter et deviner?... Mais supposez donc à ces bêtes brutes de l'instinct, de l'intelligence... (Avec colère.) Va-t'en!... Non, reste!...

MUGNOZ, tremblant.

Qu'est-ce qu'il faut faire?

DON GASPARD, toujours furieux.

Ce qu'il faut faire!... Il n'a pas assez d'esprit pour comprendre que je n'en sais rien!

MUGNOZ, bas à sa femme, à gauche du théâtre.

Ah! le mauvais maître!

MARIQUITA, de même.

Oui! mais c'est le maître! Tais-toi!

DON GASPARD, de l'autre côté, à droite.

Eh bien! chevalier, qu'en dites-vous?

LE CHEVALIER.

Que vous n'avez pas de temps à perdre... et qu'à votre place je me hâterais de prendre un parti.

DON GASPARD.

Oui... il y a de ces cas désespérés où tout est permis!...

Nous avons bien, du reste, quelques heures encore devant
nous; j'ai des papiers importants à mettre en ordre, ou à
détruire... Vous nous restez?
LE CHEVALIER.
Je repars à l'instant... J'ai promis d'être de retour ce
soir... si je ne suis pas tué... et quand on a promis à son
général...
DON GASPARD.
C'est juste... Adieu, chevalier... Merci du service que
vous me rendez... Tenez, embrassons-nous... Maintenant,
bon courage!
LE CHEVALIER.
Et bonne chance à tous deux!

(Il sort.)

SCÈNE X.

MUGNOZ et MARIQUITA, à l'écart, DON GASPARD.

MUGNOZ, bas à sa femme.

Faut-il nous en aller?...
MARIQUITA.
Je n'en sais rien.
DON GASPARD, se promenant avec agitation.
Un brave jeune homme... qui aura fait trente lieues pour
me donner un bon conseil... moi qui ne lui en ai jamais
donné que de mauvais! Allons! allons! il a raison... Autant
disputer à nos ennemis le patrimoine de nos ancêtres...
D'ailleurs Philippe V l'emportera... je reviendrai... Tout
cela n'aura qu'un temps... oui, mais... un mariage, cela
dure toujours... Eh bien! n'y étais-je pas décidé?... Et
aujourd'hui... ce matin même... l'église et le chapelain, tout
n'est-il pas disposé? Rien n'est changé... que ma femme,
que je n'ai pas encore... Qu'est-ce que ça fait?... Aurore
de Castañeda n'était pas déjà si belle... et quant à son ca-

ractère, qui m'était totalement inconnu, je ne tomberai peut-être pas plus mal en prenant au hasard... Oui, pardieu! c'est original... et dussé-je aujourd'hui même, et parmi mes vassales, choisir une duchesse d'Olonne... (se retournant vers Mariquita, qui timidement s'est approchée de lui.) Que me veux-tu?

MARIQUITA.

Deux mots, par grâce...

DON GASPARD.

Ah! c'est toi que j'ai déjà vue ce matin?

MARIQUITA, tremblante.

Mariquita... vous vous rappelez.

DON GASPARD.

Oui... je me rappelle que tu es jolie...

MARIQUITA, de même.

Oui, monseigneur.

DON GASPARD.

Et tu es honnête?

MARIQUITA, de même.

Oui, monseigneur.

DON GASPARD.

Sage et vertueuse?

MUGNOZ, à haute voix.

Oui, monseigneur.

DON GASPARD.

Qu'est-ce que ça te regarde? Ce n'est pas à toi que je parle, c'est à elle... Dis-moi, jeune fille, as-tu envie d'être mariée?

MARIQUITA.

Je le suis, monseigneur.

DON GASPARD.

Comment!...

MUGNOZ.

C'est ma femme !

DON GASPARD.

Alors, que diable venez-vous me demander?... Laisse-moi...

MARIQUITA.

Aussi ce n'est pas pour moi, monseigneur, que je viens vous implorer... C'est pour un autre... un soldat de votre régiment qui va être condamné et passé par les armes.

DON GASPARD, secouant la tête.

Il n'est pas le seul du régiment à qui cela puisse arriver.

MARIQUITA.

Lisez plutôt...

DON GASPARD.

Ah! don Juan Velasquo de Molina... Oui, un sergent... un vieux gentilhomme qui, comme un étourdi... va défier son officier...

MARIQUITA.

Grâce, monseigneur... pour lui... et surtout pour sa jeune fille, qui en mourrait...

DON GASPARD.

Ah! il a une fille ?...

MARIQUITA.

Élevée au couvent de Santa-Maria... Dona Pianca... Un ange de beauté et seule au monde... Pas un maravédis de fortune.

DON GASPARD, préoccupé.

Ça ne fait rien... Tu dis qu'elle est belle ?

MARIQUITA.

Oui, monseigneur... (Vivement.) mais encore plus vertueuse.

DON GASPARD.

Tant mieux... jeune... jolie... bien élevée, et fille de Juan Velasquo... un vieux gentilhomme... viens... viens... j'ai à te parler...

MUGNOZ, *voulant les suivre*.

Mais, monseigneur...

DON GASPARD.

A elle... pas à toi... reste là... je reviens à l'instant...

(Il entre avec Mariquita dans la chambre à droite.)

SCÈNE XI.

MUGNOZ, puis BIANCA.

BIANCA.

Ah! qu'ai-je appris!... C'est fait de lui!
Mon père!...

MUGNOZ.

Elle sait tout!

BIANCA.

            Où trouver un appui?
Réponds... Cet officier que, de loin, tout à l'heure,
   Je regardais sans oser l'aborder,
Je le cherche à présent !... Lui seul peut me guider.
   Où donc est-il?

MUGNOZ.

      Lui!... de cette demeure
A l'instant il vient de partir!

BIANCA, *accablée*.

Oh! je n'ai plus qu'à mourir!

AIR.

A qui, dans ma misère,
Avoir, hélas! recours?
O mon père... mon père...
Ils vont trancher tes jours!
O mon père, mon père,
Adieu donc pour toujours!

Cruels! faites-lui grâce!
Pitié pour mon tourment,
Et prenez à sa place

Les jours de son enfant !
Mais nul ne veut m'entendre,
Et je vais demeurer
Seule pour le défendre,
Seule pour le pleurer.

A qui, dans ma prière,
Avoir, hélas ! recours ?
O mon père, ô mon père,
Adieu donc pour toujours !
Toujours... toujours !

SCÈNE XII.

LES MÊMES; MARIQUITA, sortant de l'appartement à droite.

TRIO.

MARIQUITA, courant à Bianca.

Non, le ciel vous protége !

BIANCA.

Et mon père...

MARIQUITA.

Est sauvé !
Du juste arrêt qui le menace,
Monseigneur l'a promis, il sera préservé !

MUGNOZ, stupéfait.

Oh ! ce n'est pas possible !

MARIQUITA.

Il va signer sa grâce.

BIANCA.

Oh ! mes jours sont à lui, pour un bienfait si grand !

MARIQUITA, avec embarras.

Mais vraiment il y compte !

BIANCA, effrayée.

O ciel !... que veux-tu dire ?

MARIQUITA.
Qu'à votre cœur en retour il aspire,
Et, duchesse d'Olonne, un époux vous attend !

BIANCA.
Moi ! sa femme !... moi !

Ensemble.

BIANCA.
Non ! non, ce n'est pas possible,
J'ai mal entendu, je croi !
Ce mot fatal et terrible
A glacé mon cœur d'effroi !

MARIQUITA.
Eh ! oui, vraiment, c'est possible,
Car il me l'a dit à moi !
Hymen fatal et terrible,
Il le veut ! Telle est sa loi !

MUGNOZ.
Non, non, ce n'est pas possible.
Je rêve encor, je le croi !
Pour elle, à ce mot terrible,
Mon cœur a battu d'effroi !

MARIQUITA.
Par un étrange et bizarre caprice,
Que nul ne saurait expliquer,
Il veut qu'à l'instant même, ici l'on vous unisse !
Et quand il dit : Je veux !...

MUGNOZ.
Nul ne doit répliquer !
Ou sinon...

BIANCA.
Il n'importe ! Un pareil sacrifice
Est au-dessus de moi !

MARIQUITA.
Mais songez au danger !...

MUGNOZ.

Le vrai danger est de faire la noce,
Car, s'il veut l'épouser, cet ogre si féroce,
C'est comme Barbe-Bleue : afin de l'égorger !

MARIQUITA, à son mari.

Veux-tu te taire !...

MUGNOZ, à part.

C'est vrai... son père !...

Ensemble.

BIANCA.

O mon père ! ô mon père !
J'entends sa voix si chère !
Il n'a dans sa misère
Que moi seule ici-bas !
Et lorsque la tempête
Par cet hymen s'arrête,
Moi, j'irais sur sa tête
Appeler le trépas !

MARIQUITA, la retenant.

Songez à votre père,
Entendez sa prière,
Il n'a dans sa misère
Que vous seule ici-bas.
Et lorsque la tempête
Par cet hymen s'arrête,
Voulez-vous sur sa tête
Appeler le trépas !

MUGNOZ, à qui Mariquita fait des signes.

Songez à votre père,
Écoutez sa prière,
Il n'a dans sa misère
Que vous seule ici-bas !
Et lorsque la tempête
Par cet hymen s'arrête,
Voulez-vous sur sa tête
Appeler le trépas !

MARIQUITA, *regardant la corbeille qui est restée sur la table.*
Ainsi cette riche corbeille...

MUGNOZ.
Que nous admirions ce matin...

MARIQUITA.
Et ces fleurs, riante merveille...

MUGNOZ.
Écloses de sa propre main...

MARIQUITA.
Vont parer à l'autel la duchesse d'Olonne.

BIANCA.
Oh! j'avais donc raison! fraîche et belle couronne,
Celle qui t'obtiendra
Peut-être gémira!
(Avec force.)
Non, cet hymen est un blasphème!
(Bas à Mariquita.)
Car mon cœur n'est plus à moi,
Tu le sais bien!... c'est un autre que j'aime!
Oui, je l'aime... je l'aime!
Et maintenant plus que jamais, je croi!

Ensemble.

MARIQUITA et MUGNOZ.

Songez à votre père,
Écoutez sa prière,
Il n'a dans sa misère
Que vous seule ici-bas!
Et lorsque la tempête
Par cet hymen s'arrête,
Vous devez de sa tête
Détourner le trépas!

BIANCA.
Oui, mon père... mon père...
J'entends sa voix si chère!
Il n'a dans sa misère

Que moi seule ici-bas !
Quand gronde la tempête,
Lorsqu'un meurtre s'apprête,
Oui, je dois de sa tête
Détourner le trépas !

(En ce moment, de l'appartement à droite, sortent des femmes de chambre qui emportent la corbeille et emmènent dans l'appartement, à gauche, Bianca qui hésite encore, mais qui pousse un cri et s'enfuit en voyant venir don Gaspard. Mariquita la suit.)

SCÈNE XIII.

MUGNOZ, puis DON GASPARD, sortant de la porte à droite, suivi de PLUSIEURS OFFICIERS et d'un homme vêtu de noir, UN NOTAIRE, avec lequel il parle à voix basse; puis RAPALLO.

MUGNOZ, à part, avec ironie.
Le voilà, ce nouvel époux !
Qu'il a l'air gracieux et doux !

DON GASPARD, au notaire, lui remettant un parchemin.
Oui, tel est mon contrat !... Je reconnais et donne
A Bianca... ma femme et duchesse d'Olonne,
Tous mes biens, par cet acte entre vos mains remis.

MUGNOZ, à part.
Tous ses biens !... On ne peut comprendre un pareil maître !
Sans l'avoir vue encor !... sans même la connaître !
Faut-il que pour le sexe il ait le cœur épris !
(Haut, à don Gaspard, montrant l'appartement à gauche.)
Madame vous attend...

DON GASPARD, avec impatience.
C'est bon... qu'elle m'attende
A l'autel !... dans l'instant je m'y rends !

MUGNOZ, à part, avec étonnement.
J'aurais cru
Sa flamme plus pressée et son ardeur plus grande !

11.

DON GASPARD, se retournant vers un officier qui entre dans ce moment avec précipitation.

C'est toi, Rapallo, que veux-tu ?

RAPALLO, à demi-voix.

De quelque noir projet l'agent ou le ministre,
Arrive de Madrid un alcade mayor.
Il s'informe de vous d'un air sombre et sinistre,
Et chez le gouverneur il s'est rendu d'abord.

DON GASPARD, bas à Rapallo.

Le chevalier disait vrai... c'est, je gage,
L'ordre de m'arrêter... Hâtons le mariage ;
Tu seras mon témoin.

(Faisant signe aux officiers qui l'entourent de passer devant lui dans l'appartement à gauche.)

Messieurs !...

(A Mugnoz.)

Approche !

MUGNOZ, à part, avec frayeur.

O ciel !

DON GASPARD.

Fais seller un cheval pour qu'avant un quart d'heure
Je parte.

MUGNOZ.

Avec madame ?

DON GASPARD.

Eh non !... elle demeure,
Je pars seul.

MUGNOZ, étonné.

Seul !

DON GASPARD.

Au sortir de l'autel.

(Il sort suivi de Rapallo et de tous ses amis.)

SCÈNE XIV.

MUGNOZ, seul.

COUPLETS.

Premier couplet.

Autant que je puis m'y connaître,
Ces seigneurs sont drôlement faits!
L'instant où s'éloigne mon maître
Est l'instant où je resterais!
Près d'une femme jeune et belle,
Quand l'hymen l'invite et l'appelle,
Chez lui, quand l'amour l'attend là...
Au galop voilà qu'il s'en va!
Patata, patata, patata,
Au grand galop l'hymen s'en va!

Mais ses ordres que j'oubliais!
(S'approchant d'une croisée du fond.)
Mais sans me déranger et de cette fenêtre,
Je puis...
(Appelant.)
Peblo!... Peblo!... le cheval de ton maître!
(A part.)
Il m'entend!...
(Parlant à la fenêtre.)
Son manteau!
(A part.)
Très-bien...
(Parlant à la fenêtre.)
Ses pistolets!
(Revenant au bord du théâtre.)

Deuxième couplet.

Pour rejoindre sa Dulcinée,
S'il courait par monts et par vaux...
Mais dans cette course obstinée,
Au plaisir il tourne le dos.

Ah ! c'est d'un fâcheux horoscope !
Car lorsqu'ailleurs l'hymen galope,
Chez lui, pendant ce moment-là,
Au grand galop l'amour viendra,
Patata, patata, patata,
Au grand galop l'amour viendra !
(S'adressant aux gens du village qui arrivent du dehors.)
Arrivez donc ! ils sont unis !...
Ils sont bénis !...

SCÈNE XV.

MUGNOZ, et toutes LES PERSONNES DE LA NOCE qui sortent de l'appartement à gauche; puis DON GASPARD, BIANCA, MARIQUITA et RAPALLO.

FINALE.

LE CHŒUR.

Amour, grandeur et richesse
Les comblent de leurs faveurs !
A notre jeune maîtresse
Offrons nos plus belles fleurs.

(Paraît don Gaspard qui entre vivement et va demander à Mugnoz si ses ordres sont exécutés. Derrière lui s'avance Bianca couverte d'un voile ; Rapallo lui donne la main ; Mariquita est près d'elle.)

BIANCA, près de Mariquita, à gauche du théâtre, pendant que don Gaspard et Mugnoz sont à droite, Rapallo au milieu.

O jour de crainte et d'alarmes !
Hymen fatal, odieux !
Tâchons de cacher les larmes
Qui s'échappent de mes yeux !

(Pendant ce temps on apporte, à droite, à don Gaspard, son manteau, ses pistolets et de l'or dont il garnit ses poches. Il prend aussi sur lui divers papiers.)

Ensemble.

BIANCA, se cachant avec son voile.
Dans le trouble qui m'oppresse

Malgré moi coulent mes pleurs ;
Et je ne suis pas maîtresse
De leur cacher mes douleurs !
MARIQUITA et MUGNOZ, regardant Bianca.
Dans le trouble qui l'oppresse,
Ah ! je vois couler ses pleurs,
Et notre jeune duchesse
Ne peut cacher ses douleurs !

DON GASPARD.

Partons vite, le temps presse,
Dans un instant, quel bonheur !
J'aurai trompé leur adresse
Et déjoué leur fureur !

LE CHOEUR.

Amour, grandeur et richesse, etc.

LES OFFICIERS, bas à don Gaspard.

Partez !

RAPALLO, à demi-voix.

Sans regarder votre nouvelle épouse !
Elle en vaut cependant la peine...

DON GASPARD.

En vérité !

RAPALLO.

Je l'ai vue à travers son voile, et sa beauté
Est divine !

LE CHOEUR, à demi-voix.

Partez !

DON GASPARD, gaîment.

La fortune jalouse
Me devait ce hasard !... Voyons donc... par ma foi...
(Il s'apprête à traverser le théâtre pour aller à Bianca et pour soulever son voile. En ce moment paraît l'alcade mayor suivi de gens de justice.)

SCÈNE XVI.

LES MÊMES; L'ALCADE MAYOR, suivi de GENS DE JUSTICE, se plaçant entre Bianca et don Gaspard, avant que celui-ci ait pu s'approcher d'elle, et étendant sa baguette blanche.

L'ALCADE MAYOR.
Au nom du roi,
Je vous arrête!...
(Tous les vassaux du duc, s'éloignant de lui.)
O ciel!

Ensemble.

LE CHŒUR, MUGNOZ, MARIQUITA.
Ah! grand Dieu! qu'entends-je!
Quel mystère étrange
Tout à coup dérange
Des projets si doux?
Mais s'il est coupable,
Que Dieu redoutable
Le frappe et l'accable
D'un juste courroux!

DON GASPARD.
Ah! grand Dieu! qu'entends-je!
Et quel sort étrange
En prisonnier change
Un nouvel époux?
Destin redoutable
Dont la main m'accable,
Mon front indomptable
Brave ton courroux!

RAPALLO et LES OFFICIERS.
Ah! grand Dieu! qu'entends-je!
Et quel sort étrange
En prisonnier change

Un nouvel époux?
Destin redoutable,
Dont la main l'accable,
Son front indomptable
Brave ton courroux.

BIANCA.

Ah! grand Dieu! qu'entends-je!
Et quel sort étrange
En prisonnier change
Ce nouvel époux?
Destin qui m'accable,
Ta main redoutable
Pour moi secourable,
Calme son courroux!

L'ALCADE MAYOR, à don Gaspard.

Il faut nous suivre à l'instant, il le faut.

DON GASPARD.

Je me soumets aux ordres qu'on vous donne,
Mais en particulier ne puis-je dire un mot
A la duchesse d'Olonne,
A ma femme?...

L'ALCADE.

Je ne doi
Vous laisser parler à personne;
Tel est l'ordre signé du roi!
Ainsi donc sur-le-champ, monseigneur, suivez-moi...

Ensemble.

LE CHŒUR.

Ah! grand Dieu! qu'entends-je! etc.

DON GASPARD.

Ah! grand Dieu! qu'entends-je! etc.

RAPALLO et LES OFFICIERS.

Ah! grand Dieu! qu'entends-je! etc.

BIANCA.

Ah! grand Dieu! qu'entends-je! etc.

(L'alcade mayor et les gens de justice qui ont entouré don Gaspard et qui l'ont empêché d'approcher de Bianca, l'entraînent pendant que Bianca, cachée par son voile, est tombée sur un fauteuil. Mariquita et Mañoz, courbés près d'elle, s'empressent de la secourir.)

ACTE DEUXIÈME

La cour d'un couvent, élevée en terrasse au sommet d'une montagne. De cette terrasse on découvre en panorama les plaines de la Castille. — A gauche, des portiques conduisant au monastère. A droite, des ruines. Au fond, une balustrade et un escalier par lequel on descend dans la plaine.

SCÈNE PREMIÈRE.

Au lever du rideau, on entend au loin le bruit du canon et des fanfares guerrières. Au milieu de la cour du couvent, SŒUR ANGÉLIQUE et des RELIGIEUSES sont à genoux et prient.

LES RELIGIEUSES.
Sainte Madeleine,
Tu vois notre peine !
Sainte Madeleine,
Que la paix revienne !
Reine souveraine,
Que ta main enchaîne
Leur rage inhumaine,
Et qu'à toi parvienne
Prière et neuvaine
Et pieuse antienne,
Sainte Madeleine !
(On entend la fusillade qui recommence plus fort.)
SŒUR ANGÉLIQUE.
Que le démon de la guerre
Extermine les méchants !

Si Dieu ravage la terre
Qu'il sauve au moins les couvents!

LES RELIGIEUSES.

Sainte Madeleine,
Tire-nous de peine!
Sainte Madeleine,
Que la paix revienne! etc.

SCÈNE II.

LES MÊMES; MUGNOZ, en costume de moine.

(En ce moment, le bruit du canon redouble; toutes les religieuses se remettent à genoux, en voyant monter précipitamment l'escalier du fond à un homme qui, tout effrayé et sans les regarder, se jette à genoux devant elles, de l'autre côté, à droite; c'est Mugnoz.)

MUGNOZ.

Grâce, messieurs!... j'embrasse vos genoux!
(Levant la tête, il aperçoit sœur Angélique et ses religieuses.)
Que vois-je?... Où suis-je?...

TOUTES.

Et qui donc êtes-vous?

MUGNOZ.

Un fuyard qui craint tout... mais surtout la mitraille.

TOUTES.

Que se passe-t-il donc?

MUGNOZ, troublé.

Rien!... rien qu'une bataille!
Dans la plaine, mes sœurs, Vendôme et les Français...
Et de l'autre côté Stanhope et ses Anglais...
Écoutez...
(On entend le canon.)
Pan! pan! pan! pan!

LES RELIGIEUSES.

Remettons-nous en oraison.
Sainte Madeleine,
Tire-nous de peine!

MUGNOZ, de l'autre côté, à part.

La sainte n'entend pas!... Pan! pan!

LES RELIGIEUSES.

Sainte Madeleine,
Que la paix revienne!

MUGNOZ.

Le bruit du canon
L'empêche, hélas! d'entendre l'oraison!

Ensemble.

LES RELIGIEUSES.

Sainte Madeleine,
Tu vois notre peine!
Sainte Madeleine,
Que la paix revienne!
Reine souveraine,
Que ta main enchaîne
Leur rage inhumaine,
Et qu'à toi parvienne
Prière et neuvaine
Et pieuse antienne,
Sainte Madeleine!

MUGNOZ.

J'en perds la raison!
Toujours le canon!
Pan! pan! pan! pan! pan!
Ah! le maudit son!
Pan! pan! pan! pan! pan!
Sainte Madeleine
Peut entendre à peine
Leur sainte oraison.
Pan! pan! pan! pan!
Pan! pan!
Pan!

(A la fin de ce chœur, le bruit qui avait diminué peu à peu s'apaise tout à fait.)

SŒUR ANGÉLIQUE.
Mais le canon se tait !

MUGNOZ.
Le bruit cesse, en effet.

SŒUR ANGÉLIQUE.
A force de prière, Dieu prend pitié de nous !

MUGNOZ.
Mais qui donc êtes-vous ?

SŒUR ANGÉLIQUE.
Rien qu'une pauvre nonne,
Abbesse du couvent ;
Et vous ?

MUGNOZ.
Du duc d'Olonne,
Moi, je suis l'intendant !
De son château, qu'on pille,
Je fuis !...

SŒUR ANGÉLIQUE.
Et vous voilà...

MUGNOZ.
Venu dans la Castille...

SŒUR ANGÉLIQUE.
A Guadalaxara !

(Mugnoz et les religieuses se relèvent.)

SŒUR ANGÉLIQUE.
Vous dites donc que votre château, qui est situé dans l'Aragon...

MUGNOZ.
A été ravagé.

SŒUR ANGÉLIQUE.
Par les ennemis ?

MUGNOZ.
On ne sait pas ! parce que, en Espagne maintenant, les

ennemis et les alliés... ça se confond... qu'on ne s'y reconnaît plus : tant il y a que c'étaient des gens qui plumaient les volailles... pillaient les caves... enlevaient les femmes... Et comme j'en avais une...

SOEUR ANGÉLIQUE.

En vérité !...

MUGNOZ.

J'en avais même deux... la mienne d'abord, et madame la duchesse, une jeune fille que mon maître venait d'épouser, et que, en partant pour sa prison, il avait laissée à ma garde...

SOEUR ANGÉLIQUE.

Et vous l'avez défendue ?

MUGNOZ.

Certainement... Je lui ai conseillé de s'enfuir... et comme je ne suis pas homme à conseiller aux autres ce que je ne ferais pas moi-même... je ne les ai pas quittées !

SOEUR ANGÉLIQUE, lui prenant la main.

C'est bien !

MUGNOZ.

De plus, j'avais une idée assez heureuse... à ce que je crois ! C'était d'endosser ce costume de moine, parce que, en Espagne, l'habit est une sauvegarde... et j'avais fait prendre à mes compagnes... à ces deux dames... la robe et le capuchon de jeunes frères quêteurs...

SOEUR ANGÉLIQUE.

Et que leur est-il arrivé ?

MUGNOZ.

Rien d'abord ; et pendant trois à quatre jours, nous nous sommes aventurés assez tranquillement à travers le pays. Mais hier, à quelques lieues d'ici, près d'un petit bois, nous avons tout à coup, et pour la première fois, entendu, très-distinctement...

SŒUR ANGÉLIQUE.

Quoi donc?

MUGNOZ.

Ce que nous entendions tout à l'heure... pan! pan!... et quand on n'y est pas habitué! aujourd'hui, ça ne me ferait plus rien... mais hier... malgré moi... sans réflexion et sans tourner la tête...

SŒUR ANGÉLIQUE.

Eh bien?...

MUGNOZ.

Mes jambes m'ont porté du côté opposé, et je me suis trouvé à deux ou trois cents pas de mes compagnes, qui, à l'approche de quelques cavaliers, s'étaient jetées dans le bois, l'une à droite, l'autre à gauche... elles fuyaient chacune de son côté, et moi du mien... prenant le plus long et des détours immenses pour les rejoindre, lorsque je tombai au milieu de soldats en habits rouges, à qui je voulus donner ma bénédiction... Ils n'en voulurent pas... c'étaient des Anglais... des hérétiques...

SŒUR ANGÉLIQUE.

Jésus Maria!

MUGNOZ.

Le régiment de lord Stanhope, et dans leur langue que je ne comprenais pas, mais qu'ils m'expliquaient avec le sabre... ils m'apprirent qu'il fallait leur servir de guide... me menaçant de me tuer si je ne les conduisais pas bien... Moi, qui ne suis pas du pays... et depuis hier, ils me suivent; ils marchent sous mes ordres... Je ne sais pas où je les ai menés...

SŒUR ANGÉLIQUE.

De ce côté, miséricorde!

MUGNOZ.

Ce n'est pas ma faute... quand on va au hasard... Mais au pied de la hauteur sur laquelle s'élève le couvent, j'ai vu venir à nous un escadron français!... Vous comprenez, dans ces moments-là, combien il est désagréable de conduire... si encore celui qui conduit était derrière... Je me suis effacé pour reprendre cette place, et au moment où ces messieurs se reconnaissaient et échangeaient entre eux les premières mousquetades, je me suis jeté dans les ruines du couvent... j'ai gravi cette terrasse, et je venais... (On entend le canon.) Oh! mon Dieu! voilà que ça recommence...

SŒUR ANGÉLIQUE.

Et vous qui disiez tout à l'heure...

MUGNOZ, tremblant.

Vous voyez... ça ne me fait presque plus rien...

SŒUR ANGÉLIQUE.

Vous nous protégerez si les Anglais sont vainqueurs?...

MUGNOZ.

Eh! non... ils me fusilleront pour les avoir abandonnés.

SŒUR ANGÉLIQUE.

Il vaut donc mieux que ce soient les Français.

MUGNOZ.

Eh! non; ils me pendront comme espion pour avoir servi de guide à l'ennemi.

SŒUR ANGÉLIQUE.

Alors pour qui faut-il prier?

MUGNOZ.

Parbleu! priez... pour moi!... Depuis hier, je n'ai eu le temps de penser à rien... pas même à ma femme, et qui sait cependant ce qui a pu arriver!... (Avec colère.) C'est à faire dresser les cheveux sur la tête... parce que de trembler, ma révérende, ça n'empêche pas d'avoir peur et d'être jaloux... (Le bruit recommence, et il va regarder du haut de la terrasse.) Ça continue... Les habits rouges, que j'ai menés, sont cernés et entourés... c'est moi qui les ai conduits là... D'autres soldats, je ne sais pas lesquels, garnissent la hauteur...

SŒUR ANGÉLIQUE.

Où nous réfugier, mes sœurs? Dans les caves du couvent?

MUGNOZ.

Non; c'est là qu'ils iront d'abord...

SŒUR ANGÉLIQUE.

Aux pieds de sainte Madeleine!

MUGNOZ.

Cela vaut mieux... Et moi, mes sœurs?...

SŒUR ANGÉLIQUE.

Vous!... tenez, de ce côté, (Montrant la droite.) une petite porte conduit au bord de l'Hénarès, et là il y a un chemin de traverse qui mène sur la route de Madrid...

MUGNOZ.

Allons, ma sœur, remettez-vous... de l'énergie... Faites comme moi... je suis calme... du courage!... (Nouveau bruit.) Ah!...

(Il disparaît par la petite porte à droite, et les nonnes s'enfuient toutes en désordre à gauche dans le couvent, dont elles referment et barricadent les portes.)

SCÈNE III.

LA ROSE, JOLI-CŒUR, SOLDATS.

(On voit des dragons français gravir la terrasse du fond et accourir en désordre dans la cour du couvent.)

LES SOLDATS.

Vivent les batailles!
Vivent les dragons!
Les vieilles futailles!
Les jeunes tendrons!
Sonnez la victoire,
Clairons et tambours,
A toi notre gloire,
France, nos amours!

(D'autres dragons arrivent de la porte à droite, apportant des paniers de vin.)

LA ROSE, *tenant une bouteille.*
Le duc de Vendôme
Promet à Louis
D'avoir un royaume
Pour son petit-fils ;
Par nous s'il le gagne,
Morbleu ! partageons,
A lui seul l'Espagne,
(Faisant sauter le bouchon d'une bouteille.)
A nous ses flacons !

LES SOLDATS.
Vivent les batailles ! etc.

LA ROSE, *regardant du haut de la terrasse.*
Silence ! amis... c'est notre colonel
Avec son aumônier !

JOLI-COEUR.
Laisse donc !

LA ROSE.
C'est réel.
Un petit moine !...

JOLI-COEUR, *étonné.*
Ah bah !

LA ROSE.
Dont nous fîmes trouvaille
Hier au milieu de ce bois
Où j'avançais en éclaireur !... Je vois,
Blotti derrière une broussaille,
Un moinillon... et j'allais ajuster...
Quand par le colonel je me sens arrêter,
Et sa voix menaçante à mes coups le dérobe !...
(Secouant la tête.)
Le commandant est brave, et chacun l'aime ici,
Mais s'il défend le froc et donne dans la robe...
Ça va faire crier !...

JOLI-COEUR.
Silence ! le voici !

LES SOLDATS.
Vivent les batailles, etc.

SCÈNE IV.

Les mêmes; LE CHEVALIER, BIANCA, habillée en moine.

LE CHEVALIER, s'avançant au milieu de ses soldats, et frappant sur l'épaule de La Rose.

Stanhope et ses Anglais sont en fuite, et mes dragons se sont bien montrés.

LA ROSE, regardant Bianca.

Il est de fait que nous ne nous sommes pas amusés à dire des patenôtres... Mais ici, mon colonel, on n'est guère prévenant pour le militaire... Toutes les portes fermées.

LE CHEVALIER.

Excepté celle de la cave... à ce que je vois! Par qui ce monastère est-il habité?

LA ROSE.

Je l'ignore... Plus personne.

LE CHEVALIER, à Bianca.

Approche ici... Toi, qui es du pays, tu dois savoir...

BIANCA, troublée.

Oui, colonel.

LE CHEVALIER.

Étaient-ce des religieuses ou des moines?...

BIANCA, de même.

Oui... oui, colonel.

LE CHEVALIER.

Et ils nous cèdent la place... Alors, mes enfants, à nous le couvent!

LA ROSE.

A nous le couvent!

LE CHEVALIER.

Disposez-y des logements pour le duc de Vendôme et ses officiers ; ce sera ce soir le quartier général, car toutes les troupes se concentrent sur Villa-Viciosa ; nous n'avons eu ce matin qu'un combat d'avant-poste, mais demain, mes amis, demain la bataille !...

LA ROSE, débouchant sa bouteille.

A la bonne heure... Vive la bataille !

(Il boit.)

LE CHEVALIER, regardant les autres soldats qui en font autant.

Mais je dois vous prévenir que celui qui se griserait aujourd'hui serait privé demain de l'honneur d'y assister.

(Tous les soldats s'arrêtent et cessent de boire.)

LA ROSE, qui commençait à se griser.

Ah ! diable !... assez causé... (Il va pour jeter sa bouteille et s'arrête.) Mais dites donc, colonel... après ?

LE CHEVALIER.

C'est différent.

LA ROSE, rebouchant sa bouteille.

Allons, au corps de réserve, et quand la réserve donnera il fera chaud.

LES SOLDATS.

Vive la mitraille !
Si chaque soldat,
Après la bataille,
Boit comme il se bat,
Dans ses riches treilles,
L'Espagne n'a pas
Assez de bouteilles
Pour tous nos soldats.

(Tous les soldats sortent.)

SCÈNE V.

BIANCA, LE CHEVALIER.

LE CHEVALIER.

Eh bien! mon pauvre petit moine... Es-tu enfin remis de la frayeur?

BIANCA.

Pas beaucoup!

LE CHEVALIER.

Depuis hier, cependant, tu dois voir que les Français ne sont pas si méchants.

BIANCA.

Vous... peut-être... mais les autres.

LE CHEVALIER.

Ah dame!... Ils boivent... et ils jurent un peu... A cela près, un ton excellent... pour des dragons.

BIANCA.

Oui... mais pour moi!...

LE CHEVALIER.

Je comprends que ça ne ressemble guère à ton couvent... Ce n'est pas ma faute si les révérends pères qui habitent celui-ci se sont enfuis à notre approche... Mais je ne t'abandonnerai pas, je te protégerai.

BIANCA.

Vous êtes si bon... si généreux!

LE CHEVALIER.

Et rassure-toi... le premier couvent de moines que nous rencontrons, je t'y enferme.

BIANCA.

Ah! mon Dieu!

LE CHEVALIER.

Qu'as-tu donc?

BIANCA.

Rien... (A part.) S'il croit que ça me rassure!...

LE CHEVALIER.

Eh! mais... tu as froid... tu es fatigué... tu as faim... et rien ici.

BIANCA.

Non, non, je n'ai pas faim.

LE CHEVALIER, à part.

Tant mieux, car il n'y a rien... Ça nous arrive souvent... l'ordinaire du soldat... (Haut.) Ah! dame; notre réfectoire ne vaut pas le vôtre, mon révérend... De quel ordre êtes-vous?

BIANCA.

Des... des Franciscains.

LE CHEVALIER.

Je ne connais pas... le régiment.

BIANCA, à part.

Ni moi non plus.

LE CHEVALIER.

Vous y êtes donc entré de bien bonne heure?

BIANCA.

A quinze ans.

LE CHEVALIER.

Comme nos tambours! Quelle idée ont-ils dans le pays de faire des moines à cet âge-là... Il y avait tant d'autres choses à en faire! Et tu tiens à ton froc?

BIANCA.

Beaucoup, surtout dans ce moment.

LE CHEVALIER.

Tant pis... Je t'aurais emmené avec moi; tu aurais partagé ma fortune, car je suis en train de la faire. Je t'aurais pris à mon service comme page.

BIANCA.

Vous, mon officier?

LE CHEVALIER.

Oui... Je n'étais en France qu'un pauvre diable de gentilhomme, un cadet de famille, n'ayant que la cape et l'épée... Mais ici, sur le champ de bataille, je suis devenu l'ami et le compagnon du duc d'Anjou; et au premier combat il m'a promis de me faire duc ou marquis!... Et tu le vois déjà,

Tout marquis veut avoir des pages!...

Je me dépêche; car demain peut-être le même boulet de canon peut emporter sa couronne et mon marquisat... Mais si nous entrons à Madrid, s'il est proclamé roi, me voilà en crédit, et, sois tranquille... Je te présente à Sa Majesté comme mon aumônier, l'aumônier du régiment, ayant fait la campagne à mes côtés... (S'appuyant familièrement sur l'épaule de Bianca.) et je lui demande pour toi quelque bonne prébende... quelque abbaye où tu n'auras rien à faire, mon petit moine, (Lui prenant le menton, en riant.) qu'à grandir et à prier pour moi... si tu en as le temps.

BIANCA.

Ah! je n'y manquerai pas, monsieur le marquis.

LE CHEVALIER.

Oh! marquis!... pas encore!

BIANCA.

Et je ne sais en vérité d'où vient tout l'intérêt que vous daignez me porter.

LE CHEVALIER.

Il est possible qu'il y ait quelques raisons particulières, indépendantes de ton mérite.

BIANCA.

Lesquelles?

LE CHEVALIER.

D'abord, hier, dans ce bois où tu t'étais blotti, j'ai empêché mes soldats de faire feu...

BIANCA, vivement.

Et vous m'avez sauvé la vie!

LE CHEVALIER.

Sans te voir... sans te connaître... ne m'en remercie pas! J'aurais agi de même pour tout autre... Mais quand tu as abattu ton capuchon et élevé tes yeux pour me remercier... je suis resté stupéfait d'une ressemblance...

BIANCA.

Avec qui?

LE CHEVALIER.

Avec une jeune fille... la plus jolie fille d'Espagne, que j'ai rencontrée il y a quelques mois... et que, depuis, au bivouac et sous la tente, j'ai revue plus d'une fois en rêve... car j'y pensais souvent...

BIANCA, avec trouble.

A cette jeune fille?...

LE CHEVALIER.

Parbleu! ce n'est pas à toi!... et, autant qu'il est possible à un soldat... je crois sur l'honneur que j'en étais amoureux... mais amoureux... ah! voilà que tu rougis... pardon, pardon, mon révérend... j'oubliais qu'un récit pareil doit vous scandaliser...

BIANCA, vivement.

Non, vraiment... que je ne vous empêche pas de continuer!

LE CHEVALIER.

Ah! tu es curieux, mon petit moine?...

BIANCA.

Du tout... car je sais... n'était-ce pas au village d'Alhama?...

LE CHEVALIER.

Eh! oui, vraiment... une jeune fille... qui à la porte d'une chaumière...

BIANCA.

Vous offrit un verre d'eau.

LE CHEVALIER, vivement.

Qui te l'a dit?... d'où le sais-tu?

BIANCA, troublée.

C'était... ma sœur... Juanita...

LE CHEVALIER.

Ta sœur! parbleu! je ne suis plus surpris de la ressemblance... (La regardant.) Je voulais te faire abbé... mais je te ferai évêque, archevêque, cardinal, ou le diable m'emporte... et lui aussi!... (Revenant vers Bianca.) et d'ici là tu resteras près de moi, tu ne me quitteras plus ni le jour ni la...

BIANCA, effrayée.

Oh! mon Dieu!...

LE CHEVALIER.

Qu'as-tu donc?

BIANCA, à part.

Et moi qui l'écoute et qui reste là!... mais je ne le peux pas... je suis enchaînée... je suis mariée...

LE CHEVALIER, qui s'est assis à droite près d'une table.

Qu'est-ce que tu veux?

BIANCA.

Ce que je veux, monsieur... c'est de partir à l'instant même...

LE CHEVALIER.

C'est impossible!

BIANCA.

Je vous en prie... je vous en supplie...

LE CHEVALIER.

Eh! non, parbleu!

BIANCA, d'un air suppliant.

Au nom de ma sœur Juanita...

LE CHEVALIER, ému.

Oh! c'est différent... je n'ai rien à refuser; et puisque tu l'exiges...

(On entend plusieurs coups de feu, Bianca pousse un cri et tombe sur le siége que vient de quitter le chevalier.)

LE CHEVALIER, à gauche, et sans la regarder.

Ce n'est rien... nos soldats qui nettoient leurs armes et les préparent pour demain. (Se retournant.) Eh bien! le révérend qui se trouve mal...

(Il se lève et court à Bianca.)

DUO.

De frayeur, voilà qu'il se pâme!
(Lui frappant dans les mains.)
Mon révérend... mon révérend!...
(Essayant de défaire sa robe de moine.)
De l'air... à ce pauvre enfant!
(Il arrache le cordon qui retient la robe.)
Mon révérend!
(Apercevant sous le froc une robe de femme, il pousse un cri et s'incline avec respect.)
Ah! madame!

Ensemble.

C'est Juanita que j'ai revue!
(A Bianca.)
De moi ne vous éloignez pas!
D'effroi ne soyez pas émue;
A vous et ma vie et mon bras!

BIANCA.

De trouble et de crainte éperdue,
Pitié!... ne m'interrogez pas!
Que de vous toujours inconnue,
Loin d'ici je porte mes pas!

LE CHEVALIER.

Je serai soumis et fidèle,
Surtout discret... pourvu qu'un jour

Un mot récompense mon zèle
Et mon silence et mon amour.

BIANCA.

Perdez une vaine espérance,
Tel destin, hélas! est le mien,
Que, malgré ma reconnaissance,
Je ne puis être à vous ni vous accorder rien.

LE CHEVALIER.

Jamais?...

BIANCA.

Jamais!

LE CHEVALIER.

Quoi! malgré ma constance!...

BIANCA.

Silence... on vient...
(Paraît La Rose qui sort de la porte à gauche et remet au chevalier plusieurs dépêches. Il salue et se retire.)

LE CHEVALIER, après avoir décacheté la première lettre.

Un ordre... cette nuit,
A huit heures, on me prescrit
De partir en reconnaissance...
(Avec joie.)
Tant mieux!

BIANCA, à part.

Ah! j'en frémis d'avance!

LE CHEVALIER, de même.

Puissé-je n'en pas revenir!
(Parcourant une autre lettre.)
Que vois-je!... tous les maux viennent donc m'assaillir!
Un ami que je perds!... Cette lettre me donne
L'avis sûr que le duc d'Olonne...

BIANCA, à part.

Grand Dieu!...

LE CHEVALIER.

Dans sa prison...

BIANCA.

   Eh bien!

LE CHEVALIER.

     Vient de mourir!

Ensemble.

LE CHEVALIER.

O funeste nouvelle!
La fortune infidèle
Sur moi, toujours cruelle.
Exerce son pouvoir!
 (Montrant Bianca.)
Repoussant mon hommage,
Son austère langage
M'enlève mon courage
Et jusques à l'espoir!

BIANCA.

Grand Dieu! quelle nouvelle
Le hasard me révèle!
Oui, sans être infidèle,
Sans manquer au devoir,
Le destin me dégage
D'un fatal mariage,
Et, libre d'esclavage,
Mon cœur s'ouvre à l'espoir

LE CHEVALIER.

Ne craignez rien!... sur vous, je veillerai, madame,
Avant d'aller ce soir et combattre et mourir!

BIANCA.

Vous, mourir! et pourquoi?

LE CHEVALIER.

     C'est le vœu de mon âme,
Puisque vous ne pouvez jamais m'appartenir!

BIANCA, *baissant les yeux.*

Qui sait!... la fortune bizarre
Souvent à son gré nous sépare
 Et souvent nous unit.

LE CHEVALIER.
Grand Dieu! qu'avez-vous dit!

BIANCA.
Promettez-moi de vivre.

LE CHEVALIER, vivement.
Et peut-être qu'un jour ce cœur moins rigoureux
De celui qui vous aime accueillera les vœux?

BIANCA, lui tendant la main.
Si vous m'aimez, promettez-moi de vivre.

LE CHEVALIER, avec transport.
Ah! Juanita!

BIANCA.
Ce nom n'est pas le mien,
Un autre titre... un rang...

LE CHEVALIER.
O ciel!...

BIANCA.
Mais il faut suivre
Mes ordres, et surtout ne me demander rien,
En ce moment, du moins!...

LE CHEVALIER.
Je l'ai juré!
Pour vous servir, madame, je vivrai.

Ensemble.

LE CHEVALIER.
A mes yeux étincelle,
A mon cœur se révèle
Une clarté nouvelle
Dont je sens le pouvoir!
(Montrant Bianca.)
Acceptant mon hommage,
Sa voix, son doux langage
Raniment mon courage
Et me rendent l'espoir!

BIANCA.

A mes yeux étincelle
Une flamme nouvelle!
Oui, sans être infidèle,
Sans manquer au devoir,
Le destin me dégage
D'un fatal mariage,
Et, libre d'esclavage,
Mon cœur s'ouvre à l'espoir!

SCÈNE VI.

Les mêmes; LA ROSE.

LE CHEVALIER, apercevant La Rose.

Encore toi? qu'y a-t-il? que veux-tu donc?

LA ROSE.

Me plaindre d'une injustice... huit heures vont sonner...

LE CHEVALIER, à part, regardant Bianca.

C'est vrai...

LA ROSE.

L'escadron de service que vous devez commander pour aller en reconnaissance s'apprête à partir, car on fait l'appel, et Joli-Cœur, le brigadier, à qui j'en veux et qui l'emporte toujours sur moi...

LE CHEVALIER, avec impatience.

Eh bien?...

LA ROSE.

Eh bien!... il en est, et moi, je n'en suis pas... et je viens vous dire, mon colonel, que ça n'est pas bien.

LE CHEVALIER.

Allons donc! tu te plains toujours... il ne peut pas y avoir de coups de fusil pour tout le monde.

LA ROSE.

Mais cependant...

LE CHEVALIER.

Tu resteras, je te réserve pour une meilleure occasion, et dès demain...

LA ROSE.

C'est bien, mon colonel, je me rends à cette raison significative... (D'un air mystérieux.) Ce qui me console, c'est que j'ai fait une découverte... un grand secret...

LE CHEVALIER.

Et lequel?

LA ROSE, de même.

Le petit moine ici présent... est un malin...

BIANCA.

Moi!

LE CHEVALIER, à part.

O ciel!

LA ROSE.

Il vous a fait accroire que nous étions ici dans un couvent d'hommes...

LE CHEVALIER.

Eh bien?...

LA ROSE.

Eh bien!... c'est un couvent de femmes... des nonnes... des religieuses qui se sont réfugiées de ce côté.

(Montrant la porte à gauche.)

BIANCA, avec joie.

En vérité!

LA ROSE.

Il le savait mieux que nous, et il n'en disait rien, parce qu'il avait des vues...

BIANCA.

Moi?... par exemple!...

LA ROSE.

Il est comme ça... il n'en a pas l'air!... Ah! laissez-donc!...

LE CHEVALIER, avec impatience.

En voilà assez... prépare mes armes et mon cheval... dans un instant je descends et je pars.

LA ROSE.

Oui, colonel.

(Il sort.)

LE CHEVALIER, montrant la porte à gauche.

Là, près de ces religieuses... je vais donner des ordres pour que cet asile soit respecté. Ne le quittez pas que je ne sois de retour.

BIANCA, vivement.

Je vous le promets... Mais vous, colonel, (Lui tendant la main.) vous m'avez promis de ne pas vous exposer.

(Le chevalier lui baise la main, Bianca entre par la porte du monastère à gauche.)

SCÈNE VII.

LE CHEVALIER, seul.

AIR.

O bonheur des cieux !
O plaisir des dieux !
Un seul mot vous fait luire et briller à mes yeux !
Amour ! je ne peux
Former d'autres vœux ;
Je suis aimé, je suis heureux !

Eh quoi ! ma Juanita chérie,
Ma paysanne si jolie,
Serait d'une noble maison !
Aurait un rang, un titre... un nom !...

Silence... Il faut me taire, et je me tais...
Mais... mais...

O bonheur des cieux ! etc.

Et par quelle ruse sournoise
Se cachait-elle à tous les yeux
Sous la basquine villageoise
Ou sous le froc religieux?...
Silence... A me taire on me condamne,
Mais princesse ou bien paysanne...

O bonheur des cieux ! etc.

(Remontant le théâtre et regardant du haut de la terrasse.)

Mais quel bruit... quel mouvement parmi nos jeunes officiers... Quel est cet homme qu'ils entourent... qui s'arrache de leurs bras et qui se dirige de ce côté?

SCÈNE VIII.

LE CHEVALIER, DON GASPARD, montant vivement la terrasse.

DON GASPARD, lui tendant les bras.

Mon cher chevalier!

LE CHEVALIER, avec joie.

Le duc d'Olonne !

DON GASPARD.

Il n'y a que vous que je n'avais pas embrassé!

LE CHEVALIER.

Vous êtes vivant? vous en êtes sûr?...

DON GASPARD.

A n'en pouvoir douter...

LE CHEVALIER.

Par quel miracle?... lorsque à l'instant même je recevais la nouvelle et les détails de votre mort!

DON GASPARD.

C'est plein d'intérêt... n'est-ce pas?... Je m'en vante...

LE CHEVALIER.

Quoi! c'est vous-même...

DON GASPARD.

Le tout est de mourir à propos... et je me suis tué... C'est à cela que je dois la vie... sinon et sous les verrous de cette forteresse où j'étais enfermé depuis trois mois... j'allais périr... mais, réellement, de consomption et d'ennui... quand je reconnus dans le médecin de la citadelle un ancien ami... j'en ai partout... Je me prétendis malade... Il accourut; je lui confiai mon projet... Il me traita alors comme pour de vrai... et quelques jours après, j'étais mort. Non content de cela, mon ami le docteur voulut lui-même m'ensevelir, et deux hommes choisis par lui me transportèrent hors de la forteresse. A trois cents pas des remparts, je levai la tête et je leur dis : « Ne prenez pas la peine de me porter plus loin... Voilà ma bourse, taisez-vous et laissez-moi ! je m'en irai à pied. » Ce que je fis lestement, pour un mort de la veille. Et grâce au bruit de mon trépas, généralement répandu, me voici arrivé sans danger et assez à temps, je l'espère, pour me battre et me faire tuer avec vous.

LE CHEVALIER, riant.

En vérité !

DON GASPARD.

Je le voudrais presque, pour la rareté du fait... deux fois en une semaine... ce n'est pas commun !

LE CHEVALIER.

Non, parbleu !

DON GASPARD.

Je viens de faire ma cour au roi et de lui offrir mes services, qu'il a gracieusement acceptés... il me donne le commandement de ce poste qui est important pour le combat de demain; aussi, c'est là que je vais faire dresser ma tente.

LE CHEVALIER.

Et moi, je vais dans l'instant, avec deux cents dragons, reconnaître les positions ennemies et éclairer la plaine jusqu'à Villa-Viciosa.

DON GASPARD.

Où le roi et le duc de Vendôme, son général, veulent livrer bataille.

LE CHEVALIER.

Et si nous la gagnons... à quinze lieues de Madrid... vous comprenez... les affaires du roi iront bien...

DON GASPARD.

Et les vôtres, chevalier?

LE CHEVALIER.

Excellentes! Je ne vous parle pas de ma fortune... elle suivra celle de Philippe V... mais j'ai mieux encore... (Avec entraînement.) l'aventure la plus piquante, la plus délicieuse... une femme charmante... adorable, qui d'abord ne me donnait aucun espoir...

DON GASPARD, gaiement.

Voilà comme je les aime, contez-moi donc cela.

LE CHEVALIER, s'arrêtant.

Non, non... je ne peux pas... je dois me taire, j'ai promis le secret...

DON GASPARD.

Avec moi?

LE CHEVALIER.

Avec tout le monde! que voulez-vous? j'en suis fou... j'en perds la tête!

DON GASPARD.

Eh bien! mon cher, nous vous guérirons... nous commencerons par vous l'enlever.

LE CHEVALIER.

Halte-là!

DON GASPARD.

C'est de droit... c'est de bonne guerre... Dès que vous n'avez pas confiance... chacun pour soi, Dieu et les belles pour tous ! Voyons, chevalier, il est encore temps de détourner les dangers qui menacent votre tête... Confidence entière... Quelle belle dame de la cour est votre maîtresse ?... je les connais toutes... avouez-moi son nom...

LE CHEVALIER, avec embarras.

En vérité, je ne le sais pas !

DON GASPARD, riant.

Dites-moi plutôt que vous avez peur.

LE CHEVALIER.

Moi ? du tout...

DON GASPARD.

Eh bien ! vous avez tort... Quand je le veux bien, pas une ne m'échappe !...

LE CHEVALIER, essayant de rire.

Vraiment !

DON GASPARD.

Je ne suis pas plus fat qu'un autre, et je conviens que quand elles peuvent se soustraire à l'influence du premier regard, elles ont des chances de salut... mais mon premier coup d'œil est terrible... il les subjugue et les bouleverse !... Aussi que je voie seulement votre belle inconnue...

LE CHEVALIER, vivement.

Vous ne la verrez pas, je l'espère.

DON GASPARD.

C'est ce qui vous trompe... A Madrid ou ailleurs, nous la découvrirons, nous inventerons quelque bon moyen... quelque ruse... ce soir, à table, car j'ai à souper, ici, sous la tente, une partie de nos officiers... Permis à vous d'assister à la conspiration...

(On entend sonner l'horloge du couvent.)

LE CHEVALIER, avec impatience.

Eh! justement... je ne peux pas... voici pour moi l'heure du départ.

DON GASPARD.

Et pour nous l'heure du repas.

LE CHEVALIER.

Mais ce ne sera pas long... je cours reconnaître l'ennemi, l'attaquer, le disperser, et je reviens pour le dessert.

(Il sort en courant.)

SCÈNE IX.

DON GASPARD, Officiers.

LES OFFICIERS.
Demain avec l'aurore
L'airain va retentir,
Ce soir buvons encore
Aux belles, au plaisir!
Buvons aux tendres preuves
De nos amours nouveaux!
Buvons même à nos veuves,
Ainsi qu'à nos rivaux!

(Pendant ce chœur, on a dressé une tente dont les rideaux tombent au second plan et l'on a apporté une table élégamment servie.)

SCÈNE X.

LES MÊMES; LA ROSE, sortant de la porte à gauche, en tenant BIANCA par l'oreille.

LA ROSE.
Vous avez beau dire et beau faire,
Corbleu! vous me suivrez.

DON GASPARD.
Eh mais! quel est ce bruit?

LA ROSE.
J'en étais sûr! c'est le révérend père
Que j'ai surpris en secret, dans la nuit,
Sous les voûtes silencieuses,
Se glissant du côté de nos religieuses :
Ouvrez, mes sœurs, ouvrez, disait-il...

TOUS, en riant.
Quelle horreur!

DON GASPARD, faisant signe à La Rose de le faire avancer.
Qu'on le voie!...

BIANCA, s'avance, lève les yeux sur don Gaspard, jette un cri de terreur et reste stupéfaite en le regardant.
Ah! je frémis de terreur!

Ensemble.

BIANCA.
Il revient sur la terre,
Il revoit la lumière,
Et ses traits menaçants
Ont glacé tous mes sens.
Jamais, non, jamais, je le sens,
Je n'eus plus peur des revenants!

TOUS, en riant.
O terreur singulière!
Il frémit, le cher frère...
Il est pâle et tremblant,
C'est dommage, vraiment...
Il est gentil, le révérend,
Mais très-gentil, le révérend!

DON GASPARD.
Approche et parle au duc d'Olonne.

BIANCA, à part.
C'est bien lui!

13.

LA ROSE, à demi-voix.
Devant vous, l'on dirait qu'il frissonne.
DON GASPARD, riant.
Je conçois fort bien sa frayeur;
Des moines, dès longtemps, mon nom est la terreur,
Depuis les deux que j'ai fait pendre
En Catalogne!... mais c'étaient des espions.
Tandis que celui-ci, l'on ne peut s'y méprendre,
C'est un novice aux cheveux blonds!
(A Bianca.)
Aussi, bois avec nous.

BIANCA.
Merci.

DON GASPARD.
Tu ne bois pas?
Chante alors!

BIANCA.
Moi, grand Dieu!

DON GASPARD.
Tout ce que tu voudras :
Des airs de ton couvent,
Du plain-chant...
Allons donc!

BIANCA.
Pardon, monseigneur, pardon!
DON GASPARD, parlé.
Chante.

BIANCA.

COUPLETS.

Premier couplet.

Voyez-vous le dôme
De Saint-Pacôme,
Que ce grand saint jadis fonda
C'est une abbaye,

Du ciel chérie,
Car nuit et jour on entend là :
Alléluia!

Saint bienheureux,
Défends ces lieux
Et tes enfants
Des mécréants
Et des méchants!
Aussi tous les moines
Et les chanoines
Y sont joyeux et bien portants;
O doux privilège!
Le saint protège
Ses serviteurs et ses enfants :
Alléluia!

Deuxième couplet.

Un jour la frégate,
D'un noir pirate
Auprès du couvent débarqua;
Sarrazin farouche,
Que rien ne touche,
C'était le corsaire Abd-Allah,
Alléluia!

Saint glorieux,
Défends ces lieux
Et tes enfants
Des mécréants
Et des méchants!
Voilà que ces braves
Vont droit aux caves
Pleines de flacons enivrants;
Mais, rare merveille,
Pacôme veille
Sur ses élus et ses enfants.
Alléluia!

Troisième couplet.

A peine la troupe,
Vidant sa coupe,

Eut dégusté ce nectar-là,
Qu'oubliant sa rage,
Tout l'équipage
Tombant à genoux, s'écria :
Alleluia!

Saint bienheureux,
Puisqu'en ces lieux,
Dans les festins
On boit des vins
Aussi divins!
Touché par la grâce,
Mon cœur se lasse
D'être Sarrazin et brigand!
Et tous les corsaires,
Chrétiens sincères,
Se sont faits moines du couvent :
Alleluia!

DON GASPARD.

Bravo, moine, très-bien chanté!
Buvons, messieurs, à sa santé!

Ensemble.

LES OFFICIERS.

Demain avec l'aurore,
L'airain va retentir,
Ce soir buvons encore
Aux belles, au plaisir!
Buvons aux tendres preuves
De nos amours nouveaux!
Buvons même à nos veuves,
Ainsi qu'à nos rivaux!

BIANCA, à part.

Destin, tu viens encore
Sur moi t'appesantir!
Pour celui qui m'adore
O fatal avenir!
Pour tous deux quelle épreuve
Et quels tourments nouveaux!

Moi qui me croyais veuve...
Plus d'espoir à mes maux!

(A la fin de ce chœur on entend dans le lointain, avec accompagnement de fifre et de tambour, une marche dont le bruit va toujours en se rapprochant.)

DON GASPARD, se levant.

Messieurs, c'est la retraite. Oui, trêve à nos chansons.
Au point du jour, demain, nous nous battons,
Et pour la règle et pour la forme,
Quand sonne la retraite il faut que chacun dorme.

(On entend dans le lointain les voix des factionnaires et le bruit des patrouilles.)

VOIX, en dehors.

Qui vive! qui vive!

BIANCA, à part.

O ciel!... voici la nuit venir!
Loin de mon protecteur que vais-je devenir!

(La marche, qui avait été en crescendo en passant au pied de la terrasse, s'éloigne maintenant en diminuant.)

DON GASPARD.

Sous vos tentes, retirez-vous,
Demain, au champ d'honneur, nous nous reverrons tous.

(Ils sortent tous, excepté don Gaspard et Bianca. Pendant le dernier chœur on a enlevé la table du souper. La Rose et quelques soldats ont disposé à droite du théâtre un lit de camp qu'ils ont recouvert d'un manteau. Près du lit de camp, une table sur laquelle est une lampe, et de l'autre côté un fauteuil.)

SCÈNE XI.

BIANCA, DON GASPARD.

BIANCA, qui est restée la dernière et regardant la porte du fond.

Ils s'éloignent tous... et si je pouvais...

(Elle veut s'enfuir.)

DON GASPARD, le retenant.

Eh bien!... eh bien!... où courez-vous, mon révérend?... retrouver les nonnes?...

BIANCA.

Non, monseigneur... je vous jure que ce n'était pas pour ça...

DON GASPARD.

Laissez donc!... malgré votre air timide, vous êtes un gaillard qui irez loin... mais pas de ce côté... car je vous surveille... et d'abord, comment vous trouvez-vous entre les mains des Français?

BIANCA.

Fait prisonnier par eux, j'ai été protégé par M. le chevalier de Vilhardouin...

DON GASPARD.

Ah! le chevalier est votre protecteur!... ce titre seul mérite des égards, et, en son absence, je le remplacerai...

BIANCA.

Comment, monseigneur...

DON GASPARD.

Et puisqu'il s'agit du chevalier, vous autres moines qui savez tout... savez-vous qu'il est amoureux à en perdre la tête?...

BIANCA, à part.

Pauvre jeune homme! (Haut et vivement.) Pour moi, monseigneur... je puis vous assurer...

DON GASPARD, brusquement.

Le savez-vous?... je vous le demande...

BIANCA, baissant les yeux.

Oui... oui... il me l'a dit.

DON GASPARD.

J'en étais sûr, il en parle à tout le monde. Il a donné

toute sa vie dans le sentiment! et, à l'égard des dames, il ne me ressemble guère.

BIANCA, timidement.

Vous n'en aimez aucune?...

DON GASPARD.

Je les aime toutes!...

BIANCA, à part.

Ah! le vilain caractère!

DON GASPARD.

Et connaissez-vous la personne qu'il adore?

BIANCA.

Mais... c'est-à-dire... je crois que...

DON GASPARD, brusquement.

La connaissez-vous?

BIANCA, vivement.

Une femme qui n'a rien à se reprocher... car elle ne savait pas... elle ne pouvait pas prévoir...

DON GASPARD.

Je ne vous demande pas cela... je vous demande si elle est jolie.

BIANCA, baissant les yeux.

Je n'en sais rien, monseigneur...

DON GASPARD.

Au fait... ça ne peut pas encore s'y connaître... mais, pour peu qu'il reste avec nous, je me charge de son éducation...

BIANCA, à part.

Ah! mon Dieu!

DON GASPARD.

Et ils ne te reconnaîtront plus au couvent... ils te prendront pour... un vrai moine! En attendant, tu peux dormir.

BIANCA, effrayée.

Comment! ici?...

DON GASPARD, la contrefaisant.

Et où donc?

BIANCA, de même.

Toute la nuit?...

DON GASPARD, de même.

Eh! oui, sans doute... est-ce que vous ne dormez pas la nuit?

BIANCA, troublée.

Non, non, jamais!

DON GASPARD.

Et qu'est-ce que vous faites donc?

BIANCA.

Rien... rien!... monseigneur. (A part.) Ah! mon Dieu!

DON GASPARD, la regardant.

Ah çà! qu'est-ce qu'il a donc, ce petit moine?

DUO.

DON GASPARD, s'asseyant sur le lit de camp.
Allons, point de façons; faites, mon révérend,
Comme en votre cellule, et sur le lit de camp
Libre à vous de dormir...

BIANCA, s'éloignant avec effroi, à part.
Grand Dieu!

(Haut.)
Non, non, de grâce!
Ce fauteuil suffit.

DON GASPARD, nonchalamment.
Soit, j'en aurai plus de place.
Mais en guerre aucun soin n'est par moi négligé,
Et de peur de surprise... ici, sur cette table
(Lui montrant les pistolets qui sont à gauche du théâtre.)
Mettez mes pistolets.

BIANCA, à part, hésitant.
O ciel!...

(Elle va les prendre en tremblant, et dit en montrant celui qu'elle tient de la main droite.)

Est-il chargé?

DON GASPARD.

Eh! sans doute!...

(Voyant qu'elle tremble.)

Allons donc!... par l'enfer et le diable!

BIANCA, effrayée, pose vite le pistolet sur la table et s'éloigne.

Comme il jure!

DON GASPARD, riant.

Sont-ils poltrons dans le clergé!

Ensemble.

BIANCA.

Qu'il est brutal, qu'il est farouche!
Craignons d'exciter son courroux.
Rien ne l'émeut, rien ne le touche,
Et pourtant c'est là mon époux!
C'est là mon maître et mon époux!
Ah! quel époux!

DON GASPARD.

A peine on dirait qu'il y touche,
Ce moine timide et si doux!
Et lui, qui d'un rien s'effarouche,
En saurait vite autant que nous,
Il en saurait autant que nous,
Autant que nous.

(Bianca est assise sur le fauteuil près de la table, et don Gaspard, assis sur le lit de camp, de l'autre côté.)

DON GASPARD.

Dormez-vous?

BIANCA.

Je n'ai pas sommeil.

DON GASPARD.

Ni moi non plus.

(S'appuyant sur la table et allumant des cigares à la lampe.)

Fumez-vous?

BIANCA, sautant sur son fauteuil avec effroi.
Ah! mon Dieu!
DON GASPARD.
Par goût et par principe,
En guerre on doit aimer le tabac et la pipe.
(Lui offrant un cigare allumé.)
A nous deux!
BIANCA.
Moi, jamais!
DON GASPARD.
Scrupules superflus.
Un cigare en l'honneur de notre roi Philippe!
BIANCA.
Je ne puis pas.
DON GASPARD.
Et moi, palsambleu! je ne puis
Fumer seul!... ainsi fume...
(Touchant à ses pistolets qu'il change de place.)
Ou sinon...
BIANCA, avec frayeur et prenant vivement le cigare.
J'obéis!

Ensemble.

BIANCA, tout en essayant de fumer.
Qu'il est brutal, qu'il est farouche!
Craignons d'exciter son courroux.
Je frémis quand sa main me touche,
Et pourtant c'est là mon époux!
C'est là mon maître et mon époux!
Ah! quel époux!

DON GASPARD, la regardant.
A peine on dirait qu'il y touche,
Ce moine timide et si doux!
Et lui, qui d'un rien s'effarouche,
En ferait vite autant que nous,
Il en ferait autant que nous,
Autant que nous.

DON GASPARD.
Permis à toi, selon votre pieuse mode,
De dire ton bréviaire et ton latin...

BIANCA.
                Hélas!
Je l'ignore.

DON GASPARD, gaîment.
Comment, moine, tu ne sais pas
Le latin?... Touche là!... cela nous raccommode.
Dis alors ta prière ainsi que tu voudras,
    Je ne l'entendrai pas.
(Il se jette sur le lit de camp pendant que Bianca, à genoux, à gauche, murmure à demi-voix sa prière.)

BIANCA.
Mon Dieu! toi qui lis dans mon âme,
Efface un souvenir chéri!

DON GASPARD, commençant à s'endormir.
Ainsi soit-il!

BIANCA, montrant Gaspard.
Mais quoiqu'hélas! je sois sa femme,
Qu'il ne soit jamais mon mari!

DON GASPARD, de même.
Ainsi soit-il!

BIANCA.
Fais que jamais il ne connaisse
Le nœud qui nous unit ici!

DON GASPARD, de même.
Ainsi soit-il!

BIANCA.
Que je puisse le fuir sans cesse!
Plutôt mourir que d'être à lui!

DON GASPARD, rêvant.
Ainsi soit-il!

BIANCA, se levant et s'approchant de lui.

Il dort!... Dieu me protégera.
Fuyons! fuyons!

(Elle va pour sortir par la portière du fond; mais au moment où elle ouvre les rideaux de la tente, le factionnaire lui ferme le passage et crie à voix haute.)

LE FACTIONNAIRE.

Qui va là?

DON GASPARD, s'éveillant au bruit, se lève et saisit un pistolet qu'il dirige vers Bianca qui est au fond du théâtre.

Halte-là!

(Bianca, effrayée, redescend vivement le théâtre.)

Ensemble.

DON GASPARD.

Pas un mot, pas un geste,
Ou sinon, je l'atteste,
Un dénoûment funeste
Te menace aujourd'hui!
Vouloir nous fuir encore,
Partir avant l'aurore!
Un complot que j'ignore
Se trame ici par lui!

BIANCA.

Ah! je reste! je reste!
O rencontre funeste!
Ah! combien je déteste
Un semblable mari!
Plus il va, plus encore
Je sens que je l'abhorre!
O mon Dieu, je t'implore,
Préserve-moi de lui!

DON GASPARD.

Oui, cette subite retraite
Me fait craindre une trahison,
Ce froc sacré, cette robe discrète,
Cacheraient-ils encore un espion?

BIANCA, effrayée.
Moi !

DON GASPARD.
Tu sais comment je les traite !
Demain au point du jour on connaîtra ton nom
Et tes projets !

BIANCA, à part.
Je suis perdue !

DON GASPARD.
D'ici là, révérend, moi, je te garde à vue
Et te retiens par ton cordon !

SCÈNE XII.

LES MÊMES ; LE CHEVALIER, le bras en écharpe ; puis, à la fin de la scène, LES OFFICIERS et LES SOLDATS.

FINALE.

LE CHEVALIER, entr'ouvrant brusquement les rideaux du fond et s'élançant dans la tente.
Ah ! les voici !

BIANCA, poussant un cri en l'apercevant.
Blessé !...

LE CHEVALIER.
Pour en finir plus vite !
J'avais hâte de revenir,
(Regardant Gaspard.)
Et leurs guerillas mis en fuite
Me ramènent vers ceux qui pensaient me trahir.

DON GASPARD.
Moi ! vous trahir !... et comment ?

LE CHEVALIER, avec ironie.
Sur mon âme,
Vous jouez, monseigneur, la surprise à ravir !
(Montrant Bianca.)
Vous ignoriez encor que c'était une femme ?

DON GASPARD, poussant un cri.
Une femme!... ah! si je l'avais su!

LE CHEVALIER.
Que dit-il?

BIANCA, bas, au chevalier.
Que par vous mon secret est connu!

DON GASPARD, stupéfait.
Le révérend!... une femme...
(A Bianca.)
Ah! madame!

(A part.)
De réputation, morbleu! je suis perdu!
(Avec galanterie à Bianca.)
Pour effacer envers vous tant d'outrages,
Souffrez que désormais vous offrant mes hommages...

LE CHEVALIER, l'interrompant avec hauteur.
Avant vous, monseigneur, j'avais offert les miens.

DON GASPARD, avec ironie.
Furent-ils acceptés? Ici rien ne le prouve!

LE CHEVALIER, se tournant d'un air suppliant vers Bianca.
J'en appelle à vous seule!...
(Bianca baisse les yeux et garde le silence.)

DON GASPARD, à demi-voix et en souriant, au chevalier.
Eh! mais... je vous préviens
Qu'elle se tait!... Pour votre amour je trouve
Ce silence des plus fâcheux!

LE CHEVALIER, à Bianca.
Ah! vous m'aviez promis...

BIANCA, troublée.
Moi?...

LE CHEVALIER.
D'accueillir mes vœux!

DON GASPARD, s'approchant d'elle d'un ton sévère.
Serait-il vrai?

BIANCA, le regardant avec terreur.
Jamais!

DON GASPARD, à voix basse, au chevalier.
Mais voyez donc quel trouble!
A ma vue, à ma voix, son embarras redouble!
Je vous l'ai dit!...

LE CHEVALIER, la regardant avec jalousie.
Mais en effet...

DON GASPARD.
De mon premier coup d'œil c'est l'ordinaire effet!

Ensemble.

LE CHEVALIER.

O dépit, ô rage extrême,
Serait-ce lui qu'elle aimait?
Voilà, je le vois moi-même,
Voilà ce fatal secret.

BIANCA.

O terreur! ô trouble extrême!
Mais aucun ne me connaît,
Tâchons encor, ici même,
De leur cacher mon secret.

DON GASPARD.

Quelle maladresse extrême!
Que de grâces, que d'attraits;
Et cette nuit, ici même,
Dans mes fers je la tenais.

DON GASPARD et LE CHEVALIER, à Bianca.
Parlez!... parlez!...

BIANCA, froidement.
Je n'ai rien à vous dire.
Loin de vous deux portant mes pas,
Permettez que je me retire.
Et sans être connue...

LE CHEVALIER, avec jalousie.
Ah! vous ne voulez pas

Avouer devant moi l'amour qu'il vous inspire,
Et dont j'aurai raison !

DON GASPARD.
A vos ordres !

LE CHEVALIER, tirant son épée.
Ici,
A l'instant...

BIANCA.
Arrêtez !

LE CHEVALIER.
Ah ! vous tremblez pour lui !...

(Tous deux ont tiré l'épée. On entend au dehors un son de clairons et de trompettes. Les rideaux de la tente s'ouvrent au fond. On aperçoit tous les officiers qui entrent vivement et se jettent entre don Gaspard et le chevalier.)

LE CHŒUR.
Guerriers de l'Espagne et de France,
Voici le signal du combat ;
Et lorsque l'ennemi s'avance,
C'est contre lui seul qu'on se bat !

LE CHEVALIER, remettant son épée dans le fourreau.
Ils disent vrai ! L'ennemi nous appelle.

DON GASPARD, de même.
Oui, contre lui mesurons-nous d'abord !

LE CHEVALIER.
Nous pourrons, reprenant plus tard notre querelle,
Y verser notre sang, s'il nous en reste encor !

DON GASPARD.
Du clairon belliqueux j'entends la voix sonore.

TOUS, s'avançant au bord du théâtre.
O ma patrie ! ô terre des héros !
D'un beau jour voici l'aurore,
Et nous promettons encore
La victoire à tes drapeaux !

LE CHEVALIER, prenant La Rose à part, et à demi-voix.

Toi... si je succombais, ce portrait, à ma mère,
Tu le lui porteras, ainsi que mes adieux !

LA ROSE, avec émotion.

Oui... oui, mon officier...

(S'adressant à Joli-Cœur.)

Depuis notre autre affaire
Nous sommes ennemis... Je sais que tu m'en veux...
Ta main... ta main...

(Tous deux se donnent la main et s'embrassent ; puis, se retournant vers Bianca.)

Et vous, révérend père,
Priez pour tous les deux !

TOUS LES SOLDATS, se découvrant.

France, qui m'as vu naître,
A toi mes derniers vœux ;
Je ne dois plus peut-être
Revoir tes bords heureux !
France, qui m'as vu naître,
Reçois mes derniers vœux !...

LA ROSE, essuyant ses yeux.

Allons ! allons !

LE CHEVALIER.

Du clairon belliqueux j'entends la voix sonore.

TOUS, s'avançant.

O ma patrie ! ô terre des héros !
D'un beau jour voici l'aurore !
Et nous promettons encore
La victoire à tes drapeaux !

ACTE TROISIÈME

Une salle du palais de Buen-Retiro. — A droite et à gauche, croisées à balcon sur le premier plan, et sur le second, portes de chaque côté; porte au fond, conduisant à un troisième balcon qui fait face au spectateur.

SCÈNE PREMIÈRE.

DON GASPARD, LE CHEVALIER.

(Au lever du rideau, don Gaspard est assis sur un fauteuil. Entre le chevalier qui va s'asseoir sur le fauteuil en face. Tous deux s'aperçoivent, se lèvent, se saluent et se rasseyent sans se dire un mot.)

LE CHEVALIER.
Monsieur le duc d'Olonne vient de bien grand matin au palais de Buen-Retiro.

DON GASPARD.
Monsieur de Vilhardouin vient de bien bonne heure faire sa cour au roi.

LE CHEVALIER.
Monsieur le duc d'Olonne vient-il pour Sa Majesté?

DON GASPARD.
Et vous, monsieur?

(Tous deux se lèvent.)

LE CHEVALIER.
Tenez, monsieur le duc...

DON GASPARD.
Tenez, monsieur le chevalier, ou plutôt monsieur le mar-

quis de Guadalaxara ; car depuis la bataille de Villa-Viciosa, depuis que le roi est décidément roi des Espagnes et des Indes, vous nous avez dépassés tous en fortune et en faveur... j'ai bien envie de vous donner un bon avis.

LE CHEVALIER.

Je ne les refuse jamais, surtout d'un ami, et j'écoute.

DON GASPARD.

Eh bien donc, monsieur le marquis, lorsqu'il y a deux mois, après la bataille de Villa-Viciosa, nous avons voulu reprendre, l'épée à la main, notre petite discussion particulière, notre gracieux souverain a interposé entre nous ce nouveau sceptre qu'il nous devait, et, déclarant qu'il ne souffrirait jamais un pareil combat entre ses défenseurs, il a, dans sa royale prudence, confisqué, à son profit, l'objet de notre querelle.

LE CHEVALIER.

Comment cela ?

DON GASPARD.

En la remettant entre les mains de madame des Ursins et de la reine.

LE CHEVALIER.

Dont elle est devenue première dame d'honneur, et bientôt, dit-on, camarera mayor !

DON GASPARD.

Et tout cela ne vous dit rien ?

LE CHEVALIER.

Rien que d'honorable pour elle.

DON GASPARD, avec ironie.

Certainement, si vous appelez ainsi la faveur du maître !

LE CHEVALIER.

Que voulez-vous dire ?

DON GASPARD.

Que nous ne sommes pas seuls épris de cette coquette et capricieuse beauté, et que le roi... le roi lui-même...

LE CHEVALIER.

Au milieu des affaires dont il est accablé ?...

DON GASPARD.

Bah ! les rois, et surtout le petit-fils de Louis XIV, trouvent toujours le temps d'être amoureux... C'est dans le sang... et si vous m'en croyez...

LE CHEVALIER.

Non, je ne vous crois pas... Juanita...

DON GASPARD.

Ou Isabelle..., car elle n'a encore voulu trahir pour personne le mystère qui l'entoure.

LE CHEVALIER.

Qu'importe !... celle à qui j'ai voué ma vie est l'honneur et la vertu même. Loin d'être éblouie des faveurs qui l'environnent, elle n'est occupée qu'à s'y soustraire. Fuyant la cour et ses splendeurs, elle se cache à tous les yeux... et humble... modeste...

DON GASPARD.

Comme mademoiselle de La Vallière...

LE CHEVALIER.

Allons donc !... si elle était aimée du roi, elle ne le serait pas autant de la reine et surtout de madame des Ursins !

DON GASPARD.

Et, si ce n'était la crainte de déplaire au roi... pourquoi combattre et cacher comme elle le fait la passion qu'elle a au cœur ?... car elle en a une...

LE CHEVALIER, avec joie.

Vous le croyez ?

DON GASPARD.

J'en suis sûr...

LE CHEVALIER, de même.

Je me le disais... et je ne le pouvais croire... Mais puisque vous-même vous en êtes aperçu... vous pensez donc qu'elle m'aime ?

DON GASPARD.

Non !... c'est moi !...

LE CHEVALIER.

Vous !...

DON GASPARD.

Eh ! oui, sans doute... N'avez-vous pas remarqué avec quel soin elle évite ma présence ?

LE CHEVALIER.

C'est vrai !...

DON GASPARD.

Et dès que j'entre dans un salon, dès qu'elle m'aperçoit, elle se trouble...

LE CHEVALIER.

C'est vrai !...

DON GASPARD.

Si je m'approche d'elle... si je lui parle... elle rougit, elle pâlit...

LE CHEVALIER.

C'est vrai !...

DON GASPARD.

L'autre jour... pour passer dans l'appartement de la reine... je lui ai présenté ma main, qu'elle accepta en tremblant... j'ai cru qu'elle allait se trouver mal !...

LE CHEVALIER.

Ah ! la perfide !

DON GASPARD.

Et mieux encore... Depuis un mois j'étais absent... J'avais été envoyé par le roi en ambassade à Rome, pour aplanir les différends élevés entre nous et le saint-siège, mission qu'ici à la cour tout le monde ambitionnait... je viens d'apprendre à mon retour que je devais cette faveur à ses instances secrètes...

LE CHEVALIER.

Ah! c'est une trahison qui n'a pas de nom!... Si je vous apprenais, moi, que pendant votre absence... Elle ne m'a rien dit... rien avoué... j'en conviens. Mais tout ce qu'il y a de plus tendre, de plus séduisant dans les manières, dans le regard... à chaque instant il me semblait qu'elle allait s'oublier et me dire : Je vous aime !... et depuis hier...

DON GASPARD.

Depuis mon retour !...

LE CHEVALIER.

C'est une figure pâle... inanimée... un froid glacial... Enfin, je venais ce matin lui demander une explication.

DON GASPARD.

Et moi aussi... car enfin ce n'est pas naturel... Tout le monde croit, d'après des preuves aussi évidentes... que je suis sûr de son amour... qu'elle me l'a avoué... que je suis heureux... vous le croyez aussi, j'en suis sûr?

LE CHEVALIER.

Monsieur...

DON GASPARD.

Eh bien! non... cela n'est pas!... Il n'y a rien... Je suis aussi peu avancé que le premier jour... C'est trop de combats, trop de résistance, je n'y suis pas habitué... et, comme je vous le disais, il faut qu'elle s'explique!

SCÈNE II.

LES MÊMES; UN DOMESTIQUE en livrée sortant de la porte à gauche.

LE DOMESTIQUE.

La señora Isabelle... la camarera mayor...

DON GASPARD.
Il paraît qu'elle est nommée.
LE CHEVALIER.
C'est donc de ce matin.
LE DOMESTIQUE.
Ne peut recevoir d'aussi bonne heure M. le duc d'Olonne.
DON GASPARD.
Elle me craint.
LE DOMESTIQUE.
Elle attendra après la messe, M. le duc et M. le marquis.
DON GASPARD.
Bonne chance, mon cher ami, à tantôt, au baise-main qui doit avoir lieu chez la reine... Mais avant mon entrevue avec la señora... je veux lui préparer une surprise... une galanterie... une sérénade sous son balcon : ça ne peut pas faire de mal.
LE CHEVALIER, à part.
Ah! je le préviendrai...
(Il sort par la porte du fond, don Gaspard par la porte à droite, et sur la ritournelle de l'air suivant, Bianca entre par la porte à gauche.)

SCÈNE III.

BIANCA, en robe de cour, sortant de l'appartement à gauche et causant avec LE DOMESTIQUE.

Sans me connaître, implorant mon appui,
Tu dis donc qu'elle souffre et qu'elle est dans la peine!
Ah! qu'elle vienne! à l'instant qu'elle vienne!
J'étais hier comme elle est aujourd'hui!
(Le domestique sort par le fond.)

AIR.

Demeure somptueuse,
Sous vos riches lambris,

Ils me disent heureuse,
Moi, qui tremble et gémis!

A lui que je déteste
Enchaînée à jamais!...
Et, par un sort funeste,
Fuir celui que j'aimais!...

Demeure somptueuse, etc.

SCÈNE IV.

BIANCA, allant ouvrir la fenêtre à gauche qui donne sur les jardins ; MARIQUITA, au fond et parlant bas au DOMESTIQUE qui lui montre de loin Bianca.

DUO.

MARIQUITA, tenant sa pétition à la main et s'approchant de Bianca, qui se retourne.

O ciel!

BIANCA, l'apercevant.

O ciel!

(Au domestique.)
Va-t'en!

(Courant à elle.)
Mariquita!

MARIQUITA, vivement.

Ma compagne!...

(S'arrêtant.)
Ou plutôt la duchesse d'Olonne!

BIANCA.

Silence!... et qu'en ces lieux personne
Ne t'entende jamais prononcer ce nom-là!

MARIQUITA.

Eh! pourquoi donc?

BIANCA, écoutant à droite.

Tais-toi !

MARIQUITA.

Le son d'une guitare !
Pour vous quelque galant à chanter se prépare !
(Regardant par la fenêtre, à droite, qu'elle ouvre.)
Un jeune cavalier, dont les traits sont charmants,
La tournure française !

BIANCA, à part, avec joie.

Ah ! c'est lui !

MARIQUITA, à part, et la regardant en dessous.

Je comprends !

LE CHEVALIER, en dehors, à droite.

SÉRÉNADE.

Premier couplet.

Vers ton balcon,
Mes yeux ont cherché l'auréole
Dont s'éclaire mon horizon !
O toi, ma vie et mon idole,
Mon âme me quitte et s'envole
Vers ton balcon !

Ensemble.

MARIQUITA, à part.

Ah ! c'est lui !... c'est lui !
C'est l'amant chéri
Qui soupire ainsi !

BIANCA.

Oui, c'est lui !... c'est lui !
De plaisir aussi
Mon cœur a frémi !
(On entend une sérénade sous l'autre balcon à gauche.)

MARIQUITA.

Un autre encore !...
(S'approchant de la fenêtre, qui est restée ouverte.)

Eh ! mais, Dieu me pardonne,
C'est votre époux !... Oui, c'est le duc d'Olonne !

BIANCA.

Mais tais-toi donc !

DON GASPARD, *en dehors, sous le balcon à gauche.*

Deuxième couplet.

Sous ton balcon,
J'attends, ô ma belle Espagnole,
Et la neige tombe à flocon !
Parais !... qu'un regard me console,
N'attends pas que l'amour m'immole
Sous ton balcon !

Ensemble.

MARIQUITA.

Prodige inouï !
Quoi ! c'est un mari
Qui soupire ainsi !

BIANCA.

Oui, c'est un mari !
De terreur aussi
Mon cœur a frémi !

MARIQUITA.

O miracle nouveau qu'on ne voit qu'à la cour !
Sous les fenêtres de sa femme,
Un époux qui soupire en musique un amour,
Qu'en paroles il peut exprimer à madame !

BIANCA.

Quand tu sauras...

MARIQUITA, *souriant.*

Déjà, je m'en doute entre nous !

(*Montrant à droite et à part.*)

Ici l'amant

(*Montrant à gauche.*)

Et là l'époux !

(Écoutant vers le fond.)
O ciel! serait-ce un troisième?

BIANCA.
Justement!... C'est le roi lui-même!

MARIQUITA, stupéfaite.
Le roi!...

BIANCA.
C'est sa musique!...

MARIQUITA.
Écoutez! écoutez!
Les clairons! les tambours!

BIANCA.
A sa galanterie,
Oui, je le reconnais!

MARIQUITA.
Ainsi par l'harmonie
Vous voilà donc cernée, et de tous les côtés!

BIANCA.
(Accompagnement de musique militaire.)
O bruyant hommage,
Éclatant langage,
Par lequel s'engage
Leur cœur amoureux!
Au son des trompettes,
Amour tu répètes
Leurs flammes discrètes
Et leurs tendres vœux.
(On n'entend plus à droite et à gauche que l'accompagnement des guitares.)
Inutile fracas,
Ah! vous ne valez pas
Un aveu doux et tendre
Qu'on peut à peine entendre,
Et prononcé si bas...
Qu'on le devine, hélas!
(La musique militaire reprend avec plus de force.)
O bruyant hommage,

Éclatant langage,
Ordinaire gage
De leurs nobles feux!

Ensemble.

MARIQUITA.

Au son des trompettes,
Amour, tu répètes
Leurs flammes discrètes
Et leurs tendres vœux.

BIANCA.

Au son des trompettes,
Amour, tu répètes
Leurs flammes discrètes
Et leurs tendres vœux.

MARIQUITA.

Qu'est-ce que tout cela signifie?

BIANCA.

Je te le dirai... toi seule le sauras... toi et la reine, à qui j'ai tout confié, le sort de mon père et le mien... La reine, qui malgré son pouvoir et ses bontés... ne peut rien contre les liens qui m'enchaînent... Mais toi, d'abord, que voulais-tu? qui t'amenait au palais?

MARIQUITA.

Mugnoz, mon pauvre mari, à qui il arrive toujours des malheurs... Vous savez comme il est jaloux... et ici, à Madrid... une dispute qu'il a eue avec un Dominicain, un agrégé du saint-office!... Ça n'avait pas de raison!... Aussi le soir même il a été arrêté, comme de juste, et jeté dans la prison du palais, où il est encore... On peut voir d'ici ses fenêtres... et avant qu'il soit transféré dans les cachots de l'Inquisition, d'où on ne sort pas facilement... je venais supplier la camarera mayor, sans me douter de notre bonheur.

BIANCA.

Sois tranquille... dès aujourd'hui ton mari sera libre.

MARIQUITA, avec joie.

Ah! madame!

BIANCA.

On vient... Baisse ton voile, et pas un mot qui puisse me faire reconnaître.

MARIQUITA.

C'est le duc, votre mari.

BIANCA.

Raison de plus!

SCÈNE V.

MARIQUITA, qui a baissé son voile, BIANCA, DON GASPARD, suivi d'UN PAGE qui se tient à l'écart.

DON GASPARD.

C'est à mon retour et d'aujourd'hui seulement que j'ai appris, madame, tout ce que je devais à vos bontés; le Roi ne m'a pas laissé ignorer que, sur votre recommandation, sur vos instances même, l'ambassade de Rome m'avait été accordée.

BIANCA, avec émotion.

Croyez, monsieur, que s'il est en mon pouvoir de vous continuer une pareille faveur...

DON GASPARD.

Il en est une plus précieuse encore!... La permission de vous offrir mes hommages et mon amour... Oui, madame, ne croyez pas que votre sévérité, que vos rigueurs puissent me décourager!... En tout temps, comme en tous lieux, vous me verrez attaché à vos pas, et quels que soient mes rivaux...

BIANCA, à part.

Ah! mon Dieu! un seul moyen de l'éloigner... (Haut et

gravement.) Vous perdriez vos peines, monsieur le duc! Je ne recevrai jamais les hommages d'un amant! Je verrais, et j'en doute, si je devrais accueillir ceux d'un mari!...
(Elle lui fait la référence et sort avec Mariquita par la porte à gauche.)

SCÈNE VI.

DON GASPARD, seul.

J'aurais dû le deviner!... c'était là le seul obstacle... Elle m'aime; elle me le dit assez clairement... mais elle s'étonne, elle s'offense de ce qu'en lui offrant mon amour, je ne lui aie pas déjà offert ma main... Elle a le droit de s'y attendre. Et pardieu!... si je l'avais pu... si j'étais libre... si ce maudit mariage qu'il m'a fallu subir impromptu, et presque *in extremis*... n'était pas là pour m'enchaîner... j'aurais été au-devant de ses vœux! et trop heureux de cette alliance; je ne pouvais pas en contracter une qui m'offrît plus d'avantages : favorite à la fois de la reine et de madame des Ursins, elle mènera toute la cour... on arrivera par elle au plus haut crédit... crédit légitime et honorable, ce qui est rare... et puis une femme charmante dont je suis, pardieu! amoureux... et pour tout de bon, ce qui est encore plus rare!... Dieu! si je savais seulement ce qu'est devenue mon autre... ma première... Il faudra sérieusement que je m'en informe, parce que alors, et avec les mesures que j'ai prises, il y aurait peut-être moyen... Hein! qui vient là?

SCÈNE VII.

DON GASPARD, MUGNOZ, entrant vivement.

MUGNOZ.

Dieu du ciel!... sauvez-moi... car je ne sais ni où je suis, ni où je vais...

DON GASPARD, le regardant.

Eh! mais... c'est ce coquin!...

MUGNOZ, tremblant et sans oser regarder.

Je suis reconnu!

DON GASPARD.

C'est ce poltron de Mugnoz, mon intendant!

MUGNOZ, levant la tête.

Vous, Excellence!... le duc d'Olonne, mon maître!... Comment êtes-vous ici?

DON GASPARD.

C'est la demande que j'allais te faire.

MUGNOZ.

Moi... je n'en sais rien!...

DON GASPARD.

Et d'où sors-tu dans cet équipage?

MUGNOZ.

De la grande aumônerie du palais... d'une cellule... où un affidé du saint-office m'avait fait mettre sous clef, parce que ma femme lui semblait jolie!

DON GASPARD.

Je crois bien!

MUGNOZ.

Vous la connaissez?

DON GASPARD.

Belle comme un soleil!

MUGNOZ.

Ce qui n'est pas une raison pour mettre son mari à l'ombre... J'y étais depuis six semaines, lorsque tout à l'heure le révérend frère qui vient me voir chaque jour sous prétexte de m'apporter à dîner... car en conscience ça ne peut guère compter pour un repas... le révérend frère était entré, allant et venant dans ma cellule... dont il avait laissé la porte ouverte... un instinct, une fièvre de liberté me saisit, et sans savoir où cela peut me mener, je m'élance dans le corridor, refermant la porte de ma prison sur le révérend frère, que je laisse tête-à-tête avec mon dîner !... Il est capable d'en mourir de faim !

DON GASPARD.

Et toi...

MUGNOZ.

Moi, sans rien demander à personne, je descends les escaliers quatre à quatre... je me trouve dans un vaste jardin...

DON GASPARD.

Celui du palais...

MUGNOZ.

Un vestibule se présente... puis une antichambre... et sans me faire annoncer, me voilà ; je vous rencontre... je ne vous quitte plus... vous êtes mon maître, c'est à vous de me protéger...

DON GASPARD.

Et ainsi ferai-je !

MUGNOZ.

Ça ne me regarde plus !

DON GASPARD.

J'entre chez le Roi, je lui en dirai deux mots... et dans l'instant ce sera une affaire arrangée...

MUGNOZ, avec reconnaissance.

Est-il possible !

DON GASPARD.

Ne m'en remercie pas... j'aurai justement besoin de toi.

MUGNOZ.

C'est bien de la bonté à vous...

DON GASPARD.

C'est à toi que j'avais confié en partant mon château et ma femme!...

MUGNOZ, tremblant.

Ah! mon Dieu!...

DON GASPARD.

Eh bien?...

MUGNOZ, de même.

Ça n'est pas ma faute... le château...

DON GASPARD.

Eh bien?

MUGNOZ.

Le château... je peux en répondre... j'en suis sûr... il a été pillé... mais votre femme...

DON GASPARD.

Eh bien! ma femme?...

MUGNOZ.

Je ne peux rien affirmer... parce que, malgré les déguisements que nous avons pris... malgré tout mon courage... oui, monseigneur, je l'ai défendue jusqu'à la dernière extrémité; mais cerné dans un bois... accablé par le nombre... blessé... désarmé...

DON GASPARD, lui frappant sur l'épaule.

Je t'en remercie!

MUGNOZ.

Il n'y a pas de quoi!... parce qu'en bon serviteur... enfin, elle a profité de ça pour s'égarer... s'évader...

DON GASPARD.

Et qu'est-elle devenue?

MUGNOZ.

Je n'en sais rien... Le rendez-vous était à Madrid où nous devions nous réunir... mais tombé moi-même sous la griffe des Dominicains, je n'ai pu prendre d'informations.

DON GASPARD.

C'est ce qu'il faudra faire dès aujourd'hui !... j'ai besoin de la voir, de lui parler, et à tout prix il faut que tu la découvres, que tu la retrouves...

MUGNOZ.

Ça n'est pas facile dans une ville comme Madrid... où tout se perd !

DON GASPARD.

Aussi, aux premières nouvelles certaines et positives que l'on pourra m'en donner... je ferai compter sur-le-champ six mille ducats.

MUGNOZ.

Six mille ?

DON GASPARD.

Comptant.

MUGNOZ.

Je la retrouverai.

DON GASPARD.

Nous causerons de cela... j'entre chez le roi... je te laisse mon page, qui va te reconduire à l'hôtel... et s'il te survient quelques renseignements... tu peux à l'instant me les envoyer par lui... il sait les moyens de me rejoindre.

MUGNOZ.

Oui, monseigneur...

DON GASPARD.

Adieu, et bon courage ! (Sortant en riant.) Ce pauvre Mugnoz !

SCÈNE VIII.

MUGNOZ, seul un instant; LE PAGE restant au fond en dehors de la porte.

MUGNOZ.

Le pauvre Mugnoz n'est plus à plaindre... je retrouve ma liberté... je vais retrouver ma femme, et si je peux retrouver la sienne... six mille ducats honnêtement acquis... Pour un intendant, c'est toujours... un commencement... Le difficile est de les gagner... parce que... De quel côté me mettre en quête, et où rencontrer ?...

(Pendant qu'il rêve.)

BIANCA, sortant de la porte à gauche, un papier à la main.

Oui, ce mot suffira pour délivrer à l'instant Mugnoz...

MUGNOZ, levant les yeux.

Qui prononce mon nom ?... Grand Dieu ! c'est elle !

BIANCA, poussant un cri de surprise.

C'est lui... (Rentrant vivement, en appelant.) Mariquita... Mariquita... viens donc !

MUGNOZ.

C'est comme un fait exprès... tous les bonheurs à la fois... Le ciel qui me l'envoie juste au moment... (Au page qui est assis en dehors.) Mon page ! mon petit page... tu sais où est ton maître... et les moyens de parvenir jusqu'à lui... cours vite lui dire que je l'attends ici, pour lui donner des nouvelles officielles et certaines de sa femme... va vite !

SCÈNE IX.

MUGNOZ, MARIQUITA, puis BIANCA; et après, LE CHEVALIER et PLUSIEURS PERSONNES de la cour.

MARIQUITA, accourant.

Mon mari!

MUGNOZ.

Ma femme!

MARIQUITA.

C'est toi!

MUGNOZ.

Je m'échappe à l'instant de ma prison!

MARIQUITA.

Eh quoi!
C'est toi que je revoi!

MUGNOZ et MARIQUITA.

Flamme douce et pure!
Bonheur sans égal,
Et que seul procure
L'amour conjugal!

MARIQUITA.

Près de ma jeune maîtresse
J'obtenais ta liberté!

MUGNOZ.

Pendant que, de mon côté,
J'augmentais notre richesse!

MARIQUITA.

Toi, Mugnoz!

MUGNOZ.

Et pourquoi pas?
Six mille beaux ducats!

MARIQUITA.

Six mille beaux ducats!

MARIQUITA et MUGNOZ.
Flamme douce et pure !
Bonheur sans égal,
Et que seul procure
L'amour conjugal !

(Bianca entre.)

MARIQUITA.
Quoi ! six mille ducats !... De qui ?

MUGNOZ.
Du duc d'Olonne,
De mon maître, qui me les donne
Si je peux découvrir sa femme !... Et la voilà !

MARIQUITA, vivement.
Garde-t'en bien !...

MUGNOZ, sans l'écouter.
Je viens de l'avertir déjà
Que par un sort heureux je l'avais aperçue...

BIANCA et MARIQUITA.
O ciel !

MUGNOZ.
Et qu'il se hâtât d'accourir !

BIANCA et MARIQUITA.
O ciel !

MUGNOZ.
Afin d'en réjouir sa vue.
Et dans l'instant il va venir...

BIANCA et MARIQUITA.
Il va venir !

MARIQUITA.
Malheureux !...

MUGNOZ, étonné.
Qu'est-ce donc ?

15.

BIANCA, voyant entrer le chevalier et plusieurs personnes de la cour, fait signe à Mariquita de se taire.
      Le chevalier... Silence!
(A demi-voix.)
Et devant lui, devant ce monde qui s'avance,
 Pas un mot!...

MARIQUITA.
    Mugnoz ne dira rien...
J'en connais le moyen.
 (Bas, à Bianca.)
Mais jurez-moi sa grâce!

BIANCA.
Dès ce soir.

MARIQUITA.
    Alors plus d'effroi.
(A demi-voix, à l'huissier de service.)
Un prisonnier d'État, plein d'adresse et d'audace,
Qui vient de s'échapper de la prison du Roi.
     (L'huissier parle bas à l'alcade mayor.)

BIANCA, tremblante au bord du théâtre, à droite, et écoutant.
C'est l'heure!... Il va venir!... Voici le duc d'Olonne!

MARIQUITA, la rassurant.
Eh! non... non pas encor!

L'ALCADE MAYOR, s'adressant à Mugnoz.
     Monsieur, je vous ordonne
De me suivre à l'instant!

MUGNOZ, étonné.
     Et comment? Et pourquoi?

L'ALCADE MAYOR.
Comme évadé de la prison du Roi.

MUGNOZ.
Qui vous l'a dit?

L'ALCADE, montrant l'huissier.
Monsieur.

MUGNOZ, à l'huissier.

Qui vous l'a dit?

L'HUISSIER, montrant Mariquita.

Madame

MUGNOZ.

Est-il possible!... ô ciel! ma femme!

L'HUISSIER.

Elle-même!

MUGNOZ.

Ah! grand Dieu! dénoncer son époux!
L'envoyer de nouveau sous clef, sous les verrous!

MUGNOZ, avec colère, et MARIQUITA en riant.

Flamme douce et pure,
Bonheur sans égal,
Et que seul procure
L'amour conjugal!

Ensemble.

MUGNOZ.

O perfide trame,
Je sens que mon âme
Frémit et s'enflamme
D'un juste courroux!

LE CHEVALIER.

O toi dont la flamme
Éclaire mon âme,
Amour, je réclame
Ton appui si doux!

BIANCA et MARIQUITA.

Oui, du fond de l'âme
Il maudit sa femme,
Frémit et s'enflamme
D'un juste courroux!

LE CHOEUR.

Quelle indigne trame!
Comment, c'est sa femme

Qui pour lui réclame
De nouveaux verrous!

(L'alcade et quelques gardes emmènent Mégaoz. — Les autres personnes de la cour entrent dans les appartements à droite. — Mariquita sort par la porte à gauche.)

SCÈNE X.

BIANCA, LE CHEVALIER.

LE CHEVALIER, retenant Bianca qui veut aussi s'éloigner.

De grâce, madame, quelques instants.

BIANCA.

Je me rendais chez la reine.

LE CHEVALIER.

Vous m'avez promis de me recevoir...

BIANCA.

Oui... je le voulais... mais je crains...

LE CHEVALIER.

Eh! que pouvez-vous craindre dans cette cour... où vous régnez presque en souveraine, dans ce palais où vous n'avez que trop de pouvoir.

BIANCA.

Que voulez-vous dire?

LE CHEVALIER.

Que je vous aime trop pour ne pas regarder votre honneur comme le mien, et pour ne pas être jaloux de tout ce qui le blesse... Oui, madame, ce duc d'Olonne, qui vous fait hautement la cour, ne peut jamais vous épouser... C'est un secret pour tout le monde; mais moi... je sais et je vous atteste qu'il est marié...

BIANCA, à part.

Vraiment! il croit me l'apprendre!

LE CHEVALIER.

Et cependant, il ose vous offrir ses vœux... par ambition, pour spéculer sur votre faveur; car ils disent tous que le Roi cherche à vous plaire, que vous en êtes ravie...

BIANCA.

Et vous le croyez?

LE CHEVALIER.

Non... puisque je vous aime! puisque je suis encore ici, dans ce palais, implorant de vous le droit de réduire vos ennemis au silence.

BIANCA.

Et comment le pourriez-vous?

LE CHEVALIER.

D'un seul mot... Acceptez-moi pour époux!

BIANCA.

Vous... chevalier!

LE CHEVALIER.

Moi! marquis de Guadalaxara, grand d'Espagne, qui ai conquis mes titres sur le champ de bataille, et qui saurai défendre ma femme, comme j'ai défendu mon souverain, par mon épée.

BIANCA.

Sans vous informer de mon nom... de ma naissance... de ma fortune!

LE CHEVALIER.

Je ne vous demande rien!... que vous!

BIANCA.

Ah!... je ne puis vous dire combien je suis touchée d'un pareil amour, et, croyez-moi, le malheur de ma vie... est de ne pouvoir y répondre.

LE CHEVALIER.

O ciel!... ce qu'ils disent est donc vrai?

BIANCA.

Non... et pour vous le prouver... demain... je quitte cour... je me retire dans un couvent.

LE CHEVALIER.

Est-il possible!... une telle résolution...

BIANCA.

Ne sera prise que pour vous... que pour me conser à vous... J'ignore ce que le ciel me réserve... je ne sai mon sort pourra changer... mais je ne serai à personn qu'à vous!

LE CHEVALIER.

Et pourquoi ne pas me dire la vérité tout entière?

BIANCA.

Ah!... c'est que si je vous la disais... je ne pourrais m pas vous parler... comme je le fais... je ne pourrais sans rougir, vous avouer que je vous aime... Ce droi voulez-vous me l'ôter?

LE CHEVALIER.

Non... non... mais que puis-je donc faire?

BIANCA.

Attendre! m'obéir! et me croire!

LE CHEVALIER.

Eh bien!... un mot... un dernier... Le duc d'Olonne aime ardemment?

BIANCA.

C'est vrai.

LE CHEVALIER.

L'avez-vous jamais aimé?

BIANCA.

Non...

LE CHEVALIER.

Et maintenant?

BIANCA.

Je le déteste!

LE CHEVALIER, avec satisfaction.

A la bonne heure!

SCÈNE XI.

LES MÊMES; MARIQUITA.

MARIQUITA.

Madame... madame... il sort de chez le Roi! il est là, et fait demander, par l'huissier de la chambre, si vous pouvez le recevoir.

BIANCA, avec impatience.

Qui donc?

MARIQUITA.

Le duc d'Olonne.

LE CHEVALIER, vivement.

Le duc!

BIANCA.

Répondez... que je ne puis, que je ne suis pas visible.

LE CHEVALIER.

Merci!

MARIQUITA.

Voici deux mots qu'il avait écrits pour madame...

BIANCA, jetant les yeux sur le papier.

Grand Dieu! (Haut, avec embarras.) Pardon... chevalier... une importante affaire... dont la reine l'a chargé... pour moi...

LE CHEVALIER.

Laquelle?...

BIANCA.

Je ne la connais pas!

LE CHEVALIER.

D'où vient alors... le trouble qu'elle cause?

BIANCA.

Du trouble... je n'en ai aucun... je voudrais seulement... je désire parler au duc...

(Elle fait signe de la main à Meriquita qui sort.)

LE CHEVALIER.

Le duc!... que vous refusiez de recevoir...

BIANCA.

J'ai changé d'idée...

LE CHEVALIER.

Et de sentiments peut-être?... car vous le détestiez tout à l'heure...

BIANCA.

Monsieur!... tout à l'heure, vous me promettiez de me croire et de m'obéir...

LE CHEVALIER.

Pardon, je me retire... (Il la salue, fait quelques pas, et dit à part avec colère.) C'est trop longtemps être abusé... et dussé-je la perdre... dussé-je en mourir, je veux tout savoir...

(Pendant ces dernières paroles, Bianca rêveuse a redescendu le théâtre, et le chevalier, au lieu de sortir par la porte du fond de laquelle il s'était rapproché, redescend doucement vers la porte à gauche qui est restée ouverte. Il y entre au moment où le duc sort de la porte à droite.)

SCÈNE XII.

BIANCA, DON GASPARD; puis L'ALCADE MAYOR et LE CHEVALIER.

DON GASPARD.

Madame...

BIANCA, levant la tête au bruit que fait le duc en entrant, et avec émotion.

C'est vous, monsieur le duc!

DON GASPARD, la regardant.

L'émotion... dont vous m'honorez toujours... me prouve que j'étais attendu... avec impatience... ou du moins avec curiosité...

BIANCA, montrant le papier qu'elle tient à la main et qu'elle jette sur la table.

Sans doute... cet entretien que vous me demandez pour affaires qui concernent votre liberté...

DON GASPARD.

N'a rien qui doive vous étonner, après notre conversation de ce matin... vous sembliez douter de la sincérité, de la pureté de mes intentions... en voyant que, jusqu'à présent, je n'avais pas prononcé le mot d'hymen.

BIANCA.

Loin de moi l'idée de vous en faire un crime!... je sais que cela ne vous est ni permis, ni possible...

DON GASPARD, vivement.

Vous le savez! et comment?... qui vous l'a dit?

BIANCA.

Des personnes qui ne pouvaient en douter.

DON GASPARD.

Eh! qui encore?

BIANCA.

M. le chevalier de Vilhardouin.

DON GASPARD.

Ah! de la part d'un rival... c'est peu charitable, mais c'est de bonne guerre... Eh bien! oui, madame, je venais vous parler au sujet de ce mariage qui me tient lié, enchaîné... de ce mariage que je maudis... que je déteste... surtout depuis que je vous connais... mais je venais en même temps vous apprendre que, grâce au ciel! le mal n'est pas sans remède.

BIANCA, vivement.

Est-il possible!... et comment cela?

DON GASPARD.

Ah! la joie seule que vous cause cette nouvelle me rend le plus heureux des hommes!

BIANCA, de même.

Eh bien! monsieur, vous dites donc...

DON GASPARD.

Que lors de nos dernières révolutions, fugitif et proscrit... pour sauver mes biens et échapper au décret de confiscation... j'épousai, sans la connaître, une paysanne de mes domaines... une fille de rien...

BIANCA.

Fort laide peut-être?...

DON GASPARD, riant.

C'est possible!... ils disent que non... je n'en sais rien... car, quelque invraisemblable que cela vous paraisse... arrêté au sortir de l'autel, je n'ai pas même eu le temps de la voir... mais quelques mois après, et grâce à vous ambassadeur d'Espagne à la cour de Rome, je me hâtai, en échange des services que je venais de rendre au saint-siége, de solliciter la rupture d'un mariage qui offrait une foule de nullités... D'abord il n'avait jamais eu lieu... réellement.

BIANCA.

Bien vrai?...

DON GASPARD.

C'est comme je vous le dis... je l'ai juré d'ailleurs, et d'après mon serment... le saint-père... a expédié la bulle.

BIANCA.

De nullité...

DON GASPARD.

Pas tout à fait... l'acte n'est pas complétement régulier... car bien que signé par moi, par le pape et les cardinaux, la condition *sine quâ non*, c'est que cet acte le sera aussi par la duchesse d'Olonne...

BIANCA, à part.

O ciel!... (Haut.) Et vous croyez qu'elle refusera?

DON GASPARD.

C'est ma crainte! Non pas que pour la décider je ne sois prêt à tous les sacrifices de fortune... mais on ne renonce pas aisément à un titre... à une position pareille.

BIANCA.

Peut-être n'a-t-elle pas d'ambition?

DON GASPARD.

Tout le monde en a! et puis il y a une autre difficulté... Pour qu'elle signe cet acte, il faut savoir ce qu'elle est devenue, découvrir où elle est, et je l'ignorais; mais Mugnoz, un de mes serviteurs, vient de me faire savoir qu'il avait sur son sort des données certaines.

BIANCA.

Ah!...

DON GASPARD.

Je l'attends ici! c'est devant vous, madame, que je veux l'interroger, et aviser aux moyens de recouvrer cette liberté qu'il me tarde de vous offrir! (Se retournant vers l'alcade mayor qui entre en ce moment.) Qu'est-ce? qu'y a-t-il?

L'ALCADE MAYOR.

Un de vos serviteurs, que le devoir de ma charge m'obligeait de conduire en prison, se réclame de Votre Excellence.

DON GASPARD.

Son nom?

L'ALCADE MAYOR.

Mugnoz.

BIANCA, à part.

O ciel!

DON GASPARD, à Bianca, souriant.

Celui que nous attendons... on ne fait donc que l'arrêter!... Monsieur l'alcade mayor, je vous offre ma caution... faites-le venir ici à l'instant, car nous avons besoin de sa présence.

(L'alcade s'incline et sort.)

BIANCA, à part.

Et sa femme qui n'aura pas eu le temps de le prévenir!... c'est fait de moi!

FINALE.

DON GASPARD.
Ainsi donc, votre cœur, qu'à vaincre je m'efforce,
Consent que mon destin au vôtre soit uni!

(En ce moment le chevalier sort doucement de l'appartement à gauche et s'avance derrière eux.)

BIANCA.
Si l'on consent à signer ce divorce,
Et si d'abord cet acte existe!

DON GASPARD, tirant un parchemin de sa poche.
Le voici!

LE CHEVALIER, à part.
Ah! perfide!

DON GASPARD, montrant l'acte à Bianca.
Voyez vous-même!...

BIANCA, avec joie, à part et avançant la main pour le saisir.
Je l'emporte!

LE CHEVALIER.
Non, madame!

DON GASPARD et BIANCA.
Grand Dieu!

LE CHEVALIER.
Me trahir de la sorte!
Et lorsque j'espérais obtenir votre foi,
Lui donner cette main qui n'appartient qu'à moi,
C'en est trop!...

Pour cette perfidie
Il n'est point de pardon,
Il paira de sa vie
Pareille trahison!

DON GASPARD, *riant et tenant toujours le parchemin que Bianca essaie en vain de saisir.*

Oui, je m'en glorifie,
Qui sait plaire a raison!
Je paîrais de ma vie
Si douce trahison!

BIANCA.

Fatale jalousie!
O funeste soupçon
Dont l'aveugle furie
Égare sa raison!

LE CHEVALIER, *montrant le duc.*

Mais cet acte odieux, qui rompt son mariage,
Ne lui servira pas!

(*S'emparant de l'acte que le duc vient de remettre à Bianca.*)
Je veux l'anéantir!

BIANCA, *l'arrêtant au moment où il va déchirer le parchemin.*

O ciel!...

(*Haut avec dignité.*)
De vous, monsieur, je réclame un seul gage!
Vous m'aviez sur l'honneur juré de m'obéir
En tous temps, en tous lieux!...

LE CHEVALIER.

Quoi! lorsqu'on me trahit!...

BIANCA.

Si vous m'aimez, monsieur, rendez-moi cet écrit.

LE CHEVALIER, *hésite encore, la regarde et le lui remet.*

Le voici!

SCÈNE XIII.

LES MÊMES; MUGNOZ, amené par L'ALCADE MAYOR et suivi de MARIQUITA, sa femme, et de PLUSIEURS PERSONNES du palais.

MUGNOZ, à sa femme qui veut lui parler.
Laissez-moi! Malgré vous, infidèle,
Je sors de mon cachot.

DON GASPARD, l'apercevant.
Ah! sois le bienvenu!
Et puisque te voilà, parle vite! Sais-tu
En quels lieux est ma femme?

MUGNOZ.
Et pour payer mon zèle,
Le trésor convenu...

DON GASPARD.
Par toi sera gagné
A l'instant!

MUGNOZ, regardant Bianca qui vient s'asseoir à la table à droite et qui a pris une plume.
Payez donc!...
(La montrant.)
Car la voilà!... C'est elle!

DON GASPARD.
Ma femme!

TOUS.
Sa femme!

MARIQUITA et MUGNOZ.
Eh! oui, vraiment, c'est elle!

BIANCA, se levant de la table et présentant l'acte.
Non! elle ne l'est plus! le divorce est signé!

Ensemble.

DON GASPARD.
O ruse! perfidie!
Adroite trahison!
C'est à perdre la vie,
Ou du moins la raison.

BIANCA, à Gaspard.
Pour cette perfidie,
Donnez-moi mon pardon!
Que la voix d'une amie
Vous rende la raison!

LE CHEVALIER, à Bianca.
O douce perfidie!
Charmante trahison!
A vous seule ma vie,
Mon âme et ma raison!

MARIQUITA, MUGNOZ et LE CHŒUR.
Douce coquetterie
Qui mérite un pardon,
L'amour seul justifie
Pareille trahison!

DON GASPARD, la regardant.
oh! c'est là... C'était là ma femme!...

TOUS.
    O sort étrange!

DON GASPARD.
Dont j'étais... dont je suis amoureux!...

BIANCA, souriant.
    Bien à tort!
Car elle en aime un autre, et votre cœur la change
(Lui tendant la main.)
Contre une amie!...

DON GASPARD, lui baisant la main, et pressant ensuite celle que lui tend le chevalier.
Allons!... cela vaut mieux encor!

LE CHŒUR.

O douce perfidie !
Qui mérite un pardon !
L'amour seul justifie
Pareille trahison !

LE
CODE NOIR

OPÉRA-COMIQUE EN TROIS ACTES

MUSIQUE DE A.-L. CLAPISSON.

Théatre de l'Opéra-Comique. — 9 Juin 1842.

PERSONNAGES.   ACTEURS.

LE MARQUIS DE FEUQUIÈRES, gouverneur
   de la Martinique .... MM. Girard.
PARQUET DENAMBUC, riche colon, oncle de
   Gabrielle. .... Grignon.
PALÈME, esclave du gouverneur. .... Mocker.
DONATIEN, jeune officier de marine .... Roger.
MATHIEU, commandeur. .... Victor.

GABRIELLE, femme du marquis de Feuquières. Mmes Revilly.
ZOÉ, esclave du gouverneur. .... Darcier.
AMBA, capresse. .... Rossi Caccia.

Colons et Esclaves. — Membres du Conseil colonial. —
       Soldats. — un Huissier.

A la Martinique, dans l'habitation du gouverneur, aux deux premiers actes ;
   dans la ville de Saint-Pierre, au troisième acte.

LE
CODE NOIR

ACTE PREMIER

Intérieur d'une riche habitation à la Martinique.

SCÈNE PREMIÈRE.

DENAMBUC, assis devant une table et achevant de dîner. A sa droite, PALÈME et ZOÉ, qui le servent.

PALÈME, bas, à Zoé.

Zoé!... Zoé!...

ZOÉ, de même.

Quoi donc?

PALÈME, de même.

J'ai quelque chose à vous dire.

ZOÉ, de même.

Eh bien! dis-le!...

PALÈME, bas, à Zoé.

Pas maintenant!... Mais ici, tantôt, quand l'oncle de notre maîtresse aura dîné.

DENAMBUC.

A boire!

ZOÉ, voulant le servir.

Voilà, monsieur...

PALÈME, de même.

Non... c'est à moi.

DENAMBUC.

Et pendant ce temps-là je ne bois pas!... Dites-moi, mes enfants, savez-vous pourquoi ma nièce Gabrielle, votre maîtresse, était gaie il y a deux jours, et pourquoi elle est triste aujourd'hui?

PALÈME.

Pourquoi?... Je n'en sais rien!

DENAMBUC, à Zoé.

Et toi?

ZOÉ.

Ni moi non plus... Mais depuis deux jours, M. le gouverneur, son mari, était parti pour une expédition dans l'île...

PALÈME.

A telles enseignes qu'il revient ce soir... On l'attend!

ZOÉ.

Pour souper... et alors...

DENAMBUC.

Ah!... quand son mari revient, sa gaieté s'en va?

ZOÉ.

Oui, maître!...

DENAMBUC.

A boire!... (Pendant que Zoé lui verse.) Il ne la rend donc pas heureuse?... Eh bien! Ta main tremble et tu n'oses répondre?... Comment!... même absent, vous en avez peur à vous deux... Mais à nous trois!...

ZOÉ.

C'est différent!
(Pendant que Denambuc, assis au milieu du théâtre et devant la table, continue à diner.)

DUO.

PALÈME et ZOÉ, ensemble, à voix haute.

Mon Dieu, le bon maître!
Comme il est chéri!
Mon Dieu, le doux maître!
Comme il est gentil!
Qu'on est heureux d'être
  (A voix basse.)
Ailleurs que chez lui...
Ah! quel plaisir d'être
Ailleurs que chez lui!...

ZOÉ, à demi-voix.

Il est grondeur avec madame,
Et comme un tigre il est jaloux.

PALÈME, de même.

Pourtant à d'autres qu'à sa femme
Chaque jour il fait les yeux doux!

ZOÉ.

Mais aux fautes les plus légères,
Il fait soudain avec rigueur...

PALÈME.

Siffler les sanglantes lanières,
Ou bien le fouet du commandeur.

ZOÉ, bas, à Denambuc.

Témoin Palème, eh! oui, vraiment,
Hier encor, couvert de sang.

PALÈME et ZOÉ, à voix basse.

C'est un méchant, c'est un tyran.
(A voix haute.)
Mon Dieu, quel doux maître ! etc.

DENAMBUC, jetant sa serviette et se levant de table.

Qu'est-ce que vous me dites là, mes enfants?

ZOÉ, à demi-voix.

C'est au point que Palème est décidé à s'enfuir dans les montagnes du Carbet.

DENAMBUC, à Palème.

Toi, Palème ! tu veux t'en aller marron?

PALÈME.

Oui, maître.

DENAMBUC.

C'est mal.

PALÈME.

J'en conviens!... Mais si je restais... je tuerais l'autre.

DENAMBUC.

Ce qui serait encore plus mal.

PALÈME.

C'est plus fort que moi... c'est une idée que j'ai.

DENAMBUC.

Depuis quand?

PALÈME.

Depuis qu'il regarde Zoé d'une certaine manière...

DENAMBUC, à Zoé.

Est-ce vrai?

ZOÉ, souriant.

Comme il regarde toutes les jeunes filles !... Témoin belle Zamba, la capresse, qui l'autre jour l'a repoussé rudement... qu'il en a manqué tomber... et il lui a pa[s] donné à elle... mais à Palème... il ne pardonnerait pas.

Ainsi, tâchez d'arranger cela, vous, monsieur, qui êtes si bon maître !

DENAMBUC.

Que veux-tu que j'y fasse?... M. le marquis de Feuquières daigne à peine m'écouter....Il croit m'avoir fait grand honneur, lui gouverneur de la Martinique et gentilhomme ruiné, en épousant ma nièce... la nièce d'un négociant.

PALÈME, avec indignation.

Un négociant dont le père, M. Parquet Denambuc, a possédé en toute propriété la Martinique, la Guadeloupe et la Grenade.

ZOÉ.

Et une dot comme celle que vous avez donnée !

DENAMBUC.

C'est bien... c'est bien !... je ne la lui reproche pas... Mais je voudrais au moins qu'il rendît ma nièce heureuse... Et puisqu'il n'en est pas ainsi, c'est assez de la dot... il n'aura pas l'héritage... non, parbleu ! il ne l'aura pas... cette idée-là me sourit... et j'y songerai... (A Palème.) Va-t'en.

PALÈME, hésitant.

C'est que j'avais à parler à Zoé.

DENAMBUC.

Et moi aussi.

PALÈME.

Un secret à lui confier.

DENAMBUC.

Et moi aussi.

PALÈME.

Alors, c'est juste... Vos secrets doivent passer avant les miens, vous êtes le maître.

DENAMBUC.

Dis à ma nièce qu'elle vienne me faire ses adieux... Non, non... il n'est que midi... et à cette heure-ci elle doit dormir... Attends son réveil, sinon elle aurait la migraine toute la journée.

PALÈME.

Oui, maître!... (A Zoé.) Alors ce sera pour plus tard!

(Il sort.)

SCÈNE II.

DENAMBUC, ZOÉ.

ZOÉ, s'approchant de lui, après un moment de silence.

Me voilà, monsieur... Que me voulez-vous?

DENAMBUC.

Ce que je veux!... Je voulais te dire, Zoé, qu'ici ou à la Grenade, avec mes quatre ou cinq habitations, je me surprends parfois à m'ennuyer de la manière... la plus vaste!...

ZOÉ.

Est-il possible!... Vous, autrefois si joyeux, si actif... Depuis quand ce changement?

DENAMBUC.

Je crois que c'est depuis le mariage de ma nièce!... Je t'avais élevée avec elle pour la servir... Je lui avais donné une éducation superbe, que j'ai payée, et dont tu as profité... car les leçons l'ennuyaient, et pour l'empêcher de pleurer, c'est toi qui les prenais... La maîtresse et l'esclave étaient devenues inséparables... Et toutes deux égayaient ma case, comme, le matin, un rayon du soleil levant... Votre babil, vos chansons, vos caprices souvent tyranniques, tout cela m'amusait... Moi qui commandais à tant de monde, j'aimais à obéir à deux enfants... Enfin, que te dirais-je?... La bénédiction de Dieu était avec vous dans ma maison... et avec vous elle en est sortie.

ZOÉ.

Mon pauvre maître!

DENAMBUC.

Gabrielle s'est mariée... elle a voulu t'emmener avec elle... c'était tout naturel... j'y consentis... Mais depuis ce moment, mon habitation m'a paru immense et déserte, mes belles plantations, mes ateliers de nègres, mes moulins à sucre, mes cases à bagasse... tout cela m'a ennuyé... Je suis devenu impatient, bourru et chagrin... Je regrettais Gabrielle, comme ma fille, et toi, comme sa sœur, sans me rendre compte de ce que j'éprouvais... Mais tout à l'heure, quand Palème m'a appris que M. le marquis de Feuquières était amoureux de toi...

ZOÉ, souriant.

De moi !... ce n'est pas vrai !... c'est de Zamba, je vous l'ai dit.

DENAMBUC.

N'importe, pour la première fois de ma vie, je me suis senti en colère, j'ai été furieux... en dedans...

ZOÉ.

Pour votre nièce ?...

DENAMBUC.

Non... (La regardant.) Parce que, vois-tu bien, je ne tiens ni au monde ni à son approbation, je suis assez riche pour l'acheter ou pour m'en passer... mais je voudrais enfin tâcher d'être heureux pour mon argent, et j'ai l'idée de me marier... Qu'en dis-tu ?

ZOÉ.

Dame !... c'est une bonne idée... si vous prenez une bonne femme.

DENAMBUC.

Qui m'égaie, qui me rajeunisse, qui me plaise... Je n'en ai encore trouvé qu'une, et c'est toi !...

ZOÉ, stupéfaite.

Moi !... est-il possible !... Et vous venez me dire cela... là... tranquillement !

DENAMBUC.

C'est mon caractère... je n'aime pas autrement... et toi?... Allons, voyons!... réponds?... J'ai cinquante ans!... Je n'ai pas de temps à perdre... décide-toi!

ZOÉ.

Maître, faut-il dire franchement?...

DENAMBUC.

Toujours...

ZOÉ.

C'est que...

DENAMBUC.

Eh bien!

ZOÉ.

Eh bien!... je donnerais ma vie pour vous!... mais... je ne vous aime pas.

DENAMBUC.

Il n'y a pas de mal... Je préfère ça.

ZOÉ.

Et pourquoi?

DENAMBUC.

Je déteste les grandes passions.

ZOÉ, étonnée.

Ah bah!

DENAMBUC.

J'en ai peur!... Je suis payé pour cela... Je n'en ai inspi qu'une en ma vie... à ce qu'on m'a dit... et quelque invrai semblable que ce fût, je voulus bien le croire... Il y a d cela dix-huit ans... une de mes esclaves, une jeune fill dont le caractère impérieux dérangeait toutes mes habitu des et me donnait la fièvre!

ZOÉ.

C'est qu'elle ne vous aimait pas!

DENAMBUC, froidement.

Au contraire... Elle m'aimait tant, que par affection elle a voulu me tuer...

ZOÉ.

O ciel!

DENAMBUC, de même.

Un accès de jalousie qui n'avait pas le sens commun... Elle a commencé l'explication par un coup de poignard dont j'ai pensé mourir... Pauvre femme!...

ZOÉ.

Vous la plaignez?...

DENAMBUC.

Oui, sans doute... Car redoutant la mort qu'elle avait méritée... elle a disparu de l'île... Et cependant il y avait des raisons pour lesquelles elle n'aurait pas dû fuir... des raisons qui lui donnaient le droit de compter sur mon pardon... Enfin, je n'en ai plus entendu parler... Morte... égarée... emmenée... que sais-je?... j'en ai eu tant de tourments que depuis j'ai pris en haine et en effroi tous les amours, excepté l'amour tranquille... Voilà pourquoi le lien me plaît et me charme!... il augmentera peu à peu en ménage... Avec l'habitude d'être heureuse... et dès que tu n'aimes personne... autant moi qu'un autre!...

ZOÉ.

Mais c'est que... je ne sais comment vous l'avouer...

DENAMBUC.

Allons, de la franchise!...

ZOÉ.

Je crois... que j'en aime... un autre...

DENAMBUC.

Ah! ah!... tu crois que?...

ZOÉ, naïvement.

J'en suis sûre...

DENAMBUC.

C'est différent!... Palème, peut-être?... c'est juste... On aime mieux son égal que son maître.

ZOÉ.

Ce serait plus raisonnable... Mais ce n'est pas ça... Un beau jeune homme, un étranger...

DENAMBUC.

Eh! qui donc?

ZOÉ.

Je ne le connais que par un service que je lui ai rendu.. il y a six mois... un jour que, revenant de votre habitation... je traversais en plein midi les bois du Carbet... au carrefour... vous savez bien...

DENAMBUC.

Lequel?

ZOÉ.

Où s'élève ce grand arbre qui étend ses branches sombres et ses touffes de fruits roses.

DENAMBUC.

Le mancenillier!

ZOÉ.

Justement!

DENAMBUC.

Un arbre dont l'ombre même est mortelle...

ZOÉ.

Ce n'est que trop vrai!

ROMANCE.
Premier couplet.

Jeune et rêvant la gloire et l'espérance,
Assis au pied du noir mancenillier,
Un beau marin, un officier de France,
Dormait paisible... et moi de m'écrier :
　Fuyez! fuyez ce noir feuillage,

Fuyez! il y va de vos jours!
Qui sommeille sous son ombrage
S'endort, hélas! et pour toujours!

Deuxième couplet.

Je vois encor la surprise et l'ivresse
De ses regards si tendres et si doux!
Prenant ma main que dans la sienne il presse,
Il s'écria, tombant à mes genoux :
De cet arbre au fatal feuillage,
Vous avez préservé mes jours;
Et je jure sous son ombrage
Qu'ils sont à vous et pour toujours!

DENAMBUC, secouant la tête.

J'entends... Et après?...

ZOÉ.

Après... Il s'est rembarqué le lendemain, sur son vaisseau qui était en rade...

DENAMBUC.

Et... ce jeune et bel officier n'est pas revenu?

ZOÉ.

Non, mais il m'a promis de revenir... et c'est pour ça que j'y pense... et qu'il est toujours là, devant mes yeux... Vous voyez bien, maître, qu'en échange de vos bienfaits... je ne peux pas vous tromper... ni vous promettre ce que je ne puis donner...

DENAMBUC.

Tu es une honnête fille... et cela prouve que j'avais bien choisi!... Rassure-toi, cet amour s'en ira...

ZOÉ.

Je le voudrais, mais je doute qu'il finisse!...

DENAMBUC.

Cela finit toujours... même quand ceux qu'on aime sont là... à plus forte raison quand ils sont loin, et qu'ils ne reviennent pas... Promets-moi seulement que si tu l'oublies...

ZOÉ.

Dame!... j'y tâcherai...

DENAMBUC.

Tu m'avertiras!...

ZOÉ.

Ah! je vous le jure...

DENAMBUC.

C'est bon... J'attendrai...

ZOÉ.

Bien entendu que vous me gardez le secret... Je n'ai parlé de cette aventure à personne... pas même à ma maîtresse... Il n'y a qu'à vous...

DENAMBUC.

Je te remercie de la préférence... et... et de ta confiance... (Regardant Gabrielle qui entre.) C'est ma nièce!

SCÈNE III.

ZOÉ, GABRIELLE, DENAMBUC, PALÈME.

GABRIELLE.

Est-il vrai, mon oncle, que vous partiez, et par une chaleur pareille?... Voilà ce que je ne conçois pas...

DENAMBUC.

Il faut que je sois ce soir à Fort-Royal ; mais avant mon départ, ma chère nièce, j'ai un présent à te demander.

GABRIELLE, souriant.

Tant mieux... cela me changera, vous qui m'en faites toujours!

DENAMBUC, montrant Palème.

Dans les esclaves qui composaient ta dot se trouvait celui-ci dont tu peux disposer... car, grâce au ciel, je vous ai mariés séparés de biens... Veux-tu me le donner?

GABRIELLE.

De grand cœur... quoique Palème soit un bon et fidèle serviteur qui m'est dévoué...

PALÈME.

Qui le sera toujours, maîtresse...

DENAMBUC, sévèrement.

Et maintenant que tu es rentré sous ma loi, je t'empêcherai bien de t'en aller marron, ou de tuer ton maître!... A genoux!...

PALÈME, tremblant et hésitant.

Quoi, maître!...

DENAMBUC.

A genoux... Je t'affranchis!

PALÈME, poussant un cri.

Jésus Maria!...

DENAMBUC.

Tu es libre... tu n'as plus d'autre maître que toi-même... si tu n'es pas content de celui-là... ça n'est plus ma faute.

PALÈME.

Ah! je ne vous quitterai jamais... je vous servirai, je me ferai tuer pour vous!

DENAMBUC.

A ton choix!... Un homme libre peut faire ce qu'il veut. (A sa nièce.) C'est bien, Gabrielle... Je te prierai, en échange, d'accepter ce que l'autre jour tu regardais chez moi avec quelque plaisir... ce collier de perles!

GABRIELLE.

Qui vaut dix mille livres, au moins! C'est trop, mon oncle, dix fois trop!

DENAMBUC, souriant.

Ah! c'est désobligeant pour Palème qui, à coup sûr, vaut bien cela... Mais si tu crois me devoir du retour, il y a une autre personne qui t'appartient aussi et que je te demanderai peut-être...

GABRIELLE.

Quand donc ?

DENAMBUC, regardant Zoé.

Bientôt, je l'espère !... Adieu, mes enfants.

ZOÉ.

Maître, vous feriez mieux de rester, car voilà un orage qui se prépare ! et dans ce pays, vous savez qu'ils sont terribles.

GABRIELLE.

Oui, mon oncle... Et puis, les nègres marrons, auxquels le gouverneur donne la chasse en ce moment, peuvent vous rencontrer et vous faire un mauvais parti.

DENAMBUC, souriant.

Je ne crois pas... Mais, à la grâce de Dieu ! (Se retournant et voyant Palème qui a pris son chapeau de paille et son bâton.) Que fais-tu là ?

PALÈME.

Je vais avec vous.

DENAMBUC, brusquement.

Je n'ai pas besoin de toi.

PALÈME.

Je suis mon maître... vous l'avez dit... Je vais où je veux !

DENAMBUC.

C'est juste... Je n'ai plus le droit de te commander... Viens donc, et demain, j'enverrai au Conseil colonial tes lettres d'affranchissement... Adieu, ma nièce ; adieu, Zoé...

(Il sort avec Palème.)

SCÈNE IV.

GABRIELLE, ZOÉ.

ZOÉ, le regardant sortir.

Oh! le brave et excellent homme... S'il lui arrivait quelque malheur... Je suis désolée qu'il s'éloigne!...

GABRIELLE.

Et moi de même... Qu'allons-nous faire, toute la soirée?

ZOÉ.

Elle ne sera pas longue, car M. le marquis va revenir à neuf heures pour souper, et puis pour le bal de demain...

GABRIELLE, avec impatience.

Oui, oui... il me l'a écrit.

ZOÉ.

D'ici là, et pour prendre patience, veux-tu broder ou dessiner? toi, maîtresse, qui dessines si bien que c'est une merveille.

GABRIELLE, s'étendant sur un fauteuil.

Non... cela m'ennuiera.

ZOÉ.

Veux-tu que je te lise quelque roman?

GABRIELLE.

Il sera mauvais.

ZOÉ.

Et s'il ne l'est pas? s'il est amusant?

GABRIELLE.

Ça sera encore pire... Je l'écouterai et ça me fatiguera... ça me fera mal à la tête... J'aime mieux ne rien faire.

ZOÉ.

Ah! maîtresse, tu es bien créole dans l'âme!

GABRIELLE.

Ouvre la fenêtre... L'air est suffoquant... Ne vois-tu rien?

Personne autour de l'habitation?... Sur le rocher en face de ma fenêtre?

ZOÉ.

Non, maîtresse... Et voici, du côté de la montagne, des nuages qui annoncent la tempête...

GABRIELLE, secouant la tête.

C'est pour cela qu'il ne sera pas venu aujourd'hui.

ZOÉ.

Qui donc?

GABRIELLE, à mi-voix.

Ah! Zoé... c'est un secret, un grand secret!

ZOÉ, vivement.

Et tu es embarrassée pour passer la soirée? Raconte-le-moi...

GABRIELLE.

C'est que... je m'étais promis de ne plus m'en occuper... Aussi, tu es témoin... je n'ai pas ouvert cette fenêtre, je n'y ai pas jeté les yeux.

ZOÉ.

Non, mais tu m'as envoyée y regarder.

GABRIELLE.

C'est que depuis huit jours, tous les soirs, à cette heure, un jeune homme vient sur le rocher qui est vis-à-vis mes fenêtres... et cherche à me voir.

ZOÉ, étonnée.

Vraiment?... Je ne m'en suis pas aperçue!

GABRIELLE.

Je le crois bien... tu ne regardes jamais... tu n'es pas curieuse... Mais moi qui n'ai rien à faire, je voyais ce jeune homme plonger, du haut du rocher, un œil inquiet et attentif sur l'habitation... Il tressaillait au moindre mouvement de mes jalousies ou de mes stores... Je ne les ai pas levés, je te le jure, car je ne voulais pas me montrer... Mais, alors, comment lui dire de s'en aller?

ZOÉ.

Maîtresse pouvait bien fermer sa fenêtre.

GABRIELLE.

C'est ce que j'ai fait... le troisième jour... et je n'ai plus regardé; au contraire, j'ai cherché à me distraire, à m'occuper, à dessiner! Mais, malgré moi, et sans le vouloir, ses traits, présents à ma pensée ou à mon souvenir, venaient se placer sous mon crayon... Quand mon mari, M. le gouverneur, entra dans ma chambre et aperçut cette esquisse, que dans son admiration il voulut garder...

ZOÉ.

Eh bien! où est le mal?

GABRIELLE.

Aucun... Mais mon trouble aurait pu lui faire supposer... (On entend un prélude en dehors.) Écoute donc!

ZOÉ, qui a couru à la fenêtre.

Maîtresse, maîtresse, le ciel t'a entendue... N'aie plus d'inquiétudes pour ta soirée... C'est la belle Zamba, la capresse, qui vend des madras et des bijoux, des chapelets et des gants d'Espagne... De plus, elle te dira la bonne aventure par-dessus le marché.

GABRIELLE.

C'est charmant! Fais-la monter.

ZOÉ, qui vient de faire un signe par la fenêtre.

Ah çà! tu n'es pas jalouse?

GABRIELLE.

Et pourquoi?

ZOÉ.

C'est qu'on dit ton mari, le gouverneur, très épris de la belle capresse. (À Gabrielle, qui sourit.) Ah! ça ne te fait rien? Passion malheureuse, du reste!

GABRIELLE.
C'est bien, c'est bien... Qu'elle entre, qu'elle entre!

SCÈNE V.

LES MÊMES; ZAMBA, avec une boutique portative.

TRIO.

ZAMBA.
Achetez, gentilles créoles,
Mes parures et mes rubans,
Talismans heureux et frivoles,
Par qui l'on séduit les amans.

GABRIELLE et ZOÉ.
Oui, croyons-la sur sa parole;
Achetons bijoux et rubans,
Talismans heureux et frivoles,
Par qui l'on séduit les amans.

ZOÉ, débarrassant Zamba de sa boutique portative, et la montrant à Gabrielle.
Voyez quel goût, quelle élégance.

GABRIELLE.
Oui, ces éventails sont jolis!

ZAMBA.
Je crois bien, ils viennent de France,
C'est, dit-on, la mode à Paris!

GABRIELLE, vivement et prenant les éventails.
A Paris?

ZOÉ.
Et cette dentelle légère...

GABRIELLE.
Oui, cela ne m'irait pas mal!

ZAMBA, à Gabrielle.
On sait que pour charmer et plaire
On peut s'en passer; c'est égal...

Ensemble.

ZAMBA.

Achetez, gentilles créoles, etc.

GABRIELLE et ZOÉ.

Oui, croyons-la sur sa parole, etc.

ZOÉ, à Gabrielle.

Choisissez donc?

GABRIELLE, nonchalamment.

Choisir m'ennuie et me tourmente,
Je prends tout.

ZAMBA.

Cela vaut mieux!

GABRIELLE.

Oui, mais dans l'avenir on te prétend savante;
Dis-nous le nôtre à toutes deux?

ZAMBA.

Eh quoi! vraiment?

GABRIELLE.

Oui, je le veux!

Ensemble.

ZAMBA.

De la devineresse,
De sa voix prophétesse,
On consulte sans cesse
L'oracle tout-puissant;
Dans les cieux je sais lire,
Et, prête à vous instruire,
Ici, je peux vous dire
Le sort qui vous attend!

ZOÉ et GABRIELLE.

De la devineresse,
Je veux tenter l'adresse,
Et mon cœur s'intéresse
A son art tout-puissant;

17.

(A Zamba.)
Dans le ciel il faut lire,
Et si tu sais prédire,
Allons, il faut nous dire
Le sort qui nous attend!

ZAMBA, bas, à Gabrielle dont elle prend la main.
D'abord, dans cette main je vois
Que quelqu'un vous aime!

GABRIELLE, de même, avec émotion.
Qui? moi!

ZAMBA, de même, à Zoé dont elle prend la main.
Ici, j'aperçois clairement
Que l'on vous adore!

ZOÉ, de même.
Ah! vraiment!

GABRIELLE, bas, à Zamba.
Eh! qui donc?

ZAMBA, de même.
C'est un beau jeune homme.

ZOÉ, de l'autre côté à voix basse, à Zamba.
Qui donc?

ZAMBA.
Un cavalier gentil.

GABRIELLE, de même.
Et son nom?

ZAMBA.
Je ne puis voir comment on le nomme.
Mais ce n'est pas votre mari!

Ensemble.

GABRIELLE et ZOÉ, à part.
De la devineresse
Je redoute l'adresse,
Et sa voix prophétesse
Me fait trembler, vraiment!
N'importe, il faut m'instruire.

Dans les cieux il faut lire.
(A Zamba.)
Achève, il faut prédire
Le sort qui nous attend!

ZAMBA.

De la devineresse,
On admire sans cesse
Le talent et l'adresse,
Et l'oracle savant!
Dans les cœurs je sais lire,
Et j'ai l'art de prédire
Tout ce que l'on désire;
C'est un secret charmant!

(On entend en dehors un commencement d'orage.)

ZAMBA.

C'est l'orage! l'éclair a sillonné la nue!

GABRIELLE et ZOÉ.

N'importe, continue.
L'inconnu viendra-t-il?

ZAMBA, leur prenant à chacune la main.

Bientôt, vous le verrez!
(Écoutant avec crainte l'orage qui redouble.)
Tous les éléments conjurés!...

GABRIELLE et ZOÉ, sans rien écouter.

N'importe, continue.

GABRIELLE, lui donnant de l'argent.

Tiens!

ZOÉ, lui donnant de l'autre côté.

Tiens, tiens!

ZAMBA, recevant des deux mains et faisant la révérence.

Ah! tant que vous voudrez!

Ensemble.

GABRIELLE et ZOÉ, chacune à part.

De la devineresse,
Le talent m'intéresse

Et sa voix prophétesse
Me plaît infiniment;
Oui, pour mieux nous instruire,
Elle a l'art de prédire
Tout ce que l'on désire;
C'est un secret charmant!

ZAMBA.

De la devineresse, etc.

(A la fin de cet ensemble, l'orage éclate dans toute sa force.)

ZOÉ, GABRIELLE et ZAMBA.

Ah! le ciel tonne
Avec fureur!
Ah! je frissonne
Et meurs de peur!
Contre la foudre et son courroux,
Dieu tout-puissant, protége-nous!

ZOÉ, montrant Zamba.

Elle ne peut pas se remettre en route par un temps pareil.

GABRIELLE.

Non, sans doute... Elle passera ici la nuit.

ZOÉ, à Zamba, lui montrant ses paniers de marchandises.

Serre tout cela chez madame.

GABRIELLE, à Zamba.

Repose-toi.

ZOÉ.

Ce soir, nous te donnerons à souper.

ZAMBA.

Merci, ma belle dame.

(Zamba entre avec ses paniers dans la chambre à droite.)

ZOÉ.

Écoutez... Quelle est cette voix?

GABRIELLE.

Mon mari peut-être, qui revient!

ZOÉ.

Non, c'est M. Denambuc!

GABRIELLE.

Mon oncle!

(On ouvre la porte du fond. Denambuc paraît. Zoé court se jeter dans ses bras. Le bruit de l'orage diminue dans l'orchestre et cesse tout à fait.)

SCÈNE VI.

ZOÉ, DENAMBUC, GABRIELLE.

ZOÉ.

Vous, maître?

DENAMBUC, tranquillement.

Eh! oui! c'est moi, déjà de retour... Ne vous effrayez pas! Je croyais que nous aurions le temps de franchir la montagne avant l'orage... mais, bah! dans ce pays, on ne sait sur quoi compter!... En quelques minutes, tous les éléments déchaînés, et au bord d'un abîme déjà plein d'eau... le pied m'a glissé...

GABRIELLE et ZOÉ.

O ciel!

DENAMBUC.

Et Palème de s'élancer à ma suite... Pauvre garçon!... il employait sa liberté à se noyer avec moi! C'était ce qui allait nous arriver à tous deux, quand, à travers les arbres et les rochers, descend un gaillard jeune et alerte qui nous crie : « Courage ! » et grâce à une longue et large ceinture qu'il nous déroule et qu'il nous tend, nous sommes remontés, non sans peine, et nous revenons avec notre libérateur, pour qui je vous demande l'hospitalité!

GABRIELLE.

Ah! c'est trop juste!...

DENAMBUC.

Je lui ai laissé, comme à moi, le temps de paraître devant vous et je vous le présente.

SCÈNE VII.

GABRIELLE, DENAMBUC, DONATIEN, ZOÉ.

QUATUOR.

DENAMBUC, présentant Donatien par la main.
Venez, mon cher!

GABRIELLE et ZOÉ, l'apercevant et à part.
O ciel!

ZOÉ.
C'est lui!

GABRIELLE.
C'est lui!

DENAMBUC, les regardant d'un air étonné.
Eh! oui... c'est lui! c'est mon nouvel ami!

Ensemble.

GABRIELLE et ZOÉ, à part.
De surprise et d'ivresse,
Mon cœur bat et frémit;
Ah! la devineresse
Me l'avait bien prédit!

DONATIEN, regardant Zoé.
D'ivresse et de surprise
Je sens battre mon cœur,
Et mon âme indécise
Croit à peine au bonheur!

DENAMBUC.
Honneur à son adresse!
J'étais perdu sans lui.

Que pour lui l'on s'empresse,
Qu'on le traite en ami.

DONATIEN, s'adressant à Gabrielle.

Chez vous, madame, ah! c'est bien de l'audace!
A cette heure... d'oser me présenter ainsi!

GABRIELLE, gracieusement.

Et pourquoi donc? Apprenez-moi, de grâce,
A qui je dois les jours de mon oncle chéri.

DONATIEN.

Au comte de Rethel.

DENAMBUC, frappant sur l'épaule de Donatien.
Si je puis vous le rendre,
Comptez sur moi...

(Bas, à Zoé.)
Sais-tu qu'il est vraiment gentil!...

ZOÉ, à part.

Pauvre homme!... il croit me l'apprendre.
Bien avant lui, déjà, mon cœur m'a dit : C'est lui!

GABRIELLE, à part.

C'est lui! c'est lui!

DENAMBUC, le montrant d'un air de triomphe.
C'est lui!

Ensemble.

GABRIELLE et ZOÉ.

De surprise et d'ivresse, etc.

DONATIEN.

D'ivresse et de surprise, etc.

DENAMBUC.

Honneur à son adresse! etc.

(On entend au dehors le fouet d'un postillon et le bruit des chevaux.)

DENAMBUC.

Qu'ai-je entendu?...

GABRIELLE,
Taisez-vous!

DENAMBUC.

Oui, j'écoute!
(Tous trois prêtent l'oreille.)

GABRIELLE.

Le galop des chevaux!

ZOÉ, regardant la pendule.

Neuf heures! c'est sans doute
Monsieur qui revient!

GABRIELLE, à part.

Ah! grand Dieu!
(Haut.)
Mon mari!

DENAMBUC.

Mon neveu!
Qu'il soit le bienvenu!
(Gaîment, à Donatien.)
Par lui, mon cher ami,
De même que par moi vous serez accueilli.

SCÈNE VIII.

LES MÊMES; LE MARQUIS.

(Gabrielle et Denambuc vont au-devant de lui.)

QUINTETTE.

LE MARQUIS, à sa femme d'un air galant.

Ah! qu'il me tardait de me rendre
Auprès de vous, madame!...
(A Denambuc qui vient de l'autre côté.)
Et de vous!

DENAMBUC.

Grand merci!

LE MARQUIS, à Denambuc.

Palème en bas vient de m'apprendre
Tous vos dangers!

DENAMBUC.
Oui, mon cher, et voici
Notre libérateur!

DONATIEN, s'avançant pour le saluer.
Monsieur!...

LE MARQUIS, frappé de surprise et examinant ses traits.
C'est lui!

GABRIELLE et ZOÉ, à part.
C'est lui!...

DENAMBUC, lui prenant la main d'un air amical et le montrant en riant au marquis.
C'est lui!

Ensemble.

LE MARQUIS.

Du soupçon qui me blesse,
Je veux être éclairci;
Il faut que je connaisse
Ce secret ennemi!

DONATIEN.

D'ivresse et de surprise, etc.

DENAMBUC.

Honneur à son adresse! etc.

ZOÉ.

De surprise et d'ivresse, etc.

GABRIELLE, regardant son mari.

Du soupçon qui le blesse,
Mon cœur bat et frémit;
La frayeur qui m'oppresse
Me trouble et m'interdit!

LE MARQUIS, à part.

Oui, dans ma rage,
Je reconnais
Et cette image
Et tous ses traits!

Sachons nous taire,
Et dérobons
Et ma colère
Et mes soupçons.

DONATIEN et ZOÉ, de même.

Jour sans nuage,
Voilà ses traits,
Voilà l'image
Que je rêvais!
Image chère!
Mais redoutons
Leur œil sévère
Et leurs soupçons.

DENAMBUC.

Sans son courage,
Et pour jamais,
Du grand naufrage
J'étais bien près.
(A Donatien.)
Touchez là, frère,
Et sans façons;
Bientôt, j'espère,
Nous nous verrons.

GABRIELLE, à part.

Funeste image,
Fatal portrait,
Que dans sa rage
Il reconnaît!
Que dois-je faire?...
Ah! redoutons
Son œil sévère
Et ses soupçons.

DENAMBUC, au marquis.

Morbleu! je vous le recommande :
Il doit avoir bon appétit!
Et pour lui, d'abord, je demande
Bon vin, bon souper et bon lit.

LE MARQUIS, à sa femme.
Donnez l'ordre que l'on nous serve.
A vous de faire les honneurs!

DENAMBUC.
C'est bien!

LE MARQUIS.
Pour notre hôte que l'on réserve
Les mets et les vins les meilleurs!

DENAMBUC.
Très-bien, mon cher neveu, mais s'il faut vous le dire,
Et pour en agir sans façons,
Je n'ai pas faim!... mais pour bonnes raisons...
Je suis las!... j'ai sommeil!... chez moi je me retire.

LE MARQUIS.
Ici, vous êtes maître!

DENAMBUC, à qui Zoé s'est empressée d'offrir un flambeau.
Bonsoir!... Soupez pour moi! je vais dormir pour vous.

Ensemble.

LE MARQUIS.
Oui, dans ma rage, etc.

DONATIEN et ZOÉ.
Jour sans nuage, etc.

DENAMBUC.
Après l'orage,
Mon lit me plaît;
C'est à mon âge
Bonheur parfait.
Touchez là, frère,
Et sans façons;
Bientôt, j'espère,
Nous nous verrons.

GABRIELLE.
Funeste image, etc.

(Denambuc, que Gabrielle et le marquis ont reconduit jusqu'à la porte du fond, sort après avoir embrassé Gabrielle. Pendant ce temps, Donatien et Zoé sont restés sur le devant du théâtre.)

SCÈNE IX.

GABRIELLE, LE MARQUIS, redescendant le théâtre à gauche; **DONATIEN** et **ZOÉ**, à droite; **MATHIEU**; puis **ZAMBA.**

DONATIEN, bas à Zoé, à droite du théâtre.

Ah! Zoé!... si vous saviez ce que j'ai souffert loin de vous!...

ZOÉ, de même, en lui montrant le marquis.

Silence devant mon maître... (Haut.) Voulez-vous me permettre, monsieur le comte, de vous débarrasser de votre chapeau!...

(Elle prend son chapeau qu'elle va placer sur un meuble, lui approche une chaise où il s'assied; puis elle va chercher un plateau de cristal où est un carafon de rhum qu'elle lui offre et dont elle lui verse un verre.)

LE MARQUIS, pendant ce temps, s'approchant de sa femme qui est à la gauche du théâtre, et à voix basse.

Vous m'expliquerez, madame, ce que cela signifie?...

GABRIELLE, avec émotion.

Mon oncle vous l'a dit... ce jeune homme lui a sauvé la vie... et il nous l'a amené à nous, qui ne le connaissons pas.

LE MARQUIS, la regardant.

Ah! vous ne le connaissez pas?

GABRIELLE.

C'est la première fois que je lui adresse la parole.

LE MARQUIS.

Ce qui m'étonne, seulement... c'est que sans les avoir vus, vous ayez deviné ses traits, au point de les retracer d'imagination.

GABRIELLE.

Mais, monsieur...

LE MARQUIS.

Mais, madame...

DONATIEN, se levant et allant à lui.

Qu'est-ce, mon cher hôte ?

LE MARQUIS, d'un air riant.

Des détails intérieurs... des affaires de ménage... (Voyant au fond une table que l'on apporte.) Mettons-nous à table... (A Gabrielle, d'un air souriant.) Vous ne voyez pas que M. le comte vous offre la main ?

(Donatien offre la main à Gabrielle et la conduit à la table, qui est de quatre couverts. Gabrielle se place au milieu, le marquis à sa gauche, Donatien à sa droite.)

LE MARQUIS, montrant le quatrième couvert.

Qu'on ôte ce couvert, puisque M. Denambuc, notre oncle, ne soupe pas avec nous.

DONATIEN, montrant Zoé.

Et cette jeune fille ?

LE MARQUIS.

Y pensez-vous ?... Jamais une esclave ne s'est assise à ma table ni à celle d'aucun blanc... Un sévère châtiment punirait cette audace... (Apercevant Zamba qui sort de la chambre à droite, et radoucissant sa voix.) Ah! la belle Zamba! la capresse!...

ZAMBA.

Qui, surprise par l'orage, est venue demander un abri...

GABRIELLE.

Que je lui ai accordé... (Avec intention.) pensant, monsieur, que cela ne vous déplairait pas.

LE MARQUIS, froidement.

A moi... nullement.

DONATIEN.

Pardon, monsieur... j'arrive de France, et je suis d'une

ignorance extrême... Qu'est-ce que c'est qu'une capresse?

LE MARQUIS.

Quelque créole ou Caraïbe née d'un mulâtre et d'une blanche... Car il y a dans toutes ces races une telle confusion, que le diable lui-même n'y reconnaîtrait pas ses enfants... Celle-ci, du reste, est une fille qui a de la tête, et surtout de la mémoire... Elle était avant moi dans l'île, et sait tout ce qui s'y passe... C'est pour cela que souvent j'aime à causer avec elle... et aujourd'hui encore... (Regardant Gabrielle et Donatien.) j'aurai à lui parler... Un siége à Zamba... là, dans le coin... (Prenant un plat sur la table.) et ce gâteau de riz pour l'occuper.

(Zamba s'assied à une petite table à droite, et se met à manger ce que Zoé lui sert.)

LE MARQUIS, tendant son verre.

A boire... Où est Palème?

MATHIEU.

Il est sorti, au lieu d'être là pour son service.

LE MARQUIS.

Monsieur Mathieu, mon commandeur, vous le mettrez aux quatre piquets, et trente coups de fouet.

MATHIEU.

Oui, monseigneur... j'y vais...

GABRIELLE.

Vous ne pouvez le traiter ainsi, car il ne vous appartient plus.

LE MARQUIS.

Qu'est-ce à dire?

GABRIELLE.

Mon oncle me l'a demandé aujourd'hui, et je le lui ai cédé... (Voyant un geste de colère du marquis.) Il était à moi.

LE MARQUIS.

C'est juste... il faisait partie de votre dot... Enchanté d'en être débarrassé!... Ce Palème est un coquin de mulâtre!...

MATHIEU.

D'abord, c'est un épave... ce qui est la pire espèce de toutes.

(Il sort.)

DONATIEN.

Pardon, monsieur... Qu'est-ce qu'un épave?

LE MARQUIS.

C'est un esclave qui n'appartient à personne.

GABRIELLE.

Et qui pourtant ne peut fournir aucune preuve de liberté.

LE MARQUIS.

Le gouvernement s'en saisit et le vend à son profit aux criées, aux enchères... où le premier venu peut l'acheter.

DONATIEN.

Est-ce qu'il y a justice à cela?

GABRIELLE.

Que voulez-vous?... c'est la loi!...

LE MARQUIS.

Le Code noir le prescrit ainsi.

DONATIEN.

Le Code noir... dites-vous?... Je n'en ai jamais entendu parler en France.

LE MARQUIS.

C'est le recueil des ordonnances et règlements relatifs aux nègres et aux esclaves... Lois sévères et inflexibles!... Mais, pardon, monsieur le comte, de vous entretenir de sujets pareils... moi qui ai promis à mon oncle de vous rendre ce séjour agréable... Si les affaires qui vous amènent à la Martinique sont de mon ressort, si je puis vous y servir...

DONATIEN.

C'est trop de bontés, monsieur le marquis... J'y viens pour des recherches importantes...

LE MARQUIS.
S'il n'y a point d'indiscrétion...

DONATIEN.
Au contraire... et si cela n'ennuie pas madame...

LE MARQUIS.
Je ne le pense pas... (A part.) Il va mentir...

DONATIEN.
Je suis né dans ces climats, à la Grenade.

LE MARQUIS.
Un pays voisin.

DONATIEN.
Un navire de Marseille venait de quitter cette île pour retourner en France, et l'on était déjà en pleine mer, lorsque l'on découvrit dans un coin du bâtiment un berceau richement brodé, un médaillon avec un chiffre et des armes... et un billet...

(Zamba, qui a écouté attentivement, se lève brusquement et se rassied aussitôt. Dans ce mouvement, elle laisse tomber la fourchette qu'elle tient à la main.)

ZOÉ.
Eh bien! Zamba, y pensez-vous?

ZAMBA.
Pardon, monseigneur...

LE MARQUIS.
Interrompre un récit...

ZOÉ.
Au moment le plus intéressant!

LE MARQUIS.
Achevez, monsieur le comte... Ce billet...

DONATIEN.
Portait ces mots : « L'enfant que renferme ce berceau
« appartient à une noble et riche famille qui reconnaîtra,
« plus tard et dignement, les soins qu'on aura pris de son

« enfance... » Dans cet espoir, un pauvre négociant, qui se trouvait sur le navire, se chargea de moi, m'emmena à Marseille, m'éleva... mais la mort, qui vint le surprendre, ne me permit pas de m'acquitter envers lui... et, dans la succession de mon père adoptif, je ne trouvai rien que des dettes et quelques renseignements qu'il s'était procurés à grands frais... et auxquels je ne donnai aucune suite... constatant que les armes trouvées dans mon berceau étaient celles de la famille de Rethel.

LE MARQUIS.

Noble maison... C'était superbe !

DONATIEN.

Pas pour moi, soldat et marin, qui n'entendais rien aux procès, et préférais devoir ma fortune à mon épée ! Mais, il y a quelques mois, la frégate où j'étais enseigne, *la Marie-Galante*, toucha à la Martinique, et l'on permit à tout l'équipage de passer un jour à terre.

LE MARQUIS.

En effet, il y a six mois... cette frégate était en rade... (Regardant Gabrielle.) et c'est alors que, pour la première fois, vous êtes venu ici ?

DONATIEN.

Oui, monsieur le marquis. En jeune homme curieux et qui n'a rien à faire, j'employai ma journée à visiter l'île... et là, s'il faut vous le dire... un hasard... une rencontre inattendue...

ZOÉ, vivement.

Monsieur le comte ne boit pas...

GABRIELLE, de même.

Je lui offrirai de ce tafia que l'on dit excellent.

LE MARQUIS, à part, en les regardant.

La maîtresse et l'esclave s'entendent. (Haut.) Eh bien ! monsieur, cette rencontre...

DONATIEN.

Changea mes projets et mes idées : je partis... mais pour revenir.

LE MARQUIS, regardant Gabrielle.

Je comprends... une passion subite...

DONATIEN.

J'en conviens.

LE MARQUIS.

Et depuis que vous êtes de retour, depuis quelques jours...

DONATIEN.

Mes recherches m'ont appris que les comtes de Rethel étaient originaires de la Martinique et de la Grenade, où ils avaient d'immenses possessions.

GABRIELLE.

C'est vrai !

ZOÉ.

C'est vrai !

LE MARQUIS.

Très-vrai... Et si vous voulez de plus amples renseignements... vous avez ici une personne qui mieux que nous est au fait...

DONATIEN.

Qui donc ?

LE MARQUIS.

Zamba la capresse... qui connaît toutes les aventures du pays... les secrets de toutes les familles... Et vous saurez, par elle, à quoi vous en tenir, si elle veut parler, ce qui ne lui arrive pas toujours !...

ZOÉ.

Oh ! elle parlera, j'en suis sûre... Voyons, Zamba... avez-vous connaissance de cette histoire-là ?

(Zamba fait signe que oui.)

LE MARQUIS.
Eh bien! alors... viens ici et réponds...

GABRIELLE, lui prenant la main.
Eh! mais... comme ta main est glacée... et tu trembles.

ZAMBA.
Moi?... Non pas...

DONATIEN.
Parlez... parlez... je vous en conjure.

LE MARQUIS, à Zamba qui regarde Donatien attentivement.
Comme tu le regardes!

ZAMBA, avec expression et plaisir et après l'avoir regardé encore.
Je le trouve beau!...

TOUS.
Achève...

ZAMBA, lentement.
C'est le seul et dernier descendant d'une illustre maison...

GABRIELLE.
Il est donc de la famille de Rethel?

ZAMBA, toujours lentement.
Oui...

DONATIEN.
Et le moyen de me faire reconnaître par eux?

ZAMBA, de même.
Je le dirai...

TOUS.
Parle donc!

ZAMBA.
Mais pas maintenant... plus tard!

DONATIEN, vivement.
Pourquoi pas sur-le-champ?

LE MARQUIS.
Ne la contrariez pas... vous ne sauriez rien... Elle passe

la nuit ici, ainsi que vous, mon cher hôte, et demain sans doute, devant moi, le gouverneur, qui recevrai ses aveux...

DONATIEN.

C'est juste... (A Zamba.) A demain!

ZAMBA, à Donatien, à voix basse et au moment où le marquis se retourne.

Il faut que je vous parle... ici, avant demain.

DONATIEN, de même.

C'est dit!...

LE MARQUIS.

Voici l'heure de nous retirer. On va vous montrer votre chambre.

DONATIEN.

Adieu, monsieur le marquis. (Saluant Gabrielle.) Adieu, madame...

LE MARQUIS, prenant Zamba par la main.

Toi... reste.

ZAMBA.

Et pourquoi?

LE MARQUIS, montrant Donatien qui vient de saluer Gabrielle et qui s'éloigne lentement par le fond, tandis que Gabrielle et Zoé, qui sortent par la droite, le suivent longtemps des yeux.

Tiens... regarde!... tu es trop habile pour ne pas deviner... Et ces regards d'intelligence... c'est un amant.

ZAMBA.

Lui?...

LE MARQUIS.

Tu le sais aussi bien que moi, et déjà peut-être es-tu gagnée par eux.

ZAMBA.

Par exemple!

LE MARQUIS.

Écoute et parlons franchement. Tu as eu l'audace de me repousser, moi!... le gouverneur!...

ZAMBA.

Je suis libre... je ne dépends de personne!

LE MARQUIS.

Tout le monde ici dépend de moi, et tu comprendras peut-être... mais trop tard, qu'il valait mieux m'avoir pour ami que pour ennemi... Enfin, si tu es d'accord avec eux pour me tromper... malheur à toi!... Si, au contraire, tu me secondes... si tu m'aides à avoir des preuves de leur trahison... de l'or... beaucoup d'or... De plus et en toute circonstance... ma protection... Choisis.

ZAMBA.

Mon choix est fait!

LE MARQUIS.

A la bonne heure!... (Donatien paraît à la porte du fond et se retire aussitôt.) Bonsoir, Zamba, bonsoir...

(Il rentre dans le cabinet à gauche.)

SCÈNE X.

ZAMBA, DONATIEN.

DUO.

(Zamba aperçoit Donatien, court à lui, l'amène par la main au bord du théâtre, et lui dit à demi-voix.)

ZAMBA.

Malheureux! qui t'amène en ce lieu redouté?
Pourquoi quitter la France et son heureux rivage?
La terre du salut et de la liberté!
Là, t'attendait la gloire!... En ces lieux, l'esclavage!

DONATIEN.

Que dis-tu?... ma famille... et le nom de Rethel
Que tu m'avais donné?...

ZAMBA.

N'est pas le tien!

18.

DONATIEN.

O ciel!
Et ma mère?...

ZAMBA.

C'était Zabi, ma camarade,
Comme moi, dès l'enfance, esclave à la Grenade,
A la case des grands palmiers!

DONATIEN.

Esclave!

ZAMBA.

Gémissant sous des maîtres altiers...
Et pour ne pas léguer sa détresse profonde
Au malheureux enfant qu'elle allait mettre au monde,
Pour ne pas voir son corps meurtri du fouet sanglant,
Elle aima mieux le perdre et se dit en pleurant :

Mon fils !... mon pauvre enfant, pardonne
A ta mère qui t'a quitté !
Ah ! je te perds !... mais je te donne
Le bonheur et la liberté !

DONATIEN, à part.

O ma mère, je te pardonne,
Car je te dois la liberté !

ZAMBA.

Elle-même, en secret, elle avait préparé
Ce berceau qui souvent fut mouillé de ses larmes,
Et placé ce joyau, par hasard égaré,
Que sous ses pas un jour elle avait rencontré,
Et portant des Rethel et le chiffre et les armes!
Puis se glissant un soir à bord d'un bâtiment
Qui partait pour la France... elle dit en pleurant :

Mon fils, à Dieu je t'abandonne !
Va, fuis ce climat détesté.
Moi, je te perds, mais je te donne
Le bonheur et la liberté !

DONATIEN.

Ma mère... ton amour me donne
Le bonheur et la liberté !

(Vivement.)
Oh! si tu la connais, viens, conduis-moi près d'elle!

ZAMBA.
Elle ne le veut pas!... respecte ses arrêts...

DONATIEN.
Une telle défense est injuste et cruelle.

ZAMBA.
Élevé chez les blancs, tu la mépriserais!

DONATIEN.
La mépriser!... Qu'oses-tu dire!
Si dans mon cœur tu pouvais lire,
Tu verrais qu'aux honneurs, au rang,
Au plus beau sort, mon cœur préfère
Un seul regard, un baiser de ma mère!

ZAMBA.
Dis-tu vrai?

DONATIEN.
Je l'ai dit, par le ciel qui m'entend!

Ensemble.

DONATIEN.
O ma mère! ô ma mère!
Ma vie est avec toi!
(A Zamba.)
Exauce ma prière,
Vers elle conduis-moi!
Que Dieu qui nous protége
La rende à son enfant!
Viens, ma mère, dussé-je
Mourir en t'embrassant!

ZAMBA, à part.
Ah! cette voix si chère
Me fait trembler d'effroi!
Je sens qu'à sa prière
Je cède malgré moi!
O Dieu qui me protége,
Un seul, un seul instant...

Rends-moi mon fils, dussé-je
Mourir en l'embrassant!
(A voix basse.)
Sais-tu que si ton nom, ton sang était connu,
Tu deviens à l'instant, comme fils d'une esclave,
Un esclave toi-même... et comme tel vendu?
Leurs lois l'ordonnent!... Le sais-tu?

DONATIEN, froidement.

Je le sais!

ZAMBA.

Il faut fuir nos tyrans!

DONATIEN.

Je les brave!
Car j'aime... et je ne veux partir
Qu'avec ma mère et celle qui m'est chère!

ZAMBA.

Eh bien! promets-tu d'obéir?
De retourner en France?...

DONATIEN.

Oui, si je vois ma mère,
Si sa voix me l'ordonne!...

ZAMBA, avec force.

Eh bien! pars à l'instant!
(Etendant les mains vers lui et fondant en larmes.)
C'est elle qui renvoie... et bénit son enfant!

DONATIEN, pousse un cri et se jette dans ses bras.

Ah!

ZAMBA et DONATIEN, avec explosion.

O jour de bonheur et d'ivresse,
C'est toi, c'est toi que je revoi!

ZAMBA, à demi-voix.

Tais-toi, mon fils, tais-toi!
Tout, jusqu'à ta tendresse,
Me fait trembler d'effroi!...
(Avec délire.)
C'est lui que dans mes bras je presse,

C'est bien mon fils que je revoi!
(Avec entraînement.)
Mon fils!... mon fils!...

DONATIEN.

Tais-toi... tais-toi!
A présent ma tendresse
Ne fait trembler pour toi!

ZAMBA et DONATIEN.

Tourments affreux, tourments passés,
Ce jour vous a tous effacés!
Et mon cœur, à jamais heureux,
N'a plus à former d'autres vœux!
Je te revois!... le ciel a comblé tous mes vœux!
(Zamba entraîne son fils par la porte du fond.)

ACTE DEUXIÈME

Un salon élégant de l'habitation du gouverneur. — Une porte au fond, et une fenêtre sur le premier plan à droite. Sur le second plan de droite et de gauche, les portes d'autres appartements. Les fenêtres et les portes sont ouvertes. Le bal a lieu dans les pièces à côté, et l'on entend le bruit de l'orchestre jouant des airs du pays.

SCÈNE PREMIÈRE.

PALÈME, seul, entrant par la porte du fond.

Oh! comme ils dansent! Quel plaisir!
Comme ils doivent se divertir!
(Montrant les salons à droite, sur le deuxième plan.)
Là les maîtres!... les demoiselles
Et les dames, nobles et belles!
(Montrant la croisée à droite, sur le premier plan.)
Puis au jardin, loin de leurs yeux,
O passe-temps doux et suaves,
Pauvres nègres, pauvres esclaves
Dansent comme des gens heureux!
(Regardant par la croisée.)

COUPLETS.

Premier couplet.

Tra, la, la, la, la, la, la, la!
Oui, bon noir ou bon mulâtre,
De la danse est idolâtre,
Et malgré tout son chagrin,
Quand résonne tambourin,

Pauvre esclave, danse! danse!
Car la danse et la gaîté
Font oublier la souffrance
Et rêver la liberté!
Tra, la, la, la, la, la, la, la!

Deuxième couplet.

Tra, la, la, la, la, la, la, la!
Seul plaisir de l'esclavage,
Le nègre pendant l'ouvrage,
En l'absence du bâton,
Fredonne *petit chanson*.
Pauvre esclave, chante! chante!
Car les chants et la gaîté
Font oublier la tourmente
Et rêver la liberté!
Tra, la, la, la, la, la, la, la!

SCÈNE II.

PALÈME, ZOÉ, portant un plateau de rafraîchissements et sortant de la porte du fond.

PALÈME, à part.

La voilà! C'est elle! Et dire que je n'ai jamais osé... (Haut.) Qu'est-ce que vous portez là ?

ZOÉ, montrant la porte à droite.

Des rafraîchissements pour tout ce monde qui danse.

PALÈME.

Ce plateau-là... c'est bien lourd...

ZOÉ.

Non, vraiment!... car à chaque pas on allége le fardeau

PALÈME, voulant le lui prendre des mains.

Si je pouvais, à votre place...

ZOÉ.

Toi! Un homme libre!...

(Elle pose son plateau sur une table.)

PALÈME.

C'est vrai! Je suis libre!... je l'oublie toujours! et je n'en suis pas plus hardi pour cela... Car du temps que j'étais esclave... j'avais un secret à vous confier!...

ZOÉ.

C'est vrai!... celui d'hier... je n'y pensais plus...

PALÈME.

Moi, j'y pense toujours! un secret dont vous ne vous doutez pas et que vous ne devineriez jamais!

ZOÉ.

Alors, si tu me le disais?...

PALÈME.

C'est une idée... Mais c'est que je ne sais par où commencer.

ZOÉ.

Ne commence pas... et finis tout de suite... ce sera plus tôt fait.

PALÈME, avec embarras.

Vous avez raison!... Or donc, mamzelle Zoé, maintenant que je suis libre... libre de parler... Silence!...

ZOÉ, qui écoutait.

Quoi donc?

PALÈME.

On vient...

ZOÉ.

C'est M. Denambuc.

PALÈME.

J'aime mieux qu'il ne soit pas là... Dans un autre moment.

ZOÉ.

Comme tu voudras!

PALÈME, avec joie.

Je respire... C'est encore différé, et j'ai du temps devant moi.

(Il sort par la gauche.)

SCÈNE III.

DENAMBUC, sortant rêveur du salon à droite ; ZOÉ, qui a été reprendre son plateau sur la table, s'approche de M. Denambuc.

DENAMBUC, à part.

Juste au moment où je pensais à elle!... (Haut.) J'étais là avec toi... ainsi tu n'avais pas besoin de venir... c'était inutile.

ZOÉ, lui présentant son plateau.

Je m'en vais, maître...

DENAMBUC.

Non... reste!... Qu'est-ce que tu m'offres là ?

ZOÉ.

Des sorbets et du sirop de limon.

DENAMBUC.

Ah! cela vient à propos, vu la température.

ZOÉ.

Je crois bien, je meurs de soif et de chaleur.

DENAMBUC, lui prenant le plateau des mains et le lui présentant.

Alors, bois...

ZOÉ, étonnée.

Comment, vous voulez?...

DENAMBUC.

Bois, te dis-je... je le veux!...

ZOÉ.

Et si l'on nous voyait?...

DENAMBUC.

On verrait que tu as soif... Ça n'est pas défendu... ici surtout... (Zoé a pris un verre et boit, pendant que Denambuc tient le plateau et la regarde.) Eh bien!... Qu'est-ce que nous disons?...

ZOÉ, qui vient de boire.

Je dis que c'est bon!... et que ça fait du bien!

DENAMBUC.

Tant mieux... Mais ce n'est pas cela que je te demande... Depuis hier je ne t'ai pas parlé... je t'ai laissée tranquille, je t'ai donné tout le temps que tu as voulu... Y a-t-il du changement?... L'as-tu oublié?...

ZOÉ.

Qui?

DENAMBUC.

Celui dont nous parlions... L'inconnu?...

ZOÉ.

Non!...

DENAMBUC.

Ça tient toujours?... (Elle fait signe que oui, en soupirant.) Ça ne diminue pas?...

ZOÉ.

Au contraire... je crois que ça augmente.

DENAMBUC, avec bonhomie.

Ça n'est pas naturel!...

ZOÉ.

Je n'en sais rien... mais c'est comme ça... et comme j'ai promis de vous dire...

DENAMBUC.

C'est juste!... Alors, je vais attendre encore.

ZOÉ, d'un air suppliant.

Non... n'attendez pas...

DENAMBUC, *portant la main à sa tête.*

Pourquoi?

ZOÉ.

Vous attendriez trop longtemps, car j'ai idée que ça ne s'en ira pas.

DENAMBUC.

C'est une idée que tu as là...

ZOÉ, *montrant son cœur.*

Et puis là...

DENAMBUC.

Il faut donc y renoncer... alors... (Avec émotion.) C'est pour te faire plaisir... car moi j'aurais toujours attendu... Alors, Zoé... adieu!...

ZOÉ, *avec expression et essuyant une larme.*

Ah! ça me fait de la peine!...

DENAMBUC.

Parbleu! et à moi aussi!... Mais, si je n'y prends garde... ça deviendra ce que je crains le plus au monde... une passion complète... avec toutes ses conséquences... et ses absurdités naturelles... (Brusquement.) Ainsi... tu as raison... je m'en vais.

ZOÉ.

Et où ça?...

DENAMBUC.

Ne faut-il pas lui rendre des comptes?... Je rentre dans la salle du bal, faire mes adieux à mon neveu le gouverneur et à ma nièce... parce que demain je m'embarque pour six mois... pour un an... tant que cela me tiendra.

ZOÉ, *faisant un pas vers lui.*

Ah! mon Dieu!...

DENAMBUC.

Hein?... qu'y a-t-il?

ZOÉ, hésitant.

Rien...

DENAMBUC.

J'ai cru que tu voulais me parler... que tu avais quelque chose à me dire...

ZOÉ, de même.

Non, maître... non.

DENAMBUC.

Alors, adieu !... Je pars demain matin, à six heures... te voilà avertie... Si d'ici là tu changes d'idée...

ZOÉ.

Monsieur...

DENAMBUC.

Un mot de toi... je décommande le départ, j'ordonne la noce, et sans prévenir ni neveu, ni famille... ma fortune et ma main...

ZOÉ.

Ah ! mon maître, c'est trop de bontés... mais je vous l'ai dit... jamais !... jamais !...

DENAMBUC, brusquement.

Adieu !... adieu !...

(Il entre dans le salon à droite.)

SCÈNE IV.

ZOÉ, seule.

Pauvre homme !... s'éloigner à cause de moi, c'est terrible ! Mais qu'y faire ?... Je ne peux pas le tromper... Ce n'est pas ma faute si j'en aime un autre... qui m'aime autant que lui... qui est revenu ici pour moi... qui m'a tout sacrifié !... (Apercevant Gabrielle qui sort tout agitée du salon.) Ah ! mon Dieu ! Gabrielle !...

SCÈNE V.

GABRIELLE, ZOÉ.

ZOÉ.

Pourquoi donc, maîtresse, quitter la salle de bal?...

GABRIELLE, troublée.

Pourquoi?...

ZOÉ.

Quelle agitation!... qu'est-il arrivé?... Je te dois tout, ma vie est à toi... tu peux tout me confier!...

GABRIELLE.

Ah! Zoé!... Zoé!...

ROMANCE.

Premier couplet.

Cet inconnu dont la pensée
Et dont les traits m'étaient si doux,
Dont l'image par moi tracée
Causa les soupçons d'un époux,
C'était lui! Sa seule présence
M'apporte le trouble et l'effroi!
S'il osa braver leur vengeance,
C'était pour moi! c'était pour moi!
Pour moi!
Pour moi!

ZOÉ, qui l'a écoutée avec le plus grand trouble; à part.

M. de Rethel?... Ce n'est pas possible!...

GABRIELLE.

Deuxième couplet.

L'œil d'un jaloux a su connaître
L'amour qui le guidait ici,
Amour, que ses regards peut-être
Et que les miens avaient trahi
Oui, je sais trop celle qu'il aime,
Et mon cœur palpitant d'effroi

M'a dit encor mieux que lui-même
Que c'était moi !
C'est moi ! c'est moi !
(A Zoé qui veut parler.)
Tais-toi !
(Avec passion et à voix basse.)
C'est moi !

ZOÉ, tremblante.

C'est pour toi qu'il venait... tu en es sûre?...

GABRIELLE.

Plus encore!... Il me demandait un entretien ! « Il faut que je vous parle, m'a-t-il dit à voix basse, pendant que nous dansions... à vous, madame... à vous seule!... »

ZOÉ, à part, avec douleur.

Oh! mon Dieu!

GABRIELLE.

Et mon mari était là, derrière nous...

ZOÉ.

Qui l'a entendu?...

GABRIELLE.

Et depuis, il ne nous a pas quittés des yeux!...

ZOÉ.

Et M. de Rethel?

GABRIELLE.

Il faut qu'il parte... qu'il s'éloigne!... Et je ne peux le lui dire... je ne peux lui parler... Mais toi...

ZOÉ.

Moi, madame?...

GABRIELLE.

Oui... c'est le plus grand service que j'attende de ton amitié.

ZOÉ, poussant un cri de douleur qu'elle retient.

Ah!...

GABRIELLE.

Qu'as-tu donc ?...

ZOÉ.

Rien... Je vous l'ai dit... ma vie est à vous... parlez...

GABRIELLE.

Pourquoi me dis-tu vous ?

ZOÉ.

Pardon, maîtresse... tu auras mal entendu... Achève...

GABRIELLE.

Tu ne pourrais lui parler dans ce bal, qui grâce au ciel bientôt va finir... Mais, demain, de grand matin...

ZOÉ.

Moi !...

GABRIELLE, vivement.

Et comment pourrais-je sans cela...

ZOÉ, de même.

J'irai, maîtresse, j'irai... Je lui parlerai de son amour... du vôtre...

GABRIELLE.

Au contraire... dis-lui... si mon repos lui est cher... qu'il parte demain sans me revoir... car je ne peux pas l'aimer... je ne l'aime pas !...

ZOÉ, avec jalousie.

Si ! si !... tu l'aimes !...

GABRIELLE, hors d'elle-même.

Et quand il serait vrai ?...

ZOÉ.

Tu vois bien !...

GABRIELLE.

N'importe !... Quant à ce qu'il voulait me dire...

ZOÉ.

Dans ce rendez-vous qu'il te demandait ?...

GABRIELLE.

Il te le dira, à toi.

ZOÉ, s'oubliant.

Plutôt mourir!...

GABRIELLE.

Quoi donc?

ZOÉ, vivement, et se reprenant.

Plutôt mourir... que de manquer à ma promesse... J'irai, maîtresse.

GABRIELLE.

C'est bien... silence!... (Affectant un air gai.) C'est mon oncle qui sort du bal... Déjà!...

SCÈNE VI.
ZOÉ, DENAMBUC, GABRIELLE.

DENAMBUC.

Je n'y suis resté que trop longtemps... Je déteste les gens qui s'amusent quand je m'ennuie... et je suis ennuyé, contrarié!... Aussi, je m'embarque demain, de grand matin, pour un voyage... un voyage d'agrément... qui me contrarie...

GABRIELLE.

Pourquoi, alors?...

DENAMBUC, regardant Zoé.

Parce qu'il le faut! Ainsi donc... (A Gabrielle.) Embrasse-moi, et adieu!

ZOÉ, à mi-voix et le retenant.

Non... ne partez pas!

DENAMBUC, de même.

Est-il possible! Une bonne idée qui t'est venue?...

ZOÉ, avec trouble.

Oui... oui... j'ai réfléchi... je crois que... je ne l'aime plus !

DENAMBUC, à mi-voix.

Quand je te le disais... cela vient tout d'un coup et s'en va de même... Et demain, à la ville, sans en rien dire à mon neveu ni à ma nièce... sans bruit, sans éclat, dans la chapelle de Saint-Pierre...

ZOÉ, vivement.

Que voulez-vous dire ?

DENAMBUC.

Viens, viens... je te l'expliquerai... et dès que j'ai ta parole...

ZOÉ, hésitant.

Mais, monsieur...

DENAMBUC.

Tu me l'as promis... tu me l'as dit... Viens, te dis-je !

(Il entraîne vivement Zoé par la gauche, et Gabrielle qui, pendant cette scène, a été regarder dans le salon à droite, redescend en ce moment.)

SCÈNE VII.

GABRIELLE ; puis, ZAMBA.

(Un air de danse se fait entendre à droite.)

GABRIELLE, assise à gauche.
Ces sons joyeux, ces airs de danse
Redoublent encor mon ennui !

ZAMBA, entrant par la porte de gauche.
Il y va de son existence !
Comment parvenir jusqu'à lui ?
(Regardant à droite la porte du salon.)
On ne voudra pas me permettre

D'entrer dans ces riches salons !
Et cependant...

GABRIELLE, assise à gauche et levant la tête.

Qu'est-ce donc ?

ZAMBA.

Une lettre
Que pour d'importantes raisons
Au comte de Rethel je voudrais bien remettre.
(Apercevant le gouverneur qui sort en ce moment du salon à droite.)
Ciel ! monseigneur !...
(Elle serre dans sa poche la lettre qu'elle tenait à la main.)

SCÈNE VIII.

LE MARQUIS, ZAMBA, GABRIELLE.

(Le marquis a vu la lettre que Zamba présentait à sa femme. Il passe entre elles deux et amène Zamba par la main au bord du théâtre.)

LE MARQUIS, à mi-voix, à Zamba.

Ainsi, méprisant mon ardeur,
C'est peu de repousser et de braver ton maître,
Tu viens aider encore à trahir mon honneur!

ZAMBA.

Moi? grand Dieu!

LE MARQUIS, toujours à voix basse.

Ce billet que t'a donné madame,
Ou que tu lui donnais... d'où vient-il ?

ZAMBA.

A l'instant,
Une esclave, une pauvre femme
Me l'a remis en bas, en me priant
De le porter...

LE MARQUIS.

A qui ?

ZAMBA, à voix haute.

Que vous importe!

GABRIELLE, à part.

O ciel!

LE MARQUIS, avec colère.

A qui ?... Réponds!

ZAMBA.

A monsieur de Rethel!

LE MARQUIS, de même.

Voyons ?...

ZAMBA.

Non pas!

LE MARQUIS, avec force.

Voyons!

ZAMBA.

Ce billet est pour lui,
Et nul autre que lui ne doit le lire ici!

Ensemble.

GABRIELLE.

Ah! de frayeur je suis tremblante!
Quel est donc ce fatal écrit ?
Je le vois, sa colère augmente,
Je crains sa rage et son dépit!

ZAMBA.

Je brave sa voix menaçante,
Et sa colère et son dépit!
Vainement sa fureur augmente :
Il ne verra pas cet écrit!

LE MARQUIS.

Devant moi soumise et tremblante,
Livre-moi ce fatal écrit,
Ou soudain, cette main puissante
Et te brise et t'anéantit!

(A la fin de cet ensemble, le marquis saisit sur la table un fouet qu'il lève sur Zamba.)

SCÈNE IX.

ZAMBA, DONATIEN, LE MARQUIS, GABRIELLE.

(Donatien, sortant de la salle de bal et se jetant entre Zamba et le marquis, et arrachant des mains de celui-ci le fouet qu'il tenait levé.)

DONATIEN.

Arrêtez!

LE MARQUIS.
C'est une esclave pour moi!

DONATIEN.
Pour moi, c'est une femme et c'est...

ZAMBA.
Tais-toi! tais-toi!

DONATIEN.
Et je viens la défendre!

LE MARQUIS.
Ah! ce n'est pas pour elle
Que vous venez ici!

DONATIEN.
Eh! pour qui donc?

LE MARQUIS, montrant Gabrielle qui, pendant ce temps, a remonté le théâtre.
Pour qui?
(Allant la chercher et l'amenant par la main.)
Et tenez, tenez, la voici,
Au rendez-vous fidèle!

GABRIELLE, à son mari.
Quoi! monsieur...

LE MARQUIS.
Rendez-vous auquel se rattachait
Ce mystérieux billet,

(Montrant Zamba.)
Qu'elle refuse en vain de me remettre,
Je l'aurai ! je l'aurai !

ZAMBA.
Jamais, car cette lettre
(Montrant Donatien.)
Est pour monsieur... et lui seul la lira !

LE MARQUIS.
Vous l'espérez en vain ! et d'un outrage infâme
Son sang d'abord me vengera,
Car cette lettre est de ma femme !

GABRIELLE, poussant un cri.
De moi ?

LE MARQUIS.
De vous !

DONATIEN, vivement.
Sortons ! monsieur, sortons !

GABRIELLE.
Arrêtez !
(Arrachant la lettre que Zamba vient de déchirer en deux morceaux.
Donne !

ZAMBA, voulant la ravoir.
O ciel !

GABRIELLE, avec impatience.
Ne crains rien, sur mon âme
(Au marquis, lui remettant la lettre.)
Lisez ! et rougissez, monsieur, de vos soupçons !
(Le marquis réunit les deux morceaux de la lettre et lit tout bas. Pendant ce temps, l'orchestre exprime les sentiments qu'il éprouve.)

Ensemble.

ZAMBA.
Ah ! de frayeur je suis tremblante ;
Dieu tout-puissant, veille sur lui !
Ah ! je sens ma force expirante,
Et mon espoir anéanti !

GABRIELLE, regardant son mari.

Ah! de frayeur je suis tremblante!
Mais loin de calmer son esprit,
On dirait que sa rage augmente!
Que renferme donc cet écrit?

DONATIEN.

Ah! ce retard encore augmente
Et ma vengeance et mon dépit!
Ah! trop longue est pour moi l'attente,
Sortons, monsieur, vous l'avez dit!
(Au marquis, qui lit toujours.)
Sortons! sortons!

LE MARQUIS, lisant toujours.
Patience!

DONATIEN, avec colère.
Me rendrez-vous enfin raison?

LE MARQUIS, avec un sang-froid insolent.
Non, monsieur, non!

DONATIEN, hors de lui.
Non! lorsqu'avec tant d'insolence
Vous m'avez défié?... Sur-le-champ ou sinon...
(Prenant le fouet que le marquis a jeté sur la table, il lève le bras sur celui-ci, qui, toujours avec le même sang-froid, agite une sonnette placée sur la table. A ce bruit, entrent plusieurs esclaves.)

LE MARQUIS, montrant Donatien.
Qu'on arrête cet homme!

SCÈNE X.

LES MÊMES; TOUTES LES PERSONNES DU BAL, accourant au bruit; DES ESCLAVES, parmi lesquels ZOÉ.

LE CHŒUR.
Ah! quel bruit, quel scandale!
Quels éclats de fureur!

Je tremble et rien n'égale
Mon trouble et ma terreur!

DONATIEN, montrant le marquis.

J'offre à monsieur de venger un outrage
En gentilhomme et l'épée à la main.

LE MARQUIS.

Oui, c'était d'abord mon dessein,
Et j'aurais de grand cœur éprouvé son courage,
Si l'on pouvait, sans déshonneur,
Se commettre avec un esclave!

TOUS.

Un esclave! grands dieux!

LE MARQUIS, montrant la lettre qu'il tient.

Oui, messieurs, un épave,
Je vous le prouverai, moi... moi, le gouverneur!

Ensemble.

GABRIELLE et ZAMBA.

Découverte fatale!
Qui me glace d'horreur;
Je tremble et rien n'égale
Mon trouble et ma terreur!

LE MARQUIS et LE CHOEUR.

Infamie et scandale!
Pour nous quel déshonneur!
C'est affreux! rien n'égale
Ma honte et ma fureur!

DONATIEN.

Découverte fatale!
O honte! ô déshonneur!
Le lâche! rien n'égale
Ma rage et ma fureur!

LE MARQUIS, à d'autres esclaves, leur montrant Donatien.

Qu'on le saisisse! qu'on l'enchaîne!

DONATIEN.

J'en appelle!

LE MARQUIS, *souriant, avec ironie.*

A qui donc? A moi, le gouverneur?

GABRIELLE, *s'adressant à son mari.*

Monsieur, monsieur, de grâce!

LE MARQUIS, *regardant d'un air railleur Zamba et sa femme.*

Ah! c'est vraiment grand'peine,
Je le conçois, de voir un galant séducteur
Mourir sous le fouet d'un commandeur!

(A haute voix et se retournant vers l'assemblée.)

Fils d'esclave, et lui-même esclave,
Il n'a pour être libre aucun titre connu!
Et nous ordonnons donc, que demain, comme épave.
Selon le code noir, il soit vendu!

TOUS.

Vendu!

DONATIEN, *à part.*

Plutôt la mort!

Ensemble.

DONATIEN.

Quoi! sans m'entendre,
On vient m'apprendre
Qu'on va me vendre
Et m'avilir?
Ignominie,
Dans l'infamie,
Traîner ma vie!
Plutôt mourir!

GABRIELLE et ZAMBA.

Quoi! sans l'entendre,
Sans le défendre,
Vouloir le vendre
Et le flétrir!
O perfidie!
Sauvons sa vie
Que l'infamie
Veut avilir!

LE MARQUIS.

Amant si tendre.
Qu'on veut défendre,
Je vais te vendre
Et t'avilir!
Rien ne délie
De l'infamie;
Toute sa vie,
Il doit servir.

LE CHOEUR.

Dieu! quel esclandre!
Oui, sans l'entendre,
Il faut le vendre
Et le punir.
Rien ne délie
De l'infamie;
Toute sa vie,
Il doit servir!

ZAMBA, s'approchant de Donatien, et à voix basse.

Je te délivrerai... Courage!
Mais si le sort trahit mon bras,
(Lui glissant un couteau dans la main.)
Tiens, mon fils... tiens... A l'esclavage
On échappe par le trépas!

DONATIEN, avec joie.

Et, demain, j'en réponds, ils ne me vendront pas!

Ensemble.

DONATIEN.

Je puis attendre
Et me défendre.
Qui! lui, me vendre
Et m'avilir!
Je l'en défie!
Sauvant ma vie
De l'infamie,
Je peux mourir!

GABRIELLE et ZAMBA.

Quoi! sans l'entendre, etc.

LE CHŒUR.

Ah! quel esclandre!
Sans rien entendre,
Il faut le vendre
Et le punir.
Rien ne délie
De l'infamie;
Toute sa vie,
Il doit servir!

LE MARQUIS.

Amant si tendre, etc.

(Des esclaves armés emmènent Donatien. Toutes les personnes du bal prennent congé du marquis et de Gabrielle. D'autres esclaves éteignent les lustres de l'appartement. Il ne reste qu'un flambeau sur la toilette à gauche.)

SCÈNE XI.

GABRIELLE, s'asseyant à gauche, près de sa toilette, que des esclaves viennent d'approcher; ZOÉ, ZAMBA, sur le devant du théâtre; LE MARQUIS, au fond, saluant et congédiant ses conviés.

ZOÉ, regardant Gabrielle, puis Donatien que l'on emmène.

Que je le plains! Séparé à jamais de celle qu'il aime!

ZAMBA, à voix basse.

De toi!

ZOÉ.

Que dis-tu?

ZAMBA, de même.

Qu'au péril de ses jours, c'est toi qu'il venait chercher.

ZOÉ.

Et ma maîtresse?... et ce rendez-vous qu'il lui demandait?...

ZAMBA.

Pour obtenir d'elle ta liberté et partir avec toi.

ZOÉ, poussant un cri.

Ah!... (vivement.) Il faut le délivrer!

ZAMBA, froidement.

Ou mourir!...

ZOÉ, avec étonnement.

Toi!... Et qui donc es-tu?

(En ce moment le gouverneur, qui a congédié tous les conviés, redescend le théâtre et s'approche de Zamba. Zoé s'éloigne et va à la toilette aider Gabrielle à défaire sa coiffure et à ôter ses diamants.)

LE MARQUIS, sévèrement.

Il faudra m'apprendre, Zamba, qui t'avait remis pour lui ce billet mystérieux et sans signature.

ZAMBA.

Je vous l'ai dit, une esclave que je ne connais pas.

LE MARQUIS.

Alors et pour t'être chargée de ce message, tu sais le sort qui t'attend, (Baissant la voix.) à moins que la fière Zamba, oubliant enfin son orgueil...

ZAMBA, avec indignation.

Moi?... jamais!

LE MARQUIS.

Sortez. (A Zoé.) Toi aussi.

(Zamba sort par la deuxième porte à gauche, et Zoé par la première, qui donne dans l'appartement de Gabrielle.)

SCÈNE XII.

GABRIELLE, LE MARQUIS.

GABRIELLE, *après avoir hésité, s'approche de son mari, qui vient de se jeter dans un fauteuil et tient encore la lettre à la main.*

Vous voyez, monsieur, combien vos soupçons étaient injustes !

LE MARQUIS.

Croyez-vous ?... (Regardant autour de lui.) Mais tous nos hôtes sont partis. Que je ne vous empêche pas d'achever votre toilette.

GABRIELLE, *s'approchant de la toilette et défaisant ses diamants.*

Il n'est pas possible que vous exerciez un pareil acte de rigueur.

LE MARQUIS, avec ironie.

Vous voulez dire de justice !... C'est un esclave !... cette lettre, que je soumettrai au Conseil colonial, le prouve évidemment. (Lisant.) « Hâte-toi de revoir celle que tu aimes et « de la décider à nous suivre... »

GABRIELLE.

Monsieur...

LE MARQUIS.

Je ne me charge pas d'expliquer cette phrase... mais celle-ci : « Il faut partir! non pas dans deux jours... mais ce « soir... Demain, un vaisseau doit mettre à la voile pour la « France, et nous soustraire au danger qui nous menace... « Il est ici quelqu'un que je viens d'apercevoir... Reconnue « par lui, je suis condamnée à la mort, et toi à l'escla- « vage... » (Souriant avec ironie.) Vous voyez quel est le descendant des nobles comtes de Rethel...

GABRIELLE.

Quel qu'il soit, monsieur, absent depuis son enfance, nul ne peut le réclamer.

LE MARQUIS.

Justement!... Un esclave sans maître appartient au gouvernement, cas prévu par les lois que je suis chargé de faire respecter. (A sa femme qui s'approche encore de lui.) Qu'est-ce encore?...

GABRIELLE.

Je n'insiste plus, monsieur, mais je vous ferai seulement observer que ce jeune homme a sauvé la vie à M. Denambuc, mon oncle...

LE MARQUIS.

Je ne suis pas chargé de payer les dettes de votre oncle... je doute qu'il payât les miennes... Mais ni lui, ni moi, n'y pouvons rien!... La loi est là! et, demain, il sera vendu et il mourra sous le fouet du commandeur... parce que... vous l'aimez.

GABRIELLE, poussant un cri.

Moi... monsieur?... Quelle idée!... Qu'il soit sauvé... qu'il parte... et je consens à ne plus le revoir! (s'efforçant de sourire.) car loin de moi, je vous le répète... loin de moi les sentiments que vous me supposez...

LE MARQUIS.

Si vous voulez que je le croie... cessez donc de parler pour lui... On vient. Rentrez dans votre appartement.

(Gabrielle a pris le flambeau qui était sur la toilette et sort par la porte à gauche. Le théâtre reste un moment dans l'obscurité.)

SCÈNE XIII.

LE MARQUIS, MATHIEU; ZAMBA, paraît à la porte de gauche, se glisse dans l'obscurité le long des fauteuils et des canapés à gauche, et se cache derrière la toilette.

LE MARQUIS.

Ah! c'est Mathieu, mon vieux commandeur... Eh bien! cet esclave...

MATHIEU.

Enfermé dans la prison de l'atelier, en face de vos fenêtres...

LE MARQUIS.

Tu m'en réponds?

MATHIEU.

Oui, maître! un cachot sans fenêtre ni soupirail, deux portes seulement, dont voici les clefs ainsi que celles de la maison.

LE MARQUIS.

C'est bien! Demain, au point du jour, il faut que cet esclave soit conduit avec les autres, à Saint-Pierre; c'est jour de marché.

MATHIEU, secouant la tête.

Hum!... cette denrée-là est en baisse... cela se vendra mal.

LE MARQUIS.

Tant mieux!

MATHIEU.

Est-ce que monseigneur voudrait l'acheter?

LE MARQUIS.

Oui.

MATHIEU.

Mais, comme président de la vente pour le gouvernement, monseigneur ne pourra enchérir par lui-même!...

LE MARQUIS.

Rassure-toi... je trouverai quelqu'un. Bonne nuit, mon vieux Mathieu!

MATHIEU.

Bonne nuit, maître! et n'oubliez pas qu'au point du jour les membres du Conseil colonial viendront ici vous chercher...

LE MARQUIS.

Les membres du Conseil?... C'est bien... Tu m'éveilleras, tu m'appelleras... Je les recevrai.

(Mathieu sort par la porte à gauche. Le marquis entre dans l'appartement à droite.)

SCÈNE XIV.

ZAMBA, paraissant.

AIR.

Ces clefs... je les aurai !... ces clefs... j'irai les prendre
Pour délivrer mon fils, le sauver, le défendre !
Et si par le destin mes projets sont trahis,
C'est encore un bonheur de mourir pour mon fils !
(Tombant à genoux.)
    Vierge Marie !
     Toi que je prie,
     Toi que tout bas
     J'implore, hélas !
Veille sur moi, conduis mes pas !

    Ce n'est pas une amante
    Qui, le cœur plein d'attente,
    Réclame ton appui ;
    D'une mère tremblante,
    C'est la voix gémissante
    Qui s'élève aujourd'hui.

    Vierge Marie ! etc.

Allons ! il doit dormir,
Allons ! il faut ouvrir.
(Elle va à la porte à droite, et s'arrête.)
    Allons !
    Ouvrons !...
(Elle ouvre la porte et regarde.)
A la lueur de la lampe de nuit,

Tout habillé je le vois qui sommeille...
Je vois ces clefs... ces clefs au chevet de son lit ;
Et si je puis, sans qu'il s'éveille,
Si je puis les saisir...

(Elle fait un pas et revient.)

Il vient de tressaillir !...
Ah ! je tremble et j'hésite !
Mon cœur bat de frayeur !
Faiblesse qui m'irrite !
Dieu me guide, et j'ai peur !
Allons ! allons !
Courage, avançons !...

Marchons sans crainte,
Oui, plus d'effroi !
La Vierge sainte
Veille sur moi !
Avançons-nous sans bruit,
C'est Dieu qui me conduit !

(Elle entre doucement dans la chambre à droite. La musique continue en sourdine. Zamba reste quelque temps dans l'appartement. Mouvement plus agité dans l'orchestre. Elle ressort vivement, et comme poursuivie, puis, se sauve de l'autre côté du théâtre, à gauche, au moment où le marquis, tenant sa lampe à la main, se précipite de la chambre à droite, et s'arrête devant Zamba. Il pose sa lampe sur la table.)

SCÈNE XV.

LE MARQUIS, ZAMBA.

DUO.

ZAMBA.

Ces clefs... j'allais les prendre !
Il s'est éveillé... c'est lui !

LE MARQUIS.

Zamba, c'est toi !
Seule... la nuit... chez moi !
Qui t'amène ?

ZAMBA, baissant les yeux.
Que dire ?...
LE MARQUIS, la regardant en souriant.
Oui-dà ! je crois comprendre...
Tes torts de ce matin, tu les vois maintenant !
Redoutant mon ressentiment,
Tu venais, par crainte ou par ruse,
Plus que par repentir, me demander excuse.
ZAMBA.
C'est vrai...
LE MARQUIS, retenant Zamba, qui veut s'éloigner.
Ce pardon, cette grâce,
Que tu viens demander,
Oui, malgré ton audace
Je puis te l'accorder !
ZAMBA, à part, sans l'écouter.
Comment le délivrer ?
LE MARQUIS, continuant.
Mais, pour moi moins sévère,
Adoucis ta rigueur !
Par quels moyens te plaire
Et séduire ton cœur ?
ZAMBA, à gauche, près de la toilette, et sans écouter le marquis, à part.
Comment sauver sa vie ?
(Regardant sur la toilette les diamants que Gabrielle vient d'y laisser.)
O ciel ! ces diamants !
(Les regardant avec envie.)
Ces diamants !...
LE MARQUIS, à part, et la regardant.
Son œil contemple avec envie
Cette parure aux feux étincelants !
(S'approchant d'elle.)
Eh bien ! belle Zamba !
ZAMBA.
Non, Zamba n'est pas belle
Et mainte noble dame, ici lui fait affront !

Mais, peut-être Zamba brillerait autant qu'elle
Si l'or et les bijoux ennoblissaient son front !

LE MARQUIS, à part, souriant en la regardant.

J'entends ! j'entends !

Ensemble.

LE MARQUIS.

Ah ! comme elle est émue !
Un charme tentateur
Vient fasciner sa vue,
Et séduire son cœur !

ZAMBA.

Je sens qu'à cette vue
L'espoir rentre en mon cœur,
Et de mon âme émue
Vient calmer la terreur !

LE MARQUIS, passant près de la table, et prenant les bijoux.

Cet écrin, du moins je l'augure,
A charmé tes yeux éblouis !

ZAMBA, le repoussant de la main.

Non... il est à madame...

LE MARQUIS.

Il est vrai !... J'ai promis
De lui changer cette parure...
C'est mon dessein ! chacun doit y gagner !... Ainsi,
Prends ! elle est à toi, la voici !

ZAMBA, tressaillant de joie.

A moi ! à moi !

LE MARQUIS.

Quel bonheur brille en ses traits ravis !

ZAMBA, à part, serrant les diamants contre son cœur.

O mon fils ! mon fils !

Ensemble.

LE MARQUIS, à part.

Oui, cette âme si fière,

Qui bravait mes transports,
Maintenant, moins sévère,
M'écoute sans remords !
   (A Zamba.)
A ton maître qui t'aime
Abandonne ton cœur...
Viens ! O moment suprême
D'ivresse et de bonheur !...

   ZAMBA, à part.

Je puis donc le soustraire
A la honte, à la mort !
   (Montrant le marquis.)
Mais ici, comment faire,
Pour l'abuser encor ?
Dieu, mon juge suprême,
Toi qui lis dans mon cœur,
Contre un tyran qui m'aime,
Viens, sois mon protecteur !

   LES COLONS, au dehors.

Déjà, voici l'aurore
Et ses premiers rayons,
Et vous dormez encore ;
Debout, riches colons !

   ZAMBA, avec joie.

Écoutez ! écoutez ! on se lève, on s'éveille !
   Entendez-vous ces pas tumultueux ?
   Et voici briller dans les cieux
Les premiers feux de l'aurore vermeille !

   MATHIEU, en dehors.

Maître, voici le jour, on arrive...

   ZAMBA.

Écoutez... l'on vient de ce côté...

   LE MARQUIS.

Non, non... l'on ne vient pas encore...

Ensemble.

LE MARQUIS.

Rien ne peut te soustraire
A mes brûlants transports!
Écoute-moi, ma chère,
Sans crainte et sans remords.
A ton maître qui t'aime,
Abandonne ton cœur,
Viens! O moment suprême
D'ivresse et de bonheur!

ZAMBA.

Ah! que faire? que faire?
Et malgré mes efforts,
Comment donc me soustraire
A ses brûlants transports?
Dieu, mon juge suprême,
Toi qui lis dans mon cœur,
Contre un tyran qui m'aime,
Viens, sois mon protecteur!

(Le jour a paru, le fond du théâtre s'éclaire.)

SCÈNE XVI.

ZAMBA, LE MARQUIS, MATHIEU, suivi des MEMBRES DU CONSEIL COLONIAL.

MATHIEU, au marquis.

Le Conseil colonial!

(Les membres du Conseil, introduits par Mathieu, saluent le marquis, qui va au-devant d'eux en les invitant à entrer dans son appartement; il revient près de Zamba, qui lui fait signe qu'on l'attend. Le marquis entre alors dans sa chambre, suivi du Conseil colonial. Zamba sort vivement par la gauche. Pendant cette pantomime, on entend au dehors le chœur suivant :)

LE CHŒUR.

Pour nous, c'est jour de fête,
C'est un jour de plaisir!
Au marché qui s'apprête
Hâtons-nous d'accourir!

ACTE TROISIÈME

Une place de la ville de Saint-Pierre, à la Martinique. — A gauche, la façade de l'hôtel de ville, où le Conseil colonial tient ses séances. On y arrive par un perron. — Au-dessus du perron, une banne ou espèce d'auvent en étoffe, pour préserver de la chaleur. — Au milieu du théâtre, plusieurs arbres en forme demi-circulaire et dont le vaste feuillage ombrage toute la place. — A travers les branches, on aperçoit dans le lointain toute la ville de Saint-Pierre. — Au milieu de la place, un poteau avec plusieurs anneaux de fer où l'on attache les esclaves en vente. — A droite, à gauche et au fond du théâtre, des chaises ou des bancs disposés pour les acheteurs ou les curieux.

SCÈNE PREMIÈRE.

PALÈME, descendant les marches de l'hôtel de ville; ZAMBA, entrant par la droite.

PALÈME.

Personne encore sur la place publique... Une heure d'ici au marché... (Apercevant Zamba.) Ah! c'est toi, Zamba?... Eh bien! c'est fini. Je sors du Conseil colonial qui vient, comme ils le disent, d'entériner mes lettres d'affranchissement, et je suis libre... Tu vois un homme libre!...

ZAMBA.

Ah! tu es bien heureux!...

PALÈME.

Ce qui ne m'empêchera pas de rendre service à mes

anciens camarades, quand l'occasion se présentera... (Lentement et la regardant.) Et j'ai idée, Zamba, que pour toi elle se présente !...

ZAMBA.

Que veux-tu dire ?

PALÈME, montrant l'hôtel de ville.

Pendant que j'étais là à attendre qu'on m'expédiât, les membres du Conseil causaient avec un marchand qui arrivait pour la première fois à Saint-Pierre... Il venait de rencontrer et de reconnaître une esclave qui, depuis quelques années, avait disparu de la Grenade et qu'on avait vainement poursuivie... une nommée Zabi !

ZAMBA, à part.

O ciel !

PALÈME.

Cela te trouble ?

ZAMBA, froidement.

Que veux-tu que cela me fasse ?

PALÈME.

C'est que le signalement qu'il en donnait et qu'il doit remettre au gouverneur, ressemblait exactement au tien !... J'étais là, je n'ai pas soufflé mot, mais je dis actuellement à Zamba : si elle est Zabi... ce qu'elle a de mieux à faire est de s'éloigner, car demain on commencera les recherches.

ZAMBA, à part.

Demain nous serons embarqués ! (Haut.) Je te remercie... je n'ai rien à craindre... ce n'est pas moi.

PALÈME.

Comme tu voudras...

ZAMBA.

Rends-moi un autre service... toi qui venais souvent à Saint-Pierre... J'ai des boucles d'oreilles à acheter... Connais-tu un joaillier ?

PALÈME.
Là, sur la grande place, ces riches et nouveaux magasins...
ZAMBA.
J'en viens... ils m'ont surfait de moitié... (A part, et regardant les diamants.) M'offrir trois mille livres... cela en vaut cinq pour le moins! (Haut.) J'en veux un autre... un honnête homme.

PALÈME.
C'est différent... Rue des Bananiers, aux Balances d'or... une vieille et ancienne boutique.

ZAMBA.
Merci!... J'y cours! Adieu, Palème, adieu!...
(Elle sort.)

SCÈNE II.

PALÈME, puis GABRIELLE et ZOÉ, descendant de l'hôtel de ville.

PALÈME.
Elle a un air singulier, la capresse... comme toujours du reste, et elle m'a serré la main d'une force...

GABRIELLE, à Zoé.
Oui... c'est l'usage et la mode... Toutes les dames de Saint-Pierre viennent d'ordinaire à cette vente... J'ai dit à mon mari que je ferais comme elles... que j'irais aussi...

ZOÉ.
Et tu as bien fait... Tiens... tiens, voilà Palème, dont nous parlions tout à l'heure.

PALÈME.
C'est Zoé...

ZOÉ, à demi-voix, à Gabrielle.
Il n'y a que lui à qui nous puissions nous adresser... Mais sois tranquille, je ne te compromettrai pas.

PALÈME, à part, regardant Zoé.

Comme elle me regarde... si je reprenais notre conversation d'hier !

ZOÉ.

Palème, nous avons à te parler ?

PALÈME.

Et moi aussi !...

ZOÉ.

Nous avons besoin de ton zèle et de ta discrétion.

PALÈME.

Pour ce qui est de ça, l'on peut compter sur moi !...

ZOÉ.

C'est ce que je disais à madame !... La vente va bientôt commencer, et comme tous les autres habitants de la colonie, tu pourrais maintenant y prendre part.

PALÈME.

Je crois bien ! je suis libre... je peux acheter des esclaves !... tant que je voudrai... mais vu que je n'ai rien !...

GABRIELLE, vivement.

Si ce n'est que cela...

PALÈME.

Que voulez-vous dire ?

ZOÉ, à demi-voix.

Qu'il y a un jeune homme... un nommé Donatien... celui que tu as vu l'autre jour pendant l'orage...

PALÈME.

Oui ! On m'a dit cela... Le voilà comme j'étais hier... esclave !

ZOÉ.

Nous voulons le racheter.

GABRIELLE.

Sans qu'on le sache ou qu'on s'en doute.

PALÈME.

Pourquoi cela ?

ZOÉ.

Monsieur le gouverneur a besoin d'un secrétaire qu'il hésite à se donner... et sa femme voudrait, à son insu, lui faire ce cadeau.

PALÈME, riant.

Une surprise !...

ZOÉ.

Justement... Pour cela, il faut que tu l'achètes en ton nom.

PALÈME, à Gabrielle.

C'est dit... A vos ordres, maîtresse... car vous l'êtes toujours... Et maintenant, Zoé, j'aurais voulu, devant madame, vous parler d'une chose...

ZOÉ, sans l'écouter.

Toi qui t'y connais, qu'est-ce que cela peut valoir ?...

PALÈME.

Dame ! d'après moi, qu'on estimait neuf cents livres, cela peut valoir de quatre à cinq...

ZOÉ, regardant sa maîtresse.

Nous en avons là deux mille !...

PALÈME.

C'est trop ! mais je vous rendrai ! (A Zoé.) Comme je vous disais donc, Zoé, pour en revenir à mon idée...

ZOÉ, lui remettant une bourse qu'elle a prise des mains de sa maîtresse.

Tiens, voici la somme !

GABRIELLE, apercevant le gouverneur qui vient de paraître au haut de l'escalier de l'hôtel de ville.

C'est mon mari !

PALÈME, continuant.

Je voulais vous apprendre...

ZOÉ.

Plus tard... plus tard... (Prenant le bras de sa maîtresse et continuant avec elle sa promenade.) Songe à ce que je t'ai dit, et silence avec tous!

(Toutes deux passent devant Palème et sortent par la droite.)

SCÈNE III.

PALÈME; puis LE MARQUIS, tenant à la main des papiers. Du haut de l'escalier il a observé ce qui vient de se passer, et descend lentement en serrant dans sa poche les papiers qu'il tenait à la main; puis, GABRIELLE, ZOÉ, ZAMBA, DONATIEN, COLONS et DAMES, ESCLAVES, SOLDATS, UN HUISSIER.

PALÈME, à part.

Plus tard!... plus tard!... A force de retarder, elle ne saura jamais ce qui en est!... Mais, enfin, et puisqu'il s'agit de lui rendre service... ça fait toujours prendre patience.

LE MARQUIS, regardant la bourse d'or que tient Palème.

Ah! Palème!... le nouvel affranchi, les mains pleines d'or!

PALÈME, la serrant dans sa poche.

Dieu! monseigneur!

LE MARQUIS, souriant.

Tu n'as pas besoin de le cacher... je l'ai vu! et je sais même qui te l'a donné... C'est Zoé, tout à l'heure...

PALÈME.

Ah! mon Dieu! vous savez...

LE MARQUIS, souriant.

Et comme Zoé n'a rien et ne saurait même rien avoir... cet argent ne peut être que celui de sa maîtresse.

PALÈME, à mi-voix.

Eh bien!... eh bien! si vous êtes au fait, monseigneur, ne dites rien! parce que j'ai promis le secret.

LE MARQUIS, froidement.

Soit!... je serai censé ne rien savoir.

PALÈME, gaîment.

C'est ce qu'il faut, à cause de la surprise!... et même vous auriez l'air étonné, tantôt... quand vous me verrez surenchérir... que cela n'en vaudrait que mieux!

LE MARQUIS, s'efforçant de sourire.

Ah! c'est toi qui dois surenchérir?

PALÈME.

Oui, monseigneur.

LE MARQUIS, de même.

Pour cet esclave... ce Donatien que ma femme veut acheter?

PALÈME.

Pour vous en faire cadeau.

LE MARQUIS, froidement.

J'entends bien... je le savais... Et combien t'a-t-elle donné pour cela?

PALÈME.

Deux mille livres.

LE MARQUIS, avec colère.

Une somme pareille!

PALÈME.

C'est trop, n'est-il pas vrai?

LE MARQUIS, se reprenant.

Non, vraiment... Il vaut bien cela... Je prévois même qu'il pourra y avoir concurrence...

PALÈME, naïvement.

Vous croyez?

LE MARQUIS.

Et comme je tiens à ce que la surprise ait lieu, c'est moi qui veux faire cadeau de cet esclave à ma femme.

PALÈME, à part.

Tant mieux! il sera plus heureux!

LE MARQUIS, lui donnant une bourse.

Voici donc deux mille livres.

PALÈME.

De plus?

LE MARQUIS.

Comme tu voudras... pourvu que tu n'oublies pas que c'est pour moi, pour mon compte, que tu achètes cet esclave!... et si on te l'adjuge, si tu l'emportes, je te promets pour récompense de te donner...

PALÈME.

Quoi donc?

LE MARQUIS.

Celle que tu aimes... Zoé!

PALÈME, hors de lui.

Est-ce possible!... Quoi! vous auriez deviné?...

LE MARQUIS, souriant.

Je devine tout... et je te le répète, si nous l'emportons à cette vente...

PALÈME, vivement.

Nous l'emporterons, monseigneur, quand je devrais étrangler tous nos concurrents!...

(En ce moment, l'horloge de l'hôtel de ville sonne midi. On entend une cloche annonçant le commencement de la vente. On accourt de tous côtés. — A gauche, Palème et un groupe de femmes élégamment parées. Elles s'asseyent sur des chaises, ayant à côté d'elles des petits nègres tenant des parasols au-dessus de leur tête. A droite, Gabrielle et plusieurs dames. Zoé est assise aux pieds de sa maîtresse. Sur le perron de l'hôtel de ville le marquis et plusieurs membres du Conseil colonial. A droite et à gauche, debout et derrière les dames assises, des groupes d'acheteurs ou de curieux. Au fond, les esclaves à vendre que l'on amène.)

LE CHŒUR.
Les voici! ce sont eux!
Ce sera piquant... ce sera curieux!
(On voit paraître cinq ou six esclaves, et Donatien marche à la tête.)

DONATIEN, sur le devant du théâtre et pendant que derrière lui on attache aux anneaux de fer du poteau ses compagnons d'esclavage.

AIR.

Non, vous n'aurez pas cet esclave
Promis à votre cruauté;
J'échappe aux tyrans que je brave,
En mes mains est la liberté!

(Montrant le couteau que Zamba lui a donné et qu'il tient caché dans son sein.)

J'ai dans mes mains la liberté!

Adieu, toi qui me fus chère,
Zoé!... toi, mes seuls amours!
Adieu donc, ma pauvre mère!
Et cette fois, pour toujours!...
Mais, du moins...
Ils n'auront pas cet esclave
Qu'espère en vain leur cruauté!
J'échappe aux tyrans que je brave;
En mes mains est la liberté,
La mort me rend la liberté!...

(Il tire le couteau de son sein et va pour s'en frapper. Zoé, qui est à gauche du théâtre, saisit sa main droite.)

ZOÉ, à mi-voix.
Arrêtez!
(Elle s'empare du couteau, qu'elle laisse doucement tomber à ses pieds.)

DONATIEN, étonné.
O ciel!

GABRIELLE, à voix basse.
Espérance et courage!

ZOÉ, de même.
Gardez des jours si chers!

(En ce moment, Zamba entre vivement par la gauche et se trouve près de Donatien, à qui elle dit à voix basse :)

ZAMBA.

Bientôt plus d'esclavage,
Je briserai tes fers!

Ensemble.

GABRIELLE et ZOÉ.

Espérance et courage,
Supportez vos revers;
Bientôt, plus d'esclavage;
On va briser vos fers!

DONATIEN, étonné, regardant les trois femmes.

Espérance et courage,
Les cieux me sont ouverts;
Bientôt de l'esclavage
On brisera mes fers!

ZAMBA.

Espérance et courage!
Bientôt plus de revers;
Bientôt plus d'esclavage,
Je briserai tes fers!

(Pendant cet ensemble, on a attaché aux anneaux du poteau les autres esclaves qui sont assis à terre, tournant le dos aux spectateurs. Un cercle de soldats ferme le fond du théâtre. On entraîne Donatien, qui se laisse enchaîner et qui est debout vis-à-vis les spectateurs. Zamba se rapproche de lui, et pendant la première moitié du morceau suivant se tient à l'écart.)

LE MARQUIS, sur le perron de l'hôtel de ville.

Aux termes du code noir, moi,
Gouverneur de cette île et lieutenant du roi,
Je déclare, messieurs, la vente commencée.

(Le marquis s'assied, ayant à ses côtés deux conseillers coloniaux. Un huissier est devant une table au pied du perron, pour recevoir les enchères; des nègres distribuent à la foule des programmes imprimés de la vente; on en présente à Gabrielle, à Zoé et au groupe de colons qui sont debout derrière elles, à droite.)

GABRIELLE, montrant le papier à Zoé.
Vois-tu... le numéro premier...
ZOÉ, de même.
L'épave Donatien!
GABRIELLE, de même.
La mise à prix est d'avance fixée.
ZOÉ.
A six cents livres!... Quelle horreur!
GROUPE DE COLONS, debout à gauche, causant entre eux et regardant le programme.
Ah! c'est pour rien!
PREMIER COLON, à demi-voix.
On dit qu'il sait écrire et peut tenir les livres.
DEUXIÈME COLON, de même.
C'est une occasion qu'on ne trouvera plus!
PREMIER COLON, à voix haute.
Sept cents livres!
DEUXIÈME COLON, de même.
Huit cents!
PREMIER COLON, de même.
J'en donne mille livres!
PALÈME, qui est à gauche, s'avançant.
Moi, douze cents!
GROUPE DE COLONS, à droite.
O ciel!
PALÈME.
Les voilà confondus!
LES COLONS, à mi-voix.
Quoi! Palème! un esclave affranchi
D'aujourd'hui!
PREMIER COLON.
Lui céder serait une honte...

DEUXIÈME COLON.
Que l'on ne peut souffrir.
PREMIER COLON.
Et je mets à ce compte
Treize cents livres !
PALÈME.
Quinze !
DEUXIÈME COLON.
Et moi, seize !
PALÈME, passant à droite, près de Gabrielle.
Dix-sept !
PREMIER COLON.
Dix-huit !
GABRIELLE.
Je tremble !
ZOÉ, bas, à Palème.
Oh ! de nous c'en est fait !
GABRIELLE, bas, à Palème.
Nous n'aurons pas assez !
PALÈME, bas, à Gabrielle.
Rassurez-vous, de grâce !
Nous avons plus encor !
GABRIELLE, étonnée.
Comment ?
PALÈME, riant, et toujours à voix basse.
Votre mari
Vient en secret de me donner aussi
De quoi surenchérir.
GABRIELLE, effrayée.
Ah ! tout mon sang se glace !
PALÈME, de même.
Et nous l'emporterons, car j'achète pour lui ;
Mais, silence !

GABRIELLE, à part.

Ah! grand Dieu! mon mari!

ZOÉ, avec désespoir.

Son mari!

Ensemble.

GABRIELLE et ZOÉ.

Sur nous, la foudre menaçante
Tombe en éclats et m'épouvante!
Sur lui sa rage tombera;
Grand Dieu! qui le protégera?

DONATIEN.

De crainte, d'espoir et d'attente,
A chaque instant mon trouble augmente;
Je le vois, mon bon ange est là,
Sur mon destin il veillera.

LE MARQUIS.

Je vois d'ici son épouvante;
Devant son juge elle est tremblante;
Cet esclave m'appartiendra,
Sur lui ma rage tombera!

ZAMBA.

De crainte, d'espoir et d'attente,
A chaque instant mon trouble augmente;
Mais ne crains rien, car je suis là,
Ta mère sur toi veillera.

PALÈME, avec joie.

Mon espoir s'accroît et s'augmente,
O doux avenir qui m'enchante,
Oui, l'esclave me restera,
Et mon hymen réussira!

LE CHOEUR.

Ah! l'aventure est étonnante!
Elle devient intéressante!
Voyons ce qu'il arrivera,
Et qui d'eux tous l'emportera!

PALÈME.
Je mets dix-neuf cents livres!
PREMIER COLON.
Moi,
Deux mille!
PALÈME.
Alors, deux mille cent!
DEUXIÈME COLON, bas au premier.
Je crois
Que pour le gouverneur, qui fut jadis son maître,
Il achète en secret.
PREMIER COLON, à voix basse.
Vous croyez?
DEUXIÈME COLON, de même.
Ce doit être.
PREMIER COLON, de même.
Y renoncer est alors plus prudent.
TOUS.
Deux mille cent!
PREMIER et DEUXIÈME COLONS.
Je cède! je cède!
PALÈME, à Gabrielle et à Zoé, se frottant les mains.
Nous l'emportons!
GABRIELLE et ZOÉ, avec effroi, regardant Donatien.
Que Dieu lui soit en aide!
ZAMBA, à l'huissier qui se lève.
Arrêtez!
(S'avançant au milieu du théâtre.)
Deux mille cinq cents livres!
LE MARQUIS, étonné.
Toi,
Zamba!
GABRIELLE et ZOÉ, avec joie.
Zamba!

TOUS.
La capresse!

ZAMBA.
Eh! oui... moi!

LE MARQUIS.
Et comment paieras-tu?

ZAMBA.
N'est-il pas d'autre entrave?
(Allant à la table devant laquelle est l'huissier.)
Argent sur table! argent comptant!...
De l'or même? en faut-il?... En voilà! prenez-en!...
(Jetant des rouleaux d'or sur la table. Au marquis.)
A vous cet or!...

(Montrant Donatien.)
Mais, à moi cet esclave!...

PALÈME, faisant des signes à Zamba.
Y penses-tu?

GABRIELLE et ZOÉ, à part.
Grand Dieu! protégez-la!

ZAMBA, debout au milieu du théâtre, et montrant Donatien.
Gouverneur, ordonnez qu'on le livre à Zamba!

Ensemble.

GABRIELLE et ZOÉ.
De crainte, d'espoir et d'attente,
A chaque instant mon trouble augmente!
Qui donc ici l'emportera?
Mon Dieu! mon Dieu! protégez-la!

DONATIEN.
De crainte, d'espoir et d'attente,
A chaque instant mon trouble augmente;
Je vois que mon bon ange est là!
Sur mon destin il veillera!

LE MARQUIS.
O quelle audace surprenante!
Nouveau doute qui me tourmente!

Quel dessein ici la guida?
Mon adresse le connaîtra!

ZAMBA.

O bonheur! ô joie enivrante!
Succès qui comble mon attente!
Oui, ne crains rien, car je suis là,
Ta mère te protégera!

PALÈME.

Quelle aventure surprenante!
Malheur qui confond mon attente!
Mais l'esclave me restera,
Car j'ai de l'or, et l'on verra!

LE CHOEUR.

Ah! l'aventure est surprenante!
Elle devient intéressante!
Voyons ce qu'il arrivera,
Et qui des deux l'emportera!

PALÈME, s'approchant de Zamba et à mi-voix.

Écoute-moi, Zamba!... laisse-moi cet esclave,
Il y va de mon sort!

ZAMBA.

Mon bonheur en dépend!

PALÈME, de même.

C'est mon espoir, à moi!

ZAMBA.

C'est ma vie et mon sang!

PALÈME.

Cède, ou crains mon courroux!

ZAMBA.

Ton courroux, je le brave!

PALÈME, avec colère, se retournant vers l'huissier.

Eh bien! trois mille livres!

ZAMBA.

Et moi,
Je dis trois mille cinq cents!

PALÈME, lui mettant la main devant la bouche.
Ah! tais-toi! tais-toi!

PALÈME et ZAMBA, à demi-voix, se menaçant du poignard.
Prends garde! prends garde!
Car Dieu nous regarde,
Suspends ton dessein!
Ou jusqu'à la garde,
Je plonge soudain
Ce fer dans ton sein!

PALÈME, regardant Zamba.
Je dis donc quatre mille! et prends bien garde à toi!

ZAMBA, avec force.
Cinq cents livres de plus!
(Tout le monde pousse un grand cri. Palème, le poignard à la main, veut s'élancer sur Zamba; on l'arrête.)

PALÈME.
Tu périras par moi!
(Tout le monde se lève; le gouverneur et les conseillers coloniaux descendent du perron.)

ZAMBA, avec exaltation.
A nous la victoire!
(Courant au poteau, et amenant au bord du théâtre Donatien qu'on vient de détacher.)
Brisez ces fers! oui, ces fers détestés
Que trop longtemps il a portés!
(Arrachant les fers de Donatien.)
Qu'ils soient foulés aux pieds!... Jour d'ivresse et de gloire!
(Serrant Donatien dans ses bras.)
Il m'appartient! c'est à moi! c'est mon bien!
(Le gouverneur, pendant ce temps, est descendu vers la gauche du théâtre, où Palème, furieux, lui a parlé bas en lui montrant Zamba. Le gouverneur reprend vivement dans sa poche les papiers qu'il y avait serrés au commencement de la scène, les parcourt rapidement, puis il s'avance au milieu du théâtre, et dit à des soldats, en leur montrant Zamba, qui en ce moment embrasse Donatien :)

LE MARQUIS.

Arrêtez !...
La vente est nulle !... Cette femme
Est elle-même esclave, et ne peut acquérir !

TOUS.

Grand Dieu !...

LE MARQUIS, aux conseillers coloniaux.

Je viens de parcourir
Ces titres, ces papiers : c'est elle qu'on réclame,
Et qu'on désigne !

DONATIEN, l'embrassant.

O ciel ! ma mère !

PALÈME, avec douleur.

Sa mère !...

ZAMBA.

O sort fatal !

LE MARQUIS.

Vous l'entendez, messieurs.

GABRIELLE et ZOÉ.

Je frémis d'épouvante

LE MARQUIS.

C'est au Conseil colonial
A décider...

(Aux conseillers.)

Venez... Aussi bien cette vente
Doit maintenant devant lui s'achever.

ZAMBA, GABRIELLE et ZOÉ, à part.

A présent, ô mon Dieu ! qui pourra le sauver ?

Ensemble.

ZAMBA.

Comble d'infamie !
Quoi ! leur tyrannie
Accable ma vie
De nouveaux tourments

O maître du monde,
Que ta foudre gronde,
Éclate et confonde
D'infâmes tyrans !

LE MARQUIS et LE CHOEUR.

Pour eux l'infamie !
Que leur perfidie
Ici soit punie
De nouveaux tourments !
La loi nous seconde ;
Que sa foudre gronde,
Éclate et confonde
L'espoir des méchants !

DONATIEN, GABRIELLE et ZOÉ.

O honte ! infamie !
Quoi ! leur tyrannie
Demeure impunie !
Dieu qui nous entends,
Que ta voix réponde,
Que ta foudre gronde,
Éclate et confonde
D'infâmes tyrans !

PALÈME.

Sa mère chérie
Défendait sa vie,
Et je l'ai trahie !...
Ah ! je m'en repens !
O douleur profonde !
Que Dieu nous seconde !
Que sa main confonde
L'espoir des méchants !

(Des soldats emmènent Donatien et Zamba. Le marquis et les membres du Conseil colonial entrent à l'hôtel de ville. Palème, Gabrielle, les dames et les colons qui viennent d'assister à la vente les suivent.)

SCÈNE IV.

ZOÉ, seule; puis, DENAMBUC.

ZOÉ.

C'était sa mère !... Je comprends tout, maintenant... Pauvre femme !... elle l'aimait et souffrait autant que moi, et tous deux sont esclaves !... et tous deux tout à l'heure vont être vendus !... Que faire, à présent... et lui, comment le délivrer ?... à qui avoir recours ?... (Poussant un cri en voyant entrer Denambuc.) Ah !...

DENAMBUC.

Me voici.

ZOÉ.

Mon ami, mon sauveur !...

DENAMBUC.

Dieu ! depuis hier seulement, comme cela a augmenté !...

ZOÉ.

Quel bonheur vous amène ?...

DENAMBUC, étonné.

Eh bien ! notre mariage !...

ZOÉ, se frappant le front, et naïvement.

C'est vrai... je l'avais oublié !...

DENAMBUC.

Oublié !... D'où vient alors ta joie ?...

ZOÉ.

Celle de vous revoir !...

DENAMBUC.

Il n'y a pas de mal... ça revient au même... car ainsi que je te l'ai dit... incognito et sans bruit... tout est prêt !...

ZOÉ, troublée.

Ah ! mon Dieu !... déjà !...

DENAMBUC.

Comment !... est-ce que tu hésiterais de nouveau ?...

ZOÉ, de même.

Du tout...

DENAMBUC.

Est-ce que cet autre amour te serait revenu au moment de m'épouser ?

ZOÉ, vivement.

Jamais !... Je suis prête à vous suivre, et je vous chérirai comme le meilleur des maris.

DENAMBUC.

A la bonne heure !...

ZOÉ.

Je n'y mets qu'une condition... une grâce, que je vous demande...

DENAMBUC.

C'est dit... c'est fait... Tout ce que tu voudras...

ZOÉ.

Donatien... ce jeune homme qui hier vous a sauvé la vie, va être vendu comme esclave...

DENAMBUC.

Et comment cela ?...

ZOÉ, vivement.

Je n'ai pas le temps de vous l'expliquer... Ils sont là, dans la chambre du Conseil colonial, la vente qui a été interrompue va recommencer... il faut lui rendre la liberté... il faut l'acheter !...

DENAMBUC.

J'y vais !...

ZOÉ.

Mais on offrait déjà quatre mille cinq cents livres.

DENAMBUC.

J'en donne dix mille !...

ZOÉ.

Très-bien!...

DENAMBUC.

Vingt... trente... quarante!...

ZOÉ, l'embrassant.

Ah! je suis à vous... à vous pour toujours!... Mais, hâtez-vous... dépêchez-vous... il y va de ses jours!... car, s'il est esclave... esclave du gouverneur, il se tuera, monsieur... il se tuera!... j'en suis sûre...

DENAMBUC, la regardant.

Eh! mon Dieu!... un tel effroi... une telle émotion... je crains de deviner... Est-ce que par hasard ce serait...

ZOÉ, lui faisant signe vivement de la tête.

Oui... oui... oui...

DENAMBUC.

Et j'irais l'acheter?

ZOÉ.

Pourquoi pas?

DENAMBUC.

Racheter mon rival!...

ZOÉ.

Il ne l'est plus... je vous le jure... Qu'il vive, qu'il s'éloigne... je l'oublierai... si je peux... Et vous, monsieur, je vous épouserai... je vous aimerai... J'en mourrai peut-être... c'est égal.

DENAMBUC.

Mais, écoute-moi.

ZOÉ, pleurant.

C'est vous qui serez cause de tout... et vous verrez, alors, s'il y a jamais eu au monde quelqu'un qui vous aime comme moi... et vous me regretterez... et vous vous repentirez... mais il ne sera plus temps... Tenez, tenez... on vient.

DENAMBUC.

Mais encore une fois...

SCÈNE V.

Les mêmes; GABRIELLE.

GABRIELLE, courant à Zoé.

Tout est fini, la vente est consommée...

ZOÉ, à Denambuc.

La !... quand je vous le disais... Ce que c'est que d'hésiter et d'attendre... Et qui donc... qui l'a emporté ?...

GABRIELLE.

Un riche colon qui vient de l'acheter pour mon mari... qui le fera expirer dans les tortures.

ZOÉ pousse un cri, ses genoux fléchissent, Denambuc la soutient.

Ah !...

DENAMBUC, à Gabrielle.

Et tu vas lui dire cela, à elle, qui l'adore... qui en est folle !

GABRIELLE, hors d'elle-même.

Elle... Zoé... Est-il possible ! (Courant à Zoé.) Sans me l'avouer !

ZOÉ, à voix basse.

Jamais !... Mais qu'il soit libre... qu'il soit sauvé !... Je ne le reverrai de ma vie... je le jure !

DENAMBUC, lui pressant la main.

C'est bien ! cela mérite récompense.

SCÈNE VI.

ZOÉ, GABRIELLE, DENAMBUC, allant au-devant du MARQUIS, lequel, pendant les derniers mots de la scène précédente, a descendu les marches du perron; puis ZAMBA, DONATIEN, PALÈME, Colons, Esclaves et Soldats.

FINALE.

DENAMBUC, au marquis.
Cet esclave par vous acquis,
L'autre jour m'a sauvé la vie.
Cédez-le-moi, je vous en prie,
Mon cher neveu!

LE MARQUIS, avec colère.
Moi!

DENAMBUC.
Quel qu'en soit le prix!

LE MARQUIS, regardant sa femme avec colère.
Je vois qu'ici l'on prend un intérêt extrême
A son sort! Par malheur, moi, j'ai fait le serment
Qu'il ne sortirait pas de mes mains!

DENAMBUC, souriant.
Quoi! pas même
Pour dix mille francs!...

LE MARQUIS.
Non!

DENAMBUC.
Vingt mille?

LE MARQUIS.
Non, vraiment

DENAMBUC, sévèrement.
Pas même au prix...

LE MARQUIS.

Cessez d'insister davantage.

DENAMBUC.

De mon affection... ou... de mon héritage ?...

LE MARQUIS.

Non, cent fois non !... Mais si vous tenez tant
A ce sang précieux... à cette noble race,
Tenez... voici sa mère, épave comme lui !
Une esclave sans maître... et qu'on va vendre aussi...
Vous pouvez l'acheter !

ZOÉ, courant au marquis.

Pitié !

LE MARQUIS.

Non, point de grâce !
L'inexorable loi prononce sur son sort !

ZAMBA, qui pendant ce temps a descendu le théâtre avec plusieurs gardes, aperçoit Denambuc et manifeste un grand trouble.

O ciel !

LE MARQUIS, aux gardes.

Et comme esclave enchaînez cette femme.

ZAMBA.

Des fers... à moi !... Jamais !

(Au marquis.)

Et je te brave encor !
J'ai d'autres droits et je réclame,
Non l'esclavage, mais la mort.

(Elle court se jeter aux pieds de Denambuc.)

DENAMBUC, poussant un cri.

Zabi !...

ZAMBA.

C'est moi !

DENAMBUC.

Zabi !

ZAMBA.

C'est moi ! Maître, c'est moi
Dont la coupable main leva le fer sur toi.

J'ai menacé ta vie,
Et la mienne est à toi !...
Je tremble et je supplie,
Mais ce n'est pas pour moi !
(Montrant Donatien qu'on amène en ce moment.)
C'est pour lui... que tu dois... défendre !
(Baissant les yeux.)
Lui !... mon fils !... Ah ! tu dois comprendre
Mes pleurs et mon effroi...

Ensemble.

J'ai menacé ta vie,
Et la mienne est à toi !
Je tremble et je supplie,
Mais ce n'est pas pour moi.

DENAMBUC.

O rencontre inouïe !
C'est elle que je vois,
C'est elle qui me prie
Et tremble devant moi !

GABRIELLE, ZOÉ et LE CHOEUR.

O ciel ! que signifie
Le trouble où je les vois ?
O Dieu ! que je supplie,
Daigne entendre ma voix !

LE MARQUIS.

O rage ! ô jalousie !
Destin que je prévois,
Faut-il, dans ma furie,
Qu'il échappe à mes lois !

DENAMBUC, au marquis.

Monsieur le marquis, pour aucun prix, vous ne vouliez me céder cet esclave, je le paierai moins cher... je l'aurai pour rien... D'après le code noir, que vous connaissez mieux que moi, la vente d'un épave est nulle, quand le maître se représente... et le maître, c'est moi !...

LE MARQUIS.

Monsieur...

DENAMBUC.

Fils de mon esclave, c'est vous qui l'attestez ! il est mon esclave aussi... Et quant à sa mère, je suis seul juge de ses torts... (Sévèrement.) Elle en a eu de très-grands !...

ZAMBA, s'inclinant.

Maître...

DENAMBUC.

Celui de s'enfuir et de quitter notre île... Sans cela... elle aurait depuis longtemps ce qu'elle a aujourd'hui : sa grâce et sa liberté.

ZAMBA.

Ah ! c'en est trop !...

DENAMBUC, regardant Donatien avec tendresse.

Quant à Donatien, qui est aussi à moi... et qui m'appartient... je puis disposer de son sort... (A Donatien.) Approche... (A Zoé.) C'est donc lui que tu aimes ?...

ZOÉ.

Oui, monsieur.

GABRIELLE, au marquis.

Vous l'entendez...

ZOÉ, à Denambuc.

Mais vous savez ce que je vous ai dit...

DENAMBUC.

Je ne l'ai point oublié... Tu consens à te marier... Mais, tout dépend de ta maîtresse... demande-lui... car tu lui appartiens encore... si elle consent à te donner la liberté pour épouser Donatien...

ZOÉ, s'approchant timidement de Gabrielle.

Maîtresse, maîtresse chérie,
De toi dépend notre sort à tous deux !

GABRIELLE, regardant son mari.

Contre une injuste jalousie,
Contre des soupçons odieux,
Que cet instant du moins me justifie !
(Avec émotion.)
Sois libre !... sois sa femme... Allez, soyez heureux !
Afin que je le sois...

PALÈME, à part, et s'essuyant une larme.

Quel bonheur ! quand j'y pense !

LE MARQUIS.

Quoi donc ?...

PALÈME.

De n'avoir pas encor parlé !...

LE MARQUIS.

J'entends !

DENAMBUC.

Nous, demain, mes amis, nous partons pour la France !

DONATIEN.

Vous, à qui je dois tout !

ZOÉ.

Vous, mon Dieu tutélaire !
Comment donc vous nommer ?

DENAMBUC, leur prenant la main à tous deux.

Nommez-moi votre père,
Car tous deux, désormais, vous serez mes enfants !...

DONATIEN et ZOÉ.

Guidés par l'espérance,
Embarquons nous galment !
Au rivage de France
Le bonheur nous attend !

LE CHOEUR.

Guidés par l'espérance,
Embarquez-vous gaîment !
Au rivage de France
Le bonheur vous attend !

TABLE

	Pages.
La Main de Fer ou un Mariage Secret.	1
Le Diable a l'Écoce	103
Le Duc d'Olonne	153
Le Code Noir	277

29 décembre

ŒUVRES COMPLÈTES
DE
EUGÈNE SCRIBE

DE L'ACADÉMIE FRANÇAISE

OPÉRAS COMIQUES

LA MAIN DE FER
LE DIABLE À L'ÉCOLE
LE DUO D'OLONNE
LE CODE NOIR

PARIS
E. DENTU, LIBRAIRE-ÉDITEUR
PALAIS-ROYAL, 17-19, GALERIE D'ORLÉANS.

1879

www.ingramcontent.com/pod-product-compliance
Lightning Source LLC
Chambersburg PA
CBHW061731300426
44115CB00009B/1177